A JURISDIÇÃO CONSTITUCIONAL E A CRIAÇÃO DO DIREITO NA ATUALIDADE

CONDIÇÕES E LIMITES

ANDERSON SANT'ANA PEDRA

Prefácio
André Ramos Tavares

A JURISDIÇÃO CONSTITUCIONAL E A CRIAÇÃO DO DIREITO NA ATUALIDADE

CONDIÇÕES E LIMITES

Belo Horizonte

2017

© 2017 Editora Fórum Ltda

É proibida a reprodução total ou parcial desta obra, por qualquer meio eletrônico, inclusive por processos xerográficos, sem autorização expressa do Editor.

Conselho Editorial

Adilson Abreu Dallari
Alécia Paolucci Nogueira Bicalho
Alexandre Coutinho Pagliarini
André Ramos Tavares
Carlos Ayres Britto
Carlos Mário da Silva Velloso
Cármen Lúcia Antunes Rocha
Cesar Augusto Guimarães Pereira
Clovis Beznos
Cristiana Fortini
Dinorá Adelaide Musetti Grotti
Diogo de Figueiredo Moreira Neto
Egon Bockmann Moreira
Emerson Gabardo
Fabrício Motta
Fernando Rossi
Flávio Henrique Unes Pereira

Floriano de Azevedo Marques Neto
Gustavo Justino de Oliveira
Inês Virgínia Prado Soares
Jorge Ulisses Jacoby Fernandes
Juarez Freitas
Luciano Ferraz
Lúcio Delfino
Marcia Carla Pereira Ribeiro
Márcio Cammarosano
Marcos Ehrhardt Jr.
Maria Sylvia Zanella Di Pietro
Ney José de Freitas
Oswaldo Othon de Pontes Saraiva Filho
Paulo Modesto
Romeu Felipe Bacellar Filho
Sérgio Guerra
Walber de Moura Agra

Luís Cláudio Rodrigues Ferreira
Presidente e Editor

Coordenação editorial: Leonardo Eustáquio Siqueira Araújo

Av. Afonso Pena, 2770 – 15º andar – Savassi – CEP 30130-012
Belo Horizonte – Minas Gerais – Tel.: (31) 2121.4900 / 2121.4949
www.editoraforum.com.br – editoraforum@editoraforum.com.br

P372j   Pedra, Anderson Sant'Ana

A jurisdição constitucional e a criação do direito na atualidade: condições e limites / Anderson Sant'Ana Pedra.– Belo Horizonte : Fórum, 2017.

400 p.
ISBN: 978-85-450-0223-9

1. Direito Constitucional. 2. Direito Público. 3. Teoria do Estado. I. Título.

CDD 341.2
CDU 342

Informação bibliográfica deste livro, conforme a NBR 6023:2002 da Associação Brasileira de Normas Técnicas (ABNT):

PEDRA, Anderson Sant'Ana. *A jurisdição constitucional e a criação do direito na atualidade*: condições e limites. Belo Horizonte: Fórum, 2017. 400 p. ISBN 978-85-450-0223-9

Dedico a quem mais amo por ordem de chegada:

a Deus, origem da vida;

à minha mãe, que me deu a vida;

ao meu pai, que permanece vivo em mim;

à Ripe, que vive para mim;

aos meus irmãos, que muito me ensinaram nesta vida;

aos amigos, que a vida me deu;

à Talytta, minha vida;

à Maria Clara, que dá vida a minha vida;

e ao João Vitor, que transformou e deu novo significado à minha vida.

AGRADECIMENTOS

Os agradecimentos deveriam ser uma parte capitular desta obra, pois eles merecem reflexões e "pesquisas históricas" tão profundas quanto a hipótese investigada, e foram tantos os que colaboraram, direta e indiretamente, consciente e inconscientemente, espiritual e materialmente para essa empreitada, que ato de tamanha responsabilidade não pode ser feito de afogadilho, até porque "a gratidão é a memória do coração" (Antístenes).

Concluir este trabalho – que, com adaptações, corresponde à tese *Tribunal Constitucional como órgão de normação positiva: condições e limites para a edição de enunciados normativos*, apresentada em conclusão de Doutorado em Direito Constitucional da PUC-SP– foi vencer um grande desafio.

Agradeço primeiramente a "Papai do Céu" por tudo e, principalmente, por ter dado saúde e força a mim e a todos da minha família. Sem a bênção do Deus Pai eu nada seria e conseguiria. "Obrigado, Senhor, porque és meu amigo, por que sempre comigo, tu estás a falar." (V. Dantas).

Professor Doutor André Ramos Tavares. Sua orientação proporcionou correção de rotas, sugestão de bibliografias e estruturação da pesquisa. Devo confessar que em algumas correções de rota me sentia perdido por alguns dias, mas nada como o tempo e o estudo para demonstrar que os mais experientes e sábios têm razão. A sua acolhida fraterna, com atenção e disponibilidade, ficará eternizada. Se este livro tem qualidade(s), devo dividi-la(s) com o Professor André Ramos Tavares – meu orientador; os defeitos são meus. Professor André, obrigado por tudo!

Agradeço também aos Professores Doutores Flávia Piovesan, José Carlos Francisco, Roberto Baptista Dias da Silva e Soraya Gasparetto Lunardi que, juntamente com o Professor André Ramos Tavares, compuseram a banca examinadora da tese de doutoramento. Suas críticas construtivas e sugestões permitiram o aprimoramento deste trabalho.

Devo agradecer, especialmente neste momento, a algumas pessoas a quem muito devo por ter conseguido chegar até aqui. Como sou incapaz de desenvolver um mecanismo que retrate o que realmente eu sinto por elas, recorro às velhas palavras, na esperança de ser compreendido em todo o meu sentimento.

Primeiramente, à minha mãe, por ter me dado asas e por soprá-las quando eu não encontrava ar para sustentá-las. Obrigado por ter me ensinado tudo de mais importante que eu preciso nesta vida, e por seu incondicional amor. *"Mas ela sabe - Que depois que cresce - O filho vira passarinho - E quer voar..."* (J. Marques).

Ao meu pai (*in memoriam*) que viu o início dessa empreitada neste plano, mas agora, de outro lugar, vê o fim dessa história... ou será o começo de outra? Onde você estiver, não se esqueça de mim. Sinto sua falta. *"Tão longe, de mim distante - Onde irá, onde irá teu pensamento..."* (F. Petrônio).

À Ripe. Só quem me conhece sabe o quanto você é especial para mim. Parece que foi ontem que você me levava, pelas mãos, para a escola... onde tudo começou.

Aos meus irmãos Alexandre e Adriano, que desde tenra idade serviram de exemplo e estímulo para os meus estudos. A Adriano, pela própria formação, também devo agradecer pelas críticas e por ser um parceiro acadêmico.

Aos amigos pelo que há de mais precioso numa amizade: estarem à disposição quando eu preciso. Em especial agradeço a Alessandro Dantas, José Augusto M. Meirelles Filho, Luiz Otávio R. Coelho, Marcio Cammarosano, Marina Sperandio e Marcos Aquino. Vocês sabem onde contribuíram para essa conquista. *"Para o amigo, tudo. Para os outros, justiça."* (P. Goulart)

À Jader Ferreira Guimarães, meu professor de ontem e de sempre. Uma pessoa que demonstra a cada dia que a humildade, a simplicidade e a ética não são totalmente estranhas neste "mundo jurídico". Obrigado por ter sido meu professor, por ter incentivado minha vida acadêmica e, principalmente, por ser meu amigo.

Por último, os agradecimentos mais que especiais: Talytta, Maria Clara e João Vítor. Vocês estão presentes em cada linha e entrelinha deste trabalho. Sem vocês, nada na minha vida teria sentido ou importância.

Talytta, minha companheira de todos os dias, noites e madrugadas em que elaborei este estudo. Sem sua compreensão, seu incentivo e seu amor eu não conseguiria ter concluído. Foi nos seus olhos e no seu sorriso que eu encontrei forças. Nunca esqueça o quanto amo você (NEOQAV). *"Se você vier - Pro que der e vier - Comigo..."* (G. Azevedo).

Maria Clara, minha filha. A ela devo muito, pois desde o seu nascimento o seu sorriso é o significado da minha felicidade. Por vezes, "Mamá" interrompeu a elaboração deste estudo, sob os mais diversos "fundamentos". Mas seu sorriso, no final, legitimava qualquer pedido seu e, assim como o da sua mãe, me nutria ainda mais de energia. Entre uma brincadeira e outra, e um descuido meu, ganhei a obra mais valiosa da minha biblioteca – Biscaretti di Ruffia, não por seu conteúdo, que, apesar de magistral, pode ser encontrado em outras bibliotecas, mas pelas "anotações" lançadas de caneta. Essas anotações, únicas e irrepetíveis, são da minha "Estrelinha" Maria Clara nos seus dois anos de idade. Por não ter o dom de cantar, escrevo, com a tristeza do "Assum Preto" de Luiz Gonzaga: *"Brilha, brilha, estrelinha - Pena que tu não és minha - Tão de longe eu te contemplo - Vou a ti em pensamento - Brilha, brilha, estrelinha - Pena que tu não és minha."* (Desconhecido)

João Vítor, meu filho. A ele devo a descoberta de que o amor é realmente infinito, pois, com a chegada da "Mamá", imaginei ter sentido o mais puro e profundo sentimento deste mundo, e por ser tão sublime, achei que ele fosse único, mas não é, é igual ao que eu tenho pelo "Janjão". No azul dos seus olhos eu me perco tentando te encontrar..., mas você me encontra e conduz, me ensinando tudo aquilo que não se aprende nos livros ou nas escolas. *"Sou eu que vou seguir você - Do primeiro rabisco até o be-a-bá..."* (Toquinho e Mutinho).

A todos vocês, meu MUITO OBRIGADO!

"A Constituição certamente não é perfeita. Ela própria confessa, ao admitir a reforma. Quanto a ela, discordar, sim. Divergir, sim. Descumprir, jamais."

(Ulysses Guimarães)

SUMÁRIO

PREFÁCIO 19

PRELIMINARES 23
I – Justificativa terminológica 23
II – Justificativa teórica 24
III – Metodologia 28

CAPÍTULO 1
SEPARAÇÃO DE PODERES
E TRIBUNAL CONSTITUCIONAL 31
1.1 Considerações iniciais 31
1.2 Origem e evolução da ideia de separação (poderes ou funções) 36
1.2.1 Estado, seu poder e suas funções 36
1.2.2 Separação de funções (e não de poderes) e a competência para o exercício das funções pelos órgãos constitucionais de soberania 38
1.3 Análise crítica da cláusula constitucional da separação de poderes 43
1.3.1 Previsão constitucional: separação de poderes, distribuição de funções estatais e harmonia e independência entre os poderes 43
1.3.2 A cláusula da separação de poderes na atualidade: além da tripartição e da separação absoluta 46
1.4 Tribunal Constitucional fora dos "poderes" clássicos e suas funções 56
1.4.1 Surgimento do Tribunal Constitucional 56
1.4.2 Tribunal Constitucional fora dos "poderes" clássicos 60
1.4.3 Poder Judiciário e Tribunal Constitucional 63
1.4.4 Legitimidade democrática do Tribunal Constitucional 66

1.4.5 Funções do Tribunal Constitucional 76

CAPÍTULO 2
EDIÇÃO DE ENUNCIADOS NORMATIVOS PELO
TRIBUNAL CONSTITUCIONAL 81
2.1 Análise da função legislativa na Justiça Constitucional 81
2.2 A normação editada pelo Tribunal Constitucional no
 exercício da função enunciativa 91
2.2.1 Abertura dos enunciados normativos constitucionais 91
2.2.2 Função interpretativa 99
2.2.3 A natureza jurídica da função interpretativa 103
2.2.4 Função estruturante 108
2.2.5 Natureza jurídica da função estruturante 110
2.2.6 Função arbitral 116
2.2.7 Função enunciativa: elaboração de diretivas gerais
 (súmulas) como veículos de enunciação da interpretação
 do Tribunal Constitucional 116
2.2.8 Natureza jurídica da função enunciativa 119
2.2.9 A função enunciativa como uma aproximação dos
 modelos de controle de constitucionalidade 120
2.2.10 Críticas à função enunciativa 122
2.3 A normação editada pelo Tribunal Constitucional no
 exercício da função legislativa *stricto sensu* no controle
 das omissões legislativas inconstitucionais 124
2.3.1 A função legislativa *scricto sensu* 124
2.3.2 Competência titular (originária) para o exercício da
 função legislativa *stricto sensu* e a sua substituição
 provisória pelo Tribunal Constitucional no controle
 das omissões legislativas inconstitucionais 126
2.3.3 A natureza jurídica da função legislativa
 stricto sensu no controle das omissões legislativas
 inconstitucionais 130
2.3.4 Críticas à função legislativa *stricto sensu* 131
2.4 Tribunal Constitucional como "órgão de normação
 positiva" e a edição de enunciados normativos 133
2.4.1 Delimitação da ideia do Tribunal Constitucional como
 órgão de normação positiva (função normativa) 133

2.4.2 Eficácia *erga omnes* da normação positiva editada pelo
Tribunal Constitucional 137
2.4.3 Efeito vinculante das diretivas gerais editadas pelo
Tribunal Constitucional 140
2.4.4 Imbricações entre a *função enunciativa* e a *função legislativa
stricto sensu* 148

CAPÍTULO 3
CONDIÇÕES PARA ATUAÇÃO DO TRIBUNAL
CONSTITUCIONAL COMO ÓRGÃO DE
NORMAÇÃO POSITIVA 151
3.1 Considerações iniciais 151
3.1.1 O que se deve entender como *condição* para atuação
do Tribunal Constitucional como órgão de normação
positiva 152
3.2 Posição de curador da Constituição 152
3.2.1 A força normativa dos enunciados constitucionais 152
3.2.2 Tribunal Constitucional como curador da Constituição 154
3.2.2.1 O exercício da curadoria da Constituição como uma
necessidade que deve ser atual 159
3.2.2.2 A curadoria do *corpus* constitucional 160
3.2.3 Curadoria pela função enunciativa 166
3.2.4 Curadoria pela função legislativa *stricto sensu* 176
3.2.4.1 Caracterização da omissão legislativa inconstitucional:
prazo e completude 188
3.2.4.2 Necessidade de declarar previamente a mora do órgão
que detém a competência titular (originária) para o
exercício da função legislativa *stricto sensu* como forma
de estabelecimento de um diálogo institucional 195
3.2.4.3 Constituição dirigente 202
3.2.5 Situações conjunturais que não influenciam na atuação
do Tribunal Constitucional como curador da
Constituição 204
3.3 Previsão constitucional 206
3.3.1 Legitimidade na norma fundante 206
3.3.1.1 Possibilidade de (re)distribuição das competências por meio
de reforma constitucional 218

3.3.2 Delegação legislativa: possibilidade desde que com
expressa previsão constitucional 219
3.3.3 Impossibilidade de autocompetência 223
3.3.4 Previsão no ordenamento jurídico brasileiro 224
3.3.4.1 Súmula vinculante 225
3.3.4.2 Mandado de injunção 226
3.3.4.3 Ação direta de inconstitucionalidade por omissão 230
3.3.4.4 Arguição de descumprimento de preceito fundamental 233
3.4 Ausência de opção legítima adotada pelo titular da
função de legislar 235
3.5 Existência de precedentes: caráter não inovativo da
normação positiva 237
3.6 Possibilidade de o Tribunal Constitucional revisar ou
cancelar a normação por ele editada 240

CAPÍTULO 4
LIMITES DA ATUAÇÃO DO TRIBUNAL
CONSTITUCIONAL COMO ÓRGÃO DE
NORMAÇÃO POSITIVA 247
4.1 Considerações iniciais 247
4.1.1 O que se deve entender por *limite* da atuação do
Tribunal Constitucional como órgão de normação
positiva 247
4.1.2 Necessidade da existência de limites para a atuação
do Tribunal Constitucional como órgão de normação
positiva 248
4.2 Caráter jurídico da decisão: fechamento das opções
políticas 253
4.2.1 Questões morais 259
4.3 Manutenção do Texto Constitucional 262
4.3.1 A supremacia constitucional 262
4.3.2 Observância da Constituição 265
4.3.2.1 Valores constitucionais 273
4.3.2.2 Bloco de constitucionalidade 275
4.3.3 Limites trazidos no Texto Constitucional para o legislador
(constituinte ou infraconstitucional) 275
4.3.3.1 Segurança jurídica: impossibilidade de retroação 278

4.4 Disposições externas ao ordenamento jurídico positivado
do respectivo Estado 281
4.4.1 Aspectos gerais 281
4.4.2 Limites ideológicos 285
4.4.3 Limites institucionais 285
4.4.4 Limites substanciais 285
4.4.4.1 Limites transcendentes 285
4.4.4.2 Limites imanentes 291
4.4.4.3 Limites heterônomos 291
4.4.5 Observação final 295
4.5 Decisão aberta a uma dimensão comunicativa 296
4.5.1 Diálogo com a sociedade 296
4.5.2 Necessidade de fundamentação 307
4.5.3 Necessidade de publicidade 310
4.5.4 Clareza, inteligibilidade e determinabilidade 313
4.6 Harmonia com aquilo que a sociedade espera: normação
positiva legítima 316
4.6.1 Costume constitucional 325
4.7 Racionalidade da normação positiva 326
4.8 Heterocontenção orgânica: retomada da competência
legislativa pelo titular da função 338
4.8.1 Heterocontenção orgânica processual 347
4.9 Normação similar preexistente 348
4.10 *Quorum* qualificado 351
4.11 Devido processo objetivo 353
4.12 Autolimitação 360
4.12.1 Minimalismo judicial 369

CONCLUSÕES 371

REFERÊNCIAS 383

PREFÁCIO

Falar da Justiça Constitucional requer algo mais do que o mero conhecimento básico, em termos históricos e técnicos. No caso dos chamados tribunais constitucionais é imprescindível uma capacidade de análise sobre a transposição de instituições com adaptações e variações, como inevitavelmente ocorreu a essa instituição, austríaca em sua origem, assim devidamente datada, mas exemplarmente difundida apenas em seu núcleo central.

Para essa análise é preciso, ainda, identificar fissuras no pensamento teórico dominante, para reconfigurar conexões e representações nem sempre coerentes e atuais. É preciso, sobretudo, conseguir enxergar para além das primeiras impressões e estruturas mais aparentes.

"A reivindicação de papel positivo para o Tribunal Constitucional é um corolário da falência do Estado Liberal". A frase, de Anderson Pedra, bem revela a profundidade e originalidade da reflexão que vem desenvolvida nesta obra. Não me parece que seja possível tratar secamente do tema "tribunal constitucional", realizando levantamentos históricos e de comparativismo, supostamente de maneira automática, sem adentrar em questões outras, tão sensíveis quanto são, ainda hoje, ocultas. E uma delas é, para mim, exatamente a questão relacionada à finalidade da Ordem Jurídica e ao modelo econômico suportados por determinada visão de tribunal constitucional.

Mas não se trata, por outro lado, como também adverte o autor, de admitir a atuação diferenciada da Justiça Constitucional como uma decorrência do enfrentamento de visões clássicas, como derivada diretamente da superação da vetusta separação de poderes. Pelo contrário, referida evolução que culmina na prática atual da Justiça Constitucional decorreu de múltiplas ocorrências e mutações e foram estas que, ao fim, constrangeram a continuidade de uma postura absoluta e estanque da separação clássica de poderes. Como coloca o autor, essa "multiplicidade das ações do Estado (pluralização) numa sociedade contemporânea também plural, reclama uma atuação maior e mais eficiente do Estado, ocasionando uma multifuncionalidade do Estado contemporâneo", impactando todos os poderes. Seria efetivamente pueril tentar isolar esses fenômenos e suas respectivas posturas teóricas, que se encontram absolutamente interligados.

A percepção de uma nova dinâmica na sociedade, cujas demandas e valores refundem o pacto social fundamental, revela, como anota Anderson Pedra, o reducionismo promovido, conscientemente ou não, por uma leitura fortemente lastreada na clássica separação de poderes como chave de leitura do mundo jurídico.

Anderson Pedra conseguiu, nesta obra, alcançar uma reflexão avançada nesse quadrante pouco explorado, já que a maioria dos autores parece sucumbir a uma tentação de descrever modelos estrangeiros e, sobretudo, europeus, ao falar de tribunal constitucional. Aliás, o modelo supostamente "europeu" de tribunal constitucional não pode significar exclusividade e monopólio de concepção sobre o que é e ao que se destina um tribunal constitucional.

Quem pretender entender as capacidades e deveres do Supremo Tribunal Federal no Brasil de hoje precisa estar devidamente aparelhado e possuir uma visão ampla do fenômeno acima mencionado, assim como da sociedade e dos Poderes. As amarras de concepções clássicas por vezes tolhem necessidades autoevidentes ou, ao menos, impedem a devida discussão sobre propostas mais arrojadas, como a de B. Ackerman acerca de um ramo (de poderes) dedicado à *integridade,* capaz de suportar o tão necessário controle da probidade, no auxílio da moralização e correção firme da atividade pública.

A Justiça Constitucional como uma instituição nova e efetiva recoloca os termos de uma redução do Poder Judiciário às questões privadas. Em um Estado liberal, ao Poder Judiciário incumbe, primacialmente, garantir o funcionamento do mercado, a segurança geral e a propriedade, em todas suas manifestações. Em uma sociedade marcada pela preocupação com as fortes desigualdades, com o desemprego e a falta de acesso a serviços públicos essenciais, ao Poder Judiciário há de estar assinalada uma função alinhada com a realização diuturna e incessante das cláusulas constitucionais.

Também não se trata de apenas legitimar uma atividade para além da separação clássica de poderes e, com isso, abrir um largo campo de atuação, de maneira desconhecida e ilimitada. Anderson Pedra dedica-se ao desenho mais preciso dessa atividade no contexto atual, falando da heterocontenção orgânica e da harmonia social, dentre outros elementos limitadores e controles metajurídicos dessas capacidades e deveres da Justiça Constitucional. Essencial é, ainda aqui, reforçar o dever de atuar a Constituição em todo e qualquer momento de presença da Justiça Constitucional.

A obra, inquestionavelmente, há de integrar o rol da literatura jurídica de leitura obrigatória, ao agregar novas e consistentes visões a um fenômeno já bem conhecido, em uma leitura que oferece, ainda, muitos pontos de reflexão importantes para a realidade brasileira, combatendo reducionismos, simplificações, formalismos e outras inutilidades que têm sido insuportavelmente reiterados em muitos discursos contemporâneos.

André Ramos Tavares
Professor Titular da Faculdade de Direito
da USP. Professor da PUC-SP.

PRELIMINARES

I – Justificativa terminológica

Apesar de o título da obra receber a expressão *jurisdição constitucional*, por ser a mais comumente utilizada, este estudo versa sobre a *justiça constitucional*. A escolha da expressão *justiça constitucional*[1] ao longo da obra em detrimento da expressão *jurisdição constitucional*,[2] deve-se ao fato de que a última expressão é mais correlacionada ao estudo do processo constitucional, enquanto a presente obra, incluirá, conforme se verificará, estudos de legitimidade democrática, natureza jurídica das funções desempenhadas pelo Tribunal Constitucional, a atuação do Tribunal Constitucional como órgão de normação positiva, dentre outros igualmente relevantes para o que se pretende.

Embora se tenha dado enfoque, por vezes, à instituição denominada "Tribunal Constitucional", as lições aqui delineadas se aplicam a toda forma de "Justiça Constitucional". Esta deverá ser compreendida a partir dessa premissa, sendo que ao longo do texto exceções e considerações quanto à extensão dos entendimentos aqui trazidos serão apresentadas, não deixando também de contextualizar a atuação do Supremo Tribunal Federal e o ordenamento jurídico brasileiro.

---

[1] Para Fix-Zamudio "[...] o conceito de jurisdição constitucional resulta muito limitado para nosso propósito, pois em sentido estrito só compreende o estudo da atividade de verdadeiros tribunais, formal e materialmente considerados, que conheçam e resolvam as controvérsias de natureza constitucional de maneira específica [...]." (FIX-ZAMUDIO, Héctor. *Veintinco años de evolución de la justicia constitucional. 1940-1965*. México: Unam, 1968. p. 15).

[2] Destaca Tavares que "[n]ão há consenso sobre o alcance das expressões 'Justiça Constitucional', 'jurisdição constitucional' ou mesmo 'Tribunal Constitucional', [...]. Assim, para quem nela [justiça constitucional] vislumbra apenas a existência do controle da constitucionalidade, falar neste já implica aquela e vice-versa, não havendo maiores dificuldades no emprego dessas expressões como se sinônimas fossem. Isso denota, pois, uma postura clássica ou, melhor dizendo, atrelada às origens do Tribunal Constitucional e sua teorização." (TAVARES, André Ramos. *Teoria da justiça constitucional*. São Paulo: Saraiva, 2005. p. 141).

Registra-se ainda que nesta pesquisa a expressão "Justiça Constitucional" tem uso identificado, em algumas das vezes, para designar apenas a atividade desenvolvida no âmbito do Tribunal Constitucional.

Após essas observações, vale ainda ressaltar que na defesa e na efetivação da Constituição não é possível estabelecer uma linha demarcatória contínua e definitiva entre Tribunal Constitucional e órgãos comuns do Judiciário, vez que é insustentável, em termos absolutos, cogitar em monopólio de aplicação da Constituição por um Tribunal Constitucional, até porque todos os operadores do direito, independentemente do sistema, estão autorizados a realizar a compreensão da Constituição. Além do que, há sistema nos quais um tribunal integrante da estrutura judiciária pode, concomitantemente, realizar o papel de Tribunal Constitucional, *v.g.*, o Supremo Tribunal Federal brasileiro.

Não se vai aqui determinar a natureza das funções que um Tribunal Constitucional pode vir a exercer. Não existe convergência quanto a esse ponto. Para um bom número de doutrinadores os Tribunais Constitucionais desempenham *função jurisdicional*, mesmo que em outro nível daquela desempenhada pelo Judiciário, registrando aqui a imensa utilização da expressão "jurisdição constitucional".

II – Justificativa teórica

Uma Constituição não é forjada para ser descumprida, para ser repetidamente atingida por atos (omissivos ou comissivos) inconstitucionais, para servir de enfeite em um Estado Democrático de Direito. Ela é composta por normas impositivas, que devem ser conhecidas, efetivadas e cumpridas por todos – sociedade e Estado.

A Justiça Constitucional, enquanto garantia do elo constitucional da sociedade, não deve se ater, apenas, ao exercício do controle de constitucionalidade *stricto sensu* afastando do ordenamento jurídico aqueles atos considerados inconstitucionais. Referida Justiça deve ir além e atuar em todas as dimensões de uma verdadeira "curadora da Constituição", buscando a efetivação de todas as normas constitucionais que, por vezes, permanecem em estado de latência em face de uma omissão normativa inconstitucional. Deve a Justiça Constitucional também atuar com vista a impedir violações reiteradas à Constituição, que ocorrem, em muitos casos, devido à ausência de percepção da sociedade e/ou do Estado acerca das normas que emanam dos enunciados normativos constitucionais.

Assim, indo além do exercício da clássica *função estruturante*, assim considerada aquela relacionada ao controle da observância da estrutura hierárquica do Direito, deve a Justiça Constitucional exercer também outras funções, dentre elas, a *função enunciativa* e a *função legislativa stricto sensu*, funções pelas quais a Justiça Constitucional, por intermédio, inclusive, de um Tribunal Constitucional atua como órgão de normação positiva editando enunciados com eficácia *erga omnes*.

Nesse contexto, muitos questionamentos surgem a respeito da legitimidade democrática da Justiça Constitucional e da indissociável discussão acerca da fronteira entre constitucionalismo e democracia.

Nessa perspectiva, objetiva este estudo identificar e analisar as *condições* e os *limites* que a Justiça Constitucional, por intermédio do Tribunal Constitucional, deve observar para que possa atuar legitimamente como órgão de normação positiva. Para tanto, faz-se necessário superar a vetusta doutrina montesquiana da separação de poderes, além de analisar, compreender e delimitar a *função normativa* que exercerá a Justiça Constitucional.

Verificar-se-á que inexiste um modelo apriorístico da separação de poderes, e que muito embora se apontem as clássicas funções do Estado (legislar, administrar e julgar), não é tarefa simples determinar se tais formas de atividade estatal satisfazem e correspondem à realidade das coisas e se atinjem a finalidade essencial (ou existencial) do Estado. Daí, as várias teorias que têm sido propostas a esse respeito no decorrer dos tempos, podendo-se afirmar que a separação de poderes veio ganhando contornos de acordo com a concepção de Estado de cada época e o respectivo contexto histórico.

Além da falta de um conceito apriorístico, a leitura dos textos dos pensadores clássicos não permite a visualização de um esquema de organização estatal semelhante à separação de poderes orgânica e funcional que se conhece atualmente, sendo, de igual modo, inquestionável a impossibilidade de uma separação absoluta dos poderes, bem como o reconhecimento de outras funções estatais, além das clássicas.

A possibilidade do exercício de uma função normativa por um órgão cujos integrantes não haurem representatividade popular direta é um acontecimento bastante recente em Estados democraticamente constituídos. É preciso, pois, apresentar a evolução, fundamentos, condições e limites dessa função normativa da Justiça Constitucional, devendo o direito constitucional esforçar-se para encontrar respostas e reflexões para essas questões.

Almejando cumprir tal empreitada, desenvolveu-se o estudo em quatro capítulos, seguidos das conclusões.

No primeiro Capítulo, analisa-se a cláusula da separação de poderes,[3] abordando a sua origem e evolução. Constata-se que inexiste um modelo apriorístico de separação de poderes. Procede-se também com uma análise crítica de tal cláusula, cotejando a clássica doutrina da separação de poderes com as necessidades atuais do Estado, a fim de demonstrar a inexistência de contornos precisos para tal cláusula na atualidade.

Averigua-se também o surgimento do Tribunal Constitucional e sua localização nesse ambiente tripartide de separação estatal de funções, achando seu *locus* fora dos poderes clássicos. A legitimidade democrática da atuação do Tribunal Constitucional também é abordada para afastar argumentos de que o Tribunal não pode substituir o legislador titular – representante democraticamente eleito pelo povo.

Já as funções exercidas pelo Tribunal Constitucional que tangenciam a função legislativa foram abordadas no segundo Capítulo, analisando a *função legislativa* exercida pelo Legislativo e as *funções normativas* exercidas pelo Tribunal Constitucional que interessam a este estudo por terem eficácia *erga omnes*, a saber: a função enunciativa e a função legislativa *stricto sensu*.

Aborda-se historicamente o apogeu e o declínio da função legislativa e do Legislativo, e também o crescimento da importância da

---

[3] A expressão "separação de poderes", embora de uso corrente, é inapropriada, e só será utilizada neste trabalho considerando sua aceitação generalizada. Melhor seria utilizar a expressão "distribuição de funções estatais" conforme será exposto no item 1.3.1.

Justiça Constitucional e do Tribunal Constitucional como guardiões da Constituição, deixando de ser a *lei* a única e exclusiva fonte do direito e, assim sendo, não é mais o Legislativo o órgão constitucional de soberania detentor do monopólio da produção normativa.

A normação editada pelo Tribunal Constitucional no exercício da função enunciativa é analisada a partir da abertura dos enunciados normativos constitucionais e também das funções *interpretativa* e *estruturante* e da sua natureza jurídica, para então verificar que as diretivas gerais (súmulas) consistem em veículos de enunciação da interpretação do Tribunal Constitucional.

De igual modo se investiga a normação editada pelo Tribunal Constitucional no exercício da função legislativa *stricto sensu* no controle das omissões legislativas inconstitucionais, analisando a competência do titular para o exercício da função legislativa e sua substituição provisória pelo Tribunal.

No final do segundo Capítulo delimita-se a ideia do Tribunal Constitucional como órgão de normação positiva (função normativa), para então demonstrar que os enunciados normativos editados pelo Tribunal possuem eficácia *erga omnes* e que isso não é atentatório ao regime democrático-representativo.

Sentadas as premissas de que a Justiça Constitucional, por intermédio do Tribunal Constitucional, pode atuar como órgão de normação positiva com decisões com eficácia *erga omnes*, é momento de analisar as *condições* para que o Tribunal possa atuar como órgão de normação positiva, e isso será feito no terceiro Capítulo.

As *condições* são os requisitos que devem ser averiguados previamente para que o Tribunal Constitucional se mostre apto ao exercício da função normativa.

As *condições* identificadas e analisadas no terceiro Capítulo são: *i*) a posição de curador da Constituição, *ii*) a previsão constitucional, *iii*) a ausência de opção legítima adotada pelo titular da função de legislar, *iv*) a existência de precedentes e *v*) a possibilidade de o Tribunal revisar ou cancelar a normação por ele editada.

Já no quarto Capítulo, analisam-se os *limites* para a atuação da Justiça Constitucional, por intermédio do Tribunal Constitucional, como órgão de normação positiva, ou seja, as balizas que o Tribunal deve observar após o início do procedimento para o exercício da função normativa.

Não é porque se faz negação à tradicional doutrina da separação de poderes e que se sustenta que o Tribunal Constitucional pode atuar como órgão de normação positiva, que a atuação do Tribunal poderá ocorrer sem limites, até porque o exercício da Justiça Constitucional em um regime verdadeiramente constitucional e democrático deve ser limitado.

Os limites identificados e analisados são: *i*) o caráter jurídico da decisão, *ii*) a manutenção do texto constitucional, *iii*) as disposições externas ao ordenamento jurídico do respectivo Estado, *iv*) a decisão aberta a uma dimensão comunicativa, *v*) a harmonia com aquilo que a sociedade espera, *vi*) a racionalidade da normação positiva, *vii*) a heterocontenção orgânica, *viii*) a normação similar preexistente, *ix*) o *quorum* qualificado, *x*) o devido processo objetivo e *xi*) a autolimitação.

Esses *limites* se mostram imprescindíveis, principalmente pela plasticidade dos enunciados normativos constitucionais, devendo-se ter muita precaução ao realizar a efetivação desses enunciados, sob pena de se majorar, antidemocraticamente, o poder discricionário da Justiça Constitucional.

III – Metodologia

Sob este marco teórico, a hipótese proposta é que o Tribunal Constitucional, enquanto ator da Justiça Constitucional, pode atuar como órgão de normação positiva desde que preencha determinadas *condições* prévias para o exercício da função normativa, e, depois de preenchidas essas *condições*, observe os *limites* impostos ao seu exercício.

A abordagem metodológica utilizada propõe a análise das *condições* e dos *limites* que legitimam a atuação da Justiça Constitucional, por intermédio do Tribunal Constitucional, como órgão de normação positiva. A metodologia adotada para alcançar os objetivos pretendidos será a historiográfica, a fenomenológica, a descritiva e a dedutiva, além do recurso, em determinadas passagens, do raciocínio indutivo, afinal, o *pluralismo metodológico* se apresenta.[4]

---

[4] A esse respeito leciona Reale: "Durante muito tempo discutiram jusfilósofos e juristas para saber se a Ciência do Direito deve ser uma ciência indutiva ou dedutiva", para,

Como sabido, o *método dedutivo* parte de premissas gerais para obter conclusões específicas.[5] Neste método não se explicam as premissas, mas sim a relação entre estas e a conclusão que acarretam, o que é feito neste estudo. Assim, por meio do processo dedutivo, identificam-se e analisam-se as *condições* e os *limites* da atuação da Justiça Constitucional no exercício da função normativa.

A identificação e a análise das *condições* e dos *limites* da Justiça Constitucional no exercício da função normativa com a edição de enunciados normativos com eficácia *erga omnes* são realizadas levando-se em conta a dogmática jurídica, considerando esta como o estudo doutrinário do direito, ou, caso se prefira dizer, a "ciência jurídica'",[6] não se adotando nenhum sistema constitucional específico para estudo. Na esteira desses procedimentos, a técnica de pesquisa utilizada é a documentação indireta, por meio de pesquisa bibliográfica de obras brasileiras e estrangeiras, bem como das jurisprudências.

Apesar de não ter adotado nenhum sistema constitucional específico, não foi deixado à margem o sistema constitucional brasileiro trazendo, sempre que possível, e sem perder o foco da pesquisa, considerações quanto à aplicabilidade dos entendimentos aqui firmados perante o ordenamento jurídico brasileiro e os julgados do Supremo Tribunal Federal.

---

mais adiante, concluir: "Hoje em dia, não tem sentido o debate entre indutivistas e dedutivistas, pois a nossa época se caracteriza pelo *pluralismo metodológico*, não só porque indução e dedução se completam, na tarefa científica, como também por se reconhecer que cada setor ou camada do real exige o seu próprio e adequado instrumento de pesquisa. No que se refere à experiência do Direito o mesmo acontece." (REALE, Miguel. *Lições preliminares de direito*. 27. ed. São Paulo: Saraiva, 2010. p. 83-84). A utilização de método parcialmente indutivo propicia a confrontação dialética entre a conceituação abstrata e o mundo dos fatos.

[5] O método *dedutivo* se "caracteriza por ser uma forma de raciocínio que, independentemente de provas experimentais, se desenvolve, digamos assim, de uma verdade sabida ou admitida a uma nova verdade, apenas, graças às regras que presidem à inferência das proposições, [...]." (REALE, Miguel. *Lições preliminares de direito*. 27. ed. São Paulo: Saraiva, 2010. p. 83).

[6] GUASTINI, Riccardo. *Das fontes às normas*. Tradução Edison Bini. São Paulo: Quartier Latin, 2005. p. 165. Afirma Clève: "[...] não há direito sem doutrina e, portanto, sem dogmática." (CLÈVE, Clèmerson Merlin. A teoria constitucional e o direito alternativo: para uma dogmática constitucional emancipatória. *ADV – Advocacia Dinâmica: seleções jurídicas*, [s.l.], n. 1, p. 46, jan. 1994.).

CAPÍTULO 1

SEPARAÇÃO DE PODERES E TRIBUNAL CONSTITUCIONAL

1.1 Considerações iniciais

Wittgenstein afirmou que "aquilo que sabemos quando ninguém nô-lo pergunta, mas que não sabemos quando o pretendemos explicar, é algo sobre o que devemos refletir".[7] Essa assertiva é precisa quando se enfoca a cláusula constitucional da separação de poderes.

A ideia é antiga e famosa, mas cabe analisar: em que constitui a cláusula constitucional da separação de poderes? Qual a sua essência, o seu conteúdo, a sua extensão? Há uma formulação ideal e apriorística?

São essas e outras indagações a que se buscará responder neste Capítulo, bem como se analisará criticamente a cláusula da separação de poderes, a sua vetusta tripartição e o Tribunal Constitucional como um poder apartado dos poderes clássicos.

Entende-se como necessária a análise do tema proposto neste Capítulo como meio de inumar dúvidas que possam surgir quanto à localização do Tribunal Constitucional na organização do Estado, à possibilidade de atuar como órgão de normação positiva e à subsunção dessas ponderações à cláusula constitucional da separação de poderes.

---

[7] WITTGENSTEIN, Ludwig. *Da certeza*. Tradução Maria Elisa Costa. Lisboa: Edições 70, 2000. p. 74.

Pode-se afirmar, de partida, que o conceito de separação de poderes é histórico. A separação de poderes não é um fim em si mesmo, mas meio e instrumento de realização de valores essenciais de convivência humana, que se traduzem basicamente nos direitos fundamentais do homem. Sob esse aspecto, a separação de poderes não é mero conceito político, abstrato e estático, mas sim, um processo de afirmação do povo – de garantia e de plena eficácia dos direitos fundamentais que o povo foi e vai conquistando no correr da história, variando de maneira considerável as posições doutrinárias acerca do que legitimamente se há de entender por separação de poderes. A escolha de um determinado modelo de divisão funcional do poder estatal pela Constituição está relacionada com os costumes e experiências históricas de um determinado povo.

Embora se possa encontrar raízes na antiguidade, explícita ou implicitamente, o estudo das funções do Estado, assim como a formulação das teorias a seu respeito, é relativamente recente.

Vile afirma que se pode encontrar as raízes da doutrina da separação de poderes no mundo antigo, quando muitos pensadores enfrentaram problemas similares, muito embora tenha se chegado a respostas diferentes das atuais.[8]

Nessa perspectiva, quando se faz referência à doutrina da separação de poderes, quase que automaticamente reporta-se à Montesquieu, por força daquilo que ele trouxe no Capítulo VI do Livro XI do seu *Do Espírito das Leis* de 1748.[9] Contudo, necessário singrar, mesmo que rapidamente, pela doutrina da teoria do Estado e da divisão política de poderes para analisar se o modelo montesquiano é ainda suficiente nos dias atuais.

A separação de poderes surgiu, no modelo atualmente consagrado, pela primeira vez na Inglaterra do século XVII, muito ligada à ideia da *rule of law* ou, mais concretamente, concebida como

---

[8] VILE, M. J. C. *Constitucionalismo y separación de poderes*. 2. ed. Tradução Xohana Bastida Calvo. Madrid: Centro de Estúdios Políticos y Constitucionales, 2007. p. 23. No mesmo sentido Zippelius pontua que Aristóteles, Platão (Leis) e posteriormente Políbio (Histórias, VI) também já traziam uma ideia de programa de controle e moderação do poder numa referência organizativa mais forte. (ZIPPELIUS, Reinhold. *Teoria geral do Estado*. 3. ed. Tradução Karin Praefke-Aires Coutinho. Lisboa: Fundação Calouste Gulbenkian, 1997. p. 406).

[9] MONTESQUIEU, Charles de Secondat. *O espírito das leis*. Tradução Cristina Murachco. São Paulo: Martins Fontes, 2000. p. 167-178.

pré-requisito prático ou condição *sine qua non* da sua realização,[10] associando-se, neste particular, ao movimento antiabsolutista da época.

A vinculação do constitucionalismo à separação de poderes encontrou sua formulação clássica na afirmação inscrita no art. 16, da Declaração dos Direitos do Homem e do Cidadão de 1789, de que "qualquer sociedade em que não esteja assegurada a garantia dos direitos, nem estabelecida a separação dos poderes, não tem Constituição", sendo a separação de poderes estatais, assim, elemento lógico essencial do *Estado democrático de direito*.

Com a Declaração dos Direitos do Homem e do Cidadão de 1789, a cláusula da separação de poderes passa a ser adotada pelo Estado constitucional, transformando-se no cerne da estrutura organizatória do Estado, com caráter de verdade axiomática.[11]

Nessa senda, o "conceito liberal de Constituição política ficou assim reduzido essencialmente à garantia dos direitos individuais e à separação dos poderes do Estado", destacando que "[o] pensamento liberal viu na separação dos poderes a principal técnica de limitação da soberania".[12]

Assim, apesar de o Estado constitucional basear-se na cláusula da separação de poderes, cumpre registrar que o constitucionalismo da antiguidade funcionou sem essa ideia de separação de poderes (funções) e, frequentemente, em conflito com esta cláusula.[13]

Atualmente, o regime constitucional implica, necessariamente, a existência de um mecanismo capaz de delinear os limites do exercício dos poderes constituídos (que decorrem do *Poder Constituinte*), afinal, uma das sustentações de um sistema democrático de governo é a limitação do poder, juntamente com a legitimidade de quem o exerce.

Apesar de ser multicitada e multiutilizada, a cláusula da separação de poderes não possui uma precisão terminológica e material, o que propicia as mais diversas concepções. Também

---

[10] PIÇARRA, Nuno. *A separação dos poderes como doutrina e princípio constitucional*. Coimbra: Coimbra Editora, 1989. p. 44.
[11] TAVARES, André Ramos. *Teoria da justiça constitucional*. São Paulo: Saraiva, 2005. p. 164.
[12] CAETANO, Marcello. *Manual de ciência política e direito constitucional*. 6. ed. rev. e ampl. Coimbra: Almedina, 2003. t. 1. p. 195 e 204.
[13] LOEWENSTEIN, Karl. *Teoría de la Constitución*. Tradução Alfredo Gallego Anabitarte. 2. ed. Barcelona: Ariel, 1979. p. 56.

inexiste uma definição apriorística, universal e completa da cláusula da separação de poderes, já que esta vem sofrendo, ao longo da evolução da história, inúmeros ajustes conceituais. Nesse sentido, aliás, Magiera declara que "sem mais desenvolvimento, o conceito de separação dos poderes é, pelo menos, equívoco",[14] enquanto Bielsa afirma que o sentido da *separação de poderes* dependerá do sentido jurídico e político de cada povo, de sua mentalidade política e de sua tradição.[15]

À guisa de ilustração, a cláusula da separação de poderes é, em Montesquieu, um mecanismo imediatamente voltado contra a concentração de poder, com o intuito de promover a proteção da *liberdade* do indivíduo (garantia de liberdade), enquanto para os *Federalistas* estadunidenses a cláusula da separação de poderes ganha feição voltada primeiramente para a otimização do desempenho das funções do Estado (especialização das tarefas (funções)).

Nessa quadra, pode-se afirmar que a cláusula da separação de poderes pretende, a um só tempo, *limitar* e *legitimar* a atuação estatal.

O primeiro objetivo – *limitação* do poder – cuida de preservar a liberdade individual, combatendo a concentração de poder, isto é, o exercício do poder político pela mesma pessoa ou órgão.

A separação de poderes busca este objetivo impondo a colaboração e o consenso de mais de um órgão constitucional de soberania na tomada das decisões mais importantes, e também estabelecendo mecanismos de fiscalização (controle) recíprocos entre os órgãos, conforme o modelo de freios e contrapesos (*cheks and balances*) institucionalizado pela Constituição do respectivo Estado.

---

[14] MAGIERA, S. *Parlament und Staatsleitung in der Verfassungsordnung des Grundgesetzes*, 1979, apud, PIÇARRA, Nuno. *A separação dos poderes como doutrina e princípio constitucional*. Coimbra: Coimbra Editora, 1989. p. 9. O STF, por meio da ADI 98/MT, já firmou a inexistência de uma "fórmula universal apriorística e completa" que pudesse traduzir a cláusula da separação de poderes. (STF. Pleno. ADI 98/MT. Rel. Min. Sepúlveda Pertence. Julgado em 07 ago. 1997). No MI 712/PA consignou o Min. Eros Grau em seu voto: "não existe uma assim chamada 'separação de poderes' provinda do direito natural. Ela existe, na Constituição do Brasil, tal como nela definida. Nada mais. No Brasil vale, em matéria de independência e harmonia entre os poderes e de 'separação de poderes', o que está escrito na Constituição, não esta ou aquela doutrina em geral mal digerida por quem não leu Montesquieu no original". (STF. Pleno. MI 712/PA. Rel. Min. Eros Grau. Julgado em 25 out. 2007). Cf. ainda no mesmo sentido: STF. Pleno. ADPF 33/PA. Rel. Min. Gilmar Mendes. Julgado em 07 dez. 2005 e STF. Pleno. ADI 3367/DF. Rel. Min Cezar Peluso. Julgado em 13 abr. 2005.
[15] BIELSA, Rafael. *Derecho constitucional*. 2. ed. Buenos Aires: Roque Depalma, 1954. p. 45.

O segundo objetivo – *legitimação* do poder – é alcançado em face da especialização de cada órgão no exercício da competência que foi atribuída pela Constituição, permitindo a melhoria no desempenho da sua atividade. Como cada órgão tem como competência preponderante uma função específica, a cláusula da separação de poderes contribui então para o aperfeiçoamento do exercício dessa competência, aumentando sua eficiência e, por consectário lógico, a aceitação popular dessa atuação.

Além dessas incertezas e divergências, a cláusula da separação de poderes serve como argumento de retórica para justificar os mais diversos comportamentos, sem, contudo, receber um aprofundamento devido acerca do seu conteúdo. Não é de se estranhar a localização de entendimentos sobre a mesma questão, que muito embora tenham utilizado como argumento a mesma cláusula da separação de poderes, ao final, tenham chegado a conclusões opostas, num verdadeiro "efeito Janus".[16]

Cabe registrar que o esquema que atualmente se verifica acerca da separação de poderes foi elaborado gradativamente na experiência institucional das revoluções dos finais do século XVIII que levaram à criação das primeiras Constituições rígidas[17] e escritas nos Estados Unidos e na França.

A separação de poderes ora se apresenta como uma *cláusula dogmática* no sentido que afirma a identidade absoluta entre a separação de poderes e o reconhecimento e a garantia da liberdade, e ora se apresenta com um caráter *institucional* na medida em que serve como esquema distribuidor das diversas competências do Estado,[18] naquilo que Canotilho chama de *direito constitucional organizatório*:

---

[16] Refere-se aqui ao deus romano Janus que é representado por uma cabeça dotada de duas faces, posicionadas em direções opostas. As duas faces desiguais simbolizam a dualidade da natureza que podem conduzir a caminhos diversos.

[17] Todo o raciocínio desenvolvido neste estudo parte do pressuposto de que se está diante de uma *Constituição rígida*. As Constituições rígidas não podem ser modificadas da mesma maneira que as leis ordinárias. Demandam um processo de reforma mais complicado e solene. Quase todos os Estados modernos aderem a essa forma de Constituição. Variável, porém, é o grau de rigidez apresentado.

[18] VERDÚ, Pablo Lucas; CUEVA, Pablo Lucas Murillo de la. *Manual de derecho politico*. 3. ed. Madrid: Tecnos, 2005. p. 175.

Entende-se por *direito constitucional organizatório* o conjunto de regras e princípios constitucionais que regulam a formação dos órgãos constitucionais, sobretudo dos órgãos constitucionais de soberania, e respectivas competências e funções, bem como a forma e procedimento da sua actividade.[19]

Sendo assim, a separação e a interdependência de poderes não é um esquema constitucional rígido, mas apenas uma cláusula organizatória fundamental e, como tal, não há que se perguntar pela sua realização estrita nem há que considerá-la como um dogma de valor intemporal, devendo, sim, perspectivá-la como *cláusula histórica* em contato com uma ordem constitucional concreta.[20]

Não obstante as críticas e as discussões que aqui serão colacionadas acerca da cláusula da separação de poderes, que reste pacífico que tal cláusula se apresenta, indubitavelmente, como pressuposto inafastável de uma estrutura estatal que se pretenda ser verdadeiramente democrática.

1.2 Origem e evolução da ideia de separação (poderes ou funções)

1.2.1 Estado, seu poder e suas funções

A primeira noção – ainda sem rigor técnico – que se colhe do Estado é a de "um povo fixado em um território, de que é Senhor, e que dentro das fronteiras desse território institui, por autoridade própria, órgãos que elaborem as leis necessárias à vida colectiva e imponham a respectiva execução", por isso pode-se dizer que os elementos do Estado são o *povo, o território e o poder político soberano*.[21]

---

[19] CANOTILHO, José Joaquim Gomes. *Direito constitucional e teoria da Constituição*. 4. ed. Coimbra: Almedina, 2000. p. 527.
[20] CANOTILHO, José Joaquim Gomes. *Direito constitucional e teoria da Constituição*. 4. ed. Coimbra: Almedina, 2000. p. 542.
[21] CAETANO, Marcello. *Manual de ciência política e direito constitucional*. 6. ed. rev. e ampl. Coimbra: Almedina, 2003. t. 1. p. 122.

O Estado só nasce quando a coletividade (povo), fixada em um território, resolve exercer seu *poder político soberano*, ou seja, exercer por autoridade própria constituinte (não recebida de outro poder), a instituição de "órgãos que exerçam o senhorio de um território e nele criem e imponham normas jurídicas, dispondo dos necessários meios de coacção".[22] Assim, uma definição suficiente e sintética de Estado que se pode formular é a de que Estado é toda ordenação jurídica territorial soberana, isto é, originária.

Nessa concepção de Estado, o *poder* se apresenta *funcionalizado* (concebido como um meio ao serviço do interesse geral e não dos interesses de algum(ns) apenas), e se encontra *despersonalizado*: "titular do poder é a colectividade e os governantes limitam-se a exercê-lo, como suportes dos órgãos da mesma colectividade".[23]

Aproximando daquilo que mais interessa neste Capítulo, deve-se advertir que, na sua origem e na sua essência, o *poder político soberano* é uno diante da substancial indivisibilidade do poder estatal. O que ocorre é a distribuição das funções do Estado por meios de seus órgãos, que utilizam dessa técnica em seu exercício, pela necessidade de uma atuação racional e responsável e pela ideia da divisão de trabalho, atendendo assim à complexidade das suas tarefas e à consequente necessidade de especialização dos órgãos estatais no desempenho dessas tarefas.

Como bem acentua Malberg, deve-se entender por funções estatais, em direito público, as diversas atividades do Estado enquanto constituem diferentes manifestações, ou diversos modos de exercício, da potestade estatal.[24]

Já Bonavides, ao cuidar da reavaliação da cláusula da separação de poderes destaca que tal cláusula "vale unicamente

---

[22] CAETANO, Marcello. *Manual de ciência política e direito constitucional*. 6. ed. rev. e ampl. Coimbra: Almedina, 2003. t. 1. p. 130.
[23] CAETANO, Marcello. *Manual de ciência política e direito constitucional*. 6. ed. rev. e ampl. Coimbra: Almedina, 2003. t. 1. p. 122. Para Caetano "[c]hama-se *poder* a possibilidade de eficazmente impor aos outros o respeito da própria conduta ou de traçar a conduta alheia". (*Ibidem*, p. 5).
[24] MALBERG, R. Carré de. *Teoría general del Estado*. Tradução José Lión Depetre. 2. ed. México: Fondo de Cultura Económica, 2001. p. 249.

por técnica distributiva de funções distintas entre órgãos relativamente separados".[25] Conforme anota Moreira Neto, a *competência*, longe de ser um instituto que reparte o poder estatal, na verdade, adjudica a determinados entes e órgãos o dever de exercê-los, seja de modo exclusivo, compartilhado ou em associação, daí porque Paul Laband denominava a Constituição de *Kompetenz von Kompetenz*.[26] Assentada essa ideia a respeito da unidade e da indivisibilidade do poder soberano estatal, deve-se ter em conta que este se exterioriza por meio de funções clássicas: a executiva, a legislativa e a judiciária, além das novas funções estatais consoante será apresentado no item 1.4.

Pode-se dizer que os titulares do exercício do poder político, na essência, são meros exercentes das funções estatais, possuindo competência constitucional para tanto. Em outras palavras, os órgãos constitucionais de soberania no exercício das competências determinadas pela Constituição possuem o *dever-poder* de perseguir o cumprimento e a efetivação da Constituição, em que se destaca o aspecto subordinado do *poder* em relação ao *dever*, o que fará ressaltar as condições e os limites para o exercício das competências.

Conforme se verá no item seguinte, as funções estatais clássicas: normativa (legislativa), administrativa (executiva) e jurisdicional estão, de certo modo, conexas com os problemas das características, dos fins e da organização do Estado.

1.2.2 Separação de funções (e não de poderes) e a competência para o exercício das funções pelos órgãos constitucionais de soberania

Como já afirmado, o poder político estatal, embora uno, é exercido, pela própria natureza das coisas, por meio de diversos

---

[25] BONAVIDES, Paulo. *Ciência política*. 10. ed. rev. e atual. São Paulo: Malheiros, 2001. p. 147.
[26] MOREIRA NETO, Diogo de Figueiredo. *Mutações do direito público*. Rio de Janeiro: Renovar, 2006. p. 127. Para Miranda, a "competência é algo de instrumental no confronto dos fins ou funções do Estado ou dos interesses públicos." (MIRANDA, Jorge. *Manual de direito constitucional*. 3. ed. Coimbra: Coimbra Editora, 2004. t. 5. p. 57.)

órgãos estatais. O exercício do poder estatal ocorre em diversos *momentos*, sob várias *formas* e em virtude de diferentes *motivos*.

Para Jellinek, cada órgão representa, dentro dos seus limites, o poder do Estado, sendo possível falar de uma "divisão de competências", porém não de uma "divisão de poderes", posto ser só um o poder estatal.[27] Por ser o poder político estatal uno, impróprio se mostra utilizar, senão com a devida ressalva, a expressão "separação de poderes" para designar o exercício do poder estatal por meio de seus órgãos, já que o mais adequado, conforme se verá no item 1.3.1, é utilizar a expressão "distribuição de funções estatais".

Deve ficar consignado, desde logo, que *função estatal* não se confunde com *órgão estatal*. Este detém a competência para desempenhar aquela.

Tem-se assim que a terminologia "separação de poderes" foi expressa de forma errônea, porque na verdade o poder que resvala da soberania é uno. O que se reparte são as funções realizadas por cada um dos órgãos constitucionais de soberania, de acordo com o que fora estipulado pela Constituição de cada país.

Desse modo, aquilo que se designa comumente de "separação de poderes" trata-se, na essência, de uma distribuição de determinadas "funções estatais" a diferentes órgãos do Estado que detêm "competência" para o exercício dessas funções. Embora seja de larga utilização, a expressão "poderes" deve ser entendida de maneira meramente figurativa,[28] cabendo ainda registrar que o problema semântico apenas muda de parada, afinal, o vocábulo "função" também tem emprego não homogêneo, podendo ser utilizado em diversos sentidos e pelas mais variadas ciências (política,[29] matemática, biológica etc.).

---

[27] JELLINEK, Georg. *Teoría general del Estado*. Tradução Fernando de los Ríos. México: Fondo de Cultura Económica, 2004. p. 454.
[28] Cf. nesse sentido: LOEWENSTEIN, Karl. *Teoría de la Constitución*. Tradução Alfredo Gallego Anabitarte. 2. ed. Barcelona: Ariel, 1979. p. 55-56.
[29] Caetano destaca que a "palavra função é empregada em diversos sentidos. [...] E mesmo na Ciência Política os autores emprestam-lhe significações variadas: umas vezes chama funções aos fins do Estado, outras designam assim as tarefas concretas que um Estado deve desempenhar (assistência, ensino, polícia etc.), outras ainda entendem por função o conjunto de poderes e deveres que pertencem a um órgão qualquer do Estado." (CAETANO, Marcello. *Manual de ciência política e direito constitucional*. 6. ed. rev. e ampl. Coimbra: Almedina, 2003. t. 1. p. 148).

Dimoulis indica que a doutrina alemã de finais do século XIX tentou delinear o conteúdo jurídico da separação de poderes, baseando-se em quatro ideias fundamentais.[30] A primeira ideia, que aqui já foi afirmada, é a de que o poder estatal é unitário, pois emana do titular do Poder Constituinte. Aquilo que se separa (ou se divide) são suas manifestações concretas, as denominadas funções estatais. Isso indica que o termo "separação de poderes" é inadequado, pois não há, no Estado constitucional, poderes autônomos e paralelos.

A segunda ideia é a de que o poder estatal é dividido em *funções* que se diferenciam claramente em razão de sua finalidade e forma de atuação. Qualquer ato estatal pode ser classificado em uma das funções clássicas (legislativa, executiva e judiciária). Trata-se, aqui, da *separação funcional* (material ou objetiva) dos poderes.

Essa abordagem da separação de poderes tem como elemento central a possibilidade de definir o conteúdo de cada função, permitindo que qualquer ato estatal possa ser classificado em uma (e somente uma) dessas funções mediante comparação da competência de cada órgão estatal com as características do ato típico analisado. Tal abordagem pode ser denominada *funcionalista*, porque considera possível definir as funções estatais para, em seguida, distribuí-las entre os grupos de órgãos estatais.

A terceira ideia que se apresenta é que devem ser instituídos *grupos de autoridades estatais* (órgãos estatais/poderes), cujo número deve ser igual ao das funções estatais. A cada órgão estatal deve ser atribuída a respectiva função. Essa é a *separação orgânica* (formal ou subjetiva) de poderes, que impõe a correspondência entre o órgão estatal e a função.

Registra-se, desde logo, que exceções ao *imperativo de correspondência* são possíveis se forem autorizadas pela Constituição. Nesses casos, tem-se o fenômeno de "cruzamento" dos poderes (*Gewaltenverschränkung*), ao qual a doutrina brasileira costuma se referir pelas expressões: "funções atípicas", "competências anômalas", "competências secundárias", dentre outras.

---

[30] DIMOULIS, Dimitri. Separação de poderes. In: DIMOULIS, Dimitri. (Coord.). *Dicionário brasileiro de direito constitucional*. São Paulo: Saraiva, 2007. p. 348.

Nesse passo, as exceções à cláusula da separação de poderes só serão admissíveis quando a Constituição as estabeleça e nos termos, condições e limites que o fizer.

A quarta e última ideia trazida pela doutrina alemã é a de que cada poder deve se organizar e atuar de maneira autônoma, evitando-se as interferências dos demais. Esta ideia será melhor analisada no item 1.3.1. Pode-se afirmar que a "separação de poder" existe quando vários *órgãos estatais*, detentores de competência para o exercício de determinadas funções, participam na formação da vontade estatal. E as funções que são acometidas a determinado *órgão estatal* sofrem controle por meio dos outros *órgãos estatais* que também são detentores de poder.[31]

Os *órgãos estatais* que aqui se menciona, em um rigor técnico e restrito, seriam os *órgãos constitucionais de soberania*:

> (1) cujo *status* e competência são imediata e fundamentalmente "constituídos" pela constituição; (2) dispõem de um poder de auto-organização interna; (3) que não estão subordinados a quaisquer outros; (4) que estabelecem relações de interdependência e de controlo em relação a outros órgãos igualmente ordenados na e pela constituição. [...]. Não basta, pois, que eles sejam "mencionados" na constituição; as suas competências e funções devem resultar, no essencial, da lei fundamental.[32]

Já as funções de Estado que aqui interessam são aquelas relacionadas aos *órgãos constitucionais de soberania*, ou seja, aqueles órgãos estatais que recebem diretamente da Constituição essas funções, bem como a sua definição, até porque a cláusula da separação de poderes deve-se amoldar à forma de organização do

---

[31] LOEWENSTEIN, Karl. *Teoría de la Constitución*. Tradução Alfredo Gallego Anabitarte. 2. ed. Barcelona: Ariel, 1979. p. 50. Cf. ainda do autor: "En este punto es necesario hacer una importante aclaración: la *distribución* del poder político y el *control* del poder político no son dos categorías iguales, sino que se diferencian. La distribución del poder significa en sí un recíproco control del poder." (*Ibidem*, p. 69)

[32] CANOTILHO, José Joaquim Gomes. *Direito constitucional e teoria da Constituição*. 4. ed. Coimbra: Almedina, 2000. p. 549. Anota ainda o autor que bem andou a Constituição Portuguesa de 1976 por substituir a expressão "poderes de Estado" para "órgão de soberania." (*Ibidem*, p. 529). Os *órgãos constitucionais de soberania* a que alude Canotilho são os *órgãos supremos* definidos por Silva como aqueles "a quem incumbe o exercício do poder político, cujo conjunto se denomina *governo* ou órgãos governamentais". (SILVA, José Afonso da. *Curso de direito constitucional positivo*. 33. ed. rev. e atual. São Paulo: Malheiros, 2010. p. 107).

Estado contemplada na respectiva Constituição. Resta assentado que é a Constituição o texto legítimo para normatizar o grau de interdependência e colaboração entre os diferentes *órgãos constitucionais de soberania* no exercício das suas funções.

Assim, definindo uma terminologia a ser empregada no presente trabalho, tem-se que o Estado possui determinadas *funções* a exercer, dentre as quais se podem elencar: a legislativa, a executiva e a judiciária, e, para tanto, designa aos *órgãos constitucionais de soberania* (Legislativo, Executivo, Judiciário e Tribunal Constitucional, *v.g.*) a *competência*[33] para o exercício das *funções* elencadas, mas é comum, como adiante será explanado, não atribuir competência exclusiva a um determinado órgão para cumprir determinada função estatal, sob pena de que uma falha (morosidade, *v.g.*) no exercício da competência por determinado órgão prejudique os fins que o Estado deve efetivar e, por consectário lógico, o indivíduo.

Contudo, muito embora se aponte as clássicas funções do Estado (legislar, administrar e julgar), não é fácil determinar se tais formas da atividade estatal satisfazem as exigências do espírito, correspondam à realidade das coisas e atinjam a finalidade essencial (ou existencial) do Estado, daí as várias teorias que têm sido propostas a esse respeito no decorrer dos tempos,[34] podendo-se afirmar novamente a inexistência de um modelo apriorístico de separação de poderes, já que tal instituto veio ganhando contornos de acordo com a concepção de Estado de cada época e o respectivo contexto histórico.

---

[33] Entender-se-á por competência o dever-poder de ação e de atuação atribuído a determinado(s) órgão(s) estatal(is) com o fim de prosseguir(em) as tarefas que lhe são incumbidos.

[34] Dentre as diversas teorias de separação de poderes, pode-se destacar, dentre outras, as dos seguintes pensadores nas respectivas obras: ARISTÓTELES. *A política*. 2. ed. Tradução Roberto Leal Ferreira. São Paulo: Martins Fontes, 1998; LOCKE, John. *Segundo tratado sobre o governo civil*. Tradução Magda Lopes e Marisa Lobo da Costa. 4. ed. Petrópolis: Vozes, 2006; MONTESQUIEU, Charles de Secondat. *O espírito das leis*. Tradução Cristina Murachco. São Paulo: Martins Fontes, 2000; ROUSSEAU, J. J. *Do contrato social*. Tradução Antônio de Pádua Danesi. São Paulo: Martins Fontes, 2001; HAMILTON, Alexander; MADISON, James; JAY, John. *O federalista*. Tradução Ricardo Rodrigues Gama. São Paulo: Russel, 2003; KELSEN, Hans. *Teoria geral do direito e do Estado*. 3. ed. Tradução Luís Carlos Borges. São Paulo: Martins Fontes, 2000; REBECQUE, Henry Benjamin Constant de. *Princípios políticos constitucionais*. Tradução Maria do Céu Carvalho. Rio de Janeiro: Liber Juris, 1989; LOEWENSTEIN, Karl. *Teoría de la Constitución*. Tradução Alfredo Gallego Anabitarte. 2. ed. Barcelona: Ariel, 1979; ACKERMAN, Bruce. *A nova separação de poderes*. Tradução Isabelle Maria Campos Vasconcelos e Eliana Valadares Santos. Rio de Janeiro: Lumen Juris, 2009.

1.3 Análise crítica da cláusula constitucional da separação de poderes

1.3.1 Previsão constitucional: separação de poderes, distribuição de funções estatais e harmonia e independência entre os poderes

Assim como a palavra "poder" é inexata, de igual modo se mostra a palavra "separação". Como a palavra "separação" é inexata, pode-se afirmar de partida que melhor empregar o termo "distribuição" *do poder*, ou ainda de forma mais precisa, *distribuição de funções estatais*.

Sobre essa questão terminológica, Loewenstein afirma que "o que geralmente, embora de forma equivocada, é muitas vezes designada como a separação dos poderes do Estado, é na verdade a distribuição de determinadas *funções* estatais a diferentes órgãos governamentais".[35]

Não diferente, Kelsen prefere a terminologia "distribuição" no lugar de "separação", justamente para que não se desenvolva a equivocada ideia de que uma *separação* busque uma *segregação*, um isolamento de cada uma das funções. O objetivo da separação é outro, é permitir um controle mútuo dos "poderes".[36]

Ao analisar as expressões "distribuição" e "separação" nos contornos acima delineados, não resta dúvida de que a expressão "distribuição de funções estatais" se mostra mais adequada, contudo não é equivocada a utilização da expressão "separação de poderes" desde que reste assentado que a expressão não está a externar um isolamento de cada uma das funções.

---

[35] LOEWENSTEIN, Karl. *Teoría de la Constitución*. Tradução Alfredo Gallego Anabitarte. 2. ed. Barcelona: Ariel, 1979. p. 55. T.a. do original: "Lo que corrientemente, aunque erróneamente, se suele designar como la separación de los *poderes* estatales, es en realidad la distribuición de determinadas *funciones* estatales a diferentes órganos del Estado.". Não obstante ao ora afirmado, a expressão "separação de poderes" é amplamente utilizada tanto pela doutrina quanto pela jurisprudência.

[36] KELSEN, Hans. *Teoria geral do direito e do Estado*. 3. ed. Tradução Luís Carlos Borges. São Paulo: Martins Fontes, 2000. p. 390.

Talvez pela imprecisão terminológica mencionada, as Constituições, em geral, não contêm dispositivo especial sobre a cláusula da separação de poderes decorrendo esta de enunciados normativos esparsos, nos quais as funções estatais são distribuídas aos respectivos órgãos constitucionais de soberania. Registra-se ainda que onde se adota constitucionalmente a falada separação de poderes, a cláusula parâmetro por excelência para sua aplicação é a cláusula da *independência* e *harmonia* entre os poderes.

Nesse quadrante, a independência e a harmonia entre os Poderes do Estado (órgãos constitucionais de soberania) indicam, como cláusula, que cada um deles possui uma esfera própria de atuação, cuja demarcação tem por fonte a própria Constituição, e que devem respeitar-se reciprocamente quanto à existência, à estabilidade e à esfera de competência demarcada aos demais Poderes do Estado.

Consoante acentua Espinola, a *independência* consiste em não se subordinar nenhum poder a outro, em exercer cada poder, plenamente, sem influência estranha, e sem obstáculo, as suas próprias funções, tais como traçadas na Constituição.[37]

Quanto à *harmonia*, resultará, por sua vez, da própria coordenação, da própria colaboração resultante do exercício realmente independente das funções de cada um e decorrerá das normas de cortesia no trato recíproco e no respeito às prerrogativas e faculdades que mutuamente todos têm direito,[38] até porque a cláusula da separação de poderes não foi instituída para gerar o choque ou o conflito entre os "poderes", mas sim para melhor garantir a justiça, a segurança e o bem-estar, para que em justo equilíbrio eles trabalhem, cooperem e auxiliem-se.

Enquanto se mantiver a cláusula da separação de poderes como supedâneo do esquema de organização de poderes em um determinado Estado (cláusula parâmetro), impõe-se manter a delimitação de zonas de atuação independentes e harmônicas dos *órgãos constitucionais de soberania*.

---

[37] ESPINOLA, Eduardo. *A nova Constituição do Brasil*: direito político e constitucional brasileiro. São Paulo: Freitas Bastos, 1946. p. 244.
[38] SILVA, José Afonso da. *Curso de direito constitucional positivo*. 33. ed. rev. e atual. São Paulo: Malheiros, 2010. p. 110.

A flexibilização da cláusula parâmetro, fato indiscutível atualmente no direito constitucional, encontra, pois, limites na idéia-fim do princípio: limitação do poder. De outro lado, a interferência de um poder sobre outro somente será admissível, em tese, quando vise a realizar a idéia-fim, seja para impedir abusos de poder, seja para propiciar real harmonia no relacionamento entre os poderes, seja ainda para garantir as liberdades e assegurar o pleno exercício das funções próprias. A interferência jamais poderá, ainda que de modo disfarçado, ter por objetivo a dominação de um poder sobre outro poder.[39]

Deve restar consignado, mais uma vez, que a cláusula da independência entre os "poderes" emerge da Constituição, afinal, só é possível cogitar em "poderes" independentes quando as respectivas competências estão elencadas na Constituição.

Contudo, em geral, as Constituições não contêm enunciados normativos específicos quanto à distribuição de funções estatais, preferindo-se utilizar de disposições esparsas, nas quais se declara que o executivo será exercido pelo Chefe de Estado ou Presidente, o legislativo pelo Congresso/Parlamento, e o judiciário pelos Tribunais.

Apenas a título de exemplificação, a Constituição brasileira de 1988 não desenhou nenhum tratamento sistemático das funções estatais, preferindo apenas proceder com uma a consagração da cláusula da separação de poderes, prescrevendo em seu art. 2º que *"São poderes da União, independentes e harmônicos entre si, o Legislativo, o Executivo e o Judiciário"*, num comportamento de inspiração, basicamente, na teoria de Montesquieu.

Além da referência do art. 2º da CRFB[40] há uma articulação dispersa no texto constitucional, e uma orientação funcional do que corresponderá a cada um desses órgãos. Apenas após um estudo

---

[39] FERRAZ, Anna Cândida da Cunha. *Conflito entre poderes*: o poder congressual de sustar atos normativos do Poder Executivo. São Paulo: Revista dos Tribunais, 1994. p. 14.
[40] Há uma crítica ao art. 2º da CRFB pelo fato de que tal dispositivo – citado como um "resumo" da organização funcional do Estado brasileiro – ter sua inserção no texto final da Constituição brasileira de 1988 de forma bem "pitoresca". De acordo com o ex-Ministro do STF e ex-Deputado Constituinte pelo Rio Grande do Sul, Nelson Jobim, em entrevista ao Jornal O Globo em 2003, o art. 2º da CRFB foi acrescentado ao texto constitucional sem que houvesse obedecido o *devido processo legislativo*. (Cf. MEDEIROS, Lydia. Constituição cidadã: avanços e revelações. *O Globo*, Rio de Janeiro, 7 de outubro de 2003. Disponível em <http://www.oglobo.com.br>. Acesso em: 11 nov. 2012).

aprofundado e sistemático é que se poderá chegar a uma conclusão sobre as funções que devem exercer cada um dos *órgãos constitucionais de soberania* previstos na Constituição brasileira de 1988.

Cumpre registrar que, talvez com o intuito de evitar um sentido de "separatismo", e evitando expressões como "divisão" ou "distribuição de poderes", fez bem o legislador constituinte brasileiro ao mencionar apenas a expressão "independentes e harmônicos entre si" no art. 2º da CRFB.

1.3.2 A cláusula da separação de poderes na atualidade: além da tripartição e da separação absoluta

Registra-se, inicialmente, que não se objetiva aqui fazer um inventário[41] das críticas dirigidas contra a clássica teoria da separação de poderes, afinal, é inquestionável que a cláusula da separação de poderes foi e é uma boa ideia; contudo, não há nenhuma razão para supor que os pensadores clássicos esgotaram a sua excelência. Obviamente que os detalhes do contexto das épocas pretéritas diferenciam-se do atual momento, porém os problemas, os interesses, os dilemas são, na essência, os mesmos que se têm atualmente.[42]

Uma nova leitura da cláusula da separação de poderes em um sentido político de equilíbrio permitirá a busca de novas soluções

---

[41] Sampaio condensa as críticas à teoria de Montesquieu nos seguintes termos: "a) cuida-se de uma teoria artificial e equivocada, pois partir de uma interpretação da Constituição inglesa, distorcida da realidade, criando uma doutrina irreal, impraticável e esquemática; b) que fere a indivisibilidade da soberania, por não identificar o titular da soberania; c) rompe com a unidade orgânica do Estado; e d) é produto da ideologia burguesa e liberal, pois *Montesquieu* procurou descrever a forma de funcionamento do poder na Inglaterra. [...] Além do mais, e) gera instabilidade política; f) é contrariada pelos fatos, levando-se em conta que, em diversos sistemas constitucionais, ocorrer, na prática, uma concordância de poderes e não a sua divisão; tal é o caso do Gabinete na Grã-Bretanha." (SAMPAIO, José Adércio Leite. *A Constituição reinventada pela jurisdição constitucional*. Belo Horizonte: Del Rey, 2002. p. 428).

[42] Cf. nesse sentido: ACKERMAN, Bruce. *A nova separação de poderes*. Tradução Isabelle Maria Campos Vasconcelos e Eliana Valadares Santos. Rio de Janeiro: Lumen Juris, 2009. p. 113; VILE, M. J. C. *Constitucionalismo y separación de poderes*. 2. ed. Tradução Xohana Bastida Calvo. Madrid: Centro de Estúdios Políticos y Constitucionales, 2007. p. 391.

aos atuais problemas da sociedade e do Estado e, nessa marcha, importa trazer respostas para a necessidade de realizar os *fins* que o Estado deve perseguir por meio das *funções* que deve exercer por intermédios dos órgãos constitucionais de soberania. Como já afirmado, o conceito de separação de poderes é histórico. A separação de poderes não é um fim em si mesmo, mas meio e instrumento de realização de valores essenciais de convivência humana, que se traduzem basicamente nos direitos fundamentais do homem. A separação de poderes não é mero conceito político, abstrato e estático, mas sim um processo de afirmação do povo, de garantia e de plena eficácia dos direitos fundamentais que o povo foi e vai conquistando no decorrer da história, variando de maneira considerável as posições doutrinárias acerca do que se há de entender por separação de poderes.

Nesse contexto, pode-se afirmar que a cláusula da separação de poderes se consubstancia mais em uma doutrina política para contenção do exercício do poder dos órgãos estatais e, por consectário lógico, uma garantia ao indivíduo, do que propriamente uma teoria jurídica consolidade dotada de cientificismo, até porque a concepção de "separação de poderes" experimentou, e experimenta, no curso da história, diversas teorias e expressões orgânicas que refletiram, e refletem, as diversas variantes fenomenológicas do formato político do Estado de cada época, bem como do respectivo contexto social.

Também é inquestionável que em decorrência da multiplicidade de elementos políticos, sociais e econômicos em jogo na sociedade moderna, a teoria tripartida da separação de poderes se mostra excessivamente reducionista.[43]

Não se pode olvidar que a transição do *Estado Liberal* para o *Estado Social* provocou uma alteração no panorama das decisões políticas, posto que, anteriormente as escolhas restavam configuradas nas *leis*, e com o advento do Estado Social as leis passaram a serem formuladas sem objetividade, com cláusulas gerais, com enunciados principiológicos. A decisão política foi

---

[43] CORNEJO, Valentin Thury. *Juez y division de poderes hoy*. Buenos Aires: Ciudad Argentina, 2002. p. 387.

postergada para o momento da concretização da lei pelo Estado (Administrador ou Juiz), produzindo assim uma importante alteração no eixo da cláusula da separação de poderes, já que gerou (in)diretamente um fortalecimento do Executivo diante da necessidade de se implementar as demandas do *Welfare State*, bem como um fortalecimento do Judiciário decorrente da sua inevitável politização na medida em que ao interpretar a lei, com cláusulas gerais e principiológica, o juiz acaba por decidir politicamente, tudo isso à margem do Legislativo até então com mais destaque entre os "poderes" estatais face a importância da *lei*.

A crise do Parlamento (cf. item 2.1) acarretou, de certa forma, também uma crise no modelo tradicional da separação de poderes que até então consagrava a lei e o parlamento acima de tudo.

Com o advento do Estado do bem-estar social, o Judiciário, considerado na doutrina de Montesquieu um poder "nulo",[44] assume outra postura na configuração do Estado, afinal, como bem anota Ferraz Jr. a "responsabilidade do juiz alcança agora a responsabilidade pelo sucesso político das finalidades impostas aos demais poderes pelas exigências do estado social".[45]

Inerente ao *Welfare State*, outro fator importante que obriga uma readequação da clássica doutrina separação de poderes é a adoção de uma nova coloração para os princípios constitucionais que começaram a ganhar mais espaço nas Constituições pós Segunda Guerra Mundial.

Nessa senda, Ferreira Filho, ao lecionar sobre a "significação atual da separação dos poderes", traz que:

> As Constituições posteriores à Segunda Guerra Mundial dessacralizaram a separação de poderes. Em geral, referem-se a Legislativo, Executivo e Judiciário, mas na distribuição de competências entre eles atendem a critérios de conveniência ou de experiências. Não mais consideram a idéia de funções como caracteres científicos distintos.[46]

---

[44] MONTESQUIEU, Charles de Secondat. *O espírito das leis*. Tradução Cristina Murachco. São Paulo: Martins Fontes, 2000. p. 172

[45] FERRAZ JR., Tercio Sampaio. O judiciário frente à divisão dos poderes: um princípio em decadência? *Revista Trimestral de Direito Público*, São Paulo, n. 9, p. 40-48, 1995. p. 45.

[46] FERREIRA FILHO, Manoel Gonçalves. *Princípios fundamentais do direito constitucional*. São Paulo: Saraiva, 2009. p. 265.

Como se viu, além da imprecisão conceitual e substancial, são também grandes as dificuldades decorrentes da distribuição de poderes – complexidade da sociedade e do governo, morosidade no exercício das funções estatais, conflitos explícitos e/ou implícitos entre as competências dos órgãos constitucionais de soberania –; contudo, não se pode esquecer daquilo que a história já registrou: as consequências da concentração do poder são desastrosas, sendo melhor a existência de uma cláusula de separação de poderes, mesmo que confusa e ineficiente, do que a inexistência de tal cláusula. Deve restar claro que a cláusula da separação de poderes permanece absolutamente válida e necessária na sua essência, afinal, qualquer concentração de poder pode se tornar uma ameaça aos direitos fundamentais.

Apesar da falta de um conceito apriorístico, da mudança da ideia de Estado e da controvérsia sobre a origem da cláusula da separação de poderes –, o fato é que da leitura dos textos dos pensadores clássicos perceber-se-á que nenhum deles esboçou um esquema de organização estatal semelhante à separação de poderes orgânica e funcional que se conhece atualmente.

Como bem anota Sampaio:

> Nos dias atuais, pode-se falar de múltiplas interpretações do princípio da divisão dos poderes, de acordo com a organização do sistema de governo, sem que se possa indicar um modelo paradigmático desse princípio, que venha a servir de referência necessária a modelos concretos adotados pelos sistemas constitucionais.[47]

A verdade é que a doutrina da separação de poderes, tal como concebida nos séculos passados, em sua formação original, não tem mais serventia. Realizadas as necessárias adaptações à estruturação do Estado moderno, com todas as dificuldades que o procedimento encerra, poder-se-á aproveitar apenas algumas de suas ideias e ideais.[48]

Destaca-se ainda que a Suprema Corte dos Estados Unidos da América no ano de 1803 ao julgar o caso *Marbury v. Madison*

---

[47] SAMPAIO, José Adércio Leite. *A Constituição reinventada pela jurisdição constitucional*. Belo Horizonte: Del Rey, 2002. p. 430.
[48] Cf.: DALLARI, Dalmo de Abreu. *Elementos de teoria geral do Estado*. 25. ed. São Paulo: Saraiva, 2005.

instaurou⁴⁹ a Justiça Constitucional (cf. item 2.2.4) (controle difuso de constitucionalidade), concebendo, assim, uma nova competência para julgar diferente daquela desenhada pela tradicional teoria de Montesquieu.

A multiplicidade das ações do Estado (pluralização) em uma sociedade contemporânea também plural, reclama uma atuação maior e mais eficiente do Estado, ocasionando uma multifuncionalidade do Estado contemporâneo, e essa multiplicidade acaba por exigir uma (re)ordenação e (re)distribuição das funções estatais entre os órgõs constitucionais de soberania, já que um número maior de funções que escapam daquela tripartição clássica (legislativa, executiva e jurisdicional) começa a se apresentar, bem como outros órgãos estatais ganham magnitude constitucional.

Assim, a cláusula da separação de poderes irá permanecer como cláusula de "organização óptima das funções estatais, de estrutura orgânica funcionalmente adequada, de legitimação para a decisão e de responsabilidade pela decisão".⁵⁰

A par dessa superação da clássica lição de Montesquieu de separação de poderes, sobreveio doutrina identificando também como essencial ao Estado a *função de controle*, ao lado das já tradicionais (legislativa, executiva e judiciária).

Loewenstein, defensor dessa corrente, formula uma nova tripartição de funções que considera mais ajustada à dinâmica do Estado contemporâneo, apresentando: a *policy determination* (a decisão política fundamental); a *policy execution* (a execução da decisão política fundamental); e a *policy control* (controle (fiscalização) político). Para Loewenstein, a primeira função consiste em escolher as políticas que devem ser adotadas. A segunda função é implementá-las por meio da legislação, da administração e da

---

⁴⁹ Sánchez informa alguns supostos precedentes de revisão judicial das leis no direito inglês a partir da jurisprudência *Coke*, no caso Bonhams, em 1610. (SÁNCHEZ, José Acosta. *Formación de la Constitución y jurisdicción constitucional*: fundamentos de la democracia constitucional. Madrid: Tecnos, 1998. p. 35). Neste caso, o Dr. Bonhams recorreu à *Court of Common Pleas*, presidida por Sir. Edward Coke, alegando que a decisão do *Royal College of Physicians* que o proibira de exercer a medicina era indevida, posto que a lei que concedeu tal poder ao *Royal College* deveria ser considerada nula.

⁵⁰ MIRANDA, Jorge. *Manual de direito constitucional*. 6. ed. rev. e actual. Coimbra: Coimbra Editora, 2010. t. 3. p. 396.

jurisdição, e a terceira função consiste em chamar à responsabilidade os que escolhem as políticas e os que a executam.[51]

Acerca dessas novas funções estatais de controle (fiscalização), mas sem querer antecipar o que será abordado adiante, Dimoulis cita como nova função estatal aquela desempenhada pelos Tribunais Constitucionais que exercem atividade de fiscalização e estabilização do ordenamento jurídico e as funções fiscalizadoras de órgãos dotados de alto grau de autonomia, como as Agências Reguladoras.[52]

Ackerman sustenta que a especialização dos poderes deve continuar, indicando ainda: a) um poder para supervisionar o que se denomina no Brasil de moralidade ou probidade administrativa (*the integrity branch*); b) um poder para cuidar da ação regulatória dos interesses que, no País, é adjetivado de difusos (*the regulatory branch*); c) um poder para presidir o jogo político-eleitoral (*the democracy branch*); e d) um poder para formular e executar, com imparcialidade partidária, políticas sociais básicas (*the distributive justice branch*).[53]

Moreira Neto afirma que são variadíssimos os modos possíveis de expressão do poder político, cada um deles se desdobrando em determinadas *funções* a serem exercidas, de sorte que passam a coexistir inúmeras modalidades de funções políticas possíveis, numa lista em aberto, que resiste a todos os esforços de categorização que as esgotem, podendo acrescer às tradicionais funções constitucionais (legislativa, administrativa e jurisdicional) novas outras funções constitucionais, frisando o autor que dentre estas se destaca em Direito Comparado a *Justiça Constitucional* que é exercida por Tribunais Constitucionais independentes.[54]

---

[51] LOEWENSTEIN, Karl. *Teoría de la Constitución*. Tradução Alfredo Gallego Anabitarte. 2. ed. Barcelona: Ariel, 1979. p. 62-72. Loewestein se distancia da concepção de Montesquieu afirmando que a partir do século XVIII a função judicial experimentou uma "transformação radical" ostentando fortes e eficazes controle interórgãos frente a outros detentores de poder. (*Ibidem*, p. 304-305).

[52] DIMOULIS, Dimitri. Separação de poderes. In: DIMOULIS, Dimitri (Coord.). *Dicionário brasileiro de direito constitucional*. São Paulo: Saraiva, 2007. p. 350.

[53] ACKERMAN, Bruce. *A nova separação de poderes*. Tradução Isabelle Maria Campos Vasconcelos e Eliana Valadares Santos. Rio de Janeiro: Lumen Juris, 2009. *passim*. Cf. também: SOUZA JR., Cezar Saldanha. *O Tribunal Constitucional como poder*: uma nova teoria da divisão dos poderes. São Paulo: Memória Jurídica, 2002. p. 125-126.

[54] MOREIRA NETO, Diogo de Figueiredo. *Mutações do direito público*. Rio de Janeiro: Renovar, 2006. p. 127-128.

Não objetiva o presente estudo analisar cada uma das teses existentes quanto à quantificação das funções estatais ou dos órgãos constitucionais de soberania. As incursões aqui realizadas têm por escopo apenas demonstrar que a tripartição de matriz montesquiana não é mais suficiente para o Estado Constitucional de Direito moderno, e que o exercício da curadoria[55] da Constituição pelos Tribunais Constitucionais é uma "nova" função que merece análise e respeito assim como as demais funções clássicas (legislativa, executiva e judiciária). Cabe à doutrina averiguar e analisar quantos e quais órgãos e funções estão previstos em cada Constituição, registrando que uma superação quantitativa do modelo tripartite não implica a invalidação dos objetivos e da essência da cláusula da separação de poderes.

Além da necessidade da especificação de novas funções estatais, como constatado, também se mostra impossível uma separação absoluta dos poderes em face da unidade do poder político e da finalidade principal (ou existencial) do Estado (justiça, segurança e bem estar).[56] De igual modo é indispensável uma ligação orgânica, de colaboração e compreensão entre os órgãos do Estado.

O ideal da estrita separação de poderes verificado nos últimos dois séculos na Europa continental – o *séparation dês pouvoirs* demasiadamente rígido – teve como consequência um Judiciário "perigosamente débil e confinado, em essência, aos conflitos 'privados'". Esse ideal significou, assim, até época relativamente recente e mesmo hoje, em não poucos países, não só a existência de um Legislativo totalmente não controlado, como de um Executivo também praticamente não controlado.[57]

Malberg excluiu a construção clássica de poderes separados, estanque e igualmente soberanos, considerando, com algum sarcasmo, que a separação de poderes só pode ser aplicável, na

---

[55] A terminologia "curadoria" procura conjugar as ideias fundamentais de ser além de um defensor da Constituição, mas também um implementador da Constituição (realizando-a, aplicando-a, efetivando-a ou exigindo seu cumprimento). (Cf. a esse respeito: TAVARES, André Ramos. *Teoria da justiça constitucional*. São Paulo: Saraiva, 2005. p. 71-102).

[56] CAETANO, Marcello. *Manual de ciência política e direito constitucional*. 6. ed. rev. e ampl. Coimbra: Almedina, 2003. t. 1. p. 143-148.

[57] CAPPELLETTI, Mauro. *Juízes legisladores?* Tradução Carlos Alberto Alvaro de Oliveira. Porto Alegre: Sergio Antonio Fabris, 1999. p. 53.

medida em que não pressuponha uma separação verdadeira e efetiva, pois uma afetação exclusiva de cada uma das funções a um órgão estatal determinado é algo completamente irrealizável.[58] De igual modo, Duguit rejeita a cláusula da separação de poderes concebida como uma separação rígida e absoluta de poderes, como um teorema geométrico, posto que tal concepção não se coaduna com a realidade em que se observa uma atuação cooperada dos poderes, bem como se nota, por vezes, a subordinação de um poder a outro.[59]

Canotilho adverte do *mito* que criaram em torno da teoria da separação de poderes de Montesquieu, reduzindo-a um modelo teórico em que os três poderes estariam rigorosamente separados – o que é inadmissível.[60]

"Não existe separação absoluta, isolamento entre os Poderes, mas apenas *independência* e *harmonia* entre eles, isto é, coordenação, cooperação, influências recíprocas, visando um fim comum".[61]

Não há mais lugar para uma rígida separação de poderes conforme defendido por muitos, afinal, tal cláusula, tão caro aos liberais, necessita de um processo de transformação, já que o Estado contemporâneo não aceita mais a rigidez da separação de poderes, até porque essa separação rígida só "fortalece" os poderes (órgãos), deixando de lado o cidadão – ator principal de uma Constituição. A separação de poderes deve ser pensada não como uma visão do Poder em si mesmo, mas sim como um instituto protetivo do

---

[58] MALBERG, R. Carré de. *Teoría general del Estado*. Tradução José Lión Depetre. 2. ed. México: Fondo de Cultura Económica, 2001. p. 766-770; 779-782. Kelsen também descoloriu a fronteira pretensamente nítida da separação de poderes, entendendo que a clássica teoria só se aplicaria em casos claros e induvidosos, já que a maioria dos atos estatais são, ao mesmo tempo, atos criadores e aplicadores do direito. (KELSEN, Hans. *Teoria geral do direito e do Estado*. 3. ed. Tradução Luís Carlos Borges. São Paulo: Martins Fontes, 2000. p. 385-386).
[59] DUGUIT, León. *La separación de poderes y La Asamblea Nacional de 1789*. Tradução Pablo Pérez Tremps. Madrid: Centro de Estudios Constitucionales, 1996. p. 132.
[60] CANOTILHO, José Joaquim Gomes. *Direito constitucional e teoria da Constituição*. 4. ed. Coimbra: Almedina, 2000. p. 114-115.
[61] TEIXEIRA, José Horácio Meirelles. *Curso de direito constitucional*. Rio de Janeiro: Forense Universitária, 1991. p. 599. Importa conferir a seguinte lição de Bonavides: "Numa idade em que o povo organizado se fez o único e verdadeiro poder e o Estado contraiu na ordem social responsabilidades que o Estado liberal conheceu, não há lugar para a prática de um princípio rigoroso de separação [de poderes]." (BONAVIDES, Paulo. *Ciência política*. 10. ed. rev. e atual. São Paulo: Malheiros, 2001. p. 146).

cidadão e que, concomitantemente, pela especialidade no exercício das funções, permite ao Estado cumprir melhor suas finalidades, além de conceder melhor legitimidade a seus atos.

Nessa linha, Kelsen afirma que a significação histórica da cláusula da separação de poderes encontra-se precisamente no fato de que ela opera antes contra uma concentração do que a favor de uma separação.[62] Pode-se afirmar então que a doutrina da distribuição de funções estatais (separação de poderes) age atualmente como técnica de organização da estrutura política do Estado, distribuindo as funções estatais, de forma não exclusiva, por diversos órgãos constitucionais de soberania, permitindo ainda o controle recíproco.

Nesse viés, Piçarra, ao lecionar sobre novas abordagens da cláusula constitucional da separação de poderes traz:

> Ganha progressiva importância na actualidade o entendimento do princípio da separação dos poderes como princípio de organização óptima das funções estaduais, cujo contributo tem sido significativo para a determinação do seu valor normativo.
>
> Ele vai no sentido de precisar a capacidade do princípio para fornecer critérios de solução quanto à exacta delimitação de competências entre os órgãos constitucionais, sobretudo em casos tão problemáticos como o direito judicial, o controlo jurisdicional da discricionariedade administrativa e dos vários tipos da chama discricionariedade imprópria, a inconstitucionalidade por omissão e o instituto dos assentos.[63]

Ferraz, ao elucidar o desdobramento constitucional do esquema de poderes, assevera que haverá um mínimo e um máximo de independência de cada órgão exercente de poder, sob pena de se desfigurar a separação de poderes, e, de igual modo, haverá um número mínimo e um máximo de instrumentos que favoreçam o

---

[62] KELSEN, Hans. *Teoria geral do direito e do Estado*. 3. ed. Tradução Luís Carlos Borges. São Paulo: Martins Fontes, 2000. p. 402. Não se pode deixar de registrar que essa era a ideia de Montesquieu ao afirmar: "Tudo estaria perdido se o mesmo homem, ou o mesmo corpo dos principais, ou dos nobres, ou do povo exercesse os três poderes: o de fazer as leis, o de executar as resoluções públicas e o de julgar os crimes ou as querelas entre os particulares." (MONTESQUIEU, Charles de Secondat. *O espírito das leis*. Tradução Cristina Murachco. São Paulo: Martins Fontes, 2000. p. 168).

[63] PIÇARRA, Nuno. *A separação dos poderes como doutrina e princípio constitucional*. Coimbra: Coimbra Editora, 1989. p. 262.

exercício harmônico dos poderes, sob pena de, inexistindo limites, um poder se sobrepor ao outro poder, ao invés de, entre eles, se formar uma atuação "de concerto".[64]

Assim, a cláusula da separação de poderes não deve ser entendida como separação rígida, um isolamento dos órgãos constitucionais de soberania no exercício das respectivas competências, mas sim no de cooperação, de influências, de controles e de limitações recíprocas, objetivando o equilíbrio político e a limitação do poder estatal.

Nesse prisma, a cláusula da separação de poderes não veda a prática, por um órgão constitucional de soberania, de funções que pela sua natureza essencial pertença a outro. A correta formulação da mencionada cláusula consiste em afirmar que a um órgão constitucional de soberania é lícito, constitucionalmente, exercer qualquer função, independente da sua natureza, desde que assim prescreva a Constituição (cf. item 3.3).

Não há hoje, em muitos países do mundo, correspondência entre os órgãos estatais instituídos constitucionalmente e as funções do Estado que a teoria clássica define, afinal, a um órgão constitucional de soberania pode ser atribuída competência relativa a outras funções jurídicas do Estado.

Mas que fique claro que as exceções à cláusula da separação de poderes, ou seja, todo o exercício de competência de cada órgão constitucional de soberania (poder), a título secundário, em funções que teórica e originariamente competiriam a outro poder, só serão admissíveis quando a Constituição as prescreva, e nos termos, condições e limites que ela estabelecer.

Pode-se então afirmar que compete à Constituição efetuar a especificação das funções e a distribuição das competências entre os órgãos constitucionais de soberania (poderes) de forma a atender, em maior ou menor grau, à especialidade das funções estatais, considerando para tanto a necessidade de se ter uma estrutura política equilibrada a fim de garantir a liberdade do indivíduo, possibilitar uma eficiência estatal e implementar a Constituição.

---

[64] FERRAZ, Anna Cândida da Cunha. *Conflito entre poderes*: o poder congressual de sustar atos normativos do Poder Executivo. São Paulo: Revista dos Tribunais, 1994. p. 14

Aqui no Brasil, nossa Constituição vigente não se pautou pela tripartição de Montesquieu, foi além, estabeleceu outras *funções, outros órgãos constitucionais de soberania*,[65] bem como permitiu um deslocamento de competência (item 2.3.2) a fim de possibilitar ao Estado atingir seus fins com eficiência, sendo que tais elencos encontram-se em aberto, podendo, a qualquer momento, sofrer o influxo do poder reformador para (re)adequar a *organização funcional* brasileira ao respectivo contexto social (cf. item 3.3.1.1).

1.4 Tribunal Constitucional fora dos "poderes" clássicos e suas funções

1.4.1 Surgimento do Tribunal Constitucional

A Constituição se apresentou de forma diferente ao longo da história. Partiu de um mero dado fático resultante de um entrelaçamento de pactos e costumes, passando pela fase da Constituição como um "direito político", até chegar à fase da Revolução Kelseniana em que se apresenta como norma jurídica (lei) face à nova concepção de ordenamento jurídico, piramidal e escalonado, cujo ápice é ocupado pela Constituição.

A introdução do controle de constitucionalidade nos sistemas jurídicos europeus, sempre acompanhado de certo desconforto, deveu-se não a uma reformulação da ideia consagrada de separação de poderes, mas à introdução de um elemento novo: a normatividade da Constituição.

Nesse sentido, a partir da Revolução Kelseniana, assim como a Constituição, o direito constitucional passa a ter vocação para a supremacia, sendo então necessária, para sua realização, a criação de instrumentos garantidores de uma eficácia jurídica própria.

---

[65] PEDRA, Anderson Sant'Ana. Por uma "separação de poderes" à brasileira: Constituição de 1988 e a teoria tripartide de Montesquieu – uma conta que não fecha. *Revista Interesse Público – IP*, Belo Horizonte, ano 15, n. 78, p. 117-141, mar./abr. 2013.

Diante dessa necessidade é que a imaginação criadora concebeu um meio institucional específico para conferir ao direito constitucional força normativa: o Tribunal Constitucional, que surge como órgão determinado a sustentar a supremacia da Constituição.

Para Tavares, "o Tribunal Constitucional é o órgão máximo da garantia da supremacia da Constituição, e seu surgimento encontra-se atrelado ao surgimento e à evolução do Estado Constitucional de Direito".[66]

Os Tribunais Constitucionais, que figuram entre as criações mais sugestivas do constitucionalismo europeu do pós-guerra de 1918, consubstanciaram forma original de controle para assegurar efetiva supremacia da Constituição. Naquele período, Alemanha (1919), Áustria (1920), Tchecoslováquia (1929) e Espanha (1931) consagraram a instituição de Tribunais Constitucionais, sob forma ora mais, ora menos desenvolvida. Mas foi a Constituição austríaca de 1920, por obra principalmente de Kelsen, que instituiu o controle de constitucionalidade por meio de um Tribunal Constitucional com uma ordenação sistemática e lógica mais consolidada, haja vista a existência de antecedentes na história constitucional daquele país.[67]

Kelsen é considerado o responsável pela ideia do Tribunal Constitucional como surgiu originariamente, sendo a marca desse modelo o caráter *erga omnes* da declaração de inconstitucionalidade pelo Tribunal.

Como se vê, o surgimento de um Tribunal Constitucional deu-se mais de um século após o julgamento do caso *Marbury v. Madison* (1803), com a apresentação de um novo modelo de jurisdição constitucional diferente do *judicial review* praticado nos Estados Unidos.

---

[66] TAVARES, André Ramos. *Teoria da justiça constitucional.* São Paulo: Saraiva, 2005. p. 191.
[67] Destaca-se que alguns doutrinadores apontam o *jurie constitutuionare* francês, o Senado napoleônico e o Tribunal das garantias constitucionais da II República na Espanha como antecedentes próximos do Tribunal Constitucional. Cf. nesse sentido: FAVOREU, Louis. *As cortes constitucionais.* Tradução Dunia Marinho Silva. São Paulo: Landy, 2004. p. 17. Registra-se também o entendimento de Sánchez que aponta que a primeira jurisdição constitucional a cargo de um Tribunal Federal foi aquela estabelecida pela Constituição suíça de 1848 com a revisão de 1874. (SÁNCHEZ, José Acosta. *Formación de la Constitución y jurisdicción constitucional:* fundamentos de la democracia constitucional. Madrid: Tecnos, 1998. p. 230).

Esse novo modelo *concentrado* de controle de constitucionalidade é marcado pela separação orgânica das jurisdições ordinária e constitucional: enquanto a jurisdição ordinária fica a cargo do Judiciário, a jurisdição (justiça) constitucional fica a cargo de um Tribunal Constitucional, órgão, a princípio, apartado de todos os outros órgãos constitucionais de soberania.

Não se pode esquecer que em modelos de Justiça Constitucional difusa é necessária a existência de um tribunal supremo que, nessas circunstâncias, realiza-se como Tribunal Constitucional, afinal, o Tribunal Constitucional é instituição inerente ao constitucionalismo.

A concepção e implementação do Tribunal Constitucional provoca um profundo impacto sobre a clássica divisão dos poderes, vez que não se subsome a nenhum dos três poderes tradicionais.

Bem anotou Vanossi, ao analisar o Tribunal Constitucional kelseniano: que a criação de um órgão independente com a função de controle implica, necessariamente, a aparição de um "novo poder" nas funções do Estado.[68]

Sem uma Justiça Constitucional, da qual o Tribunal Constitucional é a instituição de maior destaque, não há que se falar em controle de constitucionalidade e, talvez, nem mesmo em um verdadeiro direito constitucional.

Nesse sentido Cornejo anota que a história europeia expressa que foi a partir da instauração dos primeiros Tribunais Constitucionais que as Constituições alcançaram verdadeira e plena eficácia jurídica,[69] até porque uma Constituição sem Tribunal Constitucional, que imponha sua interpretação e sua efetividade é uma Constituição ferida de morte.[70]

De igual modo Favoreu destaca que não se concebe um sistema constitucional que não dê lugar a uma "Corte Constitucional",

---

[68] VANOSSI, Jorge Reinaldo A. *Teoría constitucional*. 2. ed. actual. Buenos Aires: Depalma, 2000. t. 2. p. 123-124.
[69] CORNEJO, Valentin Thury. *Juez y division de poderes hoy*. Buenos Aires: Ciudad Argentina, 2002. p. 177.
[70] ENTERRÍA, Eduardo García. *La Constitución como norma y el Tribunal Constitucional*. 4. ed. Madrid: Civitas, 2006. p. 199.

frisando ainda que, na Europa, todas as novas Constituições preveem a existência de uma Corte Constitucional.[71]

Há de se destacar, ainda, que um pressuposto para o surgimento do Tribunal Constitucional é a rigidez da Constituição, afinal, o Tribunal Constitucional presta-se para garantir a efetivação do princípio da supremacia e da rigidez da Constituição.

Outro fator que contribui para a instituição do Tribunal Constitucional foi a passagem do Estado legalista de Direito para o Estado Constitucional de Direito, vez que começou a surgir um conflito de competência legislativa face a deslegalização do direito, justificando-se assim a introdução de um órgão como exigência para a fixação da repartição de competência.[72]

Que fique claro desde logo que o que aqui está a dizer de um Tribunal Constitucional não é sua atuação como um mero defensor da Constituição, mas sim como seu *curador* (cf. item 3.2), valendo-se de outras funções que não apenas aquela idealizada primeiramente por Kelsen[73] – a do controle de constitucionalidade: legislador negativo (que não pode criar enunciados normativos, mas que pode apenas suprimi-los).

Por tudo que até aqui foi explanado, pode-se afirmar que um dos mais profundos fatores a exigirem atualmente a readequação da vetusta teoria tripartite da separação de poderes é a presença do Tribunal Constitucional como um "novo poder", um poder (órgão constitucional de soberania) fora dos poderes clássicos (Legislativo, Executivo e Judiciário) e que busca implementar a efetivação da supremacia constitucional.

---

[71] FAVOREU, Louis. *As cortes constitucionais*. Tradução Dunia Marinho Silva. São Paulo: Landy, 2004. p. 15. A fim de afastar qualquer distinção terminológica, como bem anota, Favoreu: "uma jurisdição criada para conhecer especial e exclusivamente o contencioso constitucional, situada fora do aparelho constitucional ordinário e independente deste e dos poderes públicos. [...]. Contudo, como veremos, pouco importa que esta ou aquela Corte Constitucional seja formalmente denominada "Conselho", "Tribunal" ou mesmo "Corte Suprema Constitucional", desde que corresponda à definição que acabamos de esboçar e que será explicada mais adiante." (*Ibidem*, p. 15.)
[72] MORTATI, Constatino. *Istituzioni di diritto pubblico*. 8. ed. Padova: CEDAM, 1969. t. 2. p. 1239, *apud*, TAVARES, André Ramos. *Teoria da justiça constitucional*. São Paulo: Saraiva, 2005. p. 106.
[73] Cf. KELSEN, Hans. *Jurisdição constitucional*. Tradução Alexandre Krug, Eduardo Brandão e Maria Ermantina Galvão. São Paulo: Martins Fontes, 2003. p. 150-155.

Nesse contexto, o papel do Tribunal Constitucional nos regimes constitucionais contemporâneos recebe críticas de que os sistemas governamentais estão sendo transformados em verdadeiras *judiciocracias*,[74] fazendo com que a Justiça Constitucional enfrente dificuldades e resistências por se temer o "governo dos juízes" ou, pelo menos, a politicização da justiça, em detrimento da judicialização da política.[75]

Mas essas críticas só ecoam na proposta deste trabalho se forem inobservadas as condições (Capítulo 3) e os limites (Capítulo 4) para a atuação do Tribunal Constitucional, bem como se for desconsiderada a legitimidade democrática do Tribunal Constitucional (item 1.4.4).

1.4.2 Tribunal Constitucional fora dos "poderes" clássicos

Pode-se afirmar, de partida, que é inegável certo caráter jurisdicional a atuação de um Tribunal Constitucional, já que possui estrutura de organização e funcionamento semelhante ao do Judiciário, e o desenvolvimento de seus trabalhos e seu raciocínio são ajustados ao direito objetivo e ao procedimento estabelecido para o processo judicial.

---

[74] LOEWENSTEIN, Karl. *Teoría de la Constitución*. Tradução Alfredo Gallego Anabitarte. 2. ed. Barcelona: Ariel, 1979. p. 325. Para Loewenstein se se entrega ao Judiciário o direito de frustrar uma decisão política do Governo ou do Parlamento, corre-se o perigo ou a de a decisão do Judiciário não ser acatada ou de a decisão política do Governo ou do Parlamento ficar substituída por um ato judicial que, embora revestido jurídico-constitucionalmente, não é senão um ato político de pessoas sem mandato democrático. (*Ibidem*, p.325).

[75] MIRANDA, Jorge. *Manual de direito constitucional*. 2. ed. rev. e actual. Coimbra: Coimbra Editora, 2005. t. 6. p. 112. Para confirmar as dificuldades e resistências em face da Justiça Constitucional, leciona o professor lusitano: "[...] de Schmitt – para quem a essência do Estado é a decisão política; [...] a de Burdeau – a autoridade com poder de fiscalização é quem fixa o conteúdo de uma política através da interpretação da Constituição; a Constituição não é feita para juízes, é feita para os governantes; a política do juiz só pode ser negativa; ou a de Alfred Grosser – é difícil a posição dos tribunais constitucionais frente a conflitos de valores ou a antagonismos que atinjam os pontos mais sensíveis dos cidadãos ou os fundamentos éticos da sociedade." (*Ibidem*, p. 112).

As ponderações acima ensejam a seguinte conclusão de Gordo:

> Em definitivo, portanto, para nós, o Tribunal Constitucional é um órgão jurisdicional, de caráter constitucional, independente, único e exclusivo em sua ordem, e que tem como função a de agir e impor as sanções que correspondam na ordem constitucional, em garantia da observância da norma jurídica.[76]

Miranda, a esse respeito, indica que o Tribunal Constitucional verdadeiro

> [...] integra-se na categoria de tribunais, pela sujeição ao princípio do pedido, por questões jurídicas tanto poderem ser questões concretas como abstractas, pelos critérios jurídicos de decisão e pelo estatuto dos juízes. Mas distingue-se dos restantes tribunais, pela sua relação imediata com a Constituição (com poderes de interpretação vinculativa conforme, na fiscalização concreta), por nele avultar um controlo dirigido aos órgãos da função política e por a sua autoridade se pôr a par da autoridade destes órgãos.[77]

As lições trazidas nos parágrafos anteriores não autorizam afirmar que o Tribunal Constitucional está inserido no Judiciário, ao contrário, autorizam afirmar que embora possa haver uma aproximação estrutural e de funcionamento, o Tribunal Constitucional é órgão distinto de qualquer dos poderes clássicos, inclusive do Judiciário.

Kelsen é o precursor da ideia de que o Tribunal Constitucional deveria ser independente do Legislativo, do Executivo e do Judiciário e, para tanto, baseava-se na ideia de que "ninguém pode ser bom juiz de si mesmo", do mesmo modo que não se poderia confiar a invalidação de uma lei inconstitucional ao mesmo órgão que a elaborou, sendo um postulado evidente a

---

[76] GORDO, Alfonso Pérez. *El Tribunal Constitucional y sus funciones*. Barcelona: Bosch, 1983. p. 49. T.a. do original: "En definitiva, por tanto, para nosotros, el Tribunal Constitucional es un órgano jurisdiccional, de caráter constitucional, independiente, único y exclusivo en su orden, y que va a terner como función la de imponer y actuar las sanciones que correspondan en el orden constitucional, en garantía de la observancia de la norma jurídica."

[77] MIRANDA, Jorge. Nos dez anos de funcionamento do Tribunal Constitucional. In: BRITO, J. Sousa et al. *Legitimidade e legitimação da justiça constitucional*. Coimbra: Coimbra Editora, 1995. p. 94-95.

independência entre o Tribunal Constitucional e o Parlamento ou o Governo.[78] O Tribunal Constitucional seria, assim, o órgão mais eficaz para defender a Constituição, já que o Legislativo e o Executivo tenderiam sempre a interpretá-la de forma parcial e de acordo com seus interesses. Somente outro órgão constitucional de soberania teria a isenção necessária ser o árbitro dessa disputa e manter a harmonia entre o Legislativo e o Executivo.

Deve-se agora asseverar novamente que a separação de poderes se apresentou como uma *cláusula dogmática* quando afirmou a identidade absoluta entre a separação de poderes e o reconhecimento da garantia da liberdade, mas que passa a se apresentar com um caráter *institucional* servindo como esquema distribuidor das diversas competências do Estado – *direito constitucional organizatório*. É sob este segundo enfoque que se analisará o Tribunal Constitucional como um órgão constitucional de soberania (poder) apartado dos clássicos (Legislativo, Executivo e Judiciário).

Ainda se verifica certa dificuldade e timidez para analisar os Tribunais Constitucionais em um prisma político-jurídico quanto à repartição horizontal de competências entre os órgãos constitucionais de soberania. Contudo, essa dificuldade, ao que parece, é devida a um pressuposto equivocado: o da existência de um modelo apriorístico de separação de poderes, e que esse modelo seria o tripartite de Montesquieu – modelo que se mostra frágil e insuficiente para os tempos atuais consoante se afirmou anteriormente (item 1.3.2), sendo contestada sua viabilidade e sua aplicabilidade em diversos sistemas constitucionais positivos.

> Realmente, dentro dos estritos limites da clássica divisão de Montesquieu, não haveria lugar para um Tribunal Constitucional, e fica mesmo muito difícil compreendê-lo à luz dessa doutrina que, se muito bem serviu para retirar o poder da nobreza e da realeza, à época em que foi adotada, não mais cumpre o papel que dela há de se esperar.[79]

---

[78] KELSEN, Hans. *Jurisdição constitucional*. Tradução Alexandre Krug, Eduardo Brandão e Maria Ermantina Galvão. São Paulo: Martins Fontes, 2003. p. 153.

[79] TAVARES, André Ramos. *Tribunal e jurisdição constitucional*. São Paulo: Instituto Brasileiro de Direito Constitucional/Celso Bastos, 1998. p. 96.

Favoreu afirma que o Tribunal Constitucional fica fora dos poderes estatais tradicionais, pois forma um novo "poder independente cujo papel consiste em assegurar o respeito à Constituição em todos os domínios".[80]

O próprio Kelsen, quando idealizava a jurisdição constitucional, afirmou que a instituição da jurisdição constitucional não se acha de forma alguma em contradição com a cláusula da separação de poderes; ao contrário, é uma afirmação dela.[81]

Verifica-se assim que o Tribunal Constitucional deve ser inserido nesse novo arranjo institucional estatal, já que ombreado constitucionalmente aos tradicionais "poderes" do Estado: Legislativo, Executivo e Judiciário.

1.4.3 Poder Judiciário e Tribunal Constitucional

Como constado, o Tribunal Constitucional não integra, e nem deve integrar o Judiciário, devendo-se constituir em um órgão constitucional de soberania e, por consectário lógico, deve compor uma magistratura independente do aparato jurisdicional ordinário, ficando de fora da estrutura dos demais órgãos constitucionais de soberania, configurando um verdadeiro órgão soberano, distinto e organicamente apartado dos demais órgãos (Legislativo, Executivo e Judiciário).

Aponta-se como traço essencial do Tribunal Constitucional – e é o que o distingue, *v.g.*, os tribunais supremos do Judiciário – o formar ele próprio, em si, um poder político independente dos demais

---

[80] FAVOREU, Louis. *As cortes constitucionais.* Tradução Dunia Marinho Silva. São Paulo: Landy, 2004. p. 33. Cf. ainda: CARBONELL, Miguel. *Constitución, reforma constitucional y fuentes del derecho en México.* 6. ed. México: Porrúa, 2008. p. 55-56. Cf. ainda: ENTERRÍA, Eduardo García. *La Constitución como norma y el Tribunal Constitucional.* 4. ed. Madrid: Civitas, 2006. p. 212.

[81] KELSEN, Hans. *Jurisdição constitucional.* Tradução Alexandre Krug, Eduardo Brandão e Maria Ermantina Galvão. São Paulo: Martins Fontes, 2003. p. 152. Para Tavares, a "idéia de um Tribunal Constitucional e suas decorrências, especialmente as funções que este assume no contexto contemporâneo do Estado Constitucional, impede que se possa manter a estrutura clássica da tripartição de 'poderes'." (TAVARES, André Ramos. *Teoria da justiça constitucional.* São Paulo: Saraiva, 2005. p. 174-175). O mesmo autor posteriormente traz em tópico próprio a seguinte abordagem: "Tribunal Constitucional como quarto poder e sua supremacia." (*Ibidem*, p. 176-182).

poderes, afinal o Tribunal Constitucional deve estar estruturado fora do Judiciário.

Não se pode perder de vista que o Judiciário existe, basicamente, para resolver as situações de conflito social-concreto, enquanto o Tribunal Constitucional foi idealizado para a defesa da Constituição como representação abstrata da vontade social.

A função de um Tribunal Constitucional não pode ser de atuar como segunda (terceira ou quarta) instância recursal, mas sim, de exarar decisões constitucionais que servirão como garantidoras e efetivadoras dos enunciados normativos constitucionais.

A junção das funções de um Tribunal Constitucional com as de um Tribunal Supremo em um único Tribunal gera uma excessiva carga de trabalho neste Tribunal, que, além de ocasionar a indesejável morosidade do julgamento, impedirá que as funções atinentes as do Tribunal Constitucional sejam exercidas de forma centrada e refletida, o que coloca em risco a qualidade dos julgamentos constitucionais.

A possibilidade de atribuir as funções do Tribunal Constitucional ao Judiciário, e nesse aspecto concordavam[82] Hans Kelsen e Carl Schmitt, implicaria uma politização ruinosa do Estado Constitucional de Direito e do próprio Judiciário.

Mesmo com toda essa demonstração, observa-se, ainda, a junção do Tribunal Constitucional ao Judiciário, sendo que aqui no Brasil tal "desajuste haveria de resultar a politização do poder judiciário e a judicialização da política. Nessa situação, como disse Guizot, 'a política não tem nada a ganhar e, a Justiça, tudo a perder'.[83]

Agra, analisando a jurisdição (justiça) constitucional e tecendo considerações quanto à estruturação do STF, anota:

> Apesar de a jurisdição constitucional ganhar mais força nos países que instituíram um Tribunal Constitucional específico, na sistemática adotada pelo Brasil, em que o Supremo Tribunal Federal tanto exerce

---

[82] Nesse sentido: ENTERRÍA, Eduardo García. *La Constitución como norma y el Tribunal Constitucional*. 4. ed. Madrid: Civitas, 2006. p. 170.
[83] SOUZA JR., Cezar Saldanha. *O Tribunal Constitucional como poder*: uma nova teoria da divisão dos poderes. São Paulo: Memória Jurídica, 2002. p. 137. O STF atua no Brasil como uma "cabeça de Janus", vez que ora exerce competências típicas de um Tribunal Constitucional e ora exerce competências típicas de uma Corte Suprema.

essa jurisdição, quanto funciona como última instância da jurisdição ordinária, ela também exerce importante função, no sentido de assegurar proteção para os dispositivos constitucionais, velando por sua concretização.[84]

Para o que se pretende neste estudo, pouco importa se há ou não a junção do Tribunal Constitucional com o Judiciário em que o exercício da Justiça Constitucional ficasse reservado ao órgão de cúpula do Judiciário, muito embora, como já afirmado, melhor seria se o Tribunal Constitucional fosse um órgão constitucional de soberania independente de todos os demais, inclusive do Judiciário.

Calha registrar que não se deve permitir situações nas quais a última instância deliberativa sobre o significado da Constituição possa ser instância diversa do Tribunal Constitucional ou do órgão de cúpula do Judiciário. A existência do Tribunal Constitucional também não implica o monopólio deste na Justiça Constitucional, muito embora, para o que está aqui a enfrentar, a normação positiva com eficácia *erga omnes* é aquela a ser editada pelo Tribunal Constitucional, ou por órgão do Judiciário que atue como Tribunal Constitucional e que confere a última palavra acerca da Constituição.

Como bem adverte Moreira, "[n]ão se deve trabalhar a perspectiva do Tribunal Constitucional como derivado de um único modelo", até porque não há, sequer, um modelo mundial de Tribunal Constitucional, nem mesmo é "imprescindível que o Tribunal Constitucional esteja separado dos três poderes para que seja considerado sob o manto da neutralidade".[85]

O Tribunal Constitucional identifica-se pelas funções que exerce, basicamente a defesa e a efetivação da Constituição, pouco importando se tais funções são exercidas, ou não, com exclusividade.

---

[84] AGRA, Walber de Moura. *A reconstrução da legitimidade do Supremo Tribunal Federal*: densificação da jurisdição constitucional brasileira. Rio de Janeiro: Forense, 2005. p. 19. Para Velloso, "[é] o Supremo Tribunal Federal, portanto, a partir de 1988, a Corte Constitucional do Brasil." (VELLOSO, Carlos Mário da Silva. O Supremo Tribunal Federal, corte constitucional. In: VELLOSO, Carlos Mário da Silva. *Temas de direito público*. Belo Horizonte: Del Rey, 1994. p. 94).

[85] MOREIRA, Eduardo Ribeiro. É o STF um Tribunal Constitucional? *Revista Brasileira de Estudos Constitucionais – RBEC*, Belo Horizonte, v. 1, n. 3, p. 89-90, jul./ set. 2007.

1.4.4 Legitimidade democrática do Tribunal Constitucional

Além das críticas relacionadas à clássica formulação da cláusula da separação de poderes, o Tribunal Constitucional também sofre críticas quanto a uma suposta ausência de legitimidade democrática, quer seja do próprio Tribunal, quer de seus integrantes, sendo oportuno registrar a existência de várias teorias quanto às legitimidades discutidas.

Como restou demonstrado no item 1.3.2, a clássica teoria da separação dos Poderes se mostra insuficiente na atualidade, bem como é inelutável a superação do modelo de democracia puramente representativa, multiplicando-se assim os argumentos que legitimam o Tribunal Constitucional.

Tavares bem observa que, na essência, "a discussão da legitimidade do Tribunal Constitucional, acaba sendo uma discussão sobre seus exatos contornos",[86] sobre seus limites, que muitas vezes são polemizados por conta de algum ativismo dos Tribunais Constitucionais, ou, inversamente, por conta de alguma omissão ou demonstração de fragilidade.

Primeiramente é preciso registrar que não existe um modelo de *democracia* que se possa utilizar como parâmetro absoluto. Ademais, o modelo inicial de Estado legalista estava alicerçado na ideia de democracia, tendo sido, contudo, possível verificar sua incapacidade democrática.

A substituição do modelo democrático do Estado legalista por um Estado Constitucional de Direito implicou a necessidade de um novo modelo de democracia – a *democracia constitucional*, não se podendo negar a vertente democrática na atuação de um Tribunal

---

[86] TAVARES, André Ramos. *Tribunal e jurisdição constitucional*. São Paulo: Instituto Brasileiro de Direito Constitucional/Celso Bastos, 1998. p. 114. Cf. ainda: "A discussão sobre a legitimidade da Justiça Constitucional, portanto, não se reporta à existência de instituições como o Tribunal Constitucional ou ao *judicial review*; antes trata de discutir e ponderar a respeito da extensão de sua atividade e respectiva (falta de) legitimidade no que tange a certas 'intervenções'." (*Idem*. O discurso dos direitos fundamentais na legitimidade e deslegitimação de uma justiça constitucional substantiva. *Revista Brasileira de Estudos Constitucionais – RBEC*, Belo Horizonte, v. 1, n. 2, p. 10, abr./jun. 2007.).

Constitucional, apesar de significar o abandono de um modelo de democracia por outro ideal, substancialmente diverso.

Em decorrência da importância da Constituição, é de se esperar que vários órgãos constitucionais possam ser conclamados a assumir parcela de responsabilidade na defesa e na efetivação da Constituição. Contudo, tal responsabilidade difusa não impede nem desautoriza que uma parcela maior dessa responsabilidade seja atribuída a um órgão previsto no tradicional modelo de "tripartição de poder" – Judiciário, ou que seja atribuída a outro órgão constitucional de soberania com a finalidade específica de desempenhar tal missão, a saber: o Tribunal Constitucional.

A existência de um órgão constitucional de soberania para atuar na defesa e na efetivação da Constituição com uma competência exponencial para tanto, traz à tona o antigo debate entre Carl Schmitt e Hans Kelsen acerca do *Hüter* (Guardião) ou *Herr* (Senhor) da Constituição.[87]

Para Tavares, no entanto, tal polêmica se justifica em face da novidade que é a instituição "Tribunal Constitucional", pela posição de destaque que tem recebido na atualidade e pela insuficiência da teoria desenvolvida sobre as suas funções.[88]

Quando se fala em legitimidade em um regime democrático, a primeira espécie de legitimidade a se exigir é a *legitimidade democrática*. Contudo, cabe destacar que nem sempre será interessante que a democracia seja exercida de modo direto ou orientada segundo o *princípio da maioria*, posto que a democracia não se resume ao *princípio majoritário*, sendo mais exigente que este.

---

[87] Schmitt propõe a tese de que o presidente do *Reich* deveria ser o guardião da Constituição, negando ao Judiciário esta condição, pois ele seria o único capaz de assegurar a necessária unidade do Estado. Tal unidade, que era a unidade do povo alemão, foi posta em contraposição com a pluralidade da composição do Parlamento. Em 1931, Kelsen respondeu diretamente o artigo de Schmitt, publicando *"Wer soll der Hüter der Verfassung sein?"* ("Quem deve ser o guardião da Constituição?"), no qual defende que o Tribunal Constitucional é que deveria ser o guardião da Constituição. Kelsen lembra que a legitimidade do presidente do *Reich* advém apenas de uma maioria no momento da votação. Para Enterría, essa polêmica poderia ser considerada extinta, ao menos como questão de princípio. (Cf. a respeito: ENTERRÍA, Eduardo García. *La Constitución como norma y el Tribunal Constitucional*. 4. ed. Madrid: Civitas, 2006. p. 167).

[88] TAVARES, André Ramos. *Teoria da justiça constitucional*. São Paulo: Saraiva, 2005. p. 19.

Como bem anota Canotilho:

> A democracia tem como suporte inelimínável o princípio maioritário, mas isso não significa qualquer "absolutismo da maioria" e, muito menos, o domínio da maioria. O *direito da maioria* é sempre um *direito em concorrência* com o *direito das minorias* com o consequente reconhecimento de estas se poderem tornar maiorias.[89]

Pressupor que a manifestação direta dos integrantes da sociedade são sempre capazes, e as únicas capazes, de conceder legitimação à ordem social é um raciocínio ingênuo vez que não se terá certeza de que essa manifestação está sendo de fato exercida pela livre vontade dos integrantes da sociedade, até porque, como bem anota Eisgruber, "cidadão é diferente de eleitor; governo do povo não é governo do eleitorado".[90]

Campilongo, sobre a denominada "regra da maioria", consigna que se trata de

> técnica rápida de tomada de decisões coletivas que maximiza a liberdade individual e assegura a ampla e igual participação política dos cidadãos, aproximando governantes e governados por meio de uma prática social de legitimação eventual, finita no espaço e no tempo, que sujeita as decisões à contínua revisão e mantém a sociedade unida.[91]

Verifica-se facilmente o déficit da legitimidade democrática da suposta maioria quando os representantes do povo (legitimados democraticamente), ao invés de atuarem de acordo com a "vontade

---

[89] CANOTILHO, José Joaquim Gomes. *Direito constitucional e teoria da Constituição*. 4. ed. Coimbra: Almedina, 2000. p. 322.

[90] EISGRUBER, Christopher L. Constitucional self-government and judicial review: a reply to five critics. *University of San Francisco Law Review*, San Franciso, v. 115, p. 119-131, 2002, *apud*, BARROSO, Luís Roberto. Neoconstitucionalismo e constitucionalização do direito: o triunfo tardio do direito constitucional no Brasil. *Revista de Direito Administrativo*, Rio de Janeiro, v. 240, p. 41, abr./jun. 2005.

[91] CAMPILONGO, Celso Fernandes. *Direito e democracia*. 2. ed. São Paulo: Max Limonad, 2000. p. 38. Continua o autor: "Diversas situações práticas põem em dúvida o caráter democrático da regra da maioria. O maior número pode decidir pela supressão dos direitos da minoria? Maiorias circunstanciais, mesmo quando expressivas, têm legitimidade para deliberar sobre matérias impossíveis de serem revistas no futuro? A regra da maioria só é aplicável à esfera pública? A noção de igualdade inerente ao princípio majoritário é realista?" (*Ibidem*, p. 49).

geral" (Rosseau), perseguem interesses particulares (próprios ou de terceiros (grupos de apoio)).

De uma vez por todas a "regra da maioria", de *per si*, não esgota a ideia de democracia, até porque a democracia não se compadece com um absolutismo da maioria, nem sequer com a dominação da maioria.[92] Talvez pelos motivos acima delineados, a ideia da "vontade geral" e o endeusamento da *lei* não sobreviveram ao século passado, especialmente com alguns regimes totalitários na Europa (a Alemanha nazista e a Itália fascista) em que o legislador se tornou a maior ameaça para a liberdade. A lei que anteriormente servia como garantia de liberdade passou a ser utilizada como mecanismo de arbítrio.

Ainda nessa perspectiva, Villalón, ao enfocar a legitimidade da Justiça Constitucional e o princípio da maioria, não hesitou em afirmar que "a legitimidade da justiça constitucional é a legitimidade da minoria frente a legitimidade da maioria, expressão esta da vontade popular, da vontade geral".[93]

Essa preocupação com a atuação das *maiorias* se apresenta pela própria lógica da formulação das Constituições escritas em geral, e especialmente nas rígidas, em que se deve ter inserido no texto constitucional o consenso mínimo da sociedade que haverá de ser respeitado independentemente das tendências de uma maioria temporária que esteja ocupando o poder. Nessa perspectiva, um grande número de Constituições exigem um procedimento mais complexo para a alteração de seus enunciados normativos, e algumas chegam ainda a vedar o acesso do legislador constituinte reformador[94] a determinadas matérias (as chamadas "cláusulas pétreas").

---

[92] BÖCKENFORDE, Ernst Wolfang. *Estúdios sobre el Estado de direito e democracia*. Tradução Rafael de Agapito Serrano. Madrid: Trotta, 2000. p. 92-93.
[93] VILLALÓN, Pedro Cruz. Legitimidade da justiça constitucional e princípio da maioria. In: BRITO, J. Sousa et al. *Legitimidade e legitimação da justiça constitucional*. Coimbra: Coimbra Editora, 1995. p. 87. T.a. do original: "[...] la legitimidad de la justicia es la legitimidad de la minoría frente a la legitimidad de la mayoría, expresión ésta de la voluntad popular, de la voluntad general."
[94] Neste trabalho adotar-se-á a expressão "legislador constituinte reformador" ou "poder reformador" para abranger as hipóteses de "revisão constitucional" e de "emenda constitucional", já que para o que interessa o presente estudo a distinção é desnecessária.

Verifica-se assim que a ideia fundamental é a de que a vontade política da *maioria governante* de cada momento não pode prevalecer sobre a vontade da *maioria constituinte* incorporada na Constituição, inclusive se a vontade da *maioria governante* de cada momento for a de fazer adormecer a efetividade da *maioria constituinte*.

Quando a Justiça Constitucional declara a inconstitucionalidade de um comportamento (omissivo ou comissivo) estatal, não está cometendo um acinte ao princípio democrático, pois sua função é resguardar a supremacia da Constituição, oriunda do Poder Constituinte, que apresenta teor de legitimidade muito mais denso do que o princípio majoritário, que não permite aos vencedores das eleições apresentarem-se como porta-vozes da soberania popular. Não há nenhum contrassenso ao regime democrático, ao contrário, há o resguardo de suas prerrogativas.

Como bem registra Streck, o caráter existencial do Estado Democrático de Direito passa a ser a condição de possibilidade do agir legítimo de uma instância encarregada de exercer a curadoria da Constituição, constituindo, assim, a Justiça Constitucional, um "remédio (por vezes amargo, mas necessário) contra maiorias".[95]

Nesse cenário, a atuação do Tribunal Constitucional como órgão de normação positiva se legitima pela possibilidade de em determinadas circunstâncias garantir a observância de pressupostos jurídicos e sociais de um regime democrático pluralista.

Por não ter compromisso partidário, nem compromisso com maiorias supostamente democráticas, o Tribunal Constitucional é capaz de assegurar os direitos das minorias e, por conseguinte, uma concepção mais forte de democracia, que respeita um pluralismo e uma diversidade de concepções.

Kelsen também justifica a legitimidade do Tribunal Constitucional na atuação da proteção das minorias – "[s]omente uma lei inconstitucional, aprovada por maioria simples, poderia então invadir, contra a vontade da minoria, a esfera de seus interesses constitucionais garantidos". E mais:

---

[95] STRECK, Lenio Luiz. *Jurisdição constitucional e hermenêutica*: uma nova crítica do direito. Porto Alegre: Livraria do Advogado, 2002. p. 106.

Se virmos a essência da democracia não na onipotência da maioria, mas no compromisso constante entre os grupos representados no Parlamento pela maioria e pela minoria, e por conseguinte na paz social, a justiça constitucional aparecerá como um meio particularmente adequado à realização dessa idéia. A simples ameaça do pedido ao tribunal constitucional pode ser, nas mãos da minoria, um instrumento capaz de impedir que a maioria viole seus interesses constitucionalmente protegidos, e de se opor à ditadura da maioria, não menos perigosa para a paz social que a da minoria.[96]

Assim, não deve encontrar mais eco a afirmação de que todas as decisões importantes devem ser provenientes apenas de instâncias eletivas. Tal comportamento é indispensável para a aceitação, para o desenvolvimento e para o aperfeiçoamento da Justiça Constitucional, bem como das funções a serem desempenhadas pelo Tribunal Constitucional.

Em verdade, a necessidade da representação eletiva é um axioma e, dessa forma, prescinde de demonstração, enquanto que o controle de constitucionalidade (*judicial review*) necessitará de justificação.[97] Ely destaca como principal problema do controle jurídico de constitucionalidade o fato de que um corpo que não é eleito está a dizer aos representantes eleitos pelo povo que eles não podem governar como querem.[98]

O Tribunal Constitucional deve constantemente verificar se os pressupostos da democracia foram respeitados nas escolhas pelos demais órgãos estatais, controlando aquelas que impliquem risco para a continuidade da democracia, afinal, o direito de participação política, condiciona a eficácia do ideal democrático. Nessa perspectiva, o Tribunal Constitucional ao atuar como órgão de normação positiva deve fazer em reforço a própria ideia de democracia constitucional.

---

[96] KELSEN, Hans. *Jurisdição constitucional*. Tradução Alexandre Krug, Eduardo Brandão e Maria Ermantina Galvão. São Paulo: Martins Fontes, 2003. p. 181-182.
[97] PERRY, Michael J. *The Constitution, the courts, and human rights*: an inquiry into the legitimacy of constitutional policymaking by the judiciary. New Haven: Yale University, 1982. p. 9.
[98] ELY, John Hart. *Democracy and distrust*: a theory of judicial review. Cambridge: Harvard University Press, 1980. p. 4-5.

Assim, se, por um lado, a democracia constitucional exige que as decisões políticas sejam tomadas pelos representantes escolhidos pelo povo, por outro, tais decisões políticas devem coexistir com a Justiça Constitucional que, visando à preservação do próprio sistema constitucional, não deve sobrepujar a democracia. O Tribunal Constitucional deve, assim, reforçar a democracia constitucional, mediante o exercício da curadoria da Constituição, nem que para isso seja necessário editar enunciados normativos como aqui se está a defender.

O Tribunal Constitucional ao invocar a Constituição para o exercício das suas funções estará ele invocando enunciados normativos (e normas) que foram aprovados por variadas maiorias, num consenso diferenciado que se extravasa por meio da promulgação de uma Constituição (e de suas emendas).

A este respeito, Usera destaca

[a] necessidade de garantir a Constituição salva os tribunais de poderem ser acusados de antimajoritários ou antidemocráticos e isso porque sua legitimidade deriva, não certamente da maioria presente, mas da maioria pretérita e constituinte. Segundo este, conviria asseverar que seu título de legitimação é superior ao que poderia receber se sua criação fosse o resultado da ação de uma maioria conjuntural.[99]

Bem acentua Rothemburg que a Justiça Constitucional desempenhada no Estado contemporâneo, principalmente pelos Tribunais Constitucionais, enquadram-se no contexto da democracia e a reforça, já que em última análise a Justiça Constitucional se apresenta como "corretivo para desvios 'demagógicos'" e como "condição da democracia".[100]

---

[99] USERA, Raúl Canosa. *Interpretación constitucional y fórmula política*. Madrid: Centro de Estudios Constitucionales, 1988. p. 50-51. T.a. do original: "La necesidad de garantizar la Constitución salva a los tribunales de poder ser acusados de antimayoritarios o antidemocráticos y ello porque su legitimidad deriva, no ciertamente de la mayoría presente, sino de la mayoría pretérita y constituyente. Según esto, convendría aseverar que su título de legitimación es superior al que podría recibir si su creación fuera el resultado de la acción de una mayoría conyuntural."

[100] ROTHENBURG, Walter Claudius. *Inconstitucionalidade por omissão e troca de sujeito*: a perda de competência como sanção à inconstitucionalidade por omissão. São Paulo: Revista dos Tribunais, 2005. p. 104 e 110.

Ademais, como acentua Zaffaroni, uma instituição não é democrática unicamente porque não provenha de eleição popular, pois, nem tudo que não provém dessa origem é necessariamente "aristocrático".[101] Uma instituição é *democrática* quando seja funcional para o *sistema democrático*, quer dizer, quando seja necessária para sua continuidade, como ocorre com o Tribunal Constitucional, e será tanto mais legítima, quanto mais contribuir para o aprimoramento da democracia.

Caso se afirme que o Tribunal Constitucional tem legitimidade constitucional, mas não tem legitimidade democrática, estar-se-á ignorando sua inquestionável funcionalidade democrática.

A verdade é que entre *Constituição* e *democracia* sempre existirá certa tensão, além de uma relação de complementação, o mesmo ocorrendo entre democracia e Justiça Constitucional, afinal, diante dessa tensão e da necessidade de garantir e aperfeiçoar a democracia, a legitimidade da Justiça Constitucional dependerá de sua capacidade de agir em sintonia com o ideal democrático e a vontade da maioria.

Contudo, não pode passar despercebido o fato de que *princípio da* maioria (soberania popular), controle de constitucionalidade (constitucionalismo), apenas aparentemente demonstram uma natureza paradoxal, já que

> seus pólos embora efetivamente sejam opostos um ao outro, são também, a um só tempo, constitutivos um do outro. [...] Não há democracia, soberania popular, sem a observância dos limites constitucionais à vontade da maioria, pois aí há, na verdade, ditadura; nem constitucionalismo sem legitimidade popular, pois aí há autoritarismo.[102]

---

[101] ZAFFARONI, Eugenio Raúl. *Poder judiciário*: crise, acertos e desacertos. Tradução Juarez Tavares. São Paulo: Revista dos Tribunais, 1995. p. 43.
[102] CARVALHO NETTO, Menelick de. Apresentação da obra. In: ROSENFELD, Michel. *A identidade do sujeito constitucional*. Tradução Menelick de Carvalho Netto. Belo Horizonte: Mandamentos, 2003. p. 12. Anota ainda Moreira a respeito: "A relação do princípio da maioria com o princípio da constitucionalidade é essencialmente ambivalente. Por um lado, o princípio da constitucionalidade é, obviamente, um *limite do princípio da maioria*, isto é da maioria legiferante ordinária; por outro lado, porém, o princípio da constitucionalidade também é ele mesmo *expressão do princípio da maioria*, ou seja, da maioria fundante e constituinte da comunidade política." (MOREIRA, Vital. Princípio da maioria e princípio da constitucionalidade: legitimidade e limites da justiça constitucional. In: BRITO, J. Sousa et al. *Legitimidade e legitimação da justiça constitucional*. Coimbra: Coimbra Editora, 1995. p. 192).

Por tudo, pode-se então dizer que a Justiça Constitucional e os Tribunais Constitucionais devem estar sempre a serviço da democracia, visando a preservar e a efetivar a Constituição.

Também não se pode esquecer da *legitimidade de origem* que "remete à idéia do Tribunal Constitucional como um verdadeiro pressuposto do constitucionalismo, sem o qual este não existe e não funciona senão precariamente".[103]

Sendo a Constituição o diploma normativo que elenca as funções estatais, estabelece os órgãos constitucionais de soberania e atribui competências a estes órgãos para o atingimento daquelas funções, tem-se que isso só pode ser levado a efeito por um poder que lhes seja superior – Poder Constituinte originário. Sendo assim, todos os órgãos constitucionais de soberania são igualmente democráticos, já que se originam de um mesmo ato de soberania popular, que é a aprovação de uma específica Constituição, e isso independente da estrutura final definida pela mesma.

Como bem anota Miranda:

> Em estritos termos jurídicos, a legitimidade do Tribunal Constitucional não é maior, nem menor do que a dos órgãos políticos: advém da Constituição. E, se esta Constituição deriva de um poder constituinte democrático, então ela há de ser, natural e forçosamente, uma legitimidade democrática.[104]

A atuação do Tribunal Constitucional não pode ter a pecha de antidemocrática, já que a sua competência é conferida pela vontade superior do povo cristalizada nos princípios insculpidos na Constituição,[105] afinal, sua legitimidade não é oriunda de uma maioria atual, mas da maioria pretérita constituinte.

Tem-se assim que a legitimidade do exercício de uma determinada função por certo órgão constitucional de soberania (poder)

---

[103] TAVARES, André Ramos. *Tribunal e jurisdição constitucional*. São Paulo: Instituto Brasileiro de Direito Constitucional/Celso Bastos, 1998. p. 80.

[104] MIRANDA, Jorge. *Manual de direito constitucional*. 2. ed. rev. e actual. Coimbra: Coimbra Editora, 2005. t. 6. p. 127. Cf. no mesmo sentido: VILLALÓN, Pedro Cruz. Legitimidade da justiça constitucional e princípio da maioria. In: BRITO, J. Sousa et al. *Legitimidade e legitimação da justiça constitucional*. Coimbra: Coimbra Editora, 1995. p. 86.

[105] BINENBOJM, Gustavo. *A nova jurisdição constitucional brasileira*: legitimidade democrática e instrumentos de realização. Rio de Janeiro: Renovar, 2001. p. 80-81.

não depende também da natureza dela – se legislativa, executiva, judiciária ou controladora –, mas de tal competência ter sido especificamente atribuída a determinado órgão pela Constituição. Havendo previsão constitucional (cf. item 3.3), não há que se questionar a legitimidade da atuação de um Tribunal Constitucional como órgão de normação positiva.

Quanto à legitimidade democrática dos juízes de um Tribunal Constitucional,[106] a mesma deriva do caráter democrático da Constituição, e não da vontade da maioria. O juiz constitucional tem uma nova posição dentro do Estado Constitucional de Direito e a legitimidade de sua atuação não é política, mas jurídico-constitucional.

M. Callejón destaca, ainda, com grande precisão, que é na independência do Judiciário para o exercício do controle, bem como para o respeito ao pluralismo que se encontrará sua principal fonte de legitimidade democrática.[107]

Tal raciocínio pode também ser aplicado ao Tribunal Constitucional[108] já que a ausência de representatividade originariamente eletiva por parte dos integrantes do Tribunal Constitucional não é impeditivo para que se admita sua legitimação democrática, já que em uma democracia complexa, que pretende assegurar não só o governo das maiorias, mas também o respeito das minorias, conforme aqui já afirmado, são imprescindíveis mecanismos que sejam exercitados não por órgãos que gozam de representativida-

---

[106] Destaca Canotilho que de "um modo geral, em todos os tribunais constitucionais criados no após guerra teve-se em conta a necessidade de *legitimação democrática dos juízes* através da participação dos órgãos de soberania, directa ou indirectamente legitimados, na eleição ou escolha dos seus membros." (CANOTILHO, José Joaquim Gomes. *Direito constitucional e teoria da Constituição*. 4. ed. Coimbra: Almedina, 2000. p. 663). Excelente visão quanto às regras de composição dos Tribunais Constitucionais Europeus proporciona os quadros elaborados por Favoreu. (FAVOREU, Louis. *As cortes constitucionais*. Tradução Dunia Marinho Silva. São Paulo: Landy, 2004. p. 30-31, 124-125). Alguns autores tratam como "legitimidade democrática indireta" quando os integrantes do Tribunal Constitucional são designados politicamente por meios de escolhas por representantes do povo. Cf. a respeito: TAVARES, André Ramos. *Teoria da justiça constitucional*. São Paulo: Saraiva, 2005. p. 504-505.

[107] CALLEJÓN, María Luisa Balaguer. *Interpretación de la Constitución y ordenamiento jurídico*. Madri: Tecnos, 1997. p. 51.

[108] Cf. nesse sentido: AGRA, Walber de Moura. *A reconstrução da legitimidade do Supremo Tribunal Federal*: densificação da jurisdição constitucional brasileira. Rio de Janeiro: Forense, 2005. p. 39.

de democrática máxima, mas também por órgãos que detenham independência, inclusive do sufrágio político.

Verifica-se, ainda, a *legitimidade do exercício* pelo Tribunal Constitucional com a utilização de um procedimento previamente delineado (cf. item 4.11) e por uma decisão fundamentada (cf. item 4.5.2) e racional (cf. item 4.7) – o que não difere muito das decisões do Judiciário.

Como bem sustenta Tavares, a "consistência e o refinamento dos métodos de trabalho da Justiça Constitucional, portanto, fazem parte integrante da discussão acerca de sua legitimidade", até porque os "limites e os caminhos da interpretação operada pela Justiça Constitucional compõem uma importante dimensão da legitimidade pleiteada".[109]

Por fim, consigna-se que um dos grandes sustentáculos da legitimidade do Tribunal Constitucional é a aceitação de suas decisões pelos demais órgãos estatais e principalmente pela sociedade, razão pela qual todas as suas decisões devem ser desenvolvidas em uma dimensão comunicativa (cf. item 4.5), afinal, será a partir da aceitação das decisões do Tribunal Constitucional pela sociedade que se terá a consagração ou a rejeição deste órgão constitucional de soberania.

O que se faz necessário discutir não é se o Tribunal Constitucional possui ou não possui legitimidade democrática mas sim estabelecer condições e limites para que um Tribunal Constitucional não seja um usurpador das decisões democráticas.

1.4.5 Funções do Tribunal Constitucional

Na atuação de um Tribunal Constitucional sobressaem duas grandes categorias de funções que podem ser catalogadas em virtude da necessidade, ou não, de vinculação ao Tribunal

---

[109] TAVARES, André Ramos. O discurso dos direitos fundamentais na legitimidade e deslegitimação de uma justiça constitucional substantiva. *Revista Brasileira de Estudos Constitucionais – RBEC*, Belo Horizonte, v. 1, n. 2, p. 15, abr./jun. 2007.

Constitucional – são elas as *funções próprias* (estruturais) e as *funções impróprias*.

As *funções próprias* (estruturais) são aquelas que pertencem a um Tribunal Constitucional por serem inerentes a sua natureza, servindo ainda como identificadoras e caracterizadoras da Justiça Constitucional. São algumas espécies dessa categoria (função legislativa) que interessa ao presente estudo.

Já as *funções impróprias* são aquelas que são imputadas ao Tribunal Constitucional desprezando a natureza, a singularidade e a importância desse órgão constitucional de soberania.

Não se vai aqui determinar a natureza das funções que um Tribunal Constitucional pode vir a exercer. Não existe convergência quanto a esse ponto. Para um bom número de doutrinadores os Tribunais Constitucionais desempenham *função jurisdicional*, mesmo que em outro nível daquela desempenhada pelo Judiciário, registrando aqui a imensa utilização da expressão "jurisdição constitucional".[110] Já para outros, destacando-se aí Kelsen,[111] o Tribunal Constitucional seria apenas um legislador negativo.

Tavares bem sintetiza essa divergência doutrinária acerca da função desempenhada pelo Tribunal Constitucional no controle de constitucionalidade:

> Alguns autores entendem que os Tribunais Constitucionais, no desempenho de controle concentrado da constitucionalidade, exercem verdadeira função constitucional especial, e não uma jurisdição propriamente dita, ainda que objetiva. Para outros, a função é necessariamente política.[112]

Comumente considera-se como função única dos Tribunais Constitucionais de matriz kelseniana a realização do controle de

---

[110] Para Agra: "A concepção de jurisdição constitucional não pode ser confundida com a conceituação de controle de constitucionalidade. Esta é uma espécie daquela, uma das várias possibilidades de atuação da força normativa da Constituição." (AGRA, Walber de Moura. *A reconstrução da legitimidade do Supremo Tribunal Federal*: densificação da jurisdição constitucional brasileira. Rio de Janeiro: Forense, 2005. p. 21).

[111] Cf. KELSEN, Hans. *Jurisdição constitucional*. Tradução Alexandre Krug, Eduardo Brandão e Maria Ermantina Galvão. São Paulo: Martins Fontes, 2003. p. 150-155.

[112] TAVARES, André Ramos. *Curso de direito constitucional*. 7. ed. rev. e ampl. São Paulo: Saraiva, 2009. p. 248.

constitucionalidade das leis, mas o Tribunal Constitucional não deve exercer com exclusividade o controle da constitucionalidade das leis, tampouco deve exercer apenas o controle de constitucionalidade das leis.

Deve-se ter o cuidado para que o estudo das funções de um Tribunal Constitucional não fique limitado na análise de questões relacionadas ao controle de constitucionalidade das leis. Essa limitação não corresponde à realidade, afinal o Tribunal Constitucional vem de longa data desempenhando outras funções, tão próprias e inerentes ao Tribunal Constitucional como o controle da constitucionalidade das leis em face da Constituição.

Paralelamente ao controle de constitucionalidade das leis, os Tribunais Constitucionais assumiram e vêm desenvolvendo outras relevantes funções constitucionais, podendo-se elencar as seguintes categorias funcionais fundamentais (estruturais ou próprias): *i*) interpretativa; *ii*) estruturante; *iii*) arbitral; *iv*) governativa; *v*) legislativa *stricto sensu*, e; *vi*) comunitarista, não sendo demais afirmar que tais funções não são excludentes, de modo que em uma mesma decisão podem ser manifestadas mais de uma dessas funções.

Na sua origem, o papel do Tribunal Constitucional se restringia, basicamente, a guardar a Constituição, contudo, atualmente sua atuação se mostra mais complexa. Passou-se de uma atuação como mero legislador negativo, como mencionava Kelsen, para desenvolver diversas outras funções, destacando-se a de zelar pela aplicação positiva da vontade constitucional e eventualmente substituir o legislador ou o administrador omisso a fim de fazer efetivar os enunciados normativos constitucionais.

Sem querer antecipar as especificidades da atuação do Tribunal Constitucional como órgão de normação positiva, não há como se afastar da ideia de que em decorrência da impossibilidade de uma separação absoluta de poderes há de se compreender que na esfera de atuação do Tribunal Constitucional como órgão curador da Constituição possa ocorrer o exercício de funções como a *enunciativa* e a legislativa *stricto sensu*, sem que isso viole a cláusula da separação de poderes.

Para o que se pretende nesse trabalho, ver-se-á, no Capítulo seguinte, algumas funções dos Tribunais Constitucionais que se relacionam, direta ou indiretamente, com o Tribunal Constitucional como órgão de normação positiva, não havendo a necessidade de se imiscuir detalhadamente nas demais funções (governativa[113] e comunitarista[114]) dos Tribunais Constitucionais, sob pena de se afastar da finalidade deste estudo.

---

[113] "A função governativa estará presente no desenvolvimento de muitas das funções anteriores elencadas. Ela ocorre especialmente a partir do momento em que as Constituições passaram a incorporar normas programáticas (matérias até então constantes apenas dos programas de Governo), com postulados a serem perseguidos e implementados pelos Governos, o que 'constrangeu' o Tribunal Constitucional a trabalhar também nessa seara." (TAVARES, André Ramos. *Curso de direito constitucional*. 7. ed. rev. e ampl. São Paulo: Saraiva, 2009. p. 234).

[114] "Designa-se como função 'comunitarista' a atividade de um Tribunal Constitucional voltada para a defesa da superioridade do Direito comunitário (pró-comunidade) em relação ao Direito estatal (de cada Estado integrante de uma comunidade maior)." (TAVARES, André Ramos. *Teoria da justiça constitucional*. São Paulo: Saraiva, 2005. p. 359). Cf. ainda os itens 3.2.2.2 e 4.4.4.3.

CAPÍTULO 2

EDIÇÃO DE ENUNCIADOS NORMATIVOS PELO TRIBUNAL CONSTITUCIONAL

2.1 Análise da função legislativa na Justiça Constitucional

A relação entre a clássica doutrina da separação de poderes e a Constituição, no final do século XIX, transcorria sem maiores atritos. Contudo, no decorrer do século XX, com a ampliação do conteúdo e da eficácia da Constituição, as relações entre a Constituição e a lei, o Judiciário e o Legislativo, bem como o surgimento dos Tribunais Constitucionais, forçaram uma revisitação da doutrina da separação de poderes e a da sua interface com a Constituição.

Consoante examinado no Capítulo anterior e a partir de uma constatação da realidade normativa e prática de diversos Estados, verifica-se que o Tribunal Constitucional não mais atua, nem deve atuar, nos termos de um Estado Constitucional, apenas como um mero defensor (*stricto sensu*) da Constituição, quer dizer, no exercício do controle dos atos normativos que ofendam, formal ou materialmente, o Texto Constitucional – *controle de constitucionalidade*.

A primazia da Justiça Constitucional sobre os demais órgãos estatais se apresenta a cada dia mais evidente em diversos países, principalmente naqueles que possuem um Tribunal Constitucional.

Nesse palmilhar, a *Justiça Constitucional* a ser exercida pelo Tribunal Constitucional não pode ficar restringida à ideia de *controle de constitucionalidade*, afinal, esta é uma espécie daquela, numa das várias possibilidades de atuação em prol da realização da *força normativa da Constituição* (cf. item 3.2.1). Dito de outro modo, o *controle de constitucionalidade* não abrange todos os aspectos atinentes e importantes da *Justiça Constitucional*, que é muito mais abrangente do que aquele.

O exercício da *Justiça Constitucional* tem, atualmente, se destacado mais na extração e imposição efetiva dos propósitos constitucionais do que a abrir barricadas contra qualquer ataque à Constituição por meio de enunciados normativos produzidos pelo legislador.

O Tribunal Constitucional, ao colacionar novas funções no exercício da sua *Justiça Constitucional*, acaba exercendo, de certo modo, por vezes, uma "função legislativa" além daquele papel de "legislador negativo" idealizado inicialmente por Kelsen, já que edita verdadeiros enunciados normativos com eficácia *erga omnes*.

A esse respeito, vale a pena conferir a seguinte lição:

> A experiência mais recente, no entanto, parece condenar ao esquecimento a concepção kelseniana do *legislador negativo*, tantas têm sido as decisões das Cortes Constitucionais – *e.g.* as diversas espécies de *sentenças normativas* por via das quais, a pretexto de otimizar e/ou realizar a Constituição, esses super-tribunais assumem nítida postura legislativa, criando normas de caráter geral e vinculante, como atestam a jurisprudência nacional e a estrangeira, esta com maior expressão.[115]

Aliás, o próprio Kelsen, por influência do *common law* anglo-americana, admitiu que os precedentes judiciais seriam uma espécie de legislação política dos Tribunais Superiores, asseverando inclusive que tais decisões poderiam se configurar em normas gerais, já que "a decisão judicial cria o chamado precedente judicial, quer dizer: quando a decisão judicial do caso concreto é vinculante para a decisão de casos idênticos".[116]

Assentadas tais premissas, é momento de analisar a função legislativa e o seu exercício pelos órgãos estatais.

---

[115] MENDES, Gilmar Ferreira; COELHO, Inocêncio Mártires; BRANCO, Paulo Gustavo Gonet. *Curso de direito constitucional*. São Paulo: Saraiva, 2007. p. 116-117.

[116] KELSEN, Hans. *Teoria pura do direito*. 6. ed. Tradução João Baptista Machado. São Paulo: Martins Fontes, 2000. p. 277-278.

Em todas as sociedades políticas a problemática foi e é colocada em torno da competência para ditar comandos gerais e abstratos (função legislativa *lato sensu*) e a cláusula da separação de poderes.

É neste panorama que cabe agora verificar o que caracteriza a "função legislativa" para então analisar se algumas das funções exercidas pelo Tribunal Constitucional possuem, ou não, tais características, ou se sua atuação, por vezes, vai além de uma mera "função legislativa". Antes, contudo, importa aqui fazer um brevíssimo retrospecto quanto à ideia de *lei* e de *função legislativa*.

A *função legislativa* consiste evidentemente na criação das *leis*, mas o conteúdo dessa função dependerá da concepção que se faz de *lei*. Assim, é necessário trazer duas concepções ou definições do que venha a ser *lei*.

A *lei*, então, pode ser objeto de uma definição *material*: chamar-se-á *lei* todo enunciado cujo conteúdo apresenta como características a generalidade e a obrigatoriedade, ou, então, a *lei* poderá ser objeto de uma definição *formal* (ou orgânica): chamar-se-á *lei* todo enunciado que foi posto por uma determinada forma, por exemplo, pelo Legislativo.

Essa tentativa de concepção do que vem a ser *lei* e *função legislativa* se mostra ineficiente, já que o Estado produz enunciados que materialmente se equivalem às *leis*, e não são *leis*, e por outra percepção o Legislativo também produz outros atos que não são *leis*.

A ideia de *lei* e, por conseguinte, de *função legislativa*, foi concebida na época do Estado legalista de Direito em que a lei representava a *vontade geral* ou a *razão* (Rousseau),[117] trazendo a Declaração de Direitos do Homem e do Cidadão, de 1789, em seu art. 6º que "[a] lei é a expressão da vontade geral. [...]". Talvez seja essa a justificativa pelo apego tão forte à expressão "lei", e por consectário, à expressão "legislativa", valendo registrar, ainda, que *lei* e *democracia* são institutos com íntima conexão, vez que se considera que é por meio da *primeira* que a *segunda* se manifesta.

O Estado de Direito pretendeu vincular a produção do direito à "vontade geral" (= lei), fazendo com que o direito fosse veiculado

---

[117] ROUSSEAU, J. J. *Do contrato social*. Tradução Antônio de Pádua Danesi. São Paulo: Martins Fontes, 2001.

somente por um ato com forma de lei – fonte do direito por excelência com única capacidade de inovar a ordem jurídica.[118] A identificação da "vontade geral" com o Legislativo trouxe como consequência a centralização do poder político neste órgão, reduzindo todo o fenômeno jurídico às leis editadas pelo legislador, as quais deveriam ser aplicadas corretamente pelos demais agentes estatais, inclusive pelos juízes que deveriam atuar meramente como *la bouche qui prononce les paroles de la loi* ("a boca que pronuncia as palavras da lei").

Em virtude do entendimento da "vontade geral" ou da "razão" que originava a *lei*, desenvolveu-se a ideia de que ela era infalível, naquilo que restou denominado de "sacralização da lei", restando inquestionável o postulado da soberania parlamentar.

Nessa quadra, a expressão da "vontade geral" fez com que cada vez menos os juristas se importassem com o conteúdo da lei – bastava a forma e não o conteúdo; olvidando-se da dificuldade de se precisar a "vontade geral".

O próprio Rousseau também trazia que para que a *lei* fosse realmente a manifestação da *vontade geral*, era necessário que o povo estivesse suficientemente informado para a deliberação, que não houvesse no Estado sociedade parcial (facções) e que cada cidadão só venha a opinar de acordo com seu ponto de vista.[119]

Apesar de toda essa exigência do esquema teórico rousseauniano, não é difícil descobrir a realidade, como noticia Ferreira Filho:

> A lei é expressão da vontade parlamentar. Essa vontade é a vontade de uma maioria. Essa maioria é, por sua vez, a expressão de outra, a maioria eleitoral, que é uma minoria em relação ao povo, especialmente quando são múltiplas as restrições ao sufrágio, como sucedia ao instalar-se o novo regime. Ao povo pode imputar-se a vontade da maioria eleitoral,

---

[118] Argumenta Clève: "Se a lei, entretanto, constitui fonte do direito por excelência, nem por isso o direito todo reside nela. A unidade da ordem jurídica liberal já ocultava uma espécie de pluralismo jurídico." E ainda: "Mesmo no contexto liberal, se o Estado pretendeu monopolizar a função normativa, não a depositou por inteiro nas mãos do Poder Legislativo. [...] se nos Estados de tradição romanística (*sistema civil law*) o fenômeno da centralização manifestou-se de modo mais acentuado, o mesmo não pode ser dito dos Estados de tradição anglo-saxônica." (CLÈVE, Clèmerson Merlin. *Atividade legislativa do Poder Executivo*. 2. ed. rev., atual. e ampl. São Paulo: Revista dos Tribunais, 2000. p. 77-80).

[119] ROUSSEAU, J. J. *Do contrato social*. Tradução Antônio de Pádua Danesi. São Paulo: Martins Fontes, 2001. p. 37-38.

à vontade a maioria eleitoral, a da maioria parlamentar, mas daí não decorre a identidade desta com aquela. A objeção de Rousseau contra a representação é irrespondível, mas é impossível organizar um Estado contemporâneo, assegurando ao povo participação no governo, sem o recurso a representantes.[120]

A partir desse panorama traçado por Ferreira Filho, verifica-se que a lei não consistia mais na "vontade geral", já que não era possível encontrar uma "vontade geral" descoberta pelo debate parlamentar orientado pela razão.

Como bem anota Clève: "A lei passa, sim, a ser, talvez, apenas expressão de uma 'vontade política'. A 'vontade política' do grupo majoritário no seio do Parlamento. Aparece aqui talvez o primeiro atentado contra a concepção sacralizadora da lei".[121]

O *império da lei* constituiu, durante um bom tempo, forte óbice à implementação de controle de constitucionalidade, bem como o exercício de qualquer função da *Justiça Constitucional*, inclusive o de permitir a competência para a edição de enunciados normativos primários por outros órgãos que não o Legislativo.

A possibilidade da sindicância da "vontade geral" (controle da constitucionalidade da lei) apenas veio ocorrer em 1803 na Suprema Corte dos Estados Unidos da América, e a ideia da supremacia constitucional somente se consolidou a partir do início do século XX, com os ensinamentos de Kelsen. Era inconcebível, no limiar do Estado de direito e da democracia, o controle da vontade da maioria pelo Judiciário, sob pena de se ter uma "ditadura das togas".

Não é demais frisar que no modelo jurídico *romano-germânico* todos, inclusive o Judiciário e o Tribunal Constitucional, estão subordinados à lei. Trata-se do *sistema francês* de desconfiança dos juízes, afinal, no *Ancien Régime* na França, os juízes eram serviçais dos governantes e, por isso, quando chegou a Revolução Francesa, a necessária segurança jurídica exigia que os juízes cumprissem a lei. Nessa senda é que surge o princípio de que ninguém é obrigado a fazer ou deixar de fazer alguma coisa senão em virtude de lei (princípio da

---

[120] FERREIRA FILHO, Manoel Gonçalves. *Do processo legislativo*. 4. ed. atual. São Paulo: Saraiva, 2001. p. 82.
[121] CLÈVE, Clèmerson Merlin. A teoria constitucional e o direito alternativo: para uma dogmática constitucional emancipatória. *ADV – Advocacia Dinâmica*: seleções jurídicas, São Paulo, n. 1, p. 45, jan. 1994.

legalidade). Contudo, quando cotejamos com a Revolução Inglesa, em que os juízes eram confiáveis, observa-se a implantação de outro sistema – o *judicialista*, no qual a decisão judicial vale tanto quanto a lei. Com a passagem do *Estado legalista* para o *Estado constitucional* ocorreu uma alteração no eixo do poder com a expansão da *Justiça Constitucional*. Tal passagem pressupõe a afirmação do caráter normativo da Constituição, que passou a integrar um plano de juridicidade superior e vinculante para todos os órgãos constitucionais de soberania, inclusive o Legislativo, passando então a Constituição a ter um significado essencial para a limitação do poder do legislador, afinal, este também poderia se apresentar como um inimigo da liberdade.

A Segunda Grande Guerra Mundial é um marco neste processo de jurisdicização da Constituição e da ampliação da Justiça Constitucional, afinal, com a instalação dos regimes nazista e fascista na Europa, sem qualquer oposição do Legislativo, fez com que tal "poder" perdesse seu apogeu. A experiência traumática desses regimes serviu para assentar que uma coisa é o poder da lei, outra é o das maiorias parlamentares.

Cappelletti, acerca da derrocada dos ideais de Rousseau, destacou:

> Nosso século, todavia, haveria de ensinar uma outra lição: a de que a idéia roussoniana da infalibilidade da lei parlamentar não passava de outra ilusão, pois até o Legislativo, e não apenas o Executivo, pode abusar do poder. A experiência mostrou, além disso, que a possibilidade do abuso legislativo cresceu enormemente como o crescimento legiferante do Estado moderno, e também que as tiranias legislativas e majoritárias podem ser tão opressivas quanto a tirania do Executivo.[122]

Acresce-se ainda que, com a transição do *Estado Liberal* para o *Estado Social* (cf. item 1.3.2), ocorreu a perda do prestígio da *lei* como fonte principal do direito em decorrência, inclusive, do *Welfare state*, verificando-se assim também a *crise do parlamento*.

Com a *lei* perdendo seu caráter *sagrado* e com as "intensas mudanças experimentadas pelo Estado no último século [que] contribuíram sobremaneira para o avanço das assim denominadas

---

[122] CAPPELLETTI, Mauro. Repudiando Montesquieu? A expansão e a legitimidade da "justiça constitucional". *Revista Forense*, Rio de Janeiro, v. 99, n. 366, p. 138, mar./ abr. 2003.

crises da lei, do direito e do parlamento", ocorreu um "fenômeno comum a todo o ocidente: a descentralização da função legiferante.[123] Como bem anota Moncada, após a "crise da lei", a "lei parlamentar" deixou de ser o centro da ordem jurídica, passando o Executivo a ser beneficiado por amplas capacidades normativas que deslocam o peso da produção legislativa a seu favor.[124]

A reivindicação de papel positivo para o Tribunal Constitucional é um corolário da falência do Estado Liberal. Se na época liberal bastava cassar a lei, no Estado Social, em que se reconhece que a própria omissão de medidas soberanas pode pôr em causa o ordenamento constitucional, torna-se necessária a intervenção ativa do Tribunal Constitucional.[125]

Feito esse brevíssimo retrospecto, tem-se atualmente os Tribunais Constitucionais exercendo inquestionavelmente também uma função legislativa (*lato sensu*) nesse novo constitucionalismo.

Apontando os traços mais significativos desse novo constitucionalismo, lecionam Mendes, Coelho e Branco:

> Como conseqüência da supremacia e da aplicabilidade direta e imediata dos preceitos constitucionais, tem-se a segunda característica desse novo constitucionalismo – *mais juízes do que legisladores* –, a sinalizar para o reconhecimento dos julgadores como legítimos criadores do direito, e não como simples reveladores de uma suposta e indefinível vontade da lei ou do legislador, que enquanto tais, obviamente não resolveriam os problemas suscitados pela convivência humana.[126]

Contudo, calha analisar se a expressão "função legislativa" pode ser empregada quando outro órgão, que não o Legislativo, edita enunciados normativos gerais (generalidade pelo destinatário

---

[123] CLÈVE, Clèmerson Merlin. *Atividade legislativa do Poder Executivo*. 2. ed. rev., atual. e ampl. São Paulo: Revista dos Tribunais, 2000. p. 51 e 53. Outros fatores que contribuíram para a *crise do parlamento*, além da dificuldade de se precisar a "vontade geral", foram a "emergência da sociedade técnica" e a "inflação legislativa". (Cf. *Ibidem*, p. 52-61). Registra ainda Clève que ocorre a "descentralização da função legislativa quando o Judiciário, por força de autorização do parlamento ou de previsão constitucional, elabora normas jurídicas." (*Ibidem*, p. 84).
[124] MONCADA, Luís S. Cabral de. *Ensaio sobre a lei*. Coimbra: Coimbra Editora, 2002. p. 95-96.
[125] MEDEIROS, Rui. *A decisão de inconstitucionalidade*. Lisboa: Universidade Católica, 1999. p. 493-494.
[126] MENDES, Gilmar Ferreira; COELHO, Inocêncio Mártires; BRANCO, Paulo Gustavo Gonet. *Curso de direito constitucional*. São Paulo: Saraiva, 2007. p. 120.

(em oposição a individualidade)) e abstratos (em oposição ao concreto), ou seja, com eficácia *erga omnes*.

Deve-se perscrutar ainda qual(is) o(s) limite(s) conceituais da expressão "função legislativa" a fim de saber no exercício de quais funções a atuação do Tribunal Constitucional se confundirá, ou não, com a do legislador.

Essa distinção é importante, pois a *função legislativa* e a *lei* sempre foram estudadas muito de perto, alguns afirmando que a função legislativa *stricto sensu* seria exercida por meio de *lei* e a função legislativa que não fosse por meio de lei, seria uma função legislativa *lato sensu*.

Nesse sentido, Moncada observa que "a teoria da legislação tem a lei como objecto principal de estudo",[127] e que a generalidade e a abstração sempre permaneceram como critério material da lei.[128]

Caetano define a função legislativa como "à actividade pela qual o Estado cria o seu Direito positivo, mediante a imposição de regras gerais de conduta social".[129]

Observe que o professor lusitano não afirma que a função legislativa é a atividade do Parlamento ou do Legislativo, mas sim do "Estado" que tem por objeto direto e imediato estatuir enunciados normativos gerais e impessoais.

De forma semelhante, Llorente assinala que a expressão *criação do Direito* "equivale ao estabelecimento de normas jurídicas, isto é, de preceitos dotados de eficácia *erga omnes*".[130]

Kelsen pontua que a "diferença entre *função jurisdicional* e *função legislativa* consiste, antes de mais nada, em que esta cria normas gerais, enquanto aquela cria unicamente normas individuais".[131]

---

[127] MONCADA, Luís S. Cabral de. Contributo para uma teoria da legislação. In: MONCADA, Luís S. Cabral de. *Estudos de direito público*. Coimbra: Coimbra Editora, 2001. p. 251.
[128] MONCADA, Luís S. Cabral de. *Ensaio sobre a lei*. Coimbra: Coimbra Editora, 2002. p. 83.
[129] CAETANO, Marcello. *Manual de ciência política e direito constitucional*. 6. ed. rev. e ampl. Coimbra: Almedina, 2003. t. 1, p. 158. Prossegue o autor: "Este modo de dizer carece, porém de ser explicado. Em primeiro lugar, o Estado *cria apenas o Direito positivo*. Mas é muito antiga e está muito radicada no espírito humano a crença na existência de certas normas de conduta que, por serem inerentes à própria natureza do homem, são anteriores e superiores ao Estado. Tais normas constituem o *Direito Natural*." (*Ibidem*, p. 158-159).
[130] LLORENTE, Francisco Rubio. *La forma del poder*: estudios sobre la Constitución. Madrid: Centro de Estudios Constitucionales, 1993. p. 497. T.a. do original: "[...] equivale a establecimento de normas jurídicas, isto es, de preceptos dotados de eficacia *erga omnes*."
[131] KELSEN, Hans. *Jurisdição constitucional*. Tradução Alexandre Krug, Eduardo Brandão e Maria Ermantina Galvão. São Paulo: Martins Fontes, 2003. p. 151.

Para Bittencourt, a "interpretação é parte do processo legislativo", já que quando "a lei é omissa, ou silencia, o intérprete, ao suprir-lhe as lacunas, não está propriamente 'interpretando', mas, em verdade, outra coisa não faz senão legislar".[132]

Ao analisar o "efeito vinculante" das decisões do STF, Grau anota que "a atribuição de eficácia contra todos e de efeitos vinculantes às decisões de que se trata importa em atribuir-se ao Supremo Tribunal Federal *função legislativa*".[133]

Pode-se afirmar, então, que muito embora o ato típico da função legislativa seja a *lei*, a definição de *função legislativa* não se prende a esta espécie, sendo mais ampla ao compreender a criação de enunciados normativos escritos, abstratos e gerais, que objetivam a regulamentação de determinadas relações e que vinculam os demais órgãos estatais e a sociedade como um todo, desde que firmadas por quem detém competência decorrente de previsão constitucional (item 3.3).

Deve-se consignar que o Supremo Tribunal Federal brasileiro, apesar de exercer a função legislativa *lato sensu* como será demonstrado ao longo da obra, afirma que ao Judiciário não cabe o exercício da função legislativa.[134]

A *função legislativa* tratada aqui compreende a atividade estatal que inova o ordenamento jurídico em nível primário, ou seja, busca fundamento de validade diretamente na Constituição e, por consectário lógico, sua normatividade está logo abaixo dela.

Não se nega que o ato típico produzido pela *função legislativa* é a *lei*. Contudo, qualquer órgão estatal que possuir competência para produzir enunciados normativos abstratos e genéricos, e que deve

---

[132] BITTENCOURT. C. A. Lúcio. A interpretação como parte integrante do processo legislativo. *Revista Forense Comemorativa – 100 anos*, Rio de Janeiro, t. 1, p. 55-68, 2005. p. 61 e 67. Continua o autor: "Não se argumente que o intérprete não cria a lei, porque a sua opinião está presa a um preceito, do qual dimana e a cujo espírito se deve limitar e circunscrever. A isso objetaremos que também o legislador não cria o direito, mas apenas o fotografa na realidade social, para colocar-lhe a moldura da lei." (*Ibidem*, p. 67).

[133] GRAU, Eros Roberto. Sobre a produção legislativa e sobre a produção normativa do direito oficial: o chamado "efeito vinculante". *Revista Trimestral de Direito Público*, São Paulo, n. 16, p. 37, 1996.

[134] Cf. Súmula Vinculante nº 37: "Não cabe ao Judiciário, que não têm função legislativa, aumentar vencimentos de servidores públicos sob o fundamento de isonomia". (STF. Pleno. DOU 24 out. 2014). Trata-se da conversão do Enunciado nº 339 da Súmula do STF, de igual teor, datada de 13.12.1963.

ser observado pelos demais órgãos estatais e pela sociedade, estará no exercício da função legislativa *lato sensu*, e é neste quadrante que o presente estudo será desenvolvido.

Sendo o Tribunal Constitucional um órgão constitucional de soberania, ou seja, cujo berço é o mesmo do Legislativo, o exercício da função legislativa *lato sensu* pelo Tribunal Constitucional colocará suas decisões, no mínimo,[135] no mesmo patamar daquelas adotadas pelo Legislativo na edição de *atos normativos primários*.

Conforme se vê, muito embora a função legislativa seja uma função que, na clássica tripartição de poderes, pertenceria ao Legislativo, pode ela ser exercida também pelo Tribunal Constitucional, havendo superfície então para se "falar em *funções* legislativas de um Estado, e não apenas em *uma função* legislativa".[136]

Um enfoque que merece ser dado a essa "função legislativa" (*lato sensu*) exercida pelo Tribunal Constitucional é se ela se confunde, ou não, e, em qual situação, com a "função legislativa" exercida pelo Legislativo. Aliás, a utilização da expressão "função legislativa" para individualizar uma competência do Tribunal Constitucional poderá induzir a uma concepção equivocada quanto à importância e à vinculatividade das decisões desse órgão constitucional de soberania.

Nesse viés, importa distinguir as funções legislativas *lato sensu* que podem ser exercidas pelo Tribunal Constitucional em diferentes circunstâncias, evidenciando os reflexos dessa atuação, para, oportunamente, analisar as *condições* e os *limites* dessa atuação na elaboração de enunciados normativos, naquilo que intitulamos de *normação positiva*.

Frise-se que se deixará à margem da análise desse estudo a ideia de que toda decisão judicial "cria o direito" no caso em concreto ("lei" para o caso em concreto), afinal, é "sempre possível afirmar que a norma jurídica é norma interpretada e que, nesse sentido, a actividade jurisdicional seria sempre normativa, na sua dimensão hermenêutica".[137]

---

[135] Mais adiante (itens 2.2 e 2.3) analisar-se-á se a função legislativa desempenhada pelo Tribunal Constitucional está em qual nível (idêntico, superior ou inferior) quando comparada à função legislativa desempenhada pelo Legislativo.

[136] TAVARES, André Ramos. *Teoria da justiça constitucional*. São Paulo: Saraiva, 2005. p. 190.

[137] MORAIS, Carlos Blanco de. *Curso de direito constitucional*. Coimbra: Coimbra Editora, 2008. t. 1. p. 110.

A esse respeito, importa trazer à colação a seguinte lição de Malberg: "É inegável, com efeito, que o juiz por sua própria iniciativa cria uma solução jurídica para a solução de um litígio, exercendo com ele um poder que, em si, é da essência legislativa [...]".[138] De igual modo Cappelletti: "[...] quando se fala dos juízes como criadores do direito, afirma-se nada mais do que uma óbvia banalidade, um truísmo privado de significado: é natural que toda interpretação seja criativa e toda interpretação judiciária 'law-making'".[139]

Para o que interessa neste tópico, a função legislativa *lato sensu* exercida pelo Tribunal Constitucional que ora se enfoca é aquela genérica e abstrata que se corporifica com a elaboração de enunciados normativos com alcance *erga omnes* (normação positiva), em decorrência de uma interpretação da Constituição, ou de um comportamento omissivo infraconstitucional em cotejo com o Texto Constitucional.

2.2 A normação editada pelo Tribunal Constitucional no exercício da função enunciativa

2.2.1 Abertura dos enunciados normativos constitucionais

Os enunciados normativos que compõem o direito se prestam a ordenar a sociedade, sendo que boa parte destes são gerais, abstratos, fixam tipos e se referem a uma série de casos indefinidos

---

[138] MALBERG, R. Carré de. *Teoría general del Estado*. Tradução José Lion Depetre. 2. ed. México: Fondo de Cultura Económica, 2001. p. 674). T.a. do original: "Es innegable, en efecto, que el juez que por su propia iniciativa crea una solución jurídica para la solución de un litigio, ejerce con ello un poder que, em sí, es de esencia legislativa [...]." Tem-se ainda que na decisão que "cria o direito" no caso em concreto o juiz labora de forma bem limitada em sua atividade criativa: a uma, pelo processo, já que está balizado pelo princípio da provocação e da imparcialidade; e a duas, pelo dever de observar as escolhas válidas efetuadas pelo legislador (ordinário e Constituinte), além dos demais enunciados normativos já produzidos pelo Tribunal Constitucional conforme aqui será demonstrado.
[139] CAPPELLETTI, Mauro. *Juízes legisladores?* Tradução Carlos Alberto Alvaro de Oliveira. Porto Alegre: Sergio Antonio Fabris, 1999. p. 24-25.

e não a casos concretos, urgindo assim a necessidade do operador do direito interpretar o enunciado normativo para então aplicar a norma que dele emana.

Interpretar um enunciado normativo constitucional consiste em determinar não tanto o seu conteúdo, mas, mais o seu sentido, o fim que pretende tutelar. Deve-se extrair do enunciado a melhor norma, utilizando para tanto de uma metodologia mais ou menos complexa e elaborada, mas sem nunca perder de mira o resultado prático a alcançar.

Feito esse registro, tem-se que mesmo o *enunciado normativo* reputado claro não exclui a interpretação, até porque a própria clareza é conceito relativo, pois um enunciado claro em seu ditado pode ser obscuro em relação aos fins para os quais tende. Além do que, o que foi claro durante longo tempo, sem jamais haver provocado dúvidas, pode tornar-se obscuro mais tarde, em virtude da superveniência de relações novas, podendo então surgir divergência quanto à incidência desse mesmo enunciado que outrora não demandava maiores reflexões.[140]

Por mais que a linguagem utilizada no enunciado normativo demonstre uma aparente claridade e certeza, deve ela ser encarada como uma obra humana, com todas as suas deficiências, fraquezas e vicissitudes, sem embargo de ser alguma coisa mais do que um alinhamento ocasional de palavras e sinais.

Atienza afirma que é impossível eliminar toda a vagueza dos conceitos, haja vista que o veículo utilizado por eles é uma linguagem natural, e não uma linguagem artificial (técnica) construída a propósito de eliminar as imprecisões.[141]

A parêmia latina *in claris cessat interpretatio* (ou, *in claris no fit interpretatio*) não tem qualquer aplicabilidade, pois qualquer enunciado normativo, claro ou ambíguo, comporta interpretação.[142]

---

[140] RÁO, Vicente. *O direito e a vida dos direitos*. 5. ed. anot. e atual. São Paulo: Revista dos Tribunais, 1999. p. 468.
[141] ATIENZA, Manuel. *Introducción al derecho*. México: Fontamara, 2000. p. 19.
[142] Nesse sentido: MAXIMILIANO, Carlos. *Hermenêutica e aplicação do direito*. 19. ed. Rio de Janeiro: Forense, 2001. p. 27 e 196; HAMON, Francis; TROPER, Michel; BURDEAU, Georges. *Direito constitucional*. 27. ed. Tradução Carlos Sousa. Barueri: Manole, 2005. p. 52-53. Tal brocardo deve ser entendido no sentido de que o esforço hermenêutico é mais simples ou mais complexo conforme o entendimento do texto normativo seja mais ou menos fácil, pois sustentar a clareza do preceito é já ter realizado prévio labor interpretativo.

Assim, em virtude das dificuldades de interpretação, e antes de cuidar da *função interpretativa* e da *função enunciativa* exercidas pelo Tribunal Constitucional, é imprescindível a análise quanto à *abertura* dos *enunciados normativos constitucionais* que são objeto de interpretação e aplicação, afinal, tal abertura permite um contínuo processo de recriação e reinvenção de um mesmo texto constitucional que ocorre devido às mudanças que acontecem na sociedade com o passar do tempo.

Registra-se que tal *abertura* não se restringe aos enunciados normativos constitucionais, já que enunciados normativos de outros ramos do direito, *v.g.* direito civil,[143] cada vez mais deixam de lado a tipificação taxativa e começam a utilizar cláusulas gerais, abrangentes e abertas, tais como: boa-fé, lealdade e equidade.

Talvez a abertura dos *enunciados normativos constitucionais* é devida ao fato de que a Constituição não regula tudo quanto dela deve ser objeto, até porque

> as Constituições seriam instrumentos estáticos que perderiam o seu sentido com a evolução e o progresso humano, se exprimissem apenas a lêtra e a vontade dos seus elaboradores, se as instituições e os institutos por ela criados não se transformassem e não permitissem uma interpretação.[144]

A linguagem constitucional é plasmada com a utilização de enunciados principiológicos que apresentam maior abertura, maior grau de vagueza e, por consectário lógico, menor densidade jurídica, até porque, como as Constituições são elaboradas com o intuito de permanecer em vigor pelo maior tempo possível, elas devem se amoldar às mudanças que acontecerem na sociedade ao longo deste tempo, o que exige que seus enunciados tenham caráter aberto.

---

[143] Cf. nesse sentido: PERLINGIERI, Pietro. *Perfis do direito civil*: introdução ao direito civil constitucional. Tradução Maria Cristina de Cicco. Rio de Janeiro: Renovar, 1999. p. 27. Para Tepedino, as Constituições contemporâneas e o legislador infraconstitucional especial utilizam-se de *cláusulas gerais* convencidos da sua própria incapacidade, em face do dinamismo em que evolui o mundo atual, a fim de tentar regular as inúmeras e multifacetadas situações nas quais o sujeito de direito se insere. (TEPEDINO, Gustavo. Premissas metodológicas para a constitucionalização do direito civil. In: TEPEDINO, Gustavo. *Temas de direito civil*. 2. ed. rev. e ampl. Rio de Janeiro: Renovar, 2001. p. 19).

[144] CAVALCANTI, Themistocles Brandão. *Do contrôle da constitucionalidade*. Rio de Janeiro: Forense, 1966. p. 37.

A menor densidade jurídica dos enunciados normativos constitucionais decorre então de uma necessidade de haver um espaço de conformação mais ou menos amplo. Apesar de tal liberdade de conformação ser maior nos países que adotam uma Constituição sintética, não afasta a frequência com que a questão se coloca em países que adotam uma Constituição analítica, como o Brasil. Como "o *futuro* é uma tarefa indeclinável da Constituição, deve, por conseguinte, a lei constitucional, fornecer aberturas para captar a dinamicidade da vida política e social",[145] e será por intermédio de enunciados normativos abertos, sejam eles valores, princípios ou conceitos jurídicos indeterminados, que a Constituição permanecerá com suas janelas abertas para o amanhã, oxigenando-se e respondendo às necessidades e às questões que inevitavelmente surgirão, cabendo aqui destacar, ainda, que, apesar de os princípios possuírem pouca carga normativa em decorrência da abstração que lhe é inerente, "ganha em carga valorativa – o que lhes permite irradiar-se sobre todas as outras normas jurídicas".[146]

Garcia-Pelayo bem trabalha essa questão da plasticidade dos enunciados normativos constitucionais sob o prisma da "estática e da dinâmica constitucional". Analisa o autor que para que uma Constituição possa continuar existindo, imprescindível é a possibilidade de ela se transformar por intermédio da alteração da interpretação do mesmo texto (mutação constitucional).[147]

A perda de precisão semântica é compensada pela maior elasticidade das normas que emanam dos enunciados normativos constitucionais, o que proporciona uma facilitação no preenchimento de lacunas aparentes e na resolução das antinomias aparentes.

Com a utilização de conceitos, tais como: cidadania, dignidade da pessoa humana, igualdade, moralidade, justiça social, bem

---

[145] CANOTILHO, José Joaquim Gomes. *Direito constitucional e teoria da Constituição*. 4. ed. Coimbra: Almedina, 2000. p. 1373.

[146] BASTOS, Celso Ribeiro; MEYER-PFLUG, Samantha. A interpretação como fator de desenvolvimento e atualização das normas constitucionais. In: SILVA, Virgílio Afonso da (Org.). *Interpretação constitucional*. São Paulo: Malheiros, 2007. p. 152.

[147] GARCIA-PELAYO, Manuel. *Derecho constitucional comparado*. 3. ed. Madrid: Revista de Occidente, 1953. p. 128-139. Para Hesse, a *mutação constitucional* modifica o conteúdo das normas constitucionais de modo que a *norma*, conservando o mesmo *texto*, recebe uma significação diferente. (HESSE, Konrad. *Escritos de derecho constitucional*. 2. ed. Tradução Pedro Cruz Villalon. Madrid: Centro de Estudos Constitucionales, 1992. p. 85).

comum, impessoalidade, eficiência dentre outros (expressões extraídas da CRFB, *v.g.*), dá-se ao intérprete (neste trabalho o Tribunal Constitucional) a possibilidade de utilização de um espaço de discricionariedade. São as chamadas *lacunas de reconhecimento*, que são oriundas da *zona de incerteza*, do *problema da penumbra*, dos *conceitos plurissignificativos*, isto é, vagos, imprecisos, indeterminados ou fluidos,[148] pois se originam não da completude ou incompletude do direito (lacunas jurídicas), mas sim, de certas propriedades semânticas da linguagem.

A utilização de conceitos abertos, indeterminados, abstratos, fluidos e plurissignificativos na Constituição, promovem uma abertura[149] da Constituição sob o aspecto material, sendo tal característica, na visão de Zagrebelsky, da própria essência das Constituições democráticas constituídas a partir de uma sociedade pluralista, já que permite acomodar seus diferentes interesses.[150]

A tentativa das Constituições em assimilar a complexidade das relações sociais está retratada em uma extrema abertura do ponto de vista material que caracteriza notadamente os textos constitucionais editados a partir da década de setenta. Com isso, verifica-se que Constituição compõe um repositório de princípios às vezes antagônicos e controversos, que exprimem o armistício na guerra institucional da sociedade de classes.[151]

---

[148] Destaca-se aqui a *zona de certeza positiva*, dentro da qual ninguém duvidaria do cabimento da aplicação da palavra que os designa e uma *zona de certeza negativa* em que seria certo que por ela não estaria obrigada. As dúvidas só têm cabida no intervalo entre ambas. Sobre o tema contribui Engisch: "[...] podemos distinguir nos conceitos jurídicos indeterminados um *núcleo* conceitual e um *halo* conceitual. Sempre que temos uma noção clara do conteúdo e da extensão dum conceito, estamos no domínio do núcleo conceitual. Onde as dúvidas começam, começa o halo do conceito." (ENGISCH, Karl. *Introdução ao pensamento jurídico*. 7. ed. Tradução J. Baptista Machado. Lisboa: Calouste Gulbenkian, 1996. p. 209).

[149] A discussão teórica sobre a abertura das Constituições pode encaminhar-se por distintas veredas, as quais podem ocupar-se "(i) da abertura hermenêutica da norma constitucional; (ii) da abertura normativa expressa ao direito internacional e, no caso europeu, ao direito comunitário; (iii) da abertura ao concreto; (iv) da abertura epistemológica, e; (v) da abertura de conteúdo" (TAVARES, André Ramos. A Constituição aberta: elementos de uma hermenêutica constitucional. In: AGRA, Walber de Moura (Coord.). *Retrospectiva dos 20 anos da Constituição Federal*. São Paulo: Saraiva, 2009. p. 1).

[150] ZAGREBELSKY, Gustavo. *El derecho dúctil*: ley, derechos, justicia. 8. ed. Tradução Marina Gascón. Madrid: Trotta, 2008. p. 13.

[151] BONAVIDES, Paulo. *Curso de direito constitucional*. 11. ed. rev., atual. e ampl. São Paulo: Malheiros, 2001. p. 470-473.

A abertura da Constituição, escreve Canotilho, pretende salientar a necessidade de a Constituição "se furtar a uma espécie de 'totalitarismo constitucional', traduzido na codificação global e detalhada das matérias constitucionais e na rigidez absoluta do clausulado constitucional",[152] deixando, conscientemente, de regular de forma pormenorizada certas matérias e optando por uma técnica normativa de utilização de enunciados abertos. A Constituição se apresenta, assim, como um "sistema normativo aberto de regras e princípios",[153] e também democrático, que permite confrontações políticas.

Essa abertura da Constituição, decorrente da utilização de cláusulas gerais e conceitos de um grau de abstração muito alto, possibilita a penetração normativa omnicompreensiva da matéria, porém, ao custo da precisão conceitual.[154] Os enunciados normativos constitucionais, em face dessas características, precisam ser concretizados em grande medida por seus intérpretes, notadamente o Tribunal Constitucional.

Canaris acrescenta que "a abertura do sistema significa a *incompletude e a provisoriedade do conhecimento científico*".[155] Assim, o intérprete constitucional deve estar preparado para dar efetividade ao sistema constitucional existente, alargando-o ou modificando-o com base em considerações do seu tempo. Dessa forma, a textura aberta da linguagem constitui uma vantagem, porque possibilita a harmonização entre a "necessidade de certeza e a necessidade de deixar certas questões em aberto para serem apreciadas no tempo adequado".[156]

---

[152] CANOTILHO, José Joaquim Gomes. *Constituição dirigente e vinculação do legislador*: contributo para a compreensão das normas constitucionais programáticas. 2. ed. Coimbra: Coimbra Editora, 2001. p. 147.

[153] CANOTILHO, José Joaquim Gomes. *Direito constitucional e teoria da Constituição*. 4. ed. Coimbra: Almedina, 2000. p. 1081.

[154] STERN, Klaus. *Derecho del Estado de la Republica Federal Alemana*. Tradução Javier Pérez Royo y Pedro Cruz Villalón. Madrid: Centro de Estudios Constitucionales, 1987. p. 222.

[155] CANARIS, Claus Wilhelm. *Pensamento sistemático e conceito de sistema na ciência do direito*. 2. ed. Tradução Antonio Menezes Cordeiro. Lisboa: Calouste Gulbenkian, 1996. p. 106.

[156] STRUCHINER, Noel. *Direito e linguagem*: uma análise da textura aberta da linguagem e sua aplicação ao direito. Rio de Janeiro: Renovar, 2002. p. 122. Cf. ainda: "Esta perspectiva dos sistemas como realidades exogenamente abertas e adaptáveis representa

O enunciado normativo constitucional contém elasticidade para corresponder às diferentes exigências que variam no tempo, e pode produzir efeitos diferentes quando se alteraram os fatos e valores em razão dos quais surgiu, pois a norma que se extrai do enunciado normativo não é sempre a mesma, se altera, respondendo às novas necessidades, aos novos problemas oriundos da mutação dos tempos, aduzindo significações outras que seu elaborador não poderia ter pressentido. Por isso que se pode afirmar que o enunciado normativo é mais inteligente que seu criador, porque sobrevive ao tempo, enquanto aquele não.

Verifica-se, assim, que mesmo não variando a "letra escrita" na Constituição, é possível que o efetivo conteúdo de seus dispositivos seja modificado, pelo último, mas não único, intérprete da Constituição, o Tribunal Constitucional.

A Constituição deve estar em harmonia com a sociedade vivente, devendo se manter aberta e dinâmica para se adaptar à realidade de cada época, afinal, uma Constituição não é feita para um momento determinado, mas sim para se realizar e se efetivar dia após dia.[157]

Assim, por sua função, os enunciados normativos constitucionais são necessariamente mais abertos do que aqueles que veiculam os demais comandos jurídicos (também gerais e abstratos), autorizando os Tribunais Constitucionais a exercer com grande intensidade sua *função interpretativa* e, por consectário lógico, sua *função enunciativa*, já que o alto grau de abstração presente nos enunciados normativos constitucionais permite que a interpretação se adeque a algumas transformações sociais, econômicas e políticas, pois há uma natural oscilação em razão das mudanças ocorridas na sociedade, mais isso deve ocorrer observando sempre alguns limites (cf. Capítulo 4).

---

indubitavelmente um importante progresso." (TEUBNER, Gunther. *O direito como sistema autopoiético*. Tradução José Lamego. Lisboa: Calouste Gulbenkian, 1989. p. 29).

[157] Nesse sentido, afirmou o Min. Eros Roberto Grau em julgamento de 13 de abril de 2005 que "não existe a Constituição de 1988. O que hoje realmente há, aqui e agora, é a Constituição do Brasil, tal como hoje, aqui e agora, ela é interpretada/aplicada por esta Corte". (BRASIL. Supremo Tribunal Federal. Pleno. ADI 3367-1/DF. Rel. Min. Cezar Peluso. *Diário da Justiça*, Brasília, DF, p. 4, 17 mar. 2006).

A abertura constitucional é importante para possibilitar os "ajustes" necessários para a preservação e a conservação da própria Constituição ("living document"), visando ao seu aperfeiçoamento e buscando, em um processo dialético, alcançar a harmonia com a sociedade, afinal, se a sociedade evolui, o Estado deve também evoluir e a Constituição não pode ficar para trás, aliás, tem que estar à frente de seu tempo.

A abertura dos enunciados normativos constitucionais funciona também como mecanismo de legitimação constitucional, haja vista que os enunciados estão sempre em contato com os fatos e a vontade popular, e devem atuar visando a alcançar a efetividade constitucional. Desse modo, a abertura constitucional permite uma maior aproximação em relação à sociedade atual e, vale dizer, os indivíduos respeitam a norma que emana do enunciado normativo quando, de certa forma, estão identificados com ela.

Não é demais dizer que essa abertura, essa indeterminação é, por vezes, involuntária, mas é comum que ela seja também totalmente deliberada, pois, na impossibilidade de poder prever todas as situações que se apresentarão, o legislador constitucional, mesmo em uma Constituição analítica, é levado a empregar expressões abertas, indeterminadas de modo a cobrir outras situações ainda inimagináveis, ou imagináveis, mas que seja impossível de se elencar em uma Constituição sem comprometer a essência de um diploma tão importante.

Acresce-se ainda o fato de que o maior grau de abertura da Constituição autoriza o Tribunal Constitucional a utilizar de conhecimento provindo de outras ciências, o que torna patente a transdisciplinaridade do Direito Constitucional, até porque "a leitura da realidade somente será completa com a participação das outras ciências. O prisma jurídico é um prisma parcial e imperfeito. E seria hipocrisia dizer que não".[158]

Por fim, deve-se consignar a advertência de Stern acerca da abertura da Constituição, que se observa na seguinte lição: "Caráter aberto e amplitude não são, sem embargo, possíveis de

---

[158] TAVARES, André Ramos. *Fronteiras da hermenêutica constitucional*. São Paulo: Método, 2006. p. 51.

forma ilimitada; a constituição deve decididamente regular 'aquilo que não deve permanecer aberto'".[159]

2.2.2 Função interpretativa

Antes de se adentrar na *função enunciativa*, necessário se faz singrar pela *função interpretativa* que com aquela faz parede-meia. Não se deve esquecer que o exercício da *função interpretativa* é constante na atuação do Tribunal Constitucional, já que no exercício de qualquer de suas atribuições é imprescindível a definição interpretativa dos enunciados normativos constitucionais postos em análise, podendo-se concluir que a *função interpretativa* é um meio para o exercício das demais funções do Tribunal Constitucional, mas com elas não deve se confundir.

O desenvolvimento da *função interpretativa* pelos Tribunais Constitucionais teve início com a atuação discricionária da Suprema Corte estadunidense no seu papel autoproclamado de promover uma *living constitution*, mediante *construction* do texto no exame dos casos concretos. Tal comportamento transformou o *judicial review* em *provisional review* e gerou o confronto entre as correntes *ativista* e *originalista* (textualista).

Tais correntes dissentem basicamente sobre o uso e os limites da interpretação judicial em um regime democrátio, entendendo a primeira que a Suprema Corte tem legitimidade para atualizar o texto constitucional mediante interpretação e a segunda que lhe falece tal legitimidade, já que os *Judges* não são representantes eleitos pela maioria.

À margem dessa discussão, a *função interpretativa* que aqui se está a tratar não é aquela contida em toda e qualquer decisão judicial que "cria o direito" no caso em concreto, já que, conforme delimitado no item 2.1, está-se aqui a enfrentar a "função legislativa" exercida pelo Tribunal Constitucional que edita enunciados normativos

---

[159] STERN, Klaus. *Derecho del Estado de la Republica Federal Alemana*. Tradução Javier Pérez Royo y Pedro Cruz Villalón. Madrid: Centro de Estudios Constitucionales, 1987. p. 222. T.a. do original: "Carácter abierto y amplitud no son, sin embargo, posibles de forma ilimitada; la constitución debe decididamente regular 'aquello que no debe permanecer abierto'."

genéricos e abstratos. De forma mais específica, o que será pesquisado é a possibilidade de a Justiça Constitucional interpretar o texto constitucional, ou comportamento omissivo infraconstitucional em cotejo com a Constituição, e manifestar a decisão dessa interpretação por meio de edição de enunciados normativos com eficácia *erga omnes*.

Além de pedir conhecimento técnico elevado, a interpretação constitucional exige sensibilidade jurídica, política e social, para que se possa penetrar no verdadeiro sentido das disposições constitucionais e nos reflexos das mesmas no ordenamento jurídico global e na sociedade.

Tem-se ainda que a interpretação constitucional exige também um conceito relevante, que é o da *construção (criação)*, já que, como constatado no item anterior, é inerente à Constituição a existência de enunciados normativos abertos que possuem um alto grau de abstração.[160]

Feitas essas considerações propedêuticas, deve-se destacar para o que interessa no presente estudo que, quando o Tribunal Constitucional concretiza conceitos fluidos e/ou polissêmicos da Constituição, atua, nesse sentido, politicamente (cf. item 4.2), havendo aí, inquestionavelmente, uma boa carga de *criação* de Direito, consoante destaca criticamente de Schneider:

> Conhecimento metodológico mais recentes indicam, ademais, a ideia, todavia posta em dúvida, de que entre interpretação e aperfeiçoamento do direito, entre aplicação e criação do direito, não existem diferenças de princípio, mas uma comunicação fluida.[161]

Cappelletti também afirma que "não existe clara oposição entre interpretação e criação do direito".[162]

---

[160] Cf. a respeito: HESSE, Konrad. *Escritos de derecho constitucional*. 2. ed. Tradução Pedro Cruz Villalon. Madrid: Centro de Estudos Constitucionales, 1992. p. 34: "Para el Derecho constitucional la importancia de la interpretatión es fundamental pues, dado el caráter abierto y amplio de la Constitución, los problemas de interpretatión surgen com mayor frecuencia que en otros sectores del ordenamiento cuyas normas son más detalladas."

[161] SCHNEIDER, Hans-Peter. *Democracia y Constitución*. Madrid: Centro de Estudios Constitucionales, 1991. p. 199. T.a. do original: "Conocimientos metodológicos más recientes han aportado, además, la idea, apenas puesta en duda todavía, de que entre intepretación y perfeccionamiento del derecho, entre aplicación u creación del derecho, no existen diferencias de principio, sino una comunicación fluida."

[162] CAPPELLETTI, Mauro. *Juízes legisladores?* Tradução Carlos Alberto Alvaro de Oliveira. Porto Alegre: Sergio Antonio Fabris, 1999. p. 23. Afirma ainda o autor: "O verda-

Britto, ao analisar o método dialético de interpretação constitucional, alinhavou que:

> A norma a desentranhar dos signos linguísticos (dispositivos) é tanto um *a priori* quanto um *a posteriori*. Implica uma descoberta e uma construção, tudo ao mesmo tempo. Nem exclusiva objetividade de um querer legislado que se impõe ao exegeta, nem exclusiva subjetividade de um exegeta que se impõe ao querer legislador.[163]

A *função interpretativa*, em maior ou menor intensidade, será sempre utilizada pelo Tribunal Constitucional, haja vista que o exercício de qualquer faceta da Justiça Constitucional requer a prévia análise dos enunciados normativos que compõem a Constituição, exigindo assim a interpretação necessária a fim de se alcançar a precisa definição da *norma* que se extrai dos *enunciados normativos* constitucionais, afinal, *norma* e *enunciado normativo* (ou *texto normativo*) não se confundem.

O *enunciado normativo* corresponde ao conjunto de palavras, de signos linguísticos que, devidamente concatenados, formam um dispositivo legal ou constitucional. Já a *norma* corresponde ao comando que se extrai do(s) enunciado(s) normativo(s). Uma *norma constitucional* pode ser fundamentada em um ou mais *enunciados normativos* trazidos pela Constituição, e não deste ou daquele *enunciado normativo* de forma específica.

Com propriedade, Müller alinhavou:

> Quando juristas falam e escrevem sobre 'a' constituição, referem-se ao texto da constituição; quando falam 'da' lei, referem-se ao seu teor literal. Mas um novo enfoque da hermenêutica jurídica

---

deiro problema, portanto não é o da clara oposição, na realidade inexistente, entre os conceitos de interpretação e criação do direito. O verdadeiro problema é outro, ou seja, o do *grau de criatividade* e dos *modos, limites* e *aceitabilidade* da criação do direito por obra dos tribunais judiciários." (*Ibidem*, p. 21).

[163] BRITTO, Carlos Ayres. *Teoria da Constituição*. Rio de Janeiro: Forense, 2003. p. 215. Continua o autor: "Se o interprete faz do seu exclusivo pensar a vontade objetiva da norma, transmuda-se em legislador. Personagem completamente *autônomo* no circuito da produção/aplicação do Direito. Se, ao revés, ele se anula totalmente perante o dispositivo interpretado, fechando todos os espaços de manifestação mental/consciencial do seu próprio ser individual e ao mesmo tempo social, ele se torna um personagem completamente *autômato* no referido circuito." (*Ibidem*, p. 215).

desentranhou o fundamental conjunto de fatos (*Grundsachverhalt*) de uma não-identidade de texto da norma e norma. Entre dois aspectos principais o teor literal de uma prescrição juspositiva é apenas a "ponta do iceberg".[164]

No mesmo sentido é o entendimento, dentre outros, de Alexy,[165] Larenz[166] e Guastini[167] para quem a *norma* (que prescreve uma ação, uma conduta) pode ser expressa por meio de diferentes *enunciados normativos*. A *norma* é, na verdade, o significado de um ou vários *enunciados normativos*. Não existe identificação entre *norma* e *enunciado normativo*; aquela é decorrente da interpretação deste. A *norma* é o resultado da interpretação do(s) enunciado(s) normativo(s).

Interessante trazer aqui a observação de Charles Hughes, que foi *justice* da Suprema Corte dos Estados Unidos da América, ao afirmar num discurso que "vivemos sob a égide duma Constituição, mas a Constituição é aquilo que os juízes dizem que ela é".[168] Em outras palavras: estamos sob diversos enunciados (textos) normativos constitucionais, mas esses enunciados normativos constitucionais significam aquilo que o Tribunal Constitucional diz que eles são.

Assim, o Tribunal Constitucional é considerado o intérprete máximo da Constituição, cabendo a este órgão constitucional de soberania tomar a última decisão acerca da temática constitucional. Ao determinar o sentido e o alcance dos enunciados (textos) normativos constitucionais, o Tribunal Constitucional está dando concretude ao conteúdo da Constituição.

---

[164] MÜLLER, Friedrich. *Métodos de trabalho de direito constitucional*. 2. ed. rev. Tradução Peter Naumann. São Paulo: Max Limonad, 2000. p. 53.
[165] ALEXY, Robert. *Teoria de los derechos fundamentales*. Tradução Ernesto Garzón Valdés. Madrid: Centro de Estudios Políticos y Constitucionales, 2002. p. 51.
[166] LARENZ, Karl. *Metodologia da ciência do direito*. 3. ed. Tradução José Lamego. Lisboa: Calouste Gulbenkian, 1997. p. 270.
[167] GUASTINI, Riccardo. *Das fontes às normas*. Tradução Edison Bini. São Paulo: Quartier Latin, 2005. p. 24-25.
[168] BALEEIRO, Aliomar. *O Supremo Tribunal Federal, êsse outro desconhecido*. Rio de Janeiro: Forense, 1968. p. 45. Acentua a respeito Tavares: "Vale lembrar aqui a idéia de Jefferson, aplicável especialmente às constituições principiológicas, como a norte-americana, no sentido de que a Constituição seria uma *cera amorfa*, cujas formas adquiridas resultariam da atividade do Tribunal Constitucional." (TAVARES, André Ramos. *Teoria da justiça constitucional*. São Paulo: Saraiva, 2005. p. 240).

Não é demais registrar que é importantíssimo o "poder" que decorre da *função interpretativa* do Tribunal Constitucional, já que este é o encarregado de decidir com base em enunciados (textos) normativos de conteúdo aberto ou polissêmico (cf. item 2.2.1). Contudo, a *função interpretativa* exercida pelo Tribunal Constitucional é a construção de um discurso não autônomo (porque vinculado ao enunciado escrito) pelo operador do direito (cf. item 4.3.2). Evidentemente que a interpretação implica alto grau de subjetivismo, mas não se deve confundi-lo com arbitrariedade, consoante será melhor delineado adiante (item 4.7)

O exercício da *função interpretativa* pelo Tribunal Constitucional pode ensejar a chamada *mutação constitucional*,[169] ou seja, como intérprete último, mas não único, da Constituição poderá definir as novas normas que são extraídas dos enunciados normativos constitucionais.

Por fim, consigna-se que quanto mais rígida for a Constituição, mais avulta a importância da função interpretativa, de modo a possibilitar uma harmonização entre aquilo que está previsto no texto da Constituição e aquilo que a sociedade (meio político e social) espera.

2.2.3 A natureza jurídica da função interpretativa

Importa perscrutar como se posiciona no escalonamento das fontes do direito a decisão do Tribunal Constitucional que vier interpretar a Constituição. Mas há de se distinguir: a) a decisão interpretativa em geral; b) a criação de enunciado normativo que busca estender essa interpretação com eficácia *erga omnes* (cf. item 2.4.2).

---

[169] *Mutações constitucionais* são mudanças informais que ocorrem na Constituição, ou seja, mudanças sem alteração do texto do enunciado normativo constitucional. Tais mudanças informais são creditadas à modificação das tradições, da adequação político-social, dos costumes e de alteração empírica e sociológica. (JELLINEK, Georg. *Reforma y mutación de la Constitución*. Tradução Christian Förster. Madrid: Centro de Estudios Constitucionales, 1991. p. 7). "A mutação dos significados do texto faz parte de uma Constituição que se pretende viva. Pensar diferente seria tentar interpretá-la dando-lhe feição de Código, de sistema completo e fechado." (BARBOZA, Estefânia Maria de Queiroz. *Precedentes judiciais e segurança jurídica*: fundamentos e possibilidade para a jurisdição constitucional brasileira. São Paulo: Saraiva, 2014. p. 288).

Como bem destaca Royo, a localização das decisões do Tribunal Constitucional dentro do sistema de fontes é uma questão que não está resolvida de forma clara e que não existe uma opinião dominante na doutrina, ao mesmo tempo que não se nega a imprescindibilidade das decisões interpretativas do Tribunal.[170] Para Merkl, duas possibilidades de escalonamento hierárquico se apresentam, sendo elas baseadas: *i*) no fundamento de validade; e, *ii*) na capacidade ou força de derrogação. Para este autor, seria possível que um regulamento, *v.g.*, ocupasse o mesmo patamar de uma lei se seus fundamentos de validade fossem os mesmos (a Constituição), consoante o primeiro critério. Mas este mesmo regulamento ocuparia um patamar inferior se pudesse ser derrogado pela lei, sem que tivesse força para derrogá-la, consoante o segundo critério.[171]

Muito embora a decisão do Legislativo e a decisão do Tribunal Constitucional tenham a Constituição como fundamento direto de validade, inadmite-se que um ato produzido pelo Legislativo tenha sempre capacidade para se impor sobre uma decisão (interpretativa) do Tribunal Constitucional. Deve ficar claro que o que ora se apresenta é relacionado apenas à "decisão interpretativa" para o caso em concreto, e não de edição de enunciado normativo que objetiva estender essa interpretação a situações outras (eficácia *erga omnes*). Este comportamento normativo do Tribunal Constitucional será melhor analisado adiante (itens 2.2.7, 2.2.8 e 2.3.3).

O Tribunal Constitucional, ao desenvolver a *função interpretativa*, pode se tornar não apenas um "legislador positivo", mas, mais do que isso, um verdadeiro "Poder Constituinte permanente", uma "terceira câmara do Congresso".[172]

A decisão interpretativa do Tribunal Constitucional ocupa posição superior ao das leis em geral na hierarquia normativa,[173] podendo-se, inclusive, reconhecer um *status* constitucional, havendo

---

[170] ROYO, Javier Perez. *Las fuentes del derecho*. 5. ed. Madrid: Tecnos, 2008. p. 48-50.
[171] MERKL, Adolfo. *Teoría general del derecho administrativo*. Madrid: Revista de Derecho Privado, 1935. p. 225-229.
[172] TROPER, Michel. Interpretação constitucional. Tradução Pedro Buck. *Revista Brasileira de Estudos Constitucionais – RBEC*, Belo Horizonte, v. 7, p. 67, jul./ set. 2008. Afirma ainda o autor: "O intérprete de uma lei é verdadeiramente um criador do Direito; e o intérprete de uma Constituição é um verdadeiro Poder Constituinte." (*Ibidem*, p. 67); VANOSSI, Jorge Reinaldo A. *Teoría constitucional*. 2. ed. actual. Buenos Aires: Depalma, 2000. t. 2, p. 128.
[173] ROYO, Javier Perez. *Las fuentes del derecho*. 5. ed. Madrid: Tecnos, 2008. p. 55.

ainda quem afirme se tratar de uma decisão com "autoridade especial".[174] Nesse passo a jurisprudência do Tribunal Constitucional equipara-se à própria Constituição.[175]

Bem alinhavou Bidart Campos, no sentido de que quando o Tribunal Constitucional dita decisões nas quais leva a cabo o exercício de uma interpretação constitucional, essa interpretação da Constituição adquire o mesmo nível da Constituição interpretada e compõe com ela uma unidade.[176] Há casos ainda que nem mesmo o poder de reforma da Constituição poderá sobrepor-se à decisão adotada pelo Tribunal Constitucional, que se imporá como definitiva nessas circunstâncias.[177]

A atribuição de uma parcela maior e considerável ao Tribunal Constitucional para atuar como curador da Constituição, dotando-o com a competência de interpretar e aplicar a Constituição em última instância, coloca o Tribunal Constitucional no epicentro da Justiça Constitucional, fazendo com que suas decisões ressoem em toda estrutura estatal e em toda sociedade. Nessa perspectiva, é comum a indagação: o Tribunal Constitucional se apresenta como *Hüter* (Guardião) ou *Herr* (Senhor) da Constituição?

Consoante afirma Enterría, ainda que o Tribunal Constitucional pretenda aplicar a Constituição, o fato, historicamente demonstrado, é que ele exercita na prática um verdadeiro "poder de emendar", isto é, "um poder de emendar ou revisar a Constituição, ou ao menos de suplementá-la, de construir preceitos constitucionais novos, que não puderam nem estar na intenção do constituinte".[178]

---

[174] MONCADA, Luís S. Cabral de. Sobre a interpretação da Constituição. In: MONCADA, Luís S. Cabral de. *Estudos de direito público*. Coimbra: Coimbra Editora, 2001. p. 499. Afirma ainda o autor sobre o valor da interpretação judicial quanto às decisões dos tribunais em matéria de fiscalização da constitucionalidade: "É indispensável imputar-lhe valor especial, sob pena de total inoperância da fiscalização da constitucionalidade." (*Ibidem*, p. 499).

[175] SORLI, Juan-Sebastián Piniella. *Sistema de fuentes y bloque de constitucionalidad*: encrucijada de competencias. Barcelona: Borsch, 1994. p. 178.

[176] CAMPOS, German Bidart. *El derecho de la Constitución y su fuerza normativa*. Buenos Aires: Ediar, 2004. p. 421. Registra-se que o autor estava tratando das decisões de declaração de inconstitucionalidade, e não da elaboração de enunciados normativos.

[177] No item 4.8 será analisada a possibilidade da retomada da competência legislativa pelo titular da função.

[178] ENTERRÍA, Eduardo García de. *La Constitución como norma y el Tribunal Constitucional*. 4. ed. Madrid: Civitas, 2006. p. 168. T.a. do original: "[...] un poder de enmendar o revisar la Constitución, o al menos de suplementarla, de construir preceptos constitucionales nuevos, que ni pudieron estar siquiera en la intención del constituyente."

Eisenmann sustenta que o Tribunal Constitucional mais do que aplicar, acaba por completar a Constituição:

[...] a justiça constitucional faz aparecer, mais claramente que qualquer outro, poder criador – mais ou menos entendido aliás – da jurisprudência; a Corte, na realidade, completa, determina a Constituição muito mais que a aplica – no sentido que se vincula geralmente a esta palavra: ela não 'diz' o direito, ela o faz.[179]

Assim, uma das funções do Tribunal Constitucional é "atualizar incessantemente o Poder Constituinte originário, tanto na concreção dos valores supremos do ordenamento, quanto na necessária evolução diante das novas exigências da história e da consciência da civilização".[180]

Ferriz anota que a função interpretativa exercida pelo Tribunal Constitucional nos períodos de normalidade constitucional, quando o verdadeiro Poder Constituinte se encontra inativo, se apresenta, essencialmente, como uma função *paraconstituinte*, já que o Tribunal Constitucional atua como um *constituinte permanente*.[181]

Contudo, não se pode olvidar que o Tribunal Constitucional no exercício dessa *função interpretativa* deve encontrar limites (cf. Capítulo 4), sob pena de ocorrer o assenhoramento do conteúdo da Constituição e de seu significado pelo Tribunal Constitucional, tornando-se assim um *Herr* (Senhor) da Constituição e não um *Hütter* (Guardião), colocando a Constituição e o próprio Estado Constitucional Democrático em risco.

Demonstrado que as decisões interpretativas do Tribunal Constitucional relacionadas aos enunciados constitucionais possuem *status* superior aos atos produzidos pelo Legislativo, é que se destaca o risco da utilização da expressão "função legislativa" para designar algumas das competências do Tribunal Constitucional, pois tal uso pode conduzir ao equivocado

---

[179] EISENMANN, Charles. *La justice constitutionnelle et la haute cour constitutionnelle d'Autriche*. Paris: Economica, 1986. p. 216, *apud*, TAVARES, André Ramos. *Teoria da justiça constitucional*. São Paulo: Saraiva, 2005. p. 227.

[180] SOUZA JR., Cezar Saldanha. *O Tribunal Constitucional como poder*: uma nova teoria da divisão dos poderes. São Paulo: Memória Jurídica, 2002. p. 121.

[181] FERRIZ, Remedio Sánchez. *El Estado constitucional y su sistema de fuentes*. 3. ed. Valencia: Tirant lo Blanch, 2005. p. 311.

entendimento de que há paridade entre os atos emanados pelo Legislativo e as decisões do Tribunal Constitucional. Por essas e outras que se mostra mais adequado falar em "caráter normativo" das decisões do Tribunal Constitucional quando do exercício da sua *função interpretativa* e não em atuação legislativa. Nesse sentido, F. Callejón ensina:

> [...] a qualificação destas sentenças como interpretativas não corresponde com a realidade da função normativa que elas desenvolvem no TC, e se explica somente pelo resíduo histórico da consideração do labor jurisprudencial como de mera interpretação da norma, que tem sua origem no próprio desenvolvimento da disciplina das fontes do Direito. Certamente, os defensores da posição negadora da função normativa da jurisprudência podem argumentar que a norma por ela extraída encontra-se "potencialmente" nas disposições ou enunciados legais, e que nesse sentido não se trata de uma função criativa autêntica. Entretanto, potencialmente estariam também na Constituição todos os enunciados legais, e isso não nos permite definir o trabalho do legislador como de mera interpretação da Constituição. Por isso, deve-se considerar que o trabalho normativo da jurisprudência constitucional nas sentenças que têm eficácia *erga omnes*, se adiciona à função normativa que desenvolve pela via de elaboração doutrinária, que constitui o modelo clássico dessa função.[182]

A *função interpretativa* exercida pelo Tribunal Constitucional pode então ser conceituada como *normativa*, integrando o denominado "ciclo de produção do Direito", não sendo demais firmar que nada impede que se reconheça a característica *normativa* de uma decisão interpretativa sem ter de, por isso, denominá-la pura e simplesmente *decisão normativa*, bastando esclarecer que

---

[182] CALLEJÓN, Francisco Balaguer. *Fuentes de derecho*: I. principios del ordenamiento constitucional. Madrid: Tecnos, 1991. p. 115-116. N.R. 107. T.a. do original: "[...] la calificación de estas sentencias como interpretativas no se corresponde con la realidad de la función normativa que en las mismas desarrolla el TC, y se explica tan sólo por el residuo histórico de la consideración de la labor jurisprudencial como de mera interpretación de la norma, que tiene su origen en el propio desarrollo de la disciplina de las fuentes del Derecho. Ciertamente, los defensores de la posición negadora de la función normativa de la jurisprudencia pueden argumentar que la norma extraída por ésta se encuentra 'en potencia' en las disposiciones o enunciados legales, y que en ese sentido no se trata de una auténtica función creativa. Sin embargo, en potencia estarían también en la Constitución todos los enunciados legales y ello no nos permite definir la labor del legislador como de mera interpretación de la Constitución. Por eso hay que considerar que la labor normativa de la jurisprudencia constitucional en las sentencias que tienen eficacia *erga omnes*, se añade a la función normativa que desarrolla por vía de elaboración doctrinal, que constituye el modelo clásico de esa función."

não se adota a posição de há muito superada doutrinariamente acerca do caráter mecanicista[183] das decisões de aplicação do direito escrito. "Em outras palavras, é suficiente, para superar esse impasse terminológico, fixar a premissa de que a interpretação não é atividade totalmente vinculada, assim como a legislação não o é".[184]

2.2.4 Função estruturante

Denomina-se aqui por *função estruturante* aquela por meio da qual é promovida "a adequação e a harmonização formais do ordenamento jurídico, consoante sua *lógica* interna e seus próprios comandos relacionados à estrutura normativa adotada".[185]

A presença de atos atentatórios à Constituição é praticamente inafastável e, assim, nenhum ordenamento jurídico pode sobreviver sem que haja a manutenção de sua estrutura por algum órgão constitucional de soberania.

É por meio do controle de constitucionalidade (concentrado-abstrato das leis) que se objetiva, geralmente, a anulação de leis. Nessa situação o Tribunal Constitucional se vê provocado para o exercício da *função estruturante*, que requer tanto a interpretação da Constituição como a interpretação da lei posta em apreciação.

No início, mostrava-se pouco possível (ainda) ao Judiciário contrabalançar ou limitar o Legislativo, uma vez que não tinha força nem poderio, e limitava-se simplesmente a julgar, sendo, sem discussão, o mais fraco dos três poderes clássicos.

---

[183] Em determinado momento da história preponderou a concepção iluminista de lei e uma ideia mecanicista de função judicial, até porque dominava o cenário científico a teoria mecânica de Newton, que deixara suas marcas em toda produção científica de então, inclusive no Direito. De longa data já afirmava Montesquieu: "Os juízes de uma nação não são mais que a boca que pronuncia as sentenças da lei, seres inanimados que não podem moderar nem sua força, nem seu rigor". (MONTESQUIEU, Charles de Secondat. *O espírito das leis*. Tradução Cristina Murachco. São Paulo: Martins Fontes, 2000. p. 123).
[184] TAVARES, André Ramos. *Teoria da justiça constitucional*. São Paulo: Saraiva, 2005. p. 223.
[185] TAVARES, André Ramos. *Teoria da justiça constitucional*. São Paulo: Saraiva, 2005. p. 253. Não é o objetivo deste tópico analisar todas as questões que envolvem o controle de constitucionalidade das leis pelo Tribunal Constitucional, mas apenas enfocar aspectos da *função estruturante* que repercutem na *função enunciativa* (item 2.2.7) e na *função legislativa stricto sensu* (item 2.3.1).

A origem da *função estruturante* é decorrente de um desenvolvimento especificamente americano da cláusula da separação de poderes e consistia na integração do Judiciário no procedimento de calibração entre os órgãos constitucionais de soberania, processo esse que até então englobava apenas o Legislativo e o Executivo.

A Suprema Corte dos Estados Unidos da América no ano de 1803, sob o comando do *Chief Justice* John Marshall, chamou para si o papel de velar pela observância e manutenção da Constituição a partir do célebre caso *Marbury v. Madison*, consagrando o controle difuso de constitucionalidade ao reconhecer a superioridade hierárquica da Constituição em relação às leis e declarar nulas as resoluções legislativas incompatíveis com a Constituição. Frise-se que essa atribuição não estava prevista expressamente na Constituição Estadunidense, e tal atribuição trouxe com ela uma ideia nova: a de que a Constituição limita os poderes dos órgãos constitucionais de soberania.

Após esse primeiro passo dado pela Suprema Corte dos Estados Unidos da América, e com o surgimento posteriormente do Tribunal Constitucional (item 1.4.1) passou-se a ter a manutenção do edifício jurídico-normativo ("calibração do sistema") pelo Tribunal Constitucional, conforme as diretrizes de funcionamento deste edifício constantes na Constituição, eliminando-se os enunciados normativos (ou as normas)[186] incongruentes com a Constituição.[187]

---

[186] Fala-se aqui em eliminação de "normas" tendo em vista a possibilidade da utilização do *princípio* (ou técnica) da *interpretação conforme à Constituição*. A rigor não se trata de um *princípio de interpretação da Constituição*, mas, sim, de um princípio de interpretação de leis infraconstitucionais de acordo com a Constituição. Para Canotilho o "principio da interpretação das leis em conformidade com a constituição é fundamentalmente um princípio de controlo (tem como função assegurar a constitucionalidade da interpretação) e ganha relevância autónoma quando a utilização dos vários elementos interpretativos não permite a obtenção de um sentido inequívoco dentre os vários significados da norma. Daí a sua formulação básica: no caso de normas polissémicas ou plurissignificativas deve dar-se preferência à interpretação que lhe dê um sentido em conformidade com a constituição." (CANOTILHO, José Joaquim Gomes. *Direito constitucional e teoria da Constituição*. 4. ed. Coimbra: Almedina, 2000. p. 1189).

[187] LUÑO, Antonio Enrique Pérez. *Teoría del derecho*: una concepción de la experiencia jurídica. Madrid: Tecnos, 1997. p. 206. Para Tavares, "[a] idéia de uma função estruturante, portanto, é adotada com esse sentido técnico restrito. Tudo o que se relacionar com a *estrutura básica do edifício jurídico* será considerado função estruturante." (TAVARES, André Ramos. *Teoria da justiça constitucional*. São Paulo: Saraiva, 2005. p. 253).

Nessa senda, a *função estruturante* passa a ser aquela destinada à manutenção da organização (estrutura) do ordenamento jurídico, incluindo-se aí a função de controle da constitucionalidade das leis a ser exercido também pelos Tribunais Constitucionais, tornando-se a mais difundida entre as funções desses Tribunais e que é considerada essencial para que um Tribunal seja reconhecido como um Tribunal Constitucional.

Importante aqui colacionar a assertiva de Kelsen de que o Tribunal Constitucional, no controle de constitucionalidade das leis, exerceria apenas a função de um "legislador negativo", haja vista que poderia, apenas, anular as leis editadas pelo Legislativo já que:

> [...] anular uma lei é estabelecer uma norma geral, porque a anulação de uma lei tem o mesmo caráter de generalidade que sua elaboração, nada mais sendo, por assim dizer, que a elaboração com sinal negativo e portanto ela própria uma função legislativa.[188]

Piçarra afirma que é certo que sempre se poderá dizer que a função de controle da constitucionalidade das leis é uma atuação legislativa extraordinária. Que é uma participação negativa na função legislativa, ou mesmo, que o poder judicial é um "órgão parcial" da função legislativa.[189]

Cabe agora, a partir dessa ideia clássica e primeira do controle de constitucionalidade das leis pelo Tribunal Constitucional, analisar a natureza jurídica da *função estruturante*.

2.2.5 Natureza jurídica da função estruturante

A clássica assertiva equivocada de que Tribunal Constitucional atua como mero legislador negativo, em nosso entendimento, deve ser compreendida no contexto em que Kelsen adotou como premissa que o Estado exerce apenas duas funções: a *criação* (*legislatio*) do

---

[188] KELSEN, Hans. *Jurisdição constitucional*. Tradução Alexandre Krug, Eduardo Brandão e Maria Ermantina Galvão. São Paulo: Martins Fontes, 2003. p. 151-152.

[189] PIÇARRA, Nuno. *A separação dos poderes como doutrina e princípio constitucional*. Coimbra: Coimbra Editora, 1989. p. 205.

direito e a *aplicação (legis executio)* do direito.[190] Assim, como a prática do controle de constitucionalidade não diz respeito à *aplicação do direito*, restaria então a esta atividade o enquadramento na outra função concebida por Kelsen – *criação do direito*, por isso a utilização da expressão "legislador negativo", ao invés de se admitir outra função específica ao Tribunal Constitucional que, atualmente, tem previsão expressa em diversas Constituições.

Para Tavares a comparação da função estruturante com a função de um legislador é equívoca, vez que pode conduzir à conclusão de que a natureza dessa função do Tribunal Constitucional é legislativa (embora negativa), quando, na realidade, não o é. "Trata-se de função típica dos Tribunais Constitucionais, com fundamento constitucional e extensão diversa da mesma função (de eliminação de leis) desenvolvida pelo Parlamento".[191]

Ainda nessa trilha, a manutenção que decorre do exercício da *função estruturante* envolve, necessariamente, como efeito direto, uma natureza propriamente *normativa*, que não se pode confundir com a mera função de legislador negativo.

Como bem registra Ferriz:

> O Tribunal Constitucional não pode ser reduzido ao papel de mero legislador negativo, vez que transborda em muito esta caracterização na medida que também desempenha uma função de determinação positiva do ordenamento vigente.[192]

A insubsistência do dogma kelseniano do "legislador negativo" se percebe facilmente pela própria Constituição austríaca,

---

[190] KELSEN, Hans. *Jurisdição constitucional.* Tradução Alexandre Krug, Eduardo Brandão e Maria Ermantina Galvão. São Paulo: Martins Fontes, 2003. p. 124-125. Indica ainda o autor: "[...] costumam-se distinguir as funções estatais em legislação e execução, que se opõem assim como a criação ou a produção do direito se opõem à aplicação do direito considerado como simples reprodução." (*Ibidem*, p. 124). Talvez a partir de tal premissa Kelsen tenha atribuído ao Tribunal Constitucional a função de "legislador negativo", já que a função implementada pelo Tribunal Constitucional no controle de constitucionalidade das leis mais se aproxima da "criação ou da produção do direito" do que da "execução" (simples reprodução do direito).

[191] TAVARES, André Ramos. *Curso de direito constitucional.* 7. ed. rev. e ampl. São Paulo: Saraiva, 2009. p. 234.

[192] FERRIZ, Remedio Sánchez. *El Estado constitucional y su sistema de fuentes.* 3. ed. Valencia: Tirant lo Blanch, 2005. p. 304-305. Assevera a respeito Guastini: "[...] a Corte constitucional parece dispor de um poder legislativo não só 'negativo', mas também 'positivo'." (GUASTINI, Riccardo. *Das fontes às normas.* Tradução Edison Bini. São Paulo: Quartier Latin, 2005. p. 309).

que desde a reforma de 1929 cuidou dos efeitos repristinatórios de legislação revogada, em caso de procedência de pedidos de inconstitucionalidade nas leis revogadoras.[193]

Vê-se com facilidade que em casos que tais, a decisão proferida pelo Tribunal Constitucional, se por um lado *desfaz* (negativo) o que o legislador fez, por outro *refaz* (positivo) aquilo que havia sido desfeito pelo legislador.

Destaca-se ainda que a possibilidade que vem sendo reconhecida aos Tribunais Constitucionais de modular os efeitos no tempo (eficácia prospectiva) de suas decisões que reconhecem a inconstitucionalidade, apresenta-se como uma atividade tipicamente legislativa positiva, já que essa modulação pelos Tribunais Constitucionais considerarão o interesse público envolvido, em uma análise eminentemente política.[194]

Nesse sentido leciona Tavares:

> Na medida em que se conceba a eficácia prospectiva como poder para suspender temporalmente a eficácia do princípio da supremacia constitucional, evidentemente que a atividade não se pode considerar meramente legislativa. Se a permissão encontra-se constitucionalmente explicitada, haveria de se questionar acerca da própria rigidez da Constituição, por franquear que o Tribunal Constitucional a altere, em seus comandos, ainda que essa alteração seja restrita no tempo. Se não há permissão constitucional explícita, pode-se entender que, salvo proibição expressa, cumpre ao Tribunal Constitucional avaliar os efeitos de uma declaração de inconstitucionalidade. Esse poder acaba por fazer do Tribunal mais do que curador, um verdadeiro 'senhor' da Constituição.[195]

---

[193] VIEIRA, Renato Stanziola. *Jurisdição constitucional brasileira e os limites de sua legitimidade democrática*. Rio de Janeiro: Renovar, 2008. p. 96.

[194] Esse efeito prospectivo das decisões do Tribunal Constitucional não se trata de nenhuma novidade já que tal raciocínio já era apregoado por Kelsen de longa data, senão vejamos: "Quanto ao seu alcance no tempo, a anulação pode se limitar ao futuro ou, ao contrário, também se estender ao passado, isto é, ocorrer com ou sem efeito retroativo. [...] O ideal da segurança jurídica requer que, geralmente, só se atribua efeito à anulação de uma norma geral irregular *pro futuro*, isto é, a partir da anulação". (KELSEN, Hans. *Jurisdição constitucional*. Tradução Alexandre Krug, Eduardo Brandão e Maria Ermantina Galvão. São Paulo: Martins Fontes, 2003. p. 145).

[195] TAVARES, André Ramos. Justiça constitucional: superando as teses do "legislador negativo" e do ativismo de caráter jurisdicional. In: MAC-GREGOR, Eduardo Ferrer; LARREA, Arturo Zaldívar (Coord.). *La ciencia del derecho procesal constitucional*: estudios en homenaje a Héctor Fix-Zamudio en sus cincuenta años como investigador del derecho. México: Marcial Pons-UNAM-IMDPC, 2008. t. 1, p. 842.

Para Enterría, essas decisões com eficácia apenas prospectiva insere o Tribunal Constitucional quase que no papel de legislador, que inova o Direito para o futuro.[196] Por outra perspectiva, nos casos em que à decisão do Tribunal Constitucional é atribuído efeito retrospectivo, percebe-se a extrapolação dos limites da mera função legislativa, e se inserida no contexto propriamente constitucional a decisão do Tribunal Constitucional, afinal, ao legislador não é dado retroagir sua normatização.[197] Tavares acerca da natureza normativa da *função estruturante* e seu *status* constitucional, alinhavou:

> É preciso considerar duas ordens de fatores. (i) A eliminação de uma lei não é derivada da função interpretativa (apenas). (ii) Ao contrário da função legislativa (em sentido estrito), a presente função apresenta *status* constitucional e resultado de patamar igualmente constitucional (tal como ocorre com a função interpretativa da Constituição).[198]

Tem-se então que, em decorrência dessa interpenetração entre a *função estruturante* e a *função interpretativa*, aquela função não pode ser resumida como uma simples "legislação negativa" já que as interpretações que alicerçam as decisões do Tribunal Constitucional no exercício da *função estruturante* ganham magnitude constitucional tal como restou delineado para a *função interpretativa* (item 2.2.3).

A esse respeito leciona Tavares:

> Ao contrário do que sustentou Kelsen, ao desempenhar a função de eliminar as leis, não se arvora o Tribunal Constitucional em função propriamente legislativa (sentido estrito), mas sim em função tipicamente constitucional (estatura normativa máxima). Assim, se é

---

[196] ENTERRÍA, Eduardo García de. *La Constitución como norma y el Tribunal Constitucional*. 4. ed. Madrid: Civitas, 2006. p. 192-193.
[197] TAVARES, André Ramos. Justiça constitucional: superando as teses do "legislador negativo" e do ativismo de caráter jurisdicional. In: MAC-GREGOR, Eduardo Ferrer; LARREA, Arturo Zaldívar (Coord.). *La ciencia del derecho procesal constitucional*: estudios en homenaje a Héctor Fix-Zamudio en sus cincuenta años como investigador del derecho. México: Marcial Pons-Unam-IMDPC, 2008. t. 1, p. 842.
[198] TAVARES, André Ramos. *Curso de direito constitucional*. 7. ed. rev. e ampl. São Paulo: Saraiva, 2009. p. 258.

certo que a eliminação de uma lei pode ocorrer por outra lei e, dessa forma, manter-se no patamar legal, não é isso o que ocorre no fenômeno de eliminação promovida pelo Tribunal Constitucional, no exercício do que se convenciona chamar, aqui, função estruturante.[199]

Anotou Cappelletti, talvez antecipando uma ideia do *efeito vinculante* que surge nos países do *common law*:

[...] não hesitarei em atribuir caráter legislativo, muito mais do que judiciário, também aos *obter dicta* prolatados por certas cortes superiores dos países do 'Common Law', no caso em que tais *dicta* – que por definição ultrapassam o pedido da parte e não são necessários para a decisão do caso concreto – terminem por assumir, pelo menos de fato, a eficácia vinculante *erga omnes*.[200]

Como se vê, a atuação do Tribunal Constitucional na *função estruturante* não se restringe a uma atuação como mero legislador negativo, mas também como órgão constitucional de normação positiva, afinal a *ratio decidendi* valerá como balizadora para as decisões futuras (cf. item 2.4.3).

Nesse jaez, a interpretação das leis promovida pelo Tribunal Constitucional, em cotejo com o(s) enunciados(s) normativo(s) constitucional(is), pode ocasionar: *i*) a declaração de compatibilidade da lei com a Constituição; *ii*) a declaração de incompatibilidade da lei com a Constituição.

---

[199] TAVARES, André Ramos. *Teoria da justiça constitucional*. São Paulo: Saraiva, 2005. p. 260-261. Afirma ainda o autor: "Ademais, é preciso, ainda, enfrentar outra objeção. Há uma parcela da doutrina que não vislumbra nos tribunais constitucionais a função de 'legislador' nem a de supralegislador. Os tribunais apenas declarariam, consoante essa tese, a nulidade de uma lei, não sua derrogação, significando isso a aplicação de uma lei superior, não uma função legislativa (cf. GORDO, 1983: 41; GUASTINI, 1993: 316-8). Tratar-se-ia, aqui, pois, de uma função tipicamente jurisdicional (de aplicação das leis) e a decisão do Tribunal Constitucional teria *status* simplesmente *jurisdicional* (não legal, tampouco constitucional). Essa tese, contudo, apesar de aparentemente incompatível com a anterior, não o é. Ela nada diz sobre a posição das decisões assim tomadas na hierarquia das fontes normativas; apenas considera que a natureza é jurisdicional. No estágio atual, isso não significa admitir nem patamar legal, nem supralegal, nem infralegal. Portanto, a objeção não só esvai-se como também pode ser incorporada como complemento à tese aqui adotada. Ainda que um ato tipicamente jurisdicional, sua hierarquia é constitucional." (*Ibidem*, p. 261-262).

[200] CAPPELLETTI, Mauro. *Juízes legisladores?* Tradução Carlos Alberto Álvaro de Oliveira. Porto Alegre: Sergio Antonio Fabris, 1999. p. 81.

No primeiro caso, a interpretação promovida pelo Tribunal Constitucional possibilita que a lei permaneça no ordenamento jurídico, mas não obstaculiza que o legislador a revogue quando entender oportuno e conveniente.

Contudo, no segundo caso, a decisão do Tribunal Constitucional que, ao contrário, reconhece a inconstitucionalidade da lei, impõe-se ao Legislativo. "Isso significa que, ao eventualmente revogar a lei declarada inconstitucional e editar outra com idênticos termos, o legislador não terá êxito, pois deverá permanecer a solução já adotada pelo Tribunal Constitucional em sua decisão".[201]

Nesse sentido F. Callejón afirma que

[...] uma lei derrogada pelo Parlamento pode adquirir vigência de novo, mediante um novo ato do Parlamento. Mas uma lei declarada inconstitucional e anulada não pode ser incorporada legitimamente de novo ao ordenamento pelo Parlamento.[202]

Verifica-se então que os efeitos de uma decisão do Tribunal Constitucional que declara a incompatibilidade de um ato normativo com a Constituição não equivale, apenas, aos efeitos de um ato de um "legislador" negativo (derrogação), já que também alcança o legislador do futuro, impedindo-o de atuar no sentido de apresentar novo ato normativo de idêntico conteúdo ao daquele anteriormente anulado, promovendo-se assim a segurança jurídica e a racionalidade do sistema de fontes, e aproximando-se assim da ideia de que o Tribunal Constitucional representa um "superlegislativo".

---

[201] TAVARES, André Ramos. *Teoria da justiça constitucional*. São Paulo: Saraiva, 2005. p. 221. Canotilho afirma: "A declaração de inconstitucionalidade com força obrigatória geral significa a *vinculação do próprio legislador à decisão do TC*: ele não pode reeditar normas julgadas inconstitucionais pelo TC, [...] a não ser que a inconstitucionalidade tenha sido motivada por vícios orgânicos ou de forma e desde que a norma reeditada observe os preceitos constitucionais anteriormente violados." (CANOTILHO, José Joaquim Gomes. *Direito constitucional e teoria da Constituição*. 4. ed. Coimbra: Almedina, 2000. p. 982. Texto e N.R. 22).

[202] CALLEJÓN, Francisco Balaguer. *Fuentes de derecho*: I. principios del ordenamiento constitucional. Madrid: Tecnos, 1991. p. 133. N.R. 157. T.a. do original: "[...] una ley derogada por el Parlamento pude adquirir vigencia de nuevo mediante un nuevo acto del Parlamento. Pero una ley declarada inconstitucional y anulada no puede ser incorporada legítimamente de nuevo al ordenamiento por el Parlamento."

2.2.6 Função arbitral

Mutatis mutandi, aplica-se à *função arbitral* tudo que foi dito acerca da *função estruturante*, afinal, ambas buscam resolver o conflito do ordenamento jurídico, contudo, sob perspectiva diferente.

Consoante leciona Tavares:

> A função *arbitral*, ao contrário da função *estruturante*, não envolve questões técnicas de hierarquia voltadas para a normalização do sistema normativo, mas sim exclusivamente de *competência*. Considera-se exercício de função arbitral apenas na hipótese de se reportar o Tribunal Constitucional à atuação normativa ou material dos 'poderes', procurando solver os eventuais conflitos que surjam, fundamentada exclusivamente na preocupação de superar o atrito entre entidades constitucionais.[203]

O exercício da *função arbitral* para a solução de conflito entre "poderes" engloba a distribuição do exercício do poder estatal sob o prisma *funcional* (distribuição horizontal de "poder") e sob o prisma *territorial* (*espacial*) (distribuição vertical de "poder").

Como a *função arbitral* se presta para delimitar a competência dos órgãos constitucionais de soberania (distribuição horizontal de "poder"), poder-se-ia alegar que o próprio Tribunal Constitucional teria competência para atribuir a si próprio a competência (autocompetência) para atuar como órgão de normação positiva – o que não merece prosperar consoante será demonstrado adiante (item 3.3.3).

2.2.7 Função enunciativa: elaboração de diretivas gerais (súmulas) como veículos de enunciação da interpretação do Tribunal Constitucional

Além da *função interpretativa* e da *função estruturante* que exigem do Tribunal Constitucional uma interpretação dos enunciados

---

[203] TAVARES, André Ramos. *Teoria da justiça constitucional*. São Paulo: Saraiva, 2005. p. 297.

normativos constitucionais, apresenta-se ainda outra função que pode decorrer a partir das decisões exaradas quando do exercício das outras funções do Tribunal Constitucional. Trata-se da *função enunciativa* que compreende a elaboração de *diretivas gerais* (súmulas) que vêm a enunciar a exegese do Tribunal Constitucional por meio de edição de enunciados normativos com eficácia *erga omnes*.

Tavares reconhece a utilização de *diretivas gerais* para a construção de enunciados que sintetizem o entendimento (interpretação) anterior do Tribunal Constitucional. Nesse particular, o Tribunal Constitucional não apenas interpreta os enunciados constitucionais que deverão ser obedecidos, como também os determina pela indicação de um conjunto normativo que teria a mesma força constitucional, sobrepujando, evidentemente, a mera função interpretativa.[204]

Cappelletti, com precisa lição sobre o tema, sustenta:

> E, mais uma vez, operam com competência legislativa, ao invés de judiciária, quando exercem como na hipótese das cortes supremas dos países da Europa oriental, o poder de emanar "diretivas" gerais em tema de interpretação, vinculantes para os tribunais inferiores e emitidas sem qualquer conexão com determinado caso concreto.[205]

A criação de "diretivas gerais" (ou de "súmulas") do entendimento (interpretação) do Tribunal Constitucional, para serem generalizadamente seguidas pelos demais centros de "poder" e também pela sociedade, constituem, inegavelmente, uma atuação de ordem normativa.

A elaboração das *diretivas gerais* se faz a partir de precedentes (cf. item 3.5), para então produzir um enunciado específico que é elaborado a partir de decisões anteriores.

---

[204] TAVARES, André Ramos. *Teoria da justiça constitucional*. São Paulo: Saraiva, 2005. p. 230-233. Um exemplo dessas *diretivas gerais* foram os *assentos* portugueses que eram "normas materiais 'recompostas' através de uma decisão jurisdicional ditada pelo Supremo Tribunal de Justiça sempre que houvesse contradição de julgados sobre as mesmas questões de direito no domínio da mesma legislação." Contudo, com alterações legislativas em 1995 os *assentos* deixaram de ter interesse, além do que o Tribunal Constitucional português também se pronunciou pela inconstitucionalidade dos assentos (Acórdão TC 743/96). (CANOTILHO, José Joaquim Gomes. *Direito constitucional e teoria da Constituição*. 4. ed. Coimbra: Almedina, 2000. p. 905).

[205] CAPPELLETTI, Mauro. *Juízes legisladores?* Tradução Carlos Alberto Álvaro de Oliveira. Porto Alegre: Sergio Antonio Fabris, 1999. p. 81.

As *diretivas gerais* que aqui se está a enfrentar são as enunciações normativas provindas do Tribunal Constitucional ao atuar como curador da Constituição, não pretendo aqui colocar em discussão os dois grandes sistemas jurídicos: *civil law* e o *common law*, até porque estes sistemas, nos últimos tempos, têm sido objeto de influências recíprocas, já que enquanto as leis ganham cada vez mais importância no regime do *common law*, no *civil law*, por sua vez, os precedentes judiciais vêm desempenhando um papel cada vez mais relevante.[206]

A respeito, Tavares leciona que:

> Do ponto de vista teórico, nada impede que, em um modelo de Direito legislado, possa ser criado instituto que reconheça também na jurisprudência uma fonte oficial do Direito de um país. É o que ocorreu em diversos países de Direito legislado, especialmente a partir da introdução de tribunais constitucionais. A criação destes tribunais e, com ela, a aceitação de seus pressupostos próprios, representou um avançar, por parte dos modelos de Direito legislado, em certas características do modelo judicialista.[207]

Não pode passar despercebido que, enquanto o modelo do *civil law* atende ao pensamento abstrato e dedutivo, pois estabelece premissas (enunciados normativos) e obtém conclusões por processos lógicos, o modelo do *common law*, ao contrário, trilha um raciocínio mais concreto, preocupado em resolver o caso analisado concretamente (pragmatismo). Verifica-se assim que enquanto o modelo do *common law* está fortemente centrado na primazia da decisão judicial (*judge made law*), ou seja, um sistema nitidamente judicialista, o modelo do *civil law* está baseado essencialmente na lei.

Registra-se, ao cabo, que o direito brasileiro, de forte tradição romano-germânica (*civil law*) vem adotando, cada vez com mais intensidade, soluções esculpidas no sistema de precedentes (*common law*) e que a Emenda Constitucional nº 45/2004 em seu art. 103-A trouxe o instituto da *súmula vinculante* que será visitado adiante (item 3.3.4.1).

---

[206] Cf. a respeito: REALE, Miguel. *Lições preliminares de direito*. 27. ed. São Paulo: Saraiva. 2010. p. 142-143; CAPPELLETTI, Mauro. *Juízes legisladores?* Tradução Carlos Alberto Álvaro de Oliveira. Porto Alegre: Sergio Antonio Fabris, 1999. p. 116, 133.

[207] TAVARES, André Ramos. As decisões vinculantes (precedentes) da justiça constitucional. *Revista Brasileira de Estudos Constitucionais – RBEC*, Belo Horizonte, v. 3, n. 11, p. 20, jul./ set. 2009.

2.2.8 Natureza jurídica da função enunciativa

Como qualquer decisão interpretativa do Tribunal Constitucional, as *diretivas gerais* também assumem o "patamar supralegal, sendo a enunciação das decisões interpretativas anteriormente assumidas vertida em enunciado paralelo ao da norma ou conjunto de normas que atuam".[208]

Rocha, ao analisar o projeto de emenda constitucional que à época almejava a introdução da súmula vinculante no ordenamento jurídico brasileiro, assim se posicionou:

> O objeto, pois, do pronunciamento do Supremo Tribunal Federal é exatamente a matéria constitucional. Como a súmula terá, na fórmula proposta, vinculatividade, obrigatoriedade e definitividade, ela não terá quando editada pelo Supremo Tribunal Federal, "força de lei", mas "força de norma constitucional".[209]

As diretivas gerais são editadas pelo Tribunal Constitucional a partir do texto da Constituição, afigurando-se assim enunciados materialmente constitucionais, principalmente por ser o Tribunal Constitucional o intérprete máximo da Constituição, e por ter o mister de atuar como curador da Constituição.

Corrobora-se assim que as *diretivas gerais* em muito se aproximam das *emendas constitucionais*, estando ombreadas com as mesmas, utilizando-se para tal assertiva todos os fundamentos colacionados no item 2.2.3 (natureza jurídica da função interpretativa), já que as *diretivas gerais* nada mais fazem do que explicitar por meio de um enunciado normativo (geral e abstrato) o entendimento (interpretação) do Tribunal Constitucional.

Apesar da dita aproximação entre a *função enunciativa* do Tribunal Constitucional e a *função legislativa* exercida pelo legislador constituinte reformador,[210] deve-se alertar que tais

---

[208] TAVARES, André Ramos. *Teoria da justiça constitucional*. São Paulo: Saraiva, 2005. p. 231.
[209] ROCHA, Cármen Lúcia Antunes. Sobre a súmula vinculante. *Revista Trimestral de Direito Público*, São Paulo, n. 14, p. 27, 1996.
[210] Adotar-se-á a expressão "legislador constituinte reformador" ou "poder reformador" para abranger as hipóteses de "revisão constitucional" e de "emenda constitucional", já que para o que interessa o presente estudo a distinção é desnecessária.

atuações normativas não se equiparam, já que no exercício da *função enunciativa* o Tribunal Constitucional deverá atuar dentro das balizas marcadas pelo texto constitucional (cf. item 4.3.2) enquanto no exercício da função legislativa, o legislador constituinte reformador encontra maior margem para atuação, podendo, inclusive alterar (modificar, suprimir ou acrescer) o próprio texto constitucional – o que lhe concede uma margem de atuação bem maior que a do Tribunal Constitucional.

2.2.9 A função enunciativa como uma aproximação dos modelos de controle de constitucionalidade

Além da aproximação entre o *civil law* e o *common law*,[211] nota-se atualmente também uma tendência de aproximação entre os modelos de controle de constitucionaliade norte-americano do *judicial review* (controle pela via de exceção (difuso)) e o modelo continental europeu, de matriz kelseniana (controle pela via de ação (concentrado)).

A doutrina vem apontando para a necessidade de superação da "contraposição bipolar" entre os sistemas de controle de padrão estadunidense e europeu, enquanto modelo de análise, principalmente pela crescente convergência entre os dois sistemas-tipo, cujas notas características se teriam relativizado significativamente ao longo do tempo.[212]

Nas lições de Sanchís, tudo parece indicar que os atuais Tribunais Constitucionais de modelo *concentrado*, idealizado por Kelsen, só mantêm a *concentração*, pois a atuação se aproxima, cada vez mais, do sistema do *judicial review*.[213]

---

[211] DAVID, René. *Os grandes sistemas do direito contemporâneo*. 3. ed. Tradução Hermínio A. Carvalho. São Paulo: Martins Fontes, 1998. p. 20.
[212] RAMOS, Elival da Silva. *Controle de constitucionalidade no Brasil*: perspectivas de evolução. São Paulo: Saraiva, 2010. p. 167; SEGADO, Francisco Fernández. La justiça constitucional ante el siglo XXI: la progressiva convergencia de los sistemas americano y europeu-kelseniano. *Revista Latino-Americana de Estudos Constitucionais*, Belo Horizonte, n. 4, p. 143-208, jul./ dez. 2004.
[213] SANCHÍS, Luis Prieto. *Justicia constitucional y derechos fundamentales*. Madrid: Trotta, 2003. p. 165.

Tal aproximação se dá por meio da possibilidade de exercício da Justiça Constitucional a partir de casos concretos como ocorre na Alemanha, Áustria, Espanha e Itália – modelo continental europeu, bem como pela inclinação à objetivação do modelo norte-americano, decorrente, *v.g.*, da crescente atuação dos *amicus curiae* nos casos concretos levados à Suprema Corte Estadunidense.

Nessa perspectiva, o exercício da função enunciativa pelo Tribunal Constitucional com a edição de *diretivas gerais* pode servir como um fio condutor entre as decisões do Tribunal Constitucional proferidas *in concreto* e uma decisão proferida com caráter *in abstracto* – a diretiva geral.

Nessa esteira, aqui no Brasil, o Recurso Extraordinário sofrerá um grande avanço na sua concepção, já que deixará de ter caráter marcadamente subjetivo, assumindo, incisivamente, um caráter objetivo, uma vez que servirá para defesa do sistema constitucional.[214]

Contudo, os detalhes dos casos concretos, suas particularidades e seus interesses, considerados e apreciados pelas decisões anteriores (*in concreto*), não serão absorvidos quando da edição da diretiva geral exatamente para propiciar a eficácia *erga omnes*. Não se pode esquecer que, em nosso entendimento, para a edição de uma *diretiva geral* é necessário e existência de precedentes (cf. item 3.5) que, na maioria das vezes, retratam situações sociais reais.

Assim, a abstratividade é compreendida como a eliminação dos fatores concretos que caracterizavam as decisões anteriores que serviram de base para deflagrar (justificar) a edição da diretiva geral, numa verdadeira interpenetração entre os modelos de controle de constitucionalidade (abstrato e concreto).

A partir da abstratividade que é típica do controle concentrado de constitucionalidade, inquestionável fica a proximidade da *diretiva*

---

[214] Cf. em sentido semelhante: TAVARES, André Ramos. *Nova lei da súmula vinculante*: estudos e comentários à lei 11.417, de 19.12.2006. São Paulo: Método, 2007. p. 13-14. Continua o autor: "Esse mecanismo fica mais claro no caso do controle de constitucionalidade [brasileiro]. Assim, quando o STF, por reiteradas decisões concretas (em RE, *v.g.*), houver reconhecido a inconstitucionalidade de norma, essas decisões justificarão a edição de uma súmula de caráter abstrato (não vinculado aos casos concretos, como as decisões anteriores), geral, vinculante e de aplicação futura (e não imediata, como eram as decisões concretas que permitiram a deflagração do processo de formação de súmula vinculante). Opera-se, aqui, a ponte entre o controle difuso-concreto e o controle abstrato-concentrado." (*Ibidem*, p. 14).

geral com o modelo difuso-concreto, já que um dos pressupostos é a existência de precedentes.

2.2.10 Críticas à função enunciativa

Apesar de a edição de *diretivas gerais* buscar homenagear princípios tão caros a um Estado Constitucional de Direito: segurança jurídica, igualdade e unidade da Constituição, permitindo um mínimo de previsibilidade para a sociedade, além de almejar a efetivação da Constituição, não se pode omitir que a edição de *diretivas gerais* por parte dos Tribunais Constitucionais também comporta algumas críticas.

Uma importante crítica à ideia de edição de *diretiva geral* refere-se à impossibilidade de que se possa condensar a essência das normas em proposições (enunciados normativos) simples.

Para Streck, a adoção de tais proposições simples (diretiva geral, súmula) configuraria um "retrocesso em direção à metafísica clássica", já que ignora os elementos da realidade temporal e circunstancial que são imanentes a todas as decisões judiciais que promovem interpretação.[215]

Tushnet, criticando o afastamento do sistema democrático, sustenta que a elaboração do direito constitucional pelo Tribunal Constitucional (a partir da Suprema Corte Estadunidense) não possibilitou um rico vocabulário de filosofia política prática e sim, quiçá, um vocabulário à própria Suprema Corte e a alguns advogados constitucionalistas.[216]

Outras críticas que se erguem às *diretivas gerais* relacionam-se com os seguintes questionamentos: qual seria o limite de atuação dos Tribunais Constitucionais? Como seria a evolução do direito? Poderia ocorrer um "congelamento" do direito constitucional? Haveria ofensa à cláusula da separação de poderes? E a liberdade dos magistrados?

---

[215] STRECK, Lenio Luiz. Comentários aos arts. 102, §2º, 102, §3º, 103-A. In: AGRA, Walber de Moura (Coord.). *Comentários à reforma do Poder Judiciário*. Rio de Janeiro: Forense, 2005. p. 154.
[216] TUSHNET, Mark. *Taking the Constitution away from the courts*. Princeton: Princeton University, 1999. p. 194. Cf. em contraponto o item 4.5 que enfoca a dimensão comunicativa das decisões do Tribunal Constitucional.

Obviamente que o resumo de entendimentos e decisões em proposições simples (diretivas gerais, súmulas) não servirá de panaceia para as mazelas da sociedade e para a busca da justa decisão, contudo, de igual modo, já está mais do que comprovado que leis longas, códigos e utilização de princípios também não serviram para proporcionar aos indivíduos a segurança jurídica que o Estado deve proporcionar nas relações sociais, muito menos serviram como instrumentos eficientes para a efetivação da Constituição.

Os riscos na edição de *diretivas gerais* existem, mas não se pode deixar de assumi-los, no afã de se conseguir um sistema que se baseie menos na sorte, na aleatoriedade (loteria de pensamento jurídico-judiciais) e mais na previsibilidade, proporcionando assim um mínimo de racionalidade (cf. item 4.7) na interpretação e aplicação do ordenamento jurídico constitucional.

Quanto aos demais questionamentos, apesar de pertinentes, não prestam para apequenar as *diretivas gerais*, já que: as condições para a edição das *diretivas gerais* devem estar previstas na Constituição (cf. item 3.3); o titular da função de legislar pode a qualquer tempo retomar sua competência originária (cf. item 4.8); o Tribunal Constitucional pode revisitar e até mesmo cancelar a normação por ele editada (cf. item 3.6) e, não há ofensa à cláusula da separação de poderes (cf. item 1.3.2).[217]

No que concerne à independência dos magistrados, não se pode perder de vista que tal prerrogativa não se constitui em um direito destes. Na essência, tal prerrogativa visa a garantir ao cidadão a realização da justiça.[218]

Os enunciados normativos editados pelo Tribunal Constitucional também não ofendem a independência dos

---

[217] Preferiu-se aqui fazer menção aos itens que respondem as críticas que se levantam quanto às *diretivas gerais* de modo a permitir uma visitação adequada dos temas postos em discussão. Trazer para este item todas as abordagens necessárias para responder as críticas mencionadas causaria uma repetição desnecessária num trabalho de pesquisa que se busca objetivo.

[218] Bem sustenta Tavares quanto à atuação do Judiciário: "Não se tem um Judiciário pelo Judiciário, mas sim um Judiciário a serviço da sociedade e do Direito (que igualmente se volta para a sociedade). Não se pode pretender sustentar posições extremas unicamente em nome de uma possível "dignidade" do Judiciário, enquanto a sociedade sofre as conseqüências do inadequado funcionamento do aparelho judicial." (TAVARES, André Ramos. As decisões vinculantes (precedentes) da justiça constitucional. *Revista Brasileira de Estudos Constitucionais – RBEC*, Belo Horizonte, v. 3, n. 11, p. 29, jul./ set. 2009.).

magistrados, visto que representa apenas mais um limite substancial quanto ao conteúdo possível das decisões dos órgãos do Judiciário. Acerca desta última crítica, assevera Sorli que quem a utiliza desconhece a justiça, já que esta por um imperativo de organização material se hierarquiza em graus ou instâncias e, neste sentido, se despersonaliza.[219]

2.3 A normação editada pelo Tribunal Constitucional no exercício da função legislativa *stricto sensu* no controle das omissões legislativas inconstitucionais

2.3.1 A função legislativa *scricto sensu*

Deve-se partir do pressuposto que o exercício da função legislativa *stricto sensu* aqui abordada decorre de uma inconstitucionalidade por omissão em que se destina verificar a inexistência de espécie legislativa necessária para tornar exequíveis certas normas constitucionais, partindo de uma pretensão que se assenta não na existência de enunciados normativos inconstitucionais, mas na violação da Constituição pelo silêncio legislativo (violação por omissão, por inércia).

Como já constatado (item 2.1), a expressão "função legislativa" pode ser empregada quando outro órgão estatal, que não o Legislativo, edita enunciados normativos gerais (generalidade pelo destinatário (em oposição a individualidade)) e abstratos (em oposição ao concreto), ou seja, com alcance *erga omnes*.

De igual modo foi demonstrado que, em virtude das diferentes naturezas jurídicas que podem assumir a "atividade legiferante" (*lato sensu*) do Tribunal Constitucional, mais apropriado é o uso da expressão "caráter normativo" das decisões do Tribunal Constitucional quando do exercício da *função interpretativa* e da *função*

---

[219] SORLI, Juan-Sebastián Piniella. *Sistema de fuentes y bloque de constitucionalidad*: encrucijada de competencias. Barcelona: Borsch, 1994. p. 178-179.

enunciativa, não devendo estas serem confundidas com a função legislativa *stricto sensu* por tudo que foi trazido nos itens 2.2.2 a 2.2.8. Em alguns modelos constitucionais existe uma função legislativa típica atribuída ao Tribunal Constitucional. Está-se aqui a tratar da função legislativa *stricto sensu*.

A função legislativa *stricto sensu* pode se manifestar por diversas espécies, destacando: *i*) competência para elaborar leis;[220] *ii*) controle preventivo da constitucionalidade;[221] *iii*) controle das omissões legislativas inconstitucionais; *iv*) decisões manipulativas[222] (aditivas[223] e substitutivas[224]); *v*) elaboração de seu regimento interno; *vi*) interpretação conforme; *vii*) declaração de nulidade sem redução de texto; *viii*) decisões transitivas,[225] sendo que este estudo se limitará a abordar o exercício da função legislativa *stricto sensu* no controle das omissões legislativas inconstitucionais.

Naquilo que está aqui a pesquisar, a função legislativa *stricto sensu* exercida no controle das omissões legislativas inconstitucionais, ocorre quando o Tribunal Constitucional desempenha, temporariamente, função legislativa, a fim de suprir uma lacuna normativa deixada pelo legislador (de qualquer órgão estatal – Legis-

---

[220] Trata-se da rara competência legislativa em sentido estrito. Tal competência ocorre quando a Constituição também atribui ao Tribunal Constitucional a função de legislar. Ilustração dessa competência encontra-se na Constituição brasileira de 1967/69 em que o STF detinha ampla competência legislativa.

[221] Trata-se da participação direta do Tribunal Constitucional, ao lado do Legislativo, no processo de formação das leis. O sistema sempre lembrado quando se fala em controle preventivo da constitucionalidade das leis, é o francês que vem a ser exercido por meio do *Conseil Constitutionnel*.

[222] A expressão não tem conotação pejorativa, indicando, apenas, casos nos quais a Justiça Constitucional modifica a formulação do enunciado normativo constitucional.

[223] São utilizadas quando um enunciado normativo constitucional tem uma carga normativa inferior àquela que deveria possuir. Trata-se de técnica decisória em que a declaração de inconstitucionalidade ocorre para suprir uma omissão parcial do legislador.

[224] Tais decisões são utilizadas nos casos em que a simples anulação da lei inconstitucional não resolve o problema, sendo necessário, então, anular a disposição inconstitucional e acrescentar um sentido normativo diferente.

[225] Trata-se de situações em que o Tribunal Constitucional pondera entre a segurança jurídica, normalmente em razão de fatos políticos e econômicos e o princípio da supremacia da Constituição, fazendo então uma modulação temporal dos efeitos da sua decisão, bem como da declaração de inconstitucionalidade sem a pronúncia de nulidade. O art. 27 da Lei nº 9.868, de 10 de novembro de 1999, prescreve que o STF poderá, por maioria de dois terços e em razões de segurança jurídica ou de excepcional itneresse social, restringir (modular) os efeitos da declararação de inconstitucionalidade, decidindo que a eficiácia ocorrerá a partir de seu trânsito em julgado ou de outro momento que venha a ser fixado.

lativo, Executivo, *v.g.*) e que seja ofensiva à Constituição, até que esse legislador saia da inércia e exerça a competência da qual é titular.

O exercício da função de controle das omissões inconstitucionais do legislador, e sua solução, implica a realização de uma função tipicamente legislativa, pois se trata de superar uma lacuna legislativa inconstitucional decorrente da negatividade (objetivamente falando) do legislador.

A constatação de que a lacuna compromete a concretude da Constituição é condição *sine qua non* (cf. item 3.2.2 e 3.2.4) para que o Tribunal Constitucional atue como órgão dotado de capacidade legislativa *stricto sensu* de forma superveniente, provisória e específica.

As omissões legislativas inconstitucionais não se confundem com as lacunas constitucionais. Àquelas "correspondem a normas constitucionais não exeqüíveis por si mesmas e cujo não preenchimento (ou não preenchimento após o decurso de certo tempo) determina inconstitucionalidade por omissão", já as lacunas são situações constitucionalmente relevantes mas *não previstas*.[226]

Por fim, deve-se consignar que muito embora a *função interpretativa* possa servir com um instrumento para o exercício da função legislativa *stricto sensu* pelo Tribunal Constitucional, ambas não podem ser confundidas, até porque aquela é exercida com um grau de liberdade consideravelmente maior quando em cotejo desta (cf. item 2.2.2 e 2.2.3).

2.3.2 Competência titular (originária) para o exercício da função legislativa *stricto sensu* e a sua substituição provisória pelo Tribunal Constitucional no controle das omissões legislativas inconstitucionais

Muito embora o enfoque próprio venha a ser desenvolvido mais adiante (item 3.3), cumpre aqui trazer algumas considerações

---

[226] MIRANDA, Jorge. *Manual de direito constitucional*. 5. ed. rev. e actual. Coimbra: Coimbra Editora, 2003. t. 2, p. 303.

acerca da competência titular (originária) para o exercício da função legislativa *stricto sensu* e a sua substituição pelo Tribunal Constitucional, considerando que esta função é exercida, ora pelo órgão constitucional titular (Legislativo), ora por outro órgão constitucional de soberania (Executivo,[227] outro Legislativo[228] ou Tribunal Constitucional).

Por competência entende-se o *dever-poder* de ação e de atuação atribuído a determinado(s) órgão(s) estatal(is) com o fim de prosseguir(em) as tarefas que lhe são constitucionalmente incumbidos.

A respeito da *competência* Canotilho anota que

[a] competência envolve, por conseguinte, a atribuição de determinadas *tarefas* bem como os *meios* de acção ("poderes") necessários para a sua prossecução. Além disso, a competência delimita o quadro jurídico de actuação de uma unidade organizatória relativamente a outra.[229]

Compulsando a história, observa-se que a atividade legislativa *stricto sensu* pertenceu àquele poder que se destacou mais no seu tempo. Num primeiro momento ao Executivo, na pessoa do monarca; após, coincidente com as conquistas democráticas, ao Legislativo, por entenderem lá a representação máxima do povo; e, por fim, a ambos para que se complementem e se controlem.

A divergência entre as *funções* do Estado e os *órgãos estatais*, considerados estes no *sentido orgânico*, aumenta quando é necessário atribuir a mais de um órgão estatal a competência para o exercício de uma mesma *função*, como está a acontecer hoje em dia em tantos Estados com a *função legislativa*.

---

[227] Em várias Constituições o Chefe do Poder Executivo encontra-se autorizado a editar atos cuja competência originária é do Legislativo, desde que verificada circunstâncias específicas, tais como: urgência e relevância. *V.g.*, aqui no Brasil as medidas provisórias (art. 59, V c/c o art. 62, ambos da CRFB) e na Itália o *decreti-legge* (art. 77 da Constituição italiana).

[228] Algumas Constituições prescrevem a possibilidade de outro órgão legislativo atuar no lugar do titular enquanto o órgão titular se mantenha inerte. A CFRB trouxe no art. 24, §3º um deslocamento de competências no contexto da federação ao possibilitar que os Estados federados exerçam a competência legislativa plena (com relação à competência concorrente) para atender a suas peculiaridades enquanto a União não houver exercido sua competência genérica.

[229] CANOTILHO, José Joaquim Gomes. *Direito constitucional e teoria da Constituição*. 4. ed. Coimbra: Almedina, 2000. p. 529.

Vale registrar que o Estado não mais vive à margem do direito, afinal, a sua existência implica uma atuação intermediada por procedimentos jurídicos ou de operações materiais que remontam às normas de competência.

Nesse passo, a competência se apresenta como uma *autorização* ou *legitimação* para a prática desses atos jurídicos (aspecto positivo) e um *limite* para essa prática (aspecto negativo).

Canotilho, no âmbito das competências constitucionais, faz a seguinte distinção: *competência exclusiva*: atribuída a um só órgão; *competência concorrente*: atribuída, a título igual, a vários órgãos; *competência-quadro*: atribuída quanto à definição de bases ou princípios a um órgão e quanto à densificação particularizante a outro. Anota ainda o mestre lusitano que a regra é a da atribuição de competências exclusivas e, no caso de haver competências concorrentes ou competências-quadro, é a própria Constituição que o especifica.[230]

Já Caetano leciona acerca da distribuição das funções de Estado e a competência para exercício dessas:

> Podemos assim distinguir dois tipos de divisão de poderes: umas vezes exige-se a colaboração de diversos órgãos para que uma função possa ser exercida; outras permite-se a vários órgãos que, cada um de per si, pratique os actos próprios da mesma função. No primeiro caso teremos aquilo a que se pode chamar *divisão de poderes com cooperação* (forçada) dos diversos órgãos, no segundo verificar-se-á uma *divisão de poderes com concorrência dos vários órgãos*.[231]

Tavares, com enfoque preciso, leciona que a função legislativa *scricto sensu* exercida pelo Tribunal Constitucional, quando no controle das omissões legislativas inconstitucionais, deve estar ancorada em uma específica partilha de competência constitucional sucessiva (na omissão do legislador a competência transfere-se para o Tribunal Constitucional).[232]

---

[230] CANOTILHO, José Joaquim Gomes. *Direito constitucional e teoria da Constituição*. 4. ed. Coimbra: Almedina, 2000. p. 533.

[231] CAETANO, Marcello. *Manual de ciência política e direito constitucional*. 6. ed. rev. e ampl. Coimbra: Almedina, 2003. t. 1, p. 203.

[232] TAVARES, André Ramos. *Teoria da justiça constitucional*. São Paulo: Saraiva, 2005. p. 327.

O Estado contemporâneo reflete uma série de alterações importantes nas relações entre os órgãos constitucionais de soberania, podendo-se afirmar, no que se refere à produção do direito, que o Legislativo não possui o monopólio de criação de normas com classe de lei.[233]

Como já demonstrado (item 1.3.2) a cláusula da separação de poderes não proíbe o exercício de determinada função (competência), por um órgão constitucional de soberania, de atos que pela sua natureza essencial pertença a outro. Antes, sua correta formulação consiste em afirmar que a um poder é lícito, constitucionalmente, exercer qualquer direito ou faculdade, seja qual for sua íntima natureza, desde que assim o estabeleça a Constituição[234] (cf. item 3.3).

Não se discute que as Constituições atuais atribuíram ao Legislativo, por excelência, a competência originária para o exercício da *função legislativa* por meio de seu ato típico que é a *lei*. Mas também não se pode negar que, existindo previsão na Constituição, poderá também o Tribunal Constitucional exercer a função legislativa em substituição ao Legislativo, desde que observadas algumas condições (Capítulo 3) e alguns limites (Capítulo 4).

É inquestionável que é o Legislativo que detém a competência titular (originária) para legislar. Suas escolhas jurídico-políticas gozam de legitimidade ótima. Contudo, defende-se que o Tribunal Constitucional exerça função legislativa *stricto sensu* quando a atuação do Legislativo se mostrar insuficiente ou omissa. Não se está a defender a possibilidade do Tribunal Constitucional atuar como um legislador positivo (*stricto sensu*) de forma primeira e original, mas sim em substituição provisória ao titular.

As decisões do Tribunal Constitucional, quando oriundas do exercício da função legislativa *stricto sensu* devem ser compreendidas como decisões tipicamente derivadas de uma distribuição constitucional de competências, em que cada órgão constitucional de soberania respeite as competências dos demais, inadmitindo-se a ideia de que com a atuação do Tribunal

---

[233] VERDÚ, Pablo Lucas; CUEVA, Pablo Lucas Murillo de la. *Manual de derecho político*. 3. ed. Madrid: Tecnos, 2005. p. 80.
[234] TEIXEIRA, José Horácio Meirelles. *Separação de poderes e direito adquirido na concessão de serviço público*. São Paulo: [S.n.], 1956. p. 39-40.

Constitucional ocorreria a perda de competência como sanção à inconstitucionalidade por omissão, já que não se está defendendo a perda de competência, mas sim uma substituição provisória da função de legislar.[235]

2.3.3 A natureza jurídica da função legislativa *stricto sensu* no controle das omissões legislativas inconstitucionais

Mediante a análise da respectiva natureza jurídica (cf. itens 2.2.3, 2.2.5 e 2.2.8) das decisões do Tribunal Constitucional nos outros exercícios da função legislativa (*lato sensu*), foi possível concluir que a atuação do Tribunal Constitucional se confunde com a ideia de um "órgão constitucional de normação positiva", mas não com a ideia de um mero *legislador positivo*, já que o conteúdo de suas decisões pode transcender em muito o simples exercício da função legislativa (*stricto sensu*).

Contudo, a natureza jurídica das decisões do Tribunal Constitucional, quando no exercício da função legislativa *stricto sensu*, ombreia-se com a *função legislativa* exercida comumente pelo Legislativo quando atua como legislador positivo.

Conforme demonstrado, a atuação do Tribunal Constitucional na função legislativa *stricto sensu* dá-se tão somente em substituição provisória ao Legislativo titular. Por consequência lógica, o enunciado normativo editado pelo substituto (Tribunal Constitucional) não pode ter natureza jurídica distinta da atuação do substituído (titular) (Legislativo), obviamente que abstraindo as conveniências políticas da atuação.

Tavares aponta como distinção importante entre a função legislativa *stricto sensu* e a função interpretativa, ambas exercidas pelo Tribunal Constitucional, é que esta "apresenta, certamente,

---

[235] A Lei nº 13.300, de 23 de junho de 2016, que disciplinou o mandado de injunção, trouxe expressamente em seu art. 9º que a decisão judicial produzirá efeitos até o advento da norma regulamentadora.

patamar (força) de norma constitucional, e não de norma legal", enquanto àquela ocasiona "uma decisão com patamar de *lei*".[236] Contudo, o fato de o enunciado normativo editado pelo Tribunal Constitucional ter a mesma natureza do enunciado normativo editado pelo Legislativo, não permite concluir que a "atividade" exercida pelo Tribunal Constitucional, que é "jurídica", se confunda com a "atividade política" exercida pelo Legislativo, já que a última é uma "atividade mais livre", afinal

> [...] ainda quando atue legislativamente, suprindo a falta inconstitucional do órgão primariamente designado para essa função, o Tribunal Constitucional deve seguir todo o processo próprio, que exige decisão final racional [cf. item 4.7] e motivada [cf. item 4.5.2]. Ademais, deve atender aos diversos atores que se apresentam no decorrer desse processo, de maneira transparente [cf. item 4.5.1]. Por fim, deve apenas dar cumprimento (temporário – até lei posterior) aos comandos constitucionais [cf. item 4.8]. Portanto há uma distância entre a atividade do Tribunal Constitucional enquanto funcionar legislativamente e a caracterização política dessa atividade.[237]

Como se verifica, o exercício da função legislativa *stricto sensu* pelo Tribunal Constitucional, não se confunde com a função interpretativa, a uma porque nesta há maior liberdade criativa do que na *função legislativa*, a duas, como já dito, porque a *função interpretativa* adquire *status* de norma constitucional, enquanto a função legislativa, de lei.

2.3.4 Críticas à função legislativa *stricto sensu*

Waldron conclama pela volta da *dignidade da legislação*, para tanto traz o autor:

> As pessoas convenceram-se de que há algo *indecoroso* em um sistema no qual uma legislatura eleita, dominada por partidos políticos e tomando suas decisões com base no governo da maioria, tem a palavra

---

[236] TAVARES, André Ramos. *Teoria da justiça constitucional*. São Paulo: Saraiva, 2005. p. 325.
[237] TAVARES, André Ramos. *Teoria da justiça constitucional*. São Paulo: Saraiva, 2005. p. 471.

em questões de direito e princípios. Parece que tal fórum é considerado indigno das questões mais graves e mais sérias dos direitos humanos que uma sociedade moderna enfrenta. O pensamento parece ser que os tribunais, com suas perucas e cerimônias, seus volumes encadernados em couro e seu relativo isolamento ante a política partidária, sejam um local mais adequado para solucionar questões desse caráter.[238]

Não se está aqui a propugnar que o Tribunal Constitucional seja o melhor ambiente para a edição de atos normativos, de *leis*, e que o Legislativo não seja a "caixa de ressonância" da sociedade.

Contudo, se essa caixa de ressonância não chega a atingir decibéis hábeis para a edição de uma lei, e essa omissão se mostre inconstitucional, é o momento de alguém fazer valer a Constituição.

Não se pode esquecer que na maioria das vezes essas omissões inconstitucionais ofendem normas constitucionais que tutelam uma minoria, minoria esta que, por vezes, pode não conseguir fazer ecoar seus anseios no Legislativo por não ter aí uma representatividade considerável.

Os críticos da atuação da função legislativa *stricto sensu* pelo Tribunal Constitucional se apegam a uma suposta ofensa à cláusula da separação de poderes, a uma ausência de legitimidade do Tribunal Constitucional e que a atuação pelo Tribunal Constitucional como *legislador positivo* subtrairia a oportunidade de realização de controle.

Não se está aqui a defender uma atuação pelo Tribunal Constitucional como legislador positivo *stricto sensu* sem condições e limites, muito pelo contrário, o cerne desse estudo é exatamente estabelecer as condições (Capitulo 3) e os limites (Capítulo 4) para essa atuação.

Além do que, já restou demonstrado no item 1.3 que o exercício da função legislativa *stricto sensu* do Tribunal Constitucional não ofende a cláusula da separação de poderes, e que o Tribunal Constitucional também possui legitimidade democrática (item 1.4.4). No que tange à alegação que a atuação pelo Tribunal

---

[238] WALDRON, Jeremy. *A dignidade da legislação*. Tradução Luís Carlos Borges. São Paulo: Malheiros, 2003. p. 5. Continua o autor afirmando que "[n]ão estou convencido disso [...]". (*Ibidem*, p. 5).

Constitucional como *legislador positivo* subtrairia a oportunidade de realização de controle, a mesma não se mostra pertinente consoante a demonstração que se aqui se fará (itens 3.6 e 4.8).[239]

Não se nega que o exercício da função legislativa *stricto sensu* pelo Tribunal Constitucional importa alguns riscos, mas também não se pode deixar de assumi-los, como justificativa para que a Constituição continue sendo descumprida.

Assim é que a função legislativa *stricto sensu* a ser exercida pelos Tribunais Constitucionais se apresenta como um instrumento de curadoria da Constituição (item 3.2.4).

2.4 Tribunal Constitucional como "órgão de normação positiva" e a edição de enunciados normativos

2.4.1 Delimitação da ideia do Tribunal Constitucional como órgão de normação positiva (função normativa)

Como demonstrado, é movediça a ideia comumente defendida de que só o Legislativo cria o Direito. Vai longe a época em que se pretendia reduzir o magistrado a mero autômato, como no tradicional modelo de separação de poderes proposto por Montesquieu.

De igual modo, não mais subsiste o dogma que o Tribunal Constitucional só poderia atuar como "legislador negativo". Restringir a atuação do Tribunal Constitucional somente a esta espécie de função apenas faria sentido se este comportamento fosse o único suficiente para o exercício da curadoria da Constituição.

---

[239] Preferiu-se aqui fazer menção aos itens que respondem as críticas que se levantam quanto à função legislativa *stricto sensu* de modo a permitir uma visitação adequada dos temas postos em discussão. Trazer para este item todas as abordagens necessárias para responder as críticas mencionadas causaria uma repetição desnecessária num trabalho de pesquisa que se busca objetivo.

O argumento de que o Tribunal Constitucional, ao atuar como "legislador positivo", está adentrando na esfera de competência do Legislativo não é mais intenso do que se for utilizado para a atividade de "legislador negativo". Aliás, o Tribunal Constitucional, ao atuar como "legislador negativo", interfere mais no Legislativo do que sua atuação como "legislador positivo", já que, ao atuar como "legislador negativo", o Tribunal Constitucional se sobrepõe a uma atuação anterior do Legislativo dizendo que ela está incompatível com a Constituição. Já quando atua como "legislador positivo", nos termos delimitados neste trabalho, o Tribunal Constitucional atuará apenas provisoriamente, de forma secundária, enquanto o titular não se posicionar de forma comissiva, e não censurando uma escolha do Legislativo.

Contudo, não se pode confundir a *função legislativa* exercida pelo Legislativo e pelo constituinte derivado com a *normação positiva* editada pelo Tribunal Constitucional (função normativa), sob pena de tal sobreposição induzir a uma concepção equivocada quanto à importância das decisões do Tribunal Constitucional bem como do seu alcance.

Ao Tribunal Constitucional é vedada a adoção de decisões desprovidas de fundamentos constitucionais quando exerce sua *função enunciativa*, bem como desprovidas de fundamentos legais ou constitucionais quando exerce sua *função legislativa stricto sensu*. Ao contrário da atividade legislativa exercida pelo Legislativo (Poder Constituinte derivado[240] ou pelo Legislativo) que pode inaugurar a ordem jurídica a partir de uma vontade político-social, a atividade do Tribunal Constitucional como órgão de normação positiva está necessariamente vinculada ao ordenamento jurídico existente (constitucional e legal), sendo sua atuação por este limitada.

---

[240] Compulsando a doutrina verificar-se-á que a mesma distingue o *Poder Constituinte originário* do *Poder "Constituinte" derivado*. Entende-se por Poder Constituinte derivado a parcela de competência atribuída ao próprio corpo Legislativo encarregado de elaborar as leis em geral, por meio da qual se confere a faculdade de modificação da Constituição. Este poder deve observar certas limitações trazidas pela própria Constituição, assim não se trata de um poder inicial autônomo ou incondicionado e, por isso, deve ser considerado como um poder constituído. Alguns doutrinadores preferem utilizar "poder constituinte constituído", ou apenas, "poder constituído", "poder constituinte derivado", "poder constituinte instituído", "poder constituinte de segundo grau" ou "poder reformador".

A diferença que se verifica entre a função legislativa implementada pelo Legislativo e pelo constituinte derivado e a normação positiva editada pelo Tribunal Constitucional é a de que aqueles produzem enunciados normativos para regular a vida em sociedade com uma maior liberdade de atuação, enquanto o Tribunal Constitucional, quando edita enunciados normativos, o faz exclusivamente com a finalidade de defender e efetivar a Constituição – este é o motivo-finalidade da atuação do Tribunal Constitucional como *órgão constitucional de normação positiva*, diferente do Legislativo[241] e do constituinte derivado, cuja função de legislar não possui por finalidade exclusiva efetivar ou defender a Constituição.

A esse respeito é esclarecedora a lição de Binenbojm:

[...] tanto o legislador como o juiz *criam* o Direito, embora o primeiro disponha de maior margem de conformação que o segundo. A atividade jurisdicional não se reduz, portanto à mera aplicação de uma vontade preexistente do legislador. É ela constituída, simultaneamente, por um ato cognitivo (de definição das possibilidades abertas pela moldura da norma) e por um ato volitivo (de escolha de uma dessas possibilidades).[242]

Após externadas as "funções legislativas", que podem ser desempenhadas pelo Tribunal Constitucional, pode-se afirmar que sua atuação será de *órgão constitucional de normação positiva* sempre que editar enunciados normativos gerais e abstratos que, por consequência, possuem eficácia *erga omnes*, sendo que o enunciado normativo editado vincula todos, inclusive os órgãos estatais, o que será melhor analisado nos itens 2.4.2 e 2.4.3.

O que se está aqui a analisar é a possibilidade de o Tribunal Constitucional, ao perceber o desrespeito (omissivo ou comissivo) à Constituição decorrente de interpretação equivocada dos enunciados normativos constitucionais, ou de comportamento infraconstitucional omissivo relevante, realizar a Constituição impondo seu entendimento com a elaboração de enunciados normativos com eficácia *erga omnes*.

---

[241] TAVARES, André Ramos. *Teoria da justiça constitucional*. São Paulo: Saraiva, 2005. p. 188.
[242] BINENBOJM, Gustavo. *A nova jurisdição constitucional brasileira*: legitimidade democrática e instrumentos de realização. Rio de Janeiro: Renovar, 2001. p. 66.

Utiliza-se a expressão "órgão constitucional de normação positiva" (ou "função normativa") de forma a abranger todas as situações em que o Tribunal Constitucional vier a atuar editando enunciados normativos gerais e abstratos, ou seja, no exercício da *função enunciativa* ou da *função legislativa stricto sensu* no controle das omissões legislativas inconstitucionais.

Não se adota a expressão "legislador positivo" ou "função legislativa *lato sensu*", pois, como já demonstrado, as decisões do Tribunal Constitucional podem transcender em muito a competência do "simples legislador". A utilização de qualquer rótulo com a expressão "legislador positivo" ou "função legislativa" poderia contaminar e/ou aprisionar a verdadeira essência do conteúdo da competência de *normação positiva* atribuída ao Tribunal Constitucional, que é o de efetivar a Constituição na sua inteireza.

Registra-se aqui que o Supremo Tribunal Federal brasileiro no MI 712/PA entendeu que "incumbe ao Poder Judiciário *produzir a norma suficiente* para tornar viável o exercício do direito de greve dos servidores públicos",[243] fazendo uma distinção entre *função normativa* e *função legislativa*, cabendo ao Judiciário o exercício da primeira.[244]

De uma vez por todas: a *lei* não é mais a única e exclusiva fonte do direito e, assim sendo, não é mais o Legislativo o órgão constitucional de soberania detentor do monopólio da produção normativa.

Assentadas essas premissas, o que se está a investigar é quais são as *condições* e os *limites* para que o Tribunal Constitucional possa atuar como *órgão constitucional de normação positiva* em harmonia com os demais órgãos constitucionais de soberania e a existência de um Estado Constitucional de Direito.

Deve-se registrar que as *condições* e os *limites* que devem ser considerados pelo Tribunal Constitucional no exercício da sua competência como *órgão constitucional de normação* positiva não é suficiente para distinguir essa competência, *mutatis mutandi*, daquela exercida pelo Legislativo ou pelo constituinte derivado, afinal, tanto o Legislativo quanto o constituinte derivado também encontram

---

[243] BRASIL. Supremo Tribunal Federal. Pleno. MI 712/PA. Relator: Ministro Eros Grau. Julgado em 25 out. 2007. Disponível em: <http://www.stf.jus.br>. Acesso em: 22 dez. 2012.

[244] Cf. trecho do voto do Ministro Relator: "Pois é certo que este Tribunal exercerá, ao formular supletivamente a norma regulamentadora de que carece o art. 37, VII da Constituição, função normativa, porém não legislativa."

condições e limites (formais e materiais) trazidos pela Constituição para o exercício das suas respectivas competências legislativas.

Não deve pairar dúvidas de que a distinção aqui trazida quanto à função legislativa exercida pelo Legislativo e pelo constituinte derivado e a *normação positiva* exercida pelo Tribunal Constitucional não está a sugerir uma invasão das competências do Legislativo e do constituinte derivado pelo Tribunal Constitucional, muito pelo contrário; o que se está aqui a demonstrar são as *condições* e os *limites* para o exercício dessa *normação positiva* pelo Tribunal Constitucional para que não haja o desrespeito aos titulares da função de legislar.

Também não se está aqui a negar que o Legislativo é o órgão, estrutural e funcionalmente, mais adequado (conforme a evolução e as vicissitudes políticas) para o exercício da função legislativa, afinal, seu papel funda-se, simultaneamente: *i*) na ideia (democrática) de que a lei, dirigida a todo o povo, deve ser votada pelos seus representantes eleitos; *ii*) na ideia (liberal) do debate e do compromisso, em que, se a racionalidade ao cabo não consegue prevalecer, pelo menos é posta a clara luz e *iii*) na ideia (pluralista) de que uma assembléia representativa de opiniões e interesses diversos é mais apta para tomar as grandes deliberações (legislativas e também políticas) do que qualquer outro órgão constitucional de soberania.[245]

Estando bem demarcada a fronteira entre a função legislativa *stricto sensu* no controle das omissões legislativas inconstitucionais e a função enunciativa, muito embora ambas estejam inseridas no contexto da função normativa de um Tribunal Constitucional, é o momento de analisar a eficácia *erga omnes*, o efeito vinculante e as imbricações dessas funções que podem ser exercidas pelo Tribunal Constitucional.

2.4.2 Eficácia *erga omnes* da normação positiva editada pelo Tribunal Constitucional

As fontes do direito devem ser identificadas pelas normas do próprio ordenamento jurídico (as normas sobre produção do Direito)

---

[245] MIRANDA, Jorge. *Manual de direito constitucional*. 3. ed. Coimbra: Coimbra Editora, 2004. t. 5, p. 155.

que devem estar contidas na respectiva Constituição, consignando que para a teoria kelseniana as normas sobre produção e reconhecimento do direito constituem a essência material da Constituição.

F. Callejón leciona que o essencial na caracterização de uma fonte do direito está em determinar se o enunciado normativo tem capacidade para gerar eficácia *erga omnes*, ou seja, capacidade para alcançar todos os sujeitos de um ordenamento jurídico.[246]

Como já constatado (item 2.1), o direito não mais se identifica exclusivamente com a *lei*, não se podendo assim pretender restringir o caráter geral, impessoal e obrigatório apenas à *lei*.

Negar a eficácia *erga omnes* de determinadas decisões do Tribunal Constitucional sob o argumento de que tal eficácia se restringiria às *leis* é reduzir o conceito de *lei* a *lei formal* elaborada pelo Legislativo.

As decisões do Tribunal Constitucional também podem se apresentar como normas de produção jurídica, ou seja, decisões que produzem o Direito ou que interpretam as normas que produzem o Direito.

Como bem acentua Tavares:

> Atualmente, não há como desconsiderar que a decisão proferida em sede de Tribunal Constitucional deva produzir coisa julgada oponível *erga omnes*, conforme preconiza o modelo austríaco. Isso quer significar, basicamente, que sua eficácia deve estender-se para além das pessoas envolvidas no processo.[247]

A partir disso pode-se diferenciar a *eficácia horizontal* da decisão (respeitabilidade do próprio Tribunal Constitucional a seus precedentes), da *eficácia vertical* (respeitabilidade da decisão pelos tribunais hierarquicamente inferiores, e da *eficácia geral* (respeitabilidade da decisão pelos demais órgãos estatais e pelos particulares).

Consigna-se que a eficácia *erga omnes* veio agregada ao modelo abstrato e concentrado de Justiça Constitucional, decorrente da Europa continental, onde prevalecia(e) o sistema do *civil law*.

---

[246] CALLEJÓN, Francisco Balaguer. *Fuentes de derecho*: I. principios del ordenamiento Constitucional. Madrid: Tecnos, 1991. p. 65.
[247] TAVARES, André Ramos. *Teoria da justiça constitucional*. São Paulo: Saraiva, 2005. p. 440.

No modelo concentrado de Justiça Constitucional, o objetivo da atuação do Tribunal Constitucional é verificar a compatibilidade de um enunciado normativo (ou norma) *in abstracto* com a Constituição, sendo que, nesse caso, a parte dispositiva da decisão é que deve ter eficácia *erga omnes*, afinal, em tal modelo de controle, os demais juízes não podem deixar de aplicar um enunciado normativo por entender inconstitucional sem uma prévia decisão do Tribunal Constitucional. Nessa toada, a eficácia *erga omnes* é imprescindível para que os demais juízes possam afastar a aplicação do enunciado normativo tido como inconstitucional pelo Tribunal.

Trata-se então a eficácia *erga omnes* de *eficácia implícita* às decisões de um Tribunal Constitucional quando no desempenho de suas funções, apresentando-se como um pressuposto do processo objetivo[248] (cf. item 4.11).

Essa eficácia *erga omnes* é própria das leis e dos atos normativos em geral. A circunstância de, em parte, reconhecer o *status* constitucional a algumas decisões do Tribunal Constitucional (no exercício de certas funções, como a interpretativa, a enunciativa e a legislativa *stricto sensu*) não desautoriza o argumento, apenas reforça-o. Se no patamar de *lei* a eficácia *erga omnes* já era imprescindível, por maiores razões ter-se-á de reconhecê-lo no caso de a decisão contar com força constitucional.[249]

Assim sendo, a *generalidade* e a *abstração* constituem apanágio dos enunciados normativos com eficácia *erga omnes*, proporcionando

---

[248] Não será objeto de análise a *teoria da abstrativização do controle difuso de constitucionalidade*, cujo debate no STF ocorreu em virtude da discussão do alcance dos efeitos do HC nº 82.959/SP que havia concluído pela inconsticionalidade, em caso concreto (incidental e difuso), do dispositivo legal (art. 2º, §1º da Lei nº 8072/1990) que vedava a progressão de regime dos condenados por crimes hediondos por entender ofensivo ao princípio da individualidade da pena (art. 5º, XLVI, CRFB). Na Rcl nº 4335/AC o STF, por maioria, conheceu e julgou procedente a Reclamação. (STF. Pleno. Rcl nº 4.335/AC. Rel. Min. Gilmar Mendes. Julgado em 21 mar. 2014). Essa decisão, e seus efeitos, de certa forma, foi esvaziada no que tange a *teoria da abstrativização do controle difuso de constitucionalidade* em virtude da edição da Súmula Vinculante nº 26, de 23 de dezembro de 2009, que traz a seguinte redação: "Para efeito de progressão de regime no cumprimento de pena por crime hediondo, ou equiparado, o juízo da execução observará a inconstitucionalidade do art. 2º da Lei nº 8.072, de 25 de julho de 1990, sem prejuízo de avaliar se o condenado preenche, ou não, os requisitos objetivos e subjetivos do benefício, podendo determinar, para tal fim, de modo fundamentado, a realização de exame criminológico."

[249] TAVARES, André Ramos. *Teoria da justiça constitucional*. São Paulo: Saraiva, 2005. p. 440-441.

assim uma maior inteligibilidade dos seus textos, facilitando a sua aplicação a uma universalidade de situações e/ou de pessoas.

2.4.3 Efeito vinculante das diretivas gerais editadas pelo Tribunal Constitucional

De partida, calha mencionar que enquanto a eficácia *erga omnes* é inerente ao sistema concentrado, o *efeito vinculante* é próprio do sistema difuso de constitucionalidade da tradição do *common law*. Consoante já demonstrado (item 2.2.8, 2.3.3 e 2.4.2), a normação positiva editada pelo Tribunal Constitucional possui natureza normativa e eficácia *erga omnes*. Em outras palavras, os enunciados normativos editados pelo Tribunal Constitucional tanto no exercício da *função enunciativa* quanto no exercício da *função legislativa stricto sensu* devem ser observados por todos.

Contudo, a discussão ganha fôlego de forma mais específica no exercício da *função enunciativa* pelo Tribunal Constitucional já que, mais do que eficácia *erga omnes*, as *diretivas gerais*, afirmam alguns, também possuem,[250] ou devem possuir,[251] um efeito vinculante.[252] Isso não autoriza afirmar que os enunciados normativos editados em decorrência do exercício da função legislativa *stricto sensu* não

---

[250] Para Mendes: "[...] o efeito vinculante da decisão está intimamente vinculado à própria natureza da jurisdição constitucional em dado Estado democrático e à função de guardião da Constituição desempenhada pelo Tribunal [...]." (MENDES, Gilmar Ferreira. Comentários aos capítulos IV e V: efeito vinculante de decisão proferida em ação direta de inconstitucionalidade. In: MARTINS, Ives Gandra da Silva; MENDES, Gilmar Ferreira. *Controle concentrado de constitucionalidade*: comentários à lei n. 9.868, de 10.11.1999. São Paulo: Saraiva, 2001. p. 344-345).

[251] Para Clève: "Pugna-se pela atribuição de efeitos vinculantes às decisões proferidas em sede de ação direta de inconstitucionalidade. (CLÈVE, Clèmerson Merlin. *Fiscalização abstrata da constitucionalidade no direito brasileiro*. 2. ed. São Paulo: Revista dos Tribunais, 2000. p. 411). Leal assim consigna: "O *efeito vinculante*, contudo, não constitui elemento imanente à idéia de Estado de Direito ou de determinado modelo de jurisdição constitucional. Ao contrário, configura instituto de natureza complementar, *estranho ao sistema*, que não se faz presente em vários ordenamentos que contemplam mecanismos de controle abstrato de constitucionalidade." (LEAL, Roger Stiefelmann. *O efeito vinculante na jurisdição constitucional*. São Paulo: Saraiva, 2006. p. 113).

[252] No direito brasileiro a Lei nº 11.417, de 19.12.2006, que disciplina a edição, a revisão e o cancelamento de enunciado de súmula vinculante pelo STF, permitiu, curiosamente, em seu art. 4º, a restrição dos efeitos vinculantes e a dilação no tempo da eficácia do *decisum*.

possuam modal deôntico, até porque nenhum enunciado normativo é produzido para ser descumprido ou ignorado.

Mendes registrar que o efeito vinculante das decisões de Tribunais Superiores sobre os atos de instâncias inferiores não configura novidade, vez que no desempenho de sua missão, o Judiciário pode praticar ato que vai desde a sentença clássica até atos "quase legislativos e plenamente legislativos".[253]

Rezek, então Min. do STF, ao julgar a ADC 01/DF trouxe, em seu voto, interessante lição quanto à necessidade do efeito vinculante nas decisões dos Tribunais Constitucionais:

> De modo que me pergunto: faz sentido – não ser vinculante uma decisão da Suprema Corte do país? Não estou falando, naturalmente, de fatos concretos, cada um com seu perfil, reclamando o esforço hermenêutico da lei pelo juiz que conhece as características próprias do caso. Estou me referindo a hipóteses de pura análise jurídica. Tem alguma seriedade a idéia de que se devam fomentar decisões expressivas de rebeldia? A que serve isso? Onde está o interesse público em que esse tipo de política prospere.[254]

Não diferente, García Toma, analisando os *precedentes vinculantes* emitidos pelo Tribunal Constitucional peruano, anotou que

> as decisões do Tribunal, em qualquer processo, têm efeito vinculante sobre todos os poderes públicos e particulares. Se não fosse assim, a própria Constituição estaria desprotegida, posto que qualquer entidade, funcionário ou pessoa poderia resistir a dar cumprimento a uma decisão da instância jurisdicional máxima.[255]

Como se vê, o *efeito vinculante* é uma decorrência do papel político-jurídico-institucional exercido pelo Tribunal Constitucional em virtude da função de curador da Constituição desempenhada mediante processos específicos para solucionar questões constitucionais.

---

[253] MENDES, Gilmar Ferreira; BRANCO, Paulo Gustavo Gonet. *Curso de direito constitucional*. 8. ed. São Paulo: Saraiva, 2013. p. 966.
[254] STF. Pleno. ADC 1/DF. Rel. Min. Moreira Alves. Julgado em 1º dez. 1993. Foi nesta ADC que o STF apreciou o significado da eficácia *erga omnes* e do efeito vinculante, ao decidir questão de ordem.
[255] TOMA, Víctor García. As sentenças constitucionais: o precedente vinculante. *Revista Brasileira de Estudos Constitucionais – RBEC*, Belo Horizonte, v. 3, n. 11, p. 95, jul./ set. 2009.

Stern, com precisão, alinhavou que os Tribunais Constitucionais decidem sobre o direito constitucional de maneira vinculante em última instância e, portanto, com autoridade. Isso é diferente em Estados sem Justiça Constitucional.[256]

Em termos comparativos, o parâmetro mais próximo do efeito vinculante é o postulado do *stare decisis*,[257] da tradição jurídica do modelo anglo-saxão, embora relacionado a *ratio decidendi*, o *stare decisis* representa um efeito unificador e clarificador da jurisprudência.[258]

A expressão "efeito vinculante" tem encontrado uso linguístico divergente, haja vista a dificuldade inicial em acrescentar uma nova e diferenciada carga ao plano da eficácia normativa. Aliás, não se registra consenso doutrinário acerca do chamado "efeito vinculante".

Acresce-se a essa dificuldade de definição o fato de que a expressão "efeito vinculante" também pode ser utilizada para as leis em geral, como bem destaca Mendes: "[a] generalidade, a abstração e o efeito vinculante que caracterizam a lei revelam não só a grandeza, mas também a problemática que marcam a atividade legislativa".[259]

A partir das dificuldades apontadas, Tavares propõe a necessidade de uma conceituação mínima do *efeito vinculante*, trazendo: "[p]ode-se considerar como sendo [o efeito vinculante] a obrigatoriedade no cumprimento de determinado comando, havendo conseqüências negativas imediatas pelo desacatamento do comando vinculante".[260]

---

[256] STERN, Klaus. *Derecho del Estado de la Republica Federal Alemana*. Tradução Javier Pérez Royo y Pedro Cruz Villalón. Madrid: Centro de Estudios Constitucionales, 1987. p. 289.

[257] A teoria do *stare decisis* relaciona-se com o brocardo latino *stare decisis et non quieta movere* ("mantenha-se a decisão e não ofenda o que foi decidido"). A utilização da expressão *stare decisis*, judicialmente, significa que os precedentes firmados por um tribunal superior são vinculantes para todos os órgãos jurisdicionais inferiores.

[258] No que tange à distinção da abrangência de tais institutos firma-se que enquanto o *stare decisis* constitui instrumento de coerência interna do Judiciário, o *efeito vinculante* possui natureza impositiva também externa, atingindo além do Judiciário, também o Legislativo e o Executivo.

[259] MENDES, Gilmar Ferreira. Questões fundamentais de técnica legislativa. *Revista Eletrônica sobre a Reforma do Estado – RERE*, Salvador, Instituto Brasileiro de Direito Público, n. 11, p. 2, set./nov. 2007. Disponível em: <http://www.direitodoestado.com.br/rere.asp>. Acesso em: 05 out. 2010.

[260] TAVARES, André Ramos. *Teoria da justiça constitucional*. São Paulo: Saraiva, 2005. p. 442.

No mesmo sentido, Leal acentua que o resultado prático do *efeito vinculante* depende, sobretudo, da existência de consequências jurídicas eficazes em face da sua inobservância por seus destinatários e que a ausência de sanção adequada conduz à inocuidade do instituto e à manutenção do estado de recalcitrância política. Sugere o autor dois tipos de sanção: a) a responsabilização da autoridade rebelde;[261] b) invalidação do ato resultante desta rebeldia.[262]

Com a adoção do *efeito vinculante* nas decisões constitucionais, pretendia-se ampliar os limites objetivos e subjetivos da Justiça Constitucional de forma a conceder "força de lei" (*Gesetzeskraft*) às suas decisões, contudo, a sistematização quanto ao *efeito vinculante*, cujo início, possivelmente, tenha se desenvolvido sob o império da Constituição de Weimar (1919), encontrava dificuldades já que a doutrina constitucional, à época, não era unânime quanto ao significado da "força da lei" – se estaria limitada à parte *dispositiva* ou se abrangeria, também, os *fundamentos determinantes*.[263]

A ideia de *efeito vinculante* foi construída para as hipóteses do controle de constitucionalidade (*função estruturante*), sendo necessário adequar esse efeito para o exercício da *função enunciativa*.

Tal adequação é necessária já que a construção do *efeito vinculante* teve por finalidade tornar obrigatória a observância não apenas da parte dispositiva da decisão do Tribunal Constitucional, mas também da *ratio decidendi*, indo assim mais além do que a coisa julgada.

---

[261] A inobservância do efeito vinculante caracteriza *grave violador do dever funcional* das autoridades públicas infratoras, sendo possível cogitar em prática de infração administrativa, além de possibilitar uma responsabilização civil do Estado e direito de regresso em face da autoridade rebelde. No direito brasileiro poder-se-ia falar em crime contra a Administração Pública, responsabilidade objetiva do Estado e direito de regresso (art. 37, §6º da CRFB), crime de responsabilidade (art. 85, VII da CRFB). Em caso de magistrados poderia aplicar também a responsabilização prevista no art. 143, I do CPC/2015.

[262] LEAL, Roger Stiefelmann. *O efeito vinculante na jurisdição constitucional*. São Paulo: Saraiva, 2006. p. 174-175. O mero expediente de reclamação cassatória, sem a aplicação de qualquer sanção, autoriza a persistência ininterrupta da recalcitrância indesejada em face da decisão do Tribunal Constitucional, já que não impede a permanência da resistência. Cf. também: art. 102, I, *l* da CRFB e art. 988, inc. III do CPC/2015, com redação dada pela Lei nº 13.256 de 4 de fevereiro de 2016.

[263] MENDES, Gilmar Ferreira; MEYER-PFLUG, Samantha. Passado e futuro da súmula vinculante: considerações à luz da Emenda Constitucional n. 45/2004. In: RENAULT, Sérgio Rabello Tamm; BOTTINI, Pierpalo. *Reforma do judiciário*. São Paulo: Saraiva, 2005. p. 335-336.

Nos países não afeitos à prática construtivista do *stare decisis*, percebeu-se a necessidade de reforçar a eficácia das decisões prolatadas pelo Tribunal Constitucional, de modo que os demais órgãos constitucionais estivessem vinculados não só à parte dispositiva da decisão, mas também aos motivos, princípios e interpretações que lhe serviram de fundamento. A imposição da *ratio decidendi* aos demais órgãos constitucionais teria como efeito normativo necessário a proibição do uso do expediente da reiteração do comportamento julgado por inconstitucional, bem como a obrigação de eliminar os demais atos que encerram o mesmo vício apontado. A "este acréscimo eficacial denominou-se *efeito vinculante (Bindungswirkung)*".[264]

Na perspectiva delineada, o *efeito vinculante* se aproxima da teoria do *efeito transcendente* desenvolvida pelo Tribunal Constitucional Federal alemão, cujo conceito pode ser definido como

> posicionamento segundo o qual todos os "fundamentos determinantes da decisão" têm força vinculante e não só aqueles apresentados no dispositivo da sentença. O entendimento do Tribunal Constitucional transcende o caso singular devendo sua interpretação da Constituição ser observada por todos os Tribunais e autoridades em casos futuros que apresentem semelhanças (efeito vinculante dos "fundamentos determinantes" ou da ratio decidendi).[265]

---

[264] LEAL, Roger Stiefelmann. *O efeito vinculante na jurisdição constitucional.* São Paulo: Saraiva, 2006. p. 113. Prossegue o autor: "Em outras palavras, as razões contidas nas decisões proferidas [também] assumem *status* paraconstitucional." (*Ibidem*, p. 118).

[265] LUNARDI, Soraya Regina Gasparetto; DIMOULIS, Dimitri. Efeito transcendente, mutação constitucional e reconfiguração do controle de constitucionalidade no Brasil. *Revista Brasileira de Estudos Constitucionais – RBEC*, Belo Horizonte, v. 2, n. 5, p. 217-238, jan./ mar. 2008. p. 233. O STF em algumas decisões no âmbito do controle concentrado admitiu os *efeitos transcendentes dos motivos determinantes*. Cf. a respeito: STF. Pleno. Rcl 1987/DF. Rel. Min. Maurício Corrêa. Julgado em 01 out. 2003; STF. Pleno. Rcl 2363/PA. Rel. Min. Gilmar Mendes. Julgado em 23 out. 2003; STF. Decisão Monocrática. Rcl-MC 2986/SE. Rel. Min. Celso de Mello. Julgado em 11 mar. 2005; STF. Decisão Monocrática. Rcl-MC 4987/PE. Rel. Min. Gilmar Mendes. Julgado em 07 mar. 2007. Contudo, registra-se que o Pleno do STF vem reiteradamente rejeitando a existência do fenômeno da *transcendência dos motivos que embasaram a decisão*: Rcl 2475-AgR/MG. Rel. Min. Carlos Velloso. Julgado em 02 ago. 2007; Rcl 2990-AgR/RN. Rel. Min. Sepúlveda Pertence. Julgado em 16 ago. 2007; Rcl 3014/SP. Rel. Min. Ayres Britto. Julgado em 10 mar. 2010; Rcl 6204-AgR/AL. Rel. Min. Eros Grau. Julgado em 06 mai. 2010; Rcl 9778-AgR/RJ. Rel. Min. Ricardo Lewandowski. Julgado em 26 out. 2011; Rcl 13300-AgR/PR. Relª. Minª. Cármen Lúcia. Julgado em 19 dez. 2012; Rcl 11479-Agr/CE. Relª. Minª. Cármen Lúcia. Julgado em 19 dez. 2012; Rcl 10125-AgR/PA. Rel. Min. Dias Toffoli. Julgado em 19 set. 2013; Rcl 3108-AgR/SP. Rel. Min. Marco Aurélio. Julgado em 17 out. 2013; Rcl 14425-AgR/RS. Relª. Minª. Rosa Weber. Julgado em 27 fev. 2014; bem como em outras decisões monocráticas: Rcl 15225/SP. Rel. Min. Marco Aurélio. Decisão de 20 fev. 2013; Rcl 14326/

No mesmo sentido leciona Mendes acerca do *efeito vinculante*:

Trata-se de instituto jurídico desenvolvido no Direito processual alemão, que tem por objetivo outorgar maior eficácia às decisões proferidas por aquela Corte Constitucional, assegurando força vinculante não apenas à parte dispositiva da decisão, mas também aos chamados *fundamentos* ou *motivos determinantes* (*tragende Günde*).[266]

Pelo demonstrado, quando o Tribunal Constitucional editar um enunciado normativo vinculante buscará estabelecer uma regra geral e abstrata que abarque uma classe completa de assuntos, da qual os fatos do caso concreto representam apenas uma das hipóteses possíveis. O "*holding* [*ratio decidendi*] da decisão que irá vincular as cortes subseqüentes é extraído não só do dispositivo da decisão precedente, mas também dos seus fundamentos justificantes".[267]

Contudo, nem sempre é simples perceber nas decisões do Tribunal Constitucional qual(is) foi(ram) a *ratio decidendi*, sendo "um dos elementos mais complexos na aplicação da doutrina a identificação daquela parte da decisão que contém o caráter vinculante".[268]

Como bem adverte Martins, ao comentar os efeitos das decisões do Tribunal Constitucional Federal alemão:

Polêmica é a extensão dos efeitos da coisa julgada material aos argumentos constantes nas razões da decisão (*Entscheidungsgründe*),

---

RJ. Rel. Min. Luiz Fux. Decisão de 20 fev, 2013; Rcl 13185/DF. Relª. Minª. Rosa Weber. Decisão de 28 ago, 2013; Rcl 14111/DF. Rel. Min. Teori Zavascki. Decisão de 16 set. 2013; Rcl 14098/TO. Rel. Min. Roberto Barroso. Decisão de 12 nov. 2013; Rcl 14079/DF. Rel. Min. Roberto Barroso. Decisão de 12 nov. 2013. Interessante registrar que na Rcl 13960/ES o Min. Rel Celso de Mello, após conceder cautelar entendendo pela aplicação dos *efeitos transcendentes dos motivos determinantes*, não obstante a sua convicção pessoal, no Agravo Regimental ajusta seu entendimento à diretriz jurisprudencial prevalecente no STF quanto à inaplicabilidade da transcendência dos fundamentos determinantes, em respeito e em atenção ao princípio da colegialidade, sendo acompanhado por todos os presentes. Rcl 13960-AgR/ES. Julgado em 14 mai. 2014.

[266] MENDES, Gilmar Ferreira. Comentários aos capítulos IV e V: efeito vinculante de decisão proferida em ação direta de inconstitucionalidade. In: MARTINS, Ives Gandra da Silva; MENDES, Gilmar Ferreira. *Controle concentrado de constitucionalidade*: comentários à lei n. 9.868, de 10-11-1999. São Paulo: Saraiva, 2001. p. 337. N.R. 114.

[267] SILVA, Celso de Albuquerque. *Do efeito vinculante*: sua legitimação e aplicação. Rio de Janeiro: Lumen Juris, 2005. p. 307.

[268] SOTOMAYOR, Jhonny Tupayachi. Anjos e demônios!: a implementação do precedente constitucional vinculante no Peru. *Revista Brasileira de Estudos Constitucionais – RBEC*, Belo Horizonte, v. 3, n. 11, p. 64, jul./ set. 2009.

principalmente no caso do dispositivo fazer expressa menção a elas (*"nach Maßgabe der Gründe"* – "na medida das razões" ou *"nach Maßgabe der in den Gründen genannten Kriterien"* – "segundo a medida dos critérios denominados nas razões"), entre outros.[269]

A dificuldade em identificar a *ratio decidendi* ocorre quando o Tribunal Constitucional não o especifica claramente, possibilitando assim àqueles que deveriam estar vinculados aos precedentes interpretar o conteúdo e o alcance do *decisum*, possibilitando uma perda de eficiência na curadoria da Constituição.

O Código Processual Constitucional peruano (Lei nº 28.237/04) traz um modelo que é bem interessante de ser analisado, uma vez que buscou superar algumas das dificuldades encontradas no chamado *precedente constitucional* com *efeito vinculante*, quanto ao comando que deve ser extraído da decisão do Tribunal Constitucional e que deve ser considerado como *vinculante*. O art. VII do Título Preliminar do citado Código traz que "as sentenças do Tribunal Constitucional que adquirem a autoridade da coisa julgada constituirão em precedente obrigatório quando assim determinar a decisão, estabelecendo seu efeito normativo."

Consoante se observa no modelo peruano, há uma nítida distinção quanto à exigência de indicação da parte da decisão que se deve considerar vinculante, tratando-se de um dever funcional do Tribunal ao decidir, o que facilitará a compreensão dos destinatários do efeito da decisão quanto aos elementos determinantes (*ratio decidendi*), já que estes não são de fácil precisão.

Como o *efeito vinculante* foi forjado no âmbito do controle concentrado de constitucionalidade europeu com a finalidade de solucionar eventuais renitências ou inconformidades dos demais órgãos constitucionais em face de suas decisões, "[s]ua função precípua é impedir a reiteração material do vício de inconstitucionalidade apontado mediante a sucessão de atos com a mesma estatura hierárquica".[270]

---

[269] MARTINS, Leonardo. *Direito processual constitucional alemão*. São Paulo: Atlas, 2011. p. 103-104.

[270] LEAL, Roger Stiefelmann. *O efeito vinculante na jurisdição constitucional*. São Paulo: Saraiva, 2006. p. 127.

Verifica-se, assim, que o que talvez justifica essa necessidade de impor o *efeito vinculante* às decisões dos Tribunais Constitucionais tenha sido a recalcitrância dos demais órgãos constitucionais, inclusive o Judiciário, em acatar a eficácia *erga omnes* das decisões do Tribunal Constitucional.[271]

Pelo exposto, o *efeito vinculante* assume um "sentido eminentemente proibitivo" para o legislador infraconstitucional, consoante delineia Miranda, porque:

c) Quando a inconstitucionalidade seja material, o órgão autor do acto ou da norma não pode voltar a praticá-lo ou a emitir a norma sem que sofra mutação a norma constitucional parâmetro;
d) Quando a inconstitucionalidade seja orgânica ou formal, o órgão autor do acto ou da norma não pode voltar a praticá-lo ou a emitir a norma sem que afaste os vícios que inquinam o acto;
e) Em especial, o legislador não pode convalidar, por via legislativa, actos praticados à sombra de lei inconstitucional;[272]

Quanto ao alcance do efeito vinculante, Mendes, ao distinguir os institutos afirma:

A declaração de nulidade de uma lei não obsta à sua reedição, ou seja, a repetição de seu conteúdo em outro diploma legal. Tanto a coisa julgada quanto a força de lei (eficácia *erga omnes*) não lograriam evitar esse fato. Todavia, o efeito vinculante, que deflui dos fundamentos determinantes (*tragende Gründe*) da decisão, obriga o legislador a observar estritamente a interpretação que o tribunal conferiu à Constituição. Conseqüência semelhante se tem quanto às chamadas normas paralelas. Se o tribunal declarar a inconstitucionalidade de uma Lei do Estado A, o efeito vinculante terá o condão de impedir a aplicação de norma de conteúdo semelhante do Estado B ou C [...].[273]

---

[271] O efeito vinculante que se está aqui a tratar é o com previsão constitucional (e não previsão legal), afinal a estatura constitucional do efeito vinculante implica a sua observação pelos demais órgãos constitucionais, principalmente no processo legislativo (Legislativo e Executivo).

[272] MIRANDA, Jorge. *Manual de direito constitucional*. 2. ed. rev. e actual. Coimbra: Coimbra Editora, 2005. t. 6, p. 69-70.

[273] MENDES, Gilmar Ferreira. Comentários aos capítulos IV e V: efeito vinculante de decisão proferida em ação direta de inconstitucionalidade. In: MARTINS, Ives Gandra da Silva; MENDES, Gilmar Ferreira. *Controle concentrado de constitucionalidade*: comentários à lei nº 9.868, de 10-11-1999. São Paulo: Saraiva, 2001. p. 337. N.R. 114.

Decorre assim do efeito vinculante as seguintes consequências práticas para aqueles que não participaram do processo:

(1) ainda que não tenham integrado o processo os órgãos constitucionais estão obrigados, na medida de suas responsabilidades e atribuições, a tomar as necessárias providências para o desfazimento do estado de ilegitimidade;
(2) assim, declarada a inconstitucionalidade de uma lei estadual, ficam os órgãos constitucionais de outros Estados, nos quais vigem leis de teor idêntico, obrigados a revogar ou a modificar os referidos textos legislativos;
(3) também os órgãos não-partícipes do processo ficam obrigados a observar, nos limites de suas atribuições, a decisão proferida, sendo-lhes vedado adotar conduta ou praticar ato de teor semelhante àquele declarado inconstitucional [...].[274]

Obviamente que esse *efeito vinculante* haverá de ceder quando sobrevenha qualquer evento que afete a norma constitucional parâmetro (mutação formal ou informal), além do que, deve-se admitir a dificuldade em discernir quando haverá (ou não) identidade das normas infraconstitucionais a fim de saber se incidirá, ou não, o *efeito vinculante*.

Por fim, é necessário ter o cuidado para não reduzir os institutos (eficácia *erga omnes*, coisa julgada e efeito vinculante) ao mesmo lugar comum, devendo-se compreender o *efeito vinculante* como instituto necessário para tornar obrigatório o fundamento da decisão, que não está inserido na sua parte dispositiva, a outros órgãos constitucionais, fazendo assim com que seus fundamentos determinantes (*ratio decidendi*) também sejam observados.

2.4.4 Imbricações entre a *função enunciativa* e a *função legislativa stricto sensu*

Deve-se destacar, ainda, que a *função enunciativa* em determinadas situações se imbrica com a *função legislativa stricto sensu*.

---

[274] MENDES, Gilmar Ferreira. *Argüição de descumprimento de preceito fundamental*: comentários à lei nº 9.882, de 3.12.1999. São Paulo: Saraiva, 2007. p. 190-191.

Determinado direito assegurado constitucionalmente, cuja usufruição deveria ser regulamentada por legislação infraconstitucional, pode passar a ser desrespeitado de forma acentuada e repetitiva, ensejando o Tribunal Constitucional a editar uma *diretiva geral* a fim de fixar determinado(s) comportamento(s) como inconstitucional(is) e que não deve(m) ser mais praticado(s). Cumpridas as condições para atuação do Tribunal Constitucional como órgão de normação positiva, poderá ele exercer a função legislativa *stricto sensu*, mas poderá também optar em utilizar uma *diretiva geral* a fim de dar cabo àquela destacada situação inconstitucional em vez de atuar como um legislador *stricto sensu*.

Situação como esta ocorreu no Brasil com a edição da Súmula Vinculante nº 11[275] que veio a disciplinar o uso de algemas em decorrência de abusos perpetrados pelas autoridades policiais em detrimento do que dispõe o art. 5º, XLIX da CRFB, bem como pela mora do legislador em regulamentar a matéria.

---

[275] *"Só é lícito o uso de algemas em casos de resistência e de fundado receio de fuga ou de perigo à integridade física própria ou alheia, por parte do preso ou de terceiros, justificada a excepcionalidade por escrito, sob pena de responsabilidade disciplinar, civil e penal do agente ou da autoridade e de nulidade da prisão ou do ato processual a que se refere, sem prejuízo da responsabilidade civil do Estado."*

CAPÍTULO 3

CONDIÇÕES PARA ATUAÇÃO DO TRIBUNAL CONSTITUCIONAL COMO ÓRGÃO DE NORMAÇÃO POSITIVA

3.1 Considerações iniciais

Como já demonstrado nos Capítulos 1 e 2, a Justiça Constitucional vem exercendo outras funções que não apenas a de mero defensora da Constituição, e, além disso, o Tribunal Constitucional vem sendo reconhecido como um autêntico "poder político" – órgão constitucional de soberania, muito embora não possa se afastar do seu caráter eminentemente jurídico (cf. item 4.2).

A atuação da Justiça Constitucional no exercício da função normativa pode ser creditada, tanto no exercício da *função enunciativa*, quanto no exercício da *função legislativa stricto sensu*, a inúmeros fatores que serão destacados mais adiante (itens 3.2.3 e 3.2.4), o que proporciona aos Tribunais Constitucionais alguns rótulos tais como: "legislador complementar", "parlamento de notáveis", "constituinte permanente", "órgão legislativo parcial", dentre outros.

Enfoca-se agora quais as condições necessárias para que a Justiça Constitucional reste autorizada a atuar no exercício da função normativa, para mais adiante definir dentro de quais limites isso poderá ocorrer (Capítulo 4).

3.1.1 O que se deve entender como *condição* para atuação do Tribunal Constitucional como órgão de normação positiva

Como *condição* para atuação da Justiça Constitucional na função normativa deve-se entender o conjunto de requisitos que se cumpre verificar previamente para que a Justiça Constitucional se mostre legítima para atuar como tal, ou seja, são pressupostos prévios que independem da vontade da Justiça Constitucional e que se prestam para o desencadeamento do processo de edição de enunciados normativos.

Trata-se de requisitos que, obrigatoriamente, devem ser preexistentes ao início do procedimento para a edição de enunciado normativo, e que devem encontrar-se indispensavelmente reunidos para que o enunciado possa ser elaborado legitimamente, tomando-se aqui por *legitimidade* a compatibilidade entre o enunciado normativo editado e o sistema constitucional, considerando para tanto as aspirações do substrato empírico (social, econômico, político, cultural) ou de ordem moral deste sistema.[276]

A ausência de qualquer uma das condições implica a impossibilidade da atuação da Justiça Constitucional na função normativa já que os enunciados normativos que vierem a ser editados sem a averiguação das condições aqui elencadas haverão de ser considerados como ilegítimos.

3.2 Posição de curador da Constituição

3.2.1 A força normativa dos enunciados constitucionais

A força normativa da Constituição está intrinsecamente ligada à existência de um, ou mais de um, órgão constitucional

---

[276] Cf.: FERRAZ JR., Tercio Sampaio. Legitimidade na Constituição de 1988. In: DINIZ, Maria Helena; FERRAZ JR. Tercio Sampaio; GEORGAKILAS, Ritinha A. Stevenson. *Constituição de 1988*: legitimidade, vigência e eficácia, supremacia. São Paulo: Atlas, 1989. p. 15.

de soberania com a competência de defender e efetivar seu texto (cf. item 1.4.1).

O direito constitucional é também direito positivo. Nesse sentido, fala-se na "Constituição como norma",[277] na "força normativa da Constituição"[278] e na Constituição como fonte imediata de Direito, devendo como tal ser reconhecida e utilizada para a solução de problemas que se apresentarem na sociedade.

Força normativa da Constituição ou *normatividade da Constituição* são expressões que significam que a Constituição é uma lei vinculativa dotada de *efetividade* e *aplicabilidade*. A *força normativa da Constituição* visa a exprimir, muito simplesmente, que a Constituição, sendo uma lei, como lei deve ser aplicada. Afasta-se assim a tese generalizante aceita nos fins do século XIX e nas primeiras décadas do século XX que atribuía à Constituição um "valor declaratório", "uma natureza de simples direção política"; um caráter programático despido de força jurídica.[279] Uma importante mudança de paradigma ao longo do século XX foi, sem dúvida, a atribuição à norma constitucional o *status* de norma jurídica.

A Constituição é objeto de uma ciência jurídica do *Sollen* (dever ser) e não apenas do *Sein* (ser), pois ao mesmo tempo em que reflete a realidade social, também influencia os fatos no direcionamento das suas postulações.

Ombreia-se aqui com as lições de Bidart Campos no sentido de que sempre é possível afirmar que a força normativa é uma característica indispensável da Constituição, num primeiro momento, para manter a coincidência entre a Constituição escrita e a realidade, num segundo, para lograr a alteração que a Constituição pretende obter no deslocamento da realidade divergente.[280]

Bem sintetiza Hesse em seu clássico estudo acerca da *força normativa da Constituição*:

---

[277] ENTERRÍA, Eduardo García. *La Constitución como norma y el Tribunal Constitucional*. 4. ed. Madrid: Civitas, 2006. p. 69-100.
[278] HESSE, Konrad. *A força normativa da Constituição*. Tradução Gilmar Ferreira Mendes. Porto Alegre: Sergio Antonio Fabris, 1991.
[279] CANOTILHO, José Joaquim Gomes. *Direito constitucional e teoria da Constituição*. 4. ed. Coimbra: Almedina, 2000. p. 1115.
[280] CAMPOS, German Bidart. *El derecho de la Constitución y su fuerza normativa*. Buenos Aires: Ediar, 2004. p. 65.

[a] constituição não configura, portanto, apenas expressão de um ser, mas também de um dever ser; ela significa mais do que o simples reflexo das condições fáticas de sua vigência, particularmente as forças sociais e políticas. Graças à pretensão de eficácia, a constituição procura imprimir ordem e conformação à realidade política e social.[281]

A eficácia de uma Constituição dependerá não só da sua fidelidade aos valores sociais e políticos consagrados pela sociedade, mas também – e principalmente – de uma correta interpretação daquilo que o texto constitucional prescreve.

Häberle bem destaca que "[o] Estado constitucional pretende que seus textos sejam realizados, que se cumpram 'socialmente'; 'reivindica' a realidade para si: sua 'normatividade' deve converter-se em 'normalidade'".[282]

Assim, cabe desmitificar a Constituição concedendo-lhe a sua dignidade para que os seus enunciados tenham eficácia e aplicabilidade, não mais permitindo que a *vontade constitucional* fique aprisionada pela omissão legislativa (normativa) inconstitucional ou que a todo o tempo alguém desconsidere seu texto em face de uma justificativa (explícita ou implícita) de que o enunciado normativo constitucional é "vago", "impreciso" ou de "baixa densidade normativa". Em ambos os casos deve o Tribunal Constitucional atuar como órgão de normação positiva, desempenhando assim não só seu papel de *defensor* da Constituição, mas também de *curador*.

3.2.2 Tribunal Constitucional como curador da Constituição

A classificação de um sistema político como democrático constitucional depende da existência de efetivas instituições por

---

[281] HESSE, Konrad. *A força normativa da Constituição.* Tradução Gilmar Ferreira Mendes. Porto Alegre: Sergio Antonio Fabris, 1991. p. 15.
[282] HÄBERLE, Peter. *El Estado constitucional.* Tradução Héctor Fix-Fierro. Buenos Aires: Astrea, 2007. p. 230. T.a. do original: "El Estado constitucional pretende que sus textos se hagan realidad, que se cumplan 'socialmente'; 'reivindica' a realidade para sí: su 'normatividad' debe convertirse en 'normalidad'."

meio das quais o exercício do poder político esteja distribuído entre os detentores do poder, e que também os detentores do poder estejam submetidos ao controle dos destinatários do poder.[283]

O *controle* sobre os órgãos estatais é algo que já se encontrava, embora com outros nomes, nas formas políticas mais antigas, e que reaparece, depois de certo declive, nas organizações medievais e se expandem com o Estado moderno.

Foi trazido no item 1.4.1 que o que está a se desenvolver neste estudo é relacionado ao Tribunal Constitucional na sua atuação não como um mero defensor da Constituição, mas sim como seu *curador*,[284] valendo-se de outras funções que não apenas aquela idealizada primeiramente por Kelsen – a do controle de constitucionalidade: legislador negativo atuando na *defesa* da Constituição.

O dogma da vedação do Judiciário e do Tribunal Constitucional atuarem como "legislador positivo", em homenagem à cláusula da separação de poderes, não deve ser oposto à necessidade de se efetivar a Constituição e romper com a inércia do legislador que encarcera as normas que emanam da Constituição, ou que fica indiferente perante comportamentos reiterados que lesam aquilo que restou consagrado pelo legislador constituinte.

A expressão "defesa da Constituição" já não mais traduz fielmente – ou na íntegra – o conjunto de atividades desenvolvidas pelos Tribunais Constitucionais, ao menos no sentido de que sua atuação ocorre exclusivamente quando houver um "ataque" à Constituição, afinal, haverá situações em que a atuação do Tribunal deverá ocorrer não apenas de forma negativa, mas, também, positivamente, de modo a prestigiar o crescimento do sentimento constitucional.

Não se nega que a Constituição permite ao legislador (constituinte reformador ou ordinário), por vezes, escolher o tempo e as circunstâncias da sua intervenção, bem como determinar

---

[283] LOEWENSTEIN, Karl. *Teoría de la Constitución*. Tradução Alfredo Gallego Anabitarte. 2. ed. Barcelona: Ariel, 1979. p. 149.

[284] A terminologia "curadoria" procura conjugar as ideias fundamentais de ser além de um defensor da Constituição, mas também um implementador da Constituição (realizando-a, aplicando-a, efetivando-a ou exigindo seu cumprimento). (Cf. a esse respeito: TAVARES, André Ramos. *Teoria da justiça constitucional*. São Paulo: Saraiva, 2005. p. 71-102).

ou densificar o seu conteúdo; contudo, deve-se respeitar os fins, os valores e os critérios constitucionais estabelecidos pelo Poder Constituinte originário.

A *discricionariedade* da atuação concedida ao legislador não pode conduzir a um descumprimento ou a uma ineficácia da Constituição. Diante de situações como estas, é necessário o Tribunal Constitucional emergir com uma atuação positiva e incisiva a fim de homenagear a força normativa que é inerente à Constituição.

Um enunciado normativo constitucional que traz uma determinação, que assegura um direito, não pode ficar indefinidamente à mercê da boa vontade do legislador (constituinte reformador ou ordinário) para ter sua eficácia vivificada, não pode ser corroída com comportamentos contrários aos seus modais deônticos.

A eficácia de tais enunciados certamente depende de fatores objetivos, cuja ausência ou deficiência não permite seu atingimento. Para tanto, deve o Tribunal Constitucional agir como *instituição exemplar da razão pública*, evitando que a Constituição seja atingida, dia a dia, em seu cerne, por atitudes que se chocam contra suas normas, ou por comportamento omissivo de uma maioria transitória ou ainda por uma minoria bem organizada e posicionada.

Bidart Campos bem destaca que o espaço de atuação dado pela Constituição aos órgãos estatais não permite que as competências sejam mal usadas, ou não exercidas, de forma a debilitar a Constituição, postergar discricionariamente seu desenvolvimento, seu cumprimento ou sua aplicação, privando-a de funcionalidade ou coisa semelhante.[285]

O conceito de democracia não pode ser reduzido a um mero procedimento de escolha de representantes, nem à identidade entre votantes da maioria ou da opinião pública com a vontade de todos – a "vontade geral" rousseauniana (cf. item 1.4.4). "A vitória eleitoral não importa a escravidão silenciosa dos derrotados, nem se pode confundir com a apuração momentânea

---

[285] CAMPOS, German Bidart. *El derecho de la Constitución y su fuerza normativa*. Buenos Aires: Ediar, 2004. p. 173.

e circunstancial de uma opinião pública, sem apoio em reflexões e debates suficientemente informados".[286] Em decorrência de uma possível prática reiterada de inconstitucionalidades, ou de uma omissão legislativa em efetivar os direitos (de uma maioria ou de uma minoria) contemplados na Constituição, deve o Tribunal Constitucional utilizar mecanismos eficazes para implementá-los, e o que aqui se está a pesquisar é a atuação da Justiça Constitucional e a criação do direito a fim de exercer a curadoria da Constituição.

Como bem anota Clève, "inconstitucionalidade e fiscalização de inconstitucionalidade" não se confundem, já que a última só guarda sentido quando o sistema atribui "uma certa conseqüência (sanção) ao ato normativo violador da Constituição. Se a norma viciada não desafia a emergência de um mecanismo sancionatório (censura), então não há razão para a fiscalização de inconstitucionalidade", até porque, o principal mecanismo de efetivação da Constituição consiste na fiscalização da constitucionalidade, e essa só ocorrerá se a própria Constituição atribuir a um ou mais órgãos competência para exercitá-la.[287]

Como dito, a terminologia "curador" procura conjugar as ideias fundamentais de o Tribunal Constitucional ser, mais que um "defensor" da Constituição, também um implementador, realizando-a, aplicando-a, efetivando-a ou exigindo seu cumprimento, independentemente da causa da ineficácia da Constituição, fazendo assim com que este diploma normativo que ocupa a cumeeira do ordenamento jurídico não se torne uma mera peça decorativa no ordenamento jurídico de um Estado.

Sob o prisma da validade das leis,[288] está-se aqui a tratar do *fim* que deve ser perseguido pelo Tribunal Constitucional ao atuar como órgão de normação positiva, a saber: a curadoria da Constituição.

---

[286] SAMPAIO, José Adércio Leite. *A Constituição reinventada pela jurisdição constitucional*. Belo Horizonte: Del Rey, 2002. p. 550.
[287] CLÈVE, Clèmerson Merlin. *Fiscalização abstrata da constitucionalidade no direito brasileiro*. 2. ed. São Paulo: Revista dos Tribunais, 2000. p. 34-35.
[288] Utilizar-se-á da ideia da validade das leis para se analisar a validade da normação positiva editada pelo Tribunal Constitucional já que ambos possuem os mesmos efeitos e eficácia (cf. itens 2.4.2 e 2.4.3).

Constata-se então que a diferença que se verifica entre a função legislativa implementada pelo Legislativo e a função normativa efetivada pelo Tribunal Constitucional é a de que aquele edita enunciados normativos com a finalidade de regular a vida em sociedade, com uma maior liberdade de atuação, enquanto o Tribunal Constitucional, quando edita enunciados normativos, o faz exclusivamente com a finalidade de defender e efetivar a Constituição[289] – este é o *motivo-finalidade* da atuação do Tribunal Constitucional como *órgão constitucional de normação positiva*.

Assim, ao exercer sua *função normativa*, o Tribunal Constitucional pode ser considerado também como um órgão legislativo, mesmo que não orientado por critérios de oportunidade e conveniência, como o Legislativo.

Mas, para o que aqui se pesquisa, o exercício da curadoria da Constituição deverá ter um caráter eminentemente objetivo, próprio de um controle (processo) objetivo (cf. item 4.11), devendo o Tribunal Constitucional desconsiderar qualquer vontade subjetiva do legislador[290] e se ater apenas à situação factual da necessidade de se efetivar a Constituição.

A atuação do Tribunal Constitucional como órgão de normação positiva no exercício da curadoria da Constituição ocorrerá de forma fragmentária e limitada na medida em que a produção normativa ocorrerá somente nos casos de conflito jurídico decorrente da ineficácia da Constituição, ou seja, de uma patologia do sistema constitucional, de uma descalibração do sistema.

Que reste claro que, quando se fala em defender e efetivar a Constituição, não se está apenas a tratar de normas que emanam ou que estão enclausuradas nos enunciados normativos constitucionais, mas também de enunciados normativos constantes em

---

[289] Cf. TAVARES, André Ramos. *Teoria da justiça constitucional*. São Paulo: Saraiva, 2005. p. 188.
[290] Como bem destaca Meirelles, a Justiça Constitucional não pode se transformar em guardiã da conduta, da honra e da moralidade dos legisladores, mas apenas fazer uma análise de adequação (calibração) entre o ato (omissivo ou comissivo) do legislador e a Constituição, sob pena de fazer um controle sobre o mérito da atividade legislativa, e não sobre a constitucionalidade. (TEIXEIRA, José Horácio Meirelles. *Curso de direito constitucional*. Rio de Janeiro: Forense Universitária, 1991. p. 393).

atos infraconstitucionais que exigem uma interpretação conforme a Constituição.[291]

3.2.2.1 O exercício da curadoria da Constituição como uma necessidade que deve ser atual

A atuação do Tribunal Constitucional como órgão de normação positiva deve decorrer sempre de uma necessidade atual de efetivar a Constituição e, não de uma necessidade eventual, já que ao Tribunal Constitucional é vedado realizar, no exercício da função normativa, qualquer prognose acerca de determinada situação a fim de inferir se num futuro, próximo ou remoto, haverá insuficiência na atuação do legislador (ordinário ou constitucional reformador) colocando em risco a força normativa da Constituição, ou se determinado comportamento, estatal ou da sociedade, é tendente a ser considerado como inconstitucional.

Canotilho, com precisão, leciona que o *"princípio da não-controlabilidade do âmbito de prognose legislativa* radica no facto de o *espaço de prognose legislativa* ser um espaço de livre conformação do legislador, incompatível com qualquer controlo jurídico-constitucional".[292]

É injustificável ainda o exercício da função normativa pelo Tribunal Constitucional quando a necessidade de se realizar a curadoria da Constituição não estiver sendo averiguada no tempo presente. Situações pretéritas que não mais possuam relevância no presente também não legitimam a atuação do Tribunal Constitucional para a edição de enunciados normativos.

---

[291] Deve-se consignar que o *princípio da interpretação conforme à Constituição* não contém uma delegação à Justiça Constitucional para que proceda à melhoria ou ao aperfeiçoamento da lei. Qualquer alteração do conteúdo da lei mediante pretensa interpretação conforme à Constituição significa uma intervenção drástica na esfera de competência do legislador. Cf.: COLNAGO, Cláudio de Oliveira Santos. *Interpretação conforme a constituição*: decisões interpretativas do STF em sede de controle de constitucionalidade. São Paulo: Método, 2007.
[292] CANOTILHO, José Joaquim Gomes. *Direito constitucional e teoria da Constituição*. 4. ed. Coimbra: Almedina, 2000. p. 1271.

Uma situação que merece registro é a possibilidade de superação de uma inconstitucionalidade por omissão legislativa por meio de uma alteração das normas-parâmetros que serviram para o reconhecimento da inconstitucionalidade, já que não há que se cogitar em inconstitucionalidade a partir de parâmetros constitucionais superados.

Registra-se ainda que, por vezes, a necessidade do Tribunal Constitucional atuar como órgão de normação positiva pode decorrer de um fenômeno superveniente à promulgação da Constituição, decorrente de uma defasagem do conteúdo normativo do texto constitucional, de uma legislação infraconstitucional, da mudança da sociedade, ou pelo simples decurso do tempo.

Nesse sentido, determinado enunciado constitucional pode ter sido suficiente quando da promulgação da Constituição, mas com as mudanças na sociedade não se mostra mais suficiente para atingir o fim pretendido pelo Poder Constituinte originário e, em caso de uma inação do legislador (constituinte reformador ou ordinário), caberá ao Tribunal Constitucional exercer a sua função normativa a fim de fazer valer a efetividade constitucional, extraindo da Constituição a norma necessária para o atual contexto.

Acerca da superveniência de omissão legislativa inconstitucional, pode-se ter a hipótese em que uma determinada legislação, por ocasião da sua edição, se revelasse adequada e completa, mas o transcurso do tempo será responsável por trazer situações antes desconhecidas, ou não relevantes à época para determinar o adequado tratamento pelo legislador. Nesses casos, a omissão legislativa é consequência não de um equívoco do legislador na formulação original, mas sim da circunstância de que a prognose do legislador se viu superada pela evolução da sociedade.

Por fim, registra-se que além de ser *atual* a necessidade do exercício da curadoria pelo Tribunal Constitucional, deve-se também utilizar como parâmetro para tal prática o sentido *atual* da Constituição, considerando para tanto as suas alterações formais e informais.

3.2.2.2 A curadoria do *corpus* constitucional

O reconhecimento de novos princípios, textos normativos e costumes constitucionais, além da Constituição formal, como parâmetros para o exercício da Justiça Constitucional, constitui, sem dúvida, prática eficiente no sentido do seu adensamento e consequente politização do seu exercício, destacando ainda que a quantidade e a complexidade dos parâmetros adotados para o exercício da Justiça Constitucional – *corpus* constitucional – são diretamente proporcionais à extensão das competências dos órgãos (Judiciário e/ou Tribunal Constitucional) aptos para este exercício.

Como bem destaca Sospedra, o Direito constitucional escrito pode ser formado por uma Constituição codificada que reúne a maioria das normas constitucionais escritas, porém não necessariamente sua totalidade, posto que é possível que se tenha Direito constitucional escrito que não esteja na Constituição codificada (Código Constitucional), como no caso em que emendas à Constituição não se integram à Constituição codificada, ou quando a Constituição admita a figura das "leis constitucionais".[293]

Verifica-se assim que é possível que em alguns países o parâmetro para o controle de constitucionalidade estende-se a outros diplomas normativos, como notadamente na França (*bloc de constitucionnalité*)[294] em que se concebe a figura do *bloco de constitucionalidade*, e em menor grau, e com uma estrutura mais complexa, na Espanha (*bloque de la constitucionalidad*).[295]

Canotilho menciona que alguns países adotam *"leis com valor constitucional* ao lado da Constituição", sendo que aí a disciplina de certas matérias é realizada por meio de leis com força constitucional.[296]

---

[293] SOSPEDRA, Manuel Martínez. *Manual de derecho constitucional*: parte general. Valencia: Tirant lo Blanch, 2007. p. 196-197. Para o autor, no primeiro caso se terá a formação de "dois blocos": o formado pelo Código constitucional, que é a Constituição escrita em sua redação original, e o formado pelas emendas aprovadas; e no segundo caso também a formação de "dois blocos": o formado pelo Código constitucional e o formado pelas leis com hierarquia constitucional que foram produzidas com autorização da Constituição. (*Ibidem*, p. 196-197).

[294] O Conselho Constitucional francês, em 1971, decidiu que o preâmbulo da Constituição francesa, bem como qualquer outro documento ou princípio mencionado pelo preâmbulo faziam parte do "bloc de constitucionalité", isto é, da Constituição, e que tais eram elementos constitutivos da Constituição. (TROPER, Michel. Interpretação constitucional. Tradução Pedro Buck. *Revista Brasileira de Estudos Constitucionais – RBEC*, Belo Horizonte, v. 2, n. 7, p. 68, jul./ set. 2008.).

[295] LLORENTE, Francisco Rubio. *La forma del poder*: estudios sobre la Constitución. Madrid: Centro de Estudios Constitucionales, 1993. p. 99-100.

[296] CANOTILHO, José Joaquim Gomes. *Direito constitucional e teoria da Constituição*. 4. ed. Coimbra: Almedina, 2000. p. 215.

A ideia de *bloco de constitucionalidade* representa sentido de unidade, mesmo sem estar contido expressamente na Constituição, o que provoca a extensão da incidência do controle de constitucionalidade, haja vista que novos parâmetros normativos, não contidos na Constituição, passam a ser considerados para fins de deste controle.

Em alguns países que atribuem nível constitucional aos tratados internacionais, sobretudo aos que versam sobre direitos humanos, verifica-se, sem maiores dúvidas, o alargamento do *bloco de constitucionalidade*.

Aqui no Brasil, é inquestionável que com o advento da Emenda Constitucional nº 45/2004, que introduziu o §3º ao art. 5º da CRFB, os Tratados Internacionais de Direitos Humanos aprovados com força (procedimento especial) de emenda constitucional, configurarão, para todos os efeitos, parâmetro para o controle de constitucionalidade.

Ferreira Filho, ao tratar do bloco de constitucionalidade, na concepção francesa (*bloc de constitucionnalité*), indica que a Constituição francesa de 1958, ao reafirmar solenemente em seu preâmbulo os "direitos e liberdades do Homem e do cidadão, consagrados pela Declaração de Direitos de 1789 e os princípios fundamentais reconhecidos pelas leis da República", acabou por dizer que "tais normas integrariam a Constituição material".[297]

Não se pode deixar de registrar que, em geral, os sistemas de fiscalização de constitucionalidade "vinculam-se apenas à Constituição formal (normas expressas e implícitas das primeiras derivadas)".[298]

---

[297] FERREIRA FILHO, Manoel Gonçalves. *Princípios fundamentais do direito constitucional*. São Paulo: Saraiva, 2009. p. 113. Prossegue o autor: "Quanto a estes princípios, houve de início a tentação de identificá-los com as normas suprapositivas e com os princípios gerais do direito. Isto podia ademais ser extraído de algumas decisões do Conselho Constitucional. Entretanto, a jurisprudência desse Conselho firmou-se no sentido de uma interpretação restritiva, de modo a excluir essas normas do campo do *bloc de constituonnailé*." (*Ibidem*, p. 113). Favoreu também destaca que os princípios gerais de Direito não são considerados como parte integrante do bloco de constitucionalidade pelo Conselho Constitucional francês. (FAVOREU, Louis. Ponencia francesa. Tradução Emilio Calderón Martín. In: FAVOREU, Louis; LLORENTE, Francisco Rubio. *El bloque de la contitucionalidad*: simpósium franco-español de derecho constitucional. Madrid: Civitas, 1991. p. 35).

[298] CLÈVE, Clèmerson Merlin. *Fiscalização abstrata da constitucionalidade no direito brasileiro*. 2. ed. São Paulo: Revista dos Tribunais, 2000. p. 71.

Nesse contexto, a Constituição deve também assinalar a importância do *direito comunitário* e sua preservação pela Justiça Constitucional por meio da *função comunitarista* (cf. item 1.4.5), que poderá implementar uma curadoria *indireta* da Constituição. *Indireta* porque em um primeiro momento ocorre a curadoria da Constituição, particularmente da norma constitucional que determina a observância do *direito comunitário*, surgindo, em um segundo momento, a curadoria do *direito comunitário*.

Destaca-se também que, como parâmetro para o exercício da curadoria da Constituição pela Justiça Constitucional, dever-se-á considerar, não só a "letra do texto, mas, também, ou mesmo preponderantemente, o 'espírito' do dispositivo invocado",[299] em seus significados mais profundos e em seu verdadeiro alcance. Tudo isso sem esquecer do "conselho de Black de que o espírito deve estar presente na lêtra",[300] sem querer, obviamente, reduzir a interpretação da Constituição à técnica gramatical, que se apega as palavras, até porque a forma é sempre defeituosa como expressão do pensamento (cf. item 2.2.1).

Nesse *corpus* constitucional, além do *bloco de constitucionalidade* e do "espírito do dispositivo", também se inserem os *costumes*[301] que decorrem da interpretação da Constituição, e também do seu próprio silêncio, e que passam a integrar, fazer corpo com a Constituição escrita.

Bidart Campos afirma que o costume ("direito espontâneo" ou "direito constitucional informal"), cujas normas não estão formuladas por escrito, é indubitavelmente uma *fonte* constitucional.[302]

---

[299] BITTENCOURT. C. A. Lúcio. *O contrôle jurisdicional da constitucionalidade das leis*. Rio de Janeiro: Forense, 1949. p. 54-55.

[300] CAVALCANTI, Themistocles Brandão. *Do contrôle da constitucionalidade*. Rio de Janeiro: Forense, 1966. p. 73.

[301] Registra-se que em virtude da dificuldade de distinção, bem como da desnecessidade desta para o que se pretende neste trabalho, equiparar-se-ão as *convenções constitucionais* aos *costumes constitucionais*, afinal, consoante leciona Guastini, não é fácil traçar concretamente uma linha de demarcação entre normas consuetudinárias e regras convencionais. (GUASTINI, Riccardo. *Estudios de teoría constitucional*. Tradução Miguel Carbonell. Cidade do México: Fontamara, 2001. p. 253). Cf. SOUZA NETO, Cláudio Pereira de; SARMENTO, Daniel. *Direito constitucional*: teoria, história e métodos de trabalho. 2. ed. Belo Horizonte: Fórum, 2014. p. 537-542.

[302] CAMPOS, German Bidart. *El derecho de la Constitución y su fuerza normativa*. Buenos Aires: Ediar, 2004. p. 203. Cf. ainda: TEIXEIRA, José Horácio Meirelles. *Curso de direito constitucional*. Rio de Janeiro: Forense Universitária, 1991. p. 149.

Em poucas esferas jurídicas tem o *costume* uma importância tão considerável qualitativamente como no Direito constitucional,[303] até porque é pouco o que se pode saber do Direito constitucional de um determinado Estado, caso o estudo se circunscreva apenas aos textos escritos. A existência de uma Constituição formal não determina a sua exclusividade. [304]

Nesse sentido, Heller, que distingue "a Constituição não normada [*normalidade*] e a normada [*normatividade*] e, dentro desta, a normada extrajuridicamente e a que o é juridicamente", também afirma que a "Constituição normada consiste em uma normalidade da conduta normada juridicamente, ou extrajuridicamente pelo costume" e que "as normas constitucionais, tanto jurídicas como extrajurídicas, são, ao mesmo tempo que regras empíricas de previsão, critérios positivos de valorização do trabalho", posto que "também se rouba e se assassina com regularidade estatisticamente previsível sem que, nesse caso, a normalidade se torne normatividade".[305]

Apesar do entendimento contrário de alguns, a maioria admite o *costume* como fonte do direito constitucional,[306] nas modalidades *secundum constitutionem* e *praeter constitutionem*.

Uma vez que as Constituições escritas preveem o modo expresso para sua reforma, os costumes *contra constitutionem* não fazem sentido em um sistema de Constituição escrita. Os *costumes constitucionais* devem servir tão somente como elemento de interpretação (*secundum constitutionem*) ou ainda para suprir uma lacuna dos enunciados normativos constitucionais (*praeter constitutionem*).

Miranda, leciona com precisão acerca dos *costumes* como parâmetro para controle de constitucionalidade:

---

[303] GARCIA-PELAYO, Manuel. *Derecho constitucional comparado*. 3. ed. Madrid: Revista de Occidente, 1953. p. 136.
[304] MIRANDA, Jorge. *Manual de direito constitucional*. 5. ed. rev. e actual. Coimbra: Coimbra Editora, 2003. t. 2, p. 139.
[305] HELLER, Hermann. *Teoria do Estado*. Tradução Lycurgo Gomes da Motta. São Paulo: Mestre Jou, 1968. p. 296, 298.
[306] Canotilho traz que "as constituições em geral, não fazem qualquer referência ao costume como modo de produção jurídica", e que "o costume deve ser considerado não como um instrumento de criação de uma regra, mas como um meio de prova da existência dessa regra." (CANOTILHO, José Joaquim Gomes. *Direito constitucional e teoria da Constituição*. 4. ed. Coimbra: Almedina, 2000. p. 834-835).

[...] quando se estipula que *o poder é exercido nos termos da Constituição*, tem de se entender que Constituição abrange, em primeiro lugar, a Constituição formal escrita e, em segundo lugar, as normas consuetudinárias que, de diversos modos, a venham completar. Constituição é tudo e é essa Constituição que os órgãos do poder têm de acatar.[307]

Contudo, para a existência de um costume constitucional, imperiosa é a presença de dois requisitos como bem leciona Biscaretti di Ruffia:

O *costume*, segundo a opinião mais difundida, é uma fonte de direito que se concretiza na constante uniformidade de um determinado modo de agir, acompanhada da convicção de que tal comportamento é juridicamente obrigatório. Dois elementos resultam, portanto, fundamentais para sua existência: um é *material* (o *usus*), constituído pela simples repetição no tempo de uma determinada atitude (elemento que, considerado isoladamente, daria origem a um mero *uso de fato*) e o outro é mais propriamente *psicológico* (a *opinio iuris et necessitatis*), a cuja formação colaboram vários fatores.[308]

Constatam-se, assim, dois requisitos cumulativos para se ter a institucionalização de um *costume constitucional*: a *inveterata* ou *longaeva consuetudo* (uso durante largo tempo) e a *opinio necessitatis* ou *opinio juris* (convicção da sua juridicidade),[309] frisando que quanto maior o prazo, maior o valor do *costume constitucional*.

Pode-se então dizer que, para a institucionalização de um *costume constitucional*, deve-se averiguar um elemento *objetivo* (material) que consiste na prática geral, pública e duradoura, bem como um elemento *subjetivo* (espiritual) que consiste na convicção generalizada quanto a sua normatividade.

Um fator que serve de justificativa para a aceitação do costume constitucional no alargamento do *corpus* constitucional é o fato de o sistema constitucional ser aberto (cf. item 2.2.1), no qual se

---
[307] MIRANDA, Jorge. *Manual de direito constitucional*. 5. ed. rev. e actual. Coimbra: Coimbra Editora, 2003. t. 2, p. 139.
[308] RUFFIA, Paolo Biscaretti di. *Direito constitucional*: instituições de direito público. Tradução Maria Helena Diniz. São Paulo: Revista dos Tribunais, 1984. p. 95.
[309] CANOTILHO, José Joaquim Gomes. *Direito constitucional e teoria da Constituição*. 4. ed. Coimbra: Almedina, 2000. p. 1100.

poderão desenvolver *usos institucionais*, isto é, atos ou fatos materiais compreendidos como comportamentos juridicamente vinculativos.

Assim, quando se fala em curadoria da Constituição para o que interessa o presente estudo, além do texto constitucional, do seu significado mais profundo extraído de uma interpretação sistemática, do seu espírito, deve-se considerar o *corpus* constitucional que compreende os demais diplomas normativos que estão ladeados com a Constituição nos moldes estatuídos pelo ordenamento constitucional do respectivo Estado (bloco de constitucionalidade), todos os valores e princípios derivados da Constituição e também os costumes constitucionais (*secundum constitutionem* e *praeter constitutionem*).[310]

3.2.3 Curadoria pela função enunciativa

A necessidade de se cumprir a Constituição, decorrência lógica da *força normativa* que possui seu texto, exige uma atuação eficiente e constante dos órgãos constitucionais de soberania que possuem competência para tanto.

Contudo, por motivos diversos, inclusive, pelo fato dos enunciados normativos constitucionais não serem completos, nem perfeitos, pode-se ver a Constituição ser desrespeitada ou não implementada constantemente, o que faz emergir uma atuação mais efetiva do Tribunal Constitucional, que poderá, no exercício da sua *função enunciativa*, editar *diretivas gerais* objetivando a curadoria da Constituição já que por meio desses enunciados normativos exteriorizará o seu entendimento interpretativo.

Como um dos principais objetivos da interpretação constitucional é procurar adaptar de forma gradual e silenciosa a alteração do texto constitucional, facilitando desse modo sua vigência

---

[310] Em virtude do alargamento paramétrico que traz a concepção aqui apresentada de *corpus* constitucional, crê-se que a estrutura piramidal (kelseniana) de ordenamento jurídico em que a Constituição se apresenta na cumeeira do ordenamento, deve ser substituída por uma estrutura cujo o topo seja plano, compreendendo aí: a Constituição, as Leis Constitucionais, os tratados internacionais, costumes constitucionais etc., e não mais um cume contendo um único documento – a Constituição.

efetiva e sua conversão naquilo que se denomina de "Constituição vivente" (*living Constitution*),[311] servirá a *função enunciativa* como um mecanismo eficiente para a consecução de tal objetivo.

O distanciamento no tempo entre a elaboração da Constituição e a sua aplicação, bem como as constantes influências de transformações sociais, pode implicar uma alteração de sentido e significado da Constituição que também deverá ser apontado pelo Tribunal Constitucional no exercício da sua *função enunciativa*.

A partir do Texto Constitucional, os membros da sociedade criam uma expectativa e esperam que o Estado e a própria sociedade, como um todo a realizem. Não ocorrendo o atendimento dessa expectativa, pode então o Tribunal Constitucional, por meio de *diretivas gerais*, editar comandos mais precisos a fim de fazer cumprir aquilo que estava indevidamente em estado de latência na Constituição.

A necessidade da curadoria da Constituição pelo Tribunal Constitucional por meio da *função enunciativa* pode decorrer, na maioria das vezes, da própria característica dos enunciados normativos constitucionais (item 2.2.1) que permitem certa mobilidade das normas que emergem da plasticidade do seu texto.

Como os enunciados normativos constitucionais, pela própria natureza de uma Constituição rígida, devem possuir estabilidade, há de se buscar uma alternativa para que as normas que emanam desses enunciados se adaptem de forma objetiva a novas contingências para conformar o texto constitucional à realidade que se apresenta.

Quando o Poder Constituinte derivado mantém-se inerte a estas questões, resta ao Tribunal Constitucional, ao escutar os anseios atuais da sociedade quanto às normas que pretendem extrair do texto constitucional, editar *diretivas gerais* a fim de conceder concretude e segurança jurídica aos que reclamam por uma postura estatal.

Com o exercício da função enunciativa pelo Tribunal Constitucional, a adequação dos enunciados normativos

---

[311] SOSPEDRA, Manuel Martínez. *Manual de derecho constitucional*: parte general. Valencia: Tirant lo Blanch, 2007. p. 242-243. Para Zagrebelsky, "[l]a constitución viviente es la experiencia cotidiana de las cortes." (ZAGREBELSKY, Gustavo. Jueces constitucionales. Tradução Miguel Carbonell. In: CARBONELL, Miguel. *Teoría del neoconstitucionalismo*. Madrid: Trotta, 2007. p. 97).

constitucionais abertos às novas contingências políticas e sociais se dá por intermédio das *diretivas gerais*, que promove um "fechamento provisório" da abertura do texto constitucional.

Não se pode esquecer que tanto a sociedade como o Estado podem estar acostumados a adotarem determinados atos que, com o passar dos tempos, apresentam-se inconstitucionais – *inconstitucionalidade superveniente hermenêutica*, diante da renovada interpretação do enunciado normativo constitucional, ou ainda, em decorrência de mudança nas circunstâncias fáticas, já que a Constituição interage com a realidade,[312] ocorrendo uma hipótese de *mutação constitucional* (interpretação evolutiva).

A prevalência da escola *objetivista* da interpretação constitucional destaca, de *per si*, que a *ratio constitutionem* é mais importante que o *occasio constitutionem*, já que se deve buscar o fundamento racional que acompanha a Constituição ao longo de sua vigência, e não a ocasião, o momento histórico que a Constituição foi editada ou a vontade do legislador constituinte (*mens legislatoris*), até porque a Constituição é mais sábia que o constituinte.

Engisch ensinou que não pode ser tarefa do jurista deixar o presente com os seus problemas e retroceder no tempo para entrar no espírito de um legislador que propriamente já não mais interessa – a mirada do intérprete não deve ser dirigida para o passado, mas para o presente e o futuro.[313]

"A Constituição comunica-se com a realidade, aprendendo com ela, apreendendo-a inclusive, e interagindo com os signos mutacionais que ela, a realidade, oferece".[314]

---

[312] Cf. GARCIA-PELAYO, Manuel. *Derecho constitucional comparado*. 3. ed. Madrid: Revista de Occidente, 1953. p. 128-139; DIMOULIS, Dimitri; LUNARDI, Soraya Gasparetto. *Curso de processo constitucional*: controle de constitucionalidade e remédios constitucionais. São Paulo: Atlas, 2011. p. 95. Como se vê, a ideia de *inconstitucionalidade superveniente (hermenêutica)* aqui utilizada é diferente daquela verificada quando determinada norma deixa de ser constitucional por um processo de alteração formal da Constituição e, que aqui no Brasil, mediante entendimento do STF, soluciona-se pela revogação da norma anterior (STF. Pleno. ADI-QO 438/DF. Rel. Min Sepúlveda Pertence. Julgado em 07 fev. 1992; STF. Pleno. ADI 2/DF. Rel. Min Paulo Brossard. Julgado em 06 fev. 1992).

[313] ENGISCH, Karl. *Introdução ao pensamento jurídico*. 7. ed. Tradução J. Baptista Machado. Lisboa: Calouste Gulbenkian, 1996. p. 173-174.

[314] CLÈVE, Clèmerson Merlin. A teoria constitucional e o direito alternativo: para uma dogmática constitucional emancipatória. *ADV – Advocacia Dinâmica – seleções jurídicas*, São Paulo, n. 1, p. 50, jan. 1994.

Como bem assevera Rosenfeld, "[a]inda que a real intenção dos constituintes fosse plena e claramente acessível, permaneceria em discussão o quanto e em qual medida e extensão ela deveria ser relevante ou vinculante para uma determinada geração subseqüente".[315]

A Constituição deve servir à sociedade; deve realmente apresentar uma força normativa atual; não o pode se desfalecer pelo tempo, ao contrário, deve revigorar-se a cada dia, assumindo o seu papel normativo e correspondendo sempre à natureza singular do presente. O direito, inclusive o constitucional, é um organismo vivo; peculiar, no sentido de que não envelhece, nem permanece jovem, haja vista ser contemporâneo à realidade. Assim como a sociedade, o direito é dinâmico, não se podendo permitir que o legislador constituinte aprisione o futuro.

Assim, com a plasticidade dos enunciados normativos constitucionais, tem-se a possibilidade de a norma constitucional adequar-se para corresponder às diferentes exigências variantes no tempo e produzir efeitos mesmo quando mudarem os fatos e os valores em razão dos quais tenha ocorrido a promulgação do texto escrito.

Nessa linha, Bastos e Meyer-Pflug salientam que é por meio da interpretação que se torna "possível a adaptação das normas jurídicas às mudanças ocorridas no seio da sociedade, à sua natural evolução, ou até mesmo o surgimento de novos valores e ideologias".[316]

A interpretação evolutiva da Constituição permite a reconstrução do direito constitucional, na medida das constantes exigências das alterações da realidade social. Silva esclarece que, "por meio da interpretação evolutiva, é possível manter a Constituição atual e viva, adaptando seu conteúdo a novas exigências e necessidades, sem contrariar o seu texto".[317]

---

[315] ROSENFELD, Michel. *A identidade do sujeito constitucional*. Tradução Menelick de Carvalho Netto. Belo Horizonte: Mandamentos, 2003. p. 18. Cf. ainda: GRIMM, Dieter. *Constitucionalismo y derechos fundamentales*. Tradução Raúl Sanz Burgos e José Luis Muños de Baena Simón. Madrid: Trotta, 2006. p. 37-39.

[316] BASTOS, Celso Ribeiro; MEYER-PFLUG, Samantha Meyer. A interpretação como fator de desenvolvimento e atualização das normas constitucionais. In: SILVA, Virgílio Afonso da (Org.). *Interpretação constitucional*. São Paulo: Malheiros, 2007. p. 157.

[317] SILVA, Roberto Baptista Dias da. *Manual de direito constitucional*. Barueri: Manole, 2007. p. 44. A *interpretação evolutiva* se trata de uma técnica em que se adapta o texto constitucional

A Constituição, promulgada para ser duradoura, necessita de evoluir, tendo em vista que uma constituição não vive exclusivamente em um estado de quietude; vive na sua época e está exposta às ideias e forças que nela atuam.[318]

Tem-se assim que a ocorrência de um fenômeno superveniente à promulgação da Constituição, decorrente da mudança da sociedade, da tecnologia etc., exigirá a atuação do Tribunal Constitucional como órgão de normação positiva como forma de corrigir uma interpretação da Constituição ou até mesmo de sanar uma defasagem literal do seu texto em decorrência de uma inconstitucionalidade superveniente.

Nessa mesma linha, analisando, à época, a proposta de Emenda à Constituição brasileira de 1988 que traria (e trouxe) a súmula vinculante para o direito nacional, Rocha assim se manifestou:

> Com a introdução da "súmula vinculante do STF" no sistema constitucional, o que é uma mutação constitucional (mudança informal pela via da interpretação) passa a ser reforma constitucional, vale dizer, mudança formal, pois a interpretação se converterá, então, em norma de vigor constitucional em razão da matéria e do órgão judicial da qual emana, a saber, o Supremo Tribunal Federal.[319]

Como exemplo dessa situação, poderia o STF editar uma súmula vinculante entendendo que as correspondências eletrônicas (*email*) também seriam invioláveis nos termos do art. 5º, XII da CRFB.

Assim, determinado texto normativo pode ter sido adequado quando da promulgação da Constituição (ou de sua reforma), mas com as mudanças que são inerentes com o passar do tempo pode não se mostrar mais suficiente para atingir o fim pretendido pelo Poder Constituinte, cabendo então ao Tribunal Constitucional

---

as novas circunstâncias. (GUASTINI, Riccardo. *Teoría e ideología de la interpretación constitucional*. Tradução Miguel Carbonell e Pedro Salazar. Madrid: UNAM/Trotta, 2008. p. 61). Não vemos razão para distinguir *interpretação evolutiva* de *interpretação construtiva*, ou, *interpretação* de *construção*, afinal, a *construção* é uma modalidade de *interpretação*. (Cf.: TEIXEIRA, José Horácio Meirelles. *Curso de direito constitucional*. Rio de Janeiro: Forense Universitária, 1991. p. 271).

[318] STERN, Klaus. *Derecho del Estado de la Republica Federal Alemana*. Tradução Javier Pérez Royo y Pedro Cruz Villalón. Madrid: Centro de Estudios Constitucionales, 1987. p. 229-230.

[319] ROCHA, Cármen Lúcia Antunes. Sobre a súmula vinculante. *Revista Trimestral de Direito Público*, São Paulo, n. 14, p. 19-34, 1996. p. 27.

exercer a sua função enunciativa a fim de fazer valer a efetividade constitucional atualizando a norma constitucional.

Outra situação ensejadora do exercício da função enunciativa pelo Tribunal Constitucional a fim garantir a efetividade da Constituição é a rotineira prática de atos (estatais ou particulares) contrários às normas que emanam dos enunciados normativos constitucionais.

A não adoção de nenhuma medida contra atos (estatais ou particulares) contrários à Constituição implicará um procedimento anômalo de mutação constitucional, traduzindo-se num verdadeiro processo informal de mudança da Constituição, já que, embora não se altere o texto constitucional, altera-lhe o seu alcance e/ou conteúdo.

A prática constante desses atos inconstitucionais pode chegar a paralisar a efetividade constitucional por meio de costume *contra constitutionem*, que pode ser evitado por meio do exercício da função enunciativa que reforçará a eficácia das normas constitucionais.

Muito embora se defenda que o costume *contra constitutionem* não pode ser aceito como fonte no ordenamento jurídico,[320] não se pode negar que a prática reiterada de atos inconstitucionais gera um "sentimento comum" de que tal conduta, se não é correta, também não é incorreta, e pode acabar se impondo como uma realidade.

Situações que tais podem dar ensejo a formação de costumes *contra constitutionem* decorrentes de equívocos interpretativos e, principalmente, da ausência ou da deficiência de mecanismos para reprimir esse tipo de comportamento.[321] Não se pode "admitir costumes modificadores da Constituição rígida", sob pena de se ter um "falseamento da Constituição", quer seja por uma deformação do texto constitucional em decorrência de uma prática consuetudinária *contra constitutionem*, quer por uma interpretação deformante de seu texto.[322]

Com a prática reiterada de atos ofensivos à Constituição, pode a Constituição ser minada a ponto de que seus enunciados

---

[320] GUASTINI, Riccardo. *Estudios de teoría constitucional*. Tradução Miguel Carbonell. Cidade do México: Fontamara, 2001. p. 250.
[321] Cf.: MIRANDA, Jorge. *Manual de direito constitucional*. 5. ed. rev. e actual. Coimbra: Coimbra Editora, 2003. t. 2, p. 141.
[322] TEIXEIRA, José Horácio Meirelles. *Curso de direito constitucional*. Rio de Janeiro: Forense Universitária, 1991. p. 151.

normativos perderem força e serem considerados derrogados pelo costume, seja pelo: i) *consuetudo abrogatória*, que constitui prática contrária ao texto da Constituição; ou pelo, ii) *desuetudo*, que constitui um desuso caracterizado pela inobservância uniforme, constante e prolongado do texto constitucional escrito.[323]

Hesse bem anota que uma *realidade inconstitucional* não pode ser desconsiderada numa vida coletiva, ou que se tenha tal realidade como algo insignificante. Para o autor, o "importante é, antes, exatamente dirigir a atenção para ela e fazer aquilo que é necessário para impedir o nascimento da realidade inconstitucional ou para pôr a realidade novamente em concordância com a Constituição".[324]

Um comportamento ativo do Tribunal Constitucional, contra essa prática reiterada de inconstitucionalidade, poderá ser realizado por meio da função enunciativa que retirará das entranhas do texto constitucional normativo (cf. item 2.2.2) a necessária e atual norma constitucional que servirá como impeditivo para a formação e/ou perpetuação de um costume *contra constitutionem*, até porque, como adverte Bachof, "não deverá ignorar-se que nunca proibições legais do direito consuetudinário conseguiram impedir com segurança o seu aparecimento e que, em especial, uma mudança gradual do conteúdo de sentido das normas foge a toda a regulamentação legal".[325]

Diante desse panorama em que comportamentos inconstitucionais podem gerar um costume *contra constitutionem*, tem-se que o exercício da função enunciativa pode combater tais comportamentos de forma eficaz.

Um exemplo em que a função enunciativa combateu um costume *contra constitutionem* foi a edição da Súmula Vinculante nº 13 pelo STF que veio a considerar como inconstitucional os casos de nepotismo arraigados na cultura da Administração Pública brasileira à mercê dos princípios administrativos da impessoalidade e da moralidade.

---

[323] Cf.: RUFFIA, Paolo Biscaretti di. *Direito constitucional*: instituições de direito público. Tradução Maria Helena Diniz. São Paulo: Revista dos Tribunais, 1984. p. 97.

[324] HESSE, Konrad. *Elementos de direito constitucional da República Federal da Alemanha*. Tradução Luís Afonso Heck. Porto Alegre: Sergio Antonio Fabris, 1998. p. 52.

[325] BACHOF, Otto. *Normas constitucionais inconstitucionais?* Tradução José Manuel M. Cardoso da Costa. Coimbra: Almedina, 1994. p. 66-67.

Ainda sob o prisma dos costumes constitucionais, a atuação do Tribunal Constitucional no exercício da função enunciativa poderá também contribuir para a aceitação de determinados costumes constitucionais *praeter constitutionem* ou *secudum constitutionem*, servindo como instrumento para superação da resistência de parte da doutrina e da jurisprudência quanto à aceitação dos costumes constitucionais em sistemas que adotam a Constituição escrita e rígida, e também como adequação entre os *fatos* (costumes) e os *atos* (diretivas gerais) de produção jurídica.

As normas constitucionais podem surgir por intermédio de uma positivação, ou por intermédio de um longo período de elaboração que faz nascer os costumes, frequentemente de maneira imperceptível, sem grandes notas distintivas. Se essas normas não decorrem da vontade do legislador constituinte, se é a nação ela mesma que lhes reconhece a autoridade diretamente e que, pela sua adesão, integra, de certa forma, o *corpus* constitucional (cf. item 3.2.2.2), será, então, necessário lhes reconhecer a qualidade de direito constitucional não escrito, não redutível, portanto, à qualidade de um simples costume. Nessa esteira, o Tribunal Constitucional, no exercício da função enunciativa, servirá como um intermediário nesse processo, ao interceptarem muitos desses "novos direitos" que emergem da consciência social e os introduzirem, por meio das diretivas gerais, no sistema constitucional.[326]

A Constituição pode ser alterada por via *formal* (reforma constitucional) e por via *informal* (mutação constitucional). Pela via *informal*, tem-se permitido a alteração do sentido e do alcance de enunciados normativos constitucionais, sem que se opere, no entanto, qualquer modificação de seu texto.

Pela via interpretativa, seja ela dos Tribunais, da prática estatal, da opinião pública ou da doutrina, ou ainda como o produto da combinação delas, é possível que uma norma constitucional possa adquirir um significado novo ou diferente, e tal *mutação constitucional* é imprescindível para a própria permanência da Constituição, posto

---

[326] Cf.: SAMPAIO, José Adércio Leite. *A Constituição reinventada pela jurisdição constitucional.* Belo Horizonte: Del Rey, 2002. p. 705.

que "uma Constituição sem possibilidade de se transformar é uma Constituição sem possibilidade de existência".[327] Os costumes *praeter constitutionem* e *secudum constitutionem*, muitas das vezes, se prestam como forma de mutação informal da Constituição, servindo, de igual modo, como um atualizador do texto constitucional, à vista de situações não previstas expressamente quando da sua promulgação.

A conjugação da função enunciativa com os costumes constitucionais contribuirá, inclusive, para o aclaramento de possíveis situações em que determinado comportamento consuetudinário pode ser entendido por uns como *contra constitutionem* e por outros como *secudum constitutionem* (ou *praeter constitutionem*), bem como auxiliará no posicionamento jurídico (natureza) do costume constitucional.

Ainda nessa conjugação da Constituição com o tempo e a realidade, deve-se destacar que a Constituição é "um projeto inesgotável de realização" e, assim sendo, a Constituição deve exigir plena atualidade, assegurando, em benefício da sua legitimitidade, que, na "impossibilidade fática de uma total e imediata realizabilidade material de todos os seus valores, o respeito à Constituição como legítima admite alguma forma de realização", naquilo que Ferraz Jr. trouxe como "*regra de projeção*, pela qual a dogmática toma os valores básicos na sua imediatidade e os lança, como critério de realizabilidade, no futuro",[328] tratando-se de uma "relação entre texto e contexto, de uma compreensão do texto capaz de alterar o contexto, dando-lhe um sentido legitimante".[329]

Assim, a Constituição, em decorrência da *ratio constitutionem*, experimenta uma legitimidade teleológica, fazendo do presente uma aspiração sempre a se realizar, sendo a atuação do Tribunal Constitucional no exercício da função enunciativa de suma

---

[327] GARCIA-PELAYO, Manuel. *Derecho constitucional comparado*. 3. ed. Madrid: Revista de Occidente, 1953. p. 130.

[328] FERRAZ JR., Tercio Sampaio. Legitimidade na Constituição de 1988. In: DINIZ, Maria Helena; FERRAZ JR. Tercio Sampaio; GEORGAKILAS, Ritinha A. Stevenson. *Constituição de 1988*: legitimidade, vigência e eficácia, supremacia. São Paulo: Atlas, 1989. p. 26.

[329] FERRAZ JR., Tercio Sampaio. Hermenêutica constitucional: interpretação de bloqueio e de legitimação. In: FAVOREU, Louis. *Direito constitucional*: liberdade de fumar, privacidade, Estado, direitos humanos e outros temas. Barueri: Manole, 2007. p. 7-8.

importância para que a Constituição não envelheça e se torne rapidamente ilegítima.

Como a Constituição mantém permanente contato com a realidade, sofrendo a influência de cada momento histórico, é necessário para sua mantença a constante atualização das normas que são extraídas de seu texto, e tal atualização há de ser legítima e, para tanto, deve ser realizada por um órgão constitucional de soberania com tal competência – o Tribunal Constitucional ou o constituinte reformador, sob pena de não se ter uma atualização, mas sim várias, a critério de cada um dos intérpretes/concretizadores da Constituição, ocasionando uma insegurança jurídica que não é própria em um Estado Constitucional de Direito.

Deve-se considerar ainda alguns outros fatores condicionantes da ineficácia da Constituição e que mereceriam a atuação do Tribunal Constitucional como curador da Constituição exercendo a sua *função enunciativa*.

Ferreira Filho aponta razões de "ordem histórica, de ordem econômica, de ordem social, [e] de ordem política" que influenciam a (in)eficácia das Constituições,[330] fazendo com que enunciados normativos constitucionais deixem de ser implementados por resistência, e até mesmo oposição, de setores econômicos com influência política que podam a Constituição ao seu bel prazer, dando a forma, e extraindo a norma que mais satisfaz seus interesses.

Por fim, o exercício da função enunciativa pelo Tribunal Constitucional também poderá contribuir para aclarar e resolver uma possível "desobediência civil" em face da Constituição.

A *desobediência civil* pode servir como meio extrínseco de defesa da Constituição quando,

[...] numa conduta consciente, voluntária, pública, pacífica e proporcionada, imputada a uma pluralidade de pessoas, que tem por fim a expressão de uma forma de protesto que se traduz no não acatamento de determinados actos normativos infraconstitucionais que se têm por ilegítimos.[331]

---

[330] FERREIRA FILHO, Manoel Gonçalves. *Estado de direito e Constituição*. 2. ed. rev. e ampl. São Paulo: Saraiva, 1999. p. 92-93.
[331] MORAIS, Carlos Blanco de. *Justiça constitucional*. 2. ed. Coimbra: Coimbra Editora, 2006. t. 1, p. 97-98. Ainda Morais: "A desobediência consistiria num direito de cidadania,

Como a *desobediência civil* tem como *objeto* a contestação da legitimidade, política ou jurídica de atos estatais e intenta como *fim*, alcançar um acordo com os decisores político-jurídicos, incluindo aí, o Tribunal Constitucional, pode-se ter na edição de *diretivas gerais* um excelente mecanismo para a solução dessa espécie de testilha, desde que observadas as demais condições e limites trazidos neste estudo.

Numa situação em que um determinado comportamento "indevido", adotado coletivamente de forma pública, consciente e voluntária em protesto contra determinado ato estatal tido como inconstitucional, e que o Estado se mantenha inarredável na sua postura, pode tal discussão ser levada à apreciação do Tribunal Constitucional que poderá editar uma *diretiva geral*, que com sua eficácia *erga omnes* e efeito vinculante, dará cabo a aparente *desobediência civil* caso entenda que o comportamento "desobediente" é legítimo sob o prisma da Justiça Constitucional.

Assim, em todas as situações apontadas neste item, será o exercício da função enunciativa pelo Tribunal Constitucional que concederá à Constituição a eficácia que ela possui e que merece ser implementada.

3.2.4 Curadoria pela função legislativa *stricto sensu*

Se a Constituição, por um lado, elenca determinadas matérias e normas que acerca das quais é vedado qualquer comportamento contrário, inclusive do legislador estatal, de outro, elenca comandos a esse mesmo legislador para que ele adote conduta(s) objetivando implementar determinada norma constitucional, sendo necessário distinguir aquilo que a Constituição proibiu que se fizesse daquilo que ela determinou que fosse feito, até porque violar uma proibição é diferente que descumprir aquilo que foi ordenado que se fizesse.

centrado no entendimento de que um cidadão confrontado entre a obediência uma lei que considera em consciência como constitucionalmente ilegítima e a sua não observância, seria livre para seguir o seu próprio critério." (*Ibidem*, p. 103). Cf. também: GARCIA, Maria. *Desobediência civil*: direito fundamental. 2. ed. rev., atual. e ampl. São Paulo: Revista dos Tribunais, 2004. p. 324-326.

Enquanto a *inconstitucionalidade por ação* é a inconstitucionalidade *positiva*, que se traduz na prática de uma conduta (ato comissivo) ofensiva à Constituição, a *inconstitucionalidade por omissão legislativa*[332] é a inconstitucionalidade *negativa*, resultante de uma conduta (ato omissivo) de abstenção, de inércia, de silêncio do legislador que deixa de praticar ato exigido pela Constituição.

A maioria das normas constitucionais, principalmente as prescritivas, isto é, as que contêm direitos ou impõem obrigações, têm apenas uma estrutura principal e necessitam por isso de complemento, prolongação e desenvolvimento, ou seja, precisam ser concretizadas.

Tradicionalmente, e até mesmo pela sua origem, o controle de constitucionalidade cuidou tão somente da atuação positiva do Estado (Legislativo ou Executivo) que fosse ofensiva à Constituição, não se ocupando de eventual inércia ou omissão. O reconhecimento de inconstitucionalidade por omissão legislativa é relativamente recente, já que se entendia como inadmissível a configuração de um dever do Estado de editar leis e, por consectário lógico, imperava o dogma de que o cidadão não tem direito a exigir a emanação de qualquer enunciado normativo.

Muito embora a princípio a atuação do Tribunal Constitucional se resumisse em controlar as leis e os atos emanados (ação) dos demais órgãos estatais, a dogmática constitucional desenvolveu, e continua desenvolvendo, hábeis mecanismos para coibir inconstitucionalidades decorrentes da inércia dos órgãos estatais titulares da função de legislar.

Contudo, deve ficar consignado que a inconstitucionalidade por omissão legislativa não pode ser tratada com o mesmo instrumental teórico pelo qual se aborda a inconstitucionalidade

---

[332] Neste trabalho está-se tratando apenas da *inconstitucionalidade por omissão legislativa* (ou *normativa*), muito embora se reconheça a possibilidade de *inconstitucionalidade por omissão não-legislativa* que pode ser decorrente da falta de ato administrativo ou de execução material. A omissão não-legislativa é, em regra, um problema de ilegalidade, mas se a exigência for constitucional, a omissão não-legislativa tem aspecto de inconstitucionalidade. Registra-se ainda que a *omissão legislativa* aqui tratada pode ser decorrente de um comportamento passivo do Legislativo, do Executivo ou de qualquer outro órgão que a Constituição tenha fixado a competência para legislar (normar) a fim de conceder aplicabilidade a uma norma constitucional, sendo neste estudo tratado como "legislador".

comissiva, já que aquela é totalmente estranha à teoria da invalidade dos atos normativos.

A declaração omissiva de inconstitucionalidade surgiu na década de 1960, por construção pretoriana da Corte Constitucional alemã a partir de uma concepção de supremacia do Poder Constituinte Originário em face dos poderes constituídos (Legislativo, Executivo e Judiciário).

Loewenstein advertia que uma falta consciente na (in)aplicação da Constituição, inclusive por omissão normativa inconstitucional, poderia ocasionar uma *erosão da consciência constitucional*.[333]

A necessidade de se cumprir a Constituição, decorrência lógica da *força normativa* que possui seu texto (item 3.2.1), exige uma atuação eficiente dos órgãos constitucionais de soberania que possuem competência para tanto. Contudo, por motivos diversos e não legítimos, por vezes, os órgãos constitucionais não atendem (com ou sem intenção) às expectativas da sociedade a partir de um direito consagrado na Constituição, ocasionando assim uma omissão legislativa inconstitucional que merecerá atenção do Tribunal Constitucional.

Não se pode perder de mira que a análise da omissão legislativa inconstitucional encontra-se na fronteira entre a *discricionariedade* do legislador e o seu *dever* de legislar em determinas situações por imposição constitucional, tendo em conta ainda que "o conceito de discricionariedade (poder discricionário) é um dos conceitos mais plurissignificativos e mais difíceis da teoria do Direito".[334]

Registra-se que o legislador, normalmente, possui a *faculdade*, e não o *dever*, de legislar, estando no âmbito de sua *discricionariedade* a decisão se deve ou não editar um ato normativo.

Piovesan anota a respeito da *discricionariedade* que:

> Com efeito, o conceito de discricionariedade no âmbito da legislação traduz a idéia de liberdade e de limitação. Se é reconhecido ao legislador o poder de conformação dentro dos limites estabelecidos na

---

[333] LOEWENSTEIN, Karl. *Teoría de la Constitución*. Tradução Alfredo Gallego Anabitarte. 2. ed. Barcelona: Ariel, 1979. p. 226-227.

[334] ENGISCH, Karl. *Introdução ao pensamento jurídico*. 7. ed. Tradução J. Baptista Machado. Lisboa: Calouste Gulbenkian, 1996. p. 214.

Constituição, vendando-lhe o excesso do poder, por outro lado o poder discricionário de legislar contempla, igualmente, o dever de legislar.[335]

Registra-se, por oportuno, a advertência de Canotilho quanto à utilização da *discricionariedade* na relação Constituição-legislador:

> A lei, no Estado Democrático-Constitucional, não é um acto livre da constituição, mas uma actividade *positiva* e *negativamente* determinada pela lei fundamental. Isto significa que uma *teoria de limites* ou uma *teoria da autorização* são insuficientes para explicar a heteronomia vinculativa, positiva e negativa, das normas constitucionais.
>
> A vinculação constitucional concebe-se de acordo com a *teoria das determinantes*, materialmente entendida, como uma *vinculação através da fundamentação*, ou seja, como exigência de *conformidade material* com a constituição dos actos dos poderes públicos.[336]

Muito embora o legislador possua uma grande discricionariedade para legislar, inclusive quanto ao momento, uma passividade arbitrária perante casos evidentes de situações precárias requer uma correção constitucionalmente fundada.[337]

Nas hipóteses em que a Constituição determina a edição de um ato normativo, o descumprimento de tal imposição pela inércia será ilegítima configurando um caso de omissão inconstitucional.

Para Ferraz, a omissão legislativa inconstitucional implica processo anômalo de mutação constitucional, traduzindo-se num verdadeiro processo informal de mudança da Constituição, pois, embora não altere o texto constitucional, altera-lhe o seu alcance, paralisando a efetividade constitucional. "Como modalidade de mutação constitucional a inércia é processo pernicioso, que acarreta conseqüências desastrosas à vida constitucional dos Estados".[338]

---

[335] PIOVESAN, Flávia. *Proteção judicial contra omissões legislativas*: ação direta de inconstitucionalidade por omissão e mandado de injunção. 2. ed. rev., atual. e ampl. São Paulo: Revista dos Tribunais, 2003. p. 93.

[336] CANOTILHO, José Joaquim Gomes. *Constituição dirigente e vinculação do legislador*: contributo para a compreensão das normas constitucionais programáticas. 2. ed. Coimbra: Coimbra Editora, 2001. p. 479.

[337] ROSA, André Vicente Pires. *Las omisiones legislativas y su control constitucional*. Rio de Janeiro: Renovar, 2006. p. 9.

[338] FERRAZ, Anna Cândida da Cunha. *Processos informais de mudança da Constituição*: mutações constitucionais e mutações inconstitucionais. São Paulo: Max Limonad, 1986. p. 230-231.

A inconstitucionalidade por omissão de atos legislativos ocorre quando, perante normas constitucionais não exequíveis por si mesmas (preceptivas ou programáticas), o legislador não edita os atos normativos necessários para lhes conferir concretização e exequibilidade.[339]

Assim, de forma geral, ter-se-á uma inconstitucionalidade por omissão legislativa quando a Constituição consagra normas sem suficiente densidade para se tornarem exequíveis por si mesmas, remetendo para o legislador infraconstitucional, explicita ou implicitamente, a tarefa de lhe dar exequibilidade prática.

A inconstitucionalidade por omissão legislativa trata-se, então, de uma forma de se insurgir contra um comportamento omissivo infraconstitucional que pretende superar a força normativa da Constituição, transformando-a em uma superfície inóspita.

Como qualquer inconstitucionalidade, a inconstitucionalidade por omissão legislativa também decorre de um comportamento contrário daquele que a Constituição exige, estabelecendo-se assim uma relação em que, de um lado se tem a Constituição, e de outro, um comportamento omissivo que ofende os comandos constitucionais.

Como bem anota Canotilho, as "dimensões positiva e negativa do princípio da constitucionalidade são hoje praticamente indiscutidas quando se trata do agir positivo do legislador (debate-se tão só o grau e a medida de vinculação".[340]

Contudo, definir ou conceituar a omissão legislativa inconstitucional não é tarefa simples, já que não será toda e qualquer inércia do Legislativo que configurará uma omissão inconstitucional,

---

[339] MIRANDA, Jorge. *Manual de direito constitucional*. 2. ed. rev. e actual. Coimbra: Coimbra Editora, 2005. t. 6, p. 293. Para o mesmo autor "[...] não é indiferente que se trate de *norma não exequível preceptiva* ou de *norma programática*. Naquela a inconstitucionalidade produz-se [...], logo que a norma constitucional entra em vigor ou transcorrido o prazo dado ao legislador para a complementar. Na norma programática, ela ocorre quando o legislador se queda passivo perante os condicionalismos económicos e sociais de que depende a sua efectivação, não os procurando conformar ou promover, ou, no limite, estando eles já verificados, não emitindo a correspondente orientação prospectiva ao serviço dos fins constitucionais." (*Ibidem*, p. 308-309). Cf. ainda: RAMOS, Elival da Silva. *Controle de constitucionalidade no Brasil*: perspectivas de evolução. São Paulo: Saraiva, 2010. p. 92-93.

[340] CANOTILHO, José Joaquim Gomes. *Constituição dirigente e vinculação do legislador*: contributo para a compreensão das normas constitucionais programáticas. 2. ed. Coimbra: Coimbra Editora, 2001. p. 329.

não bastando apenas um evento naturalístico de um simples não fazer para se ter configurada uma inconstitucionalidade, mas sim a abstenção em implementar satisfatoriamente medidas legislativas para tornar efetiva determinada norma constitucional. A omissão inconstitucional que se trata neste estudo é quando se está diante de uma *imposição constitucional ao legislador* (um "mandado ao legislador"), de uma ordem para legislar é a

> omissão, em sentido jurídico-constitucional, [que] significa não fazer aquilo a que se estava constitucionalmente obrigado. A omissão legislativa, para ganhar significado autónomo e relevante, deve conexionar-se com uma *exigência constitucional de acção*, não bastando o simples *dever geral de legislar* para dar fundamento a uma omissão inconstitucional.[341]

Como bem consigna Segado, o dever de legislar deriva de uma "expressa exigência ou mandado constitucional", embora tal dever possa extrair-se de princípios desenvolvidos por intermédio de uma interpretação constitucional.[342]

Llorente, ao fazer a tipologia das normas materiais da Constituição espanhola de 1978, elencou os "mandados ao legislador" afirmando que se trata de preceitos que preveem a emanação pelo legislador infraconstitucional de enunciados indispensáveis para completar a estrutura prevista constitucionalmente, se tratando de algo bem distinto da "reserva de lei", pois enquanto esta confere faculdade ao legislador para atuar, aqueles "são fontes de Direito objetivo e impõem obrigações".[343]

Importa esclarecer que só ocorrerá inconstitucionalidade por omissão normativa quando houver conflito com alguma norma constitucional específica, ou então com o "espírito" do dispositivo invocado. Fixa-se, contudo, que não se pode sustentar a inconstitucionalidade com o "espírito da Constituição" como um

---

[341] CANOTILHO, José Joaquim Gomes. *Direito constitucional e teoria da Constituição*. 4. ed. Coimbra: Almedina, 2000. p. 1004.
[342] SEGADO, Francisco Fernández. El control de las omisiones legislativas por el *Bundesverfassungsgericht*. *Revista de Direito do Estado*, Rio de Janeiro, v. 12, p. 12, out./dez. 2008.
[343] LLORENTE, Francisco Rubio. *La forma del poder*: estudios sobre la Constitución. Madrid: Centro de Estudios Constitucionales, 1993. p. 95.

todo, devendo ser apontada uma norma constitucional ofendida pela omissão normativa, afinal, como bem afirma Teixeira: "a alegação de inconstitucionalidade deve, portanto, fundar-se na violação de determinado preceito ou princípio, *expresso* ou *implícito* da Constituição, não no seu espírito, como um todo".[344] Sagüés também afirma que a inconstitucionalidade por omissão pode decorrer de um encargo constitucional expresso ou tácito.[345]

Para Mendes, a "omissão inconstitucional pressupõe um dever constitucional de legislar, que tanto pode ser derivado de ordens concretas contidas na Lei Fundamental quanto de princípios desenvolvidos mediante interpretação".[346]

A omissão inconstitucional que merece a reprimenda do Tribunal Constitucional com o exercício da função legislativa *stricto sensu* é aquela que gera uma lacuna axiológica, que compromete a finalidade constitucionalmente almejada, que desdém de uma ordem constitucional para legislar.

Nesse particular, *v.g.*, Guastini anota que o *princípio da igualdade* é uma "poderosa máquina para a produção de *lacunas axiológicas* na legislação" na maioria das Constituições contemporâneas, sendo uma *lacuna axiológica* a ausência de uma norma *justa* ou correta, ou se aplicada, sua solução será insatisfatória.[347]

Não se pode perder de vista que nesse tipo de controle de constitucionalidade por omissão, o que justifica o exercício da função legislativa *stricto sensu* pelo Tribunal Constitucional é a preocupação em eliminar a inconstitucionalidade e, por consequência, efetivar e assegurar o cumprimento da Constituição. O que importa essencialmente é colmatar a omissão legislativa inconstitucional que compreende o objeto do controle e assim efetivar (implementar) a Constituição, ficando para outro plano qualquer análise acerca da (in)consequência da omissão.

---

[344] TEIXEIRA, José Horácio Meirelles. *Curso de direito constitucional*. Rio de Janeiro: Forense Universitária, 1991. p. 380.

[345] SAGÜÉS, Néstor Pedro. *La interpretación judicial de la Constitución*. 2. ed. Buenos Aires: Lexis Nexis, 2006. p. 129.

[346] MENDES, Gilmar Ferreira. *Jurisdição constitucional*: o controle abstrato de normas no Brasil e na Alemanha. 5. ed. São Paulo: Saraiva, 2005. p. 274.

[347] GUASTINI, Riccardo. *Teoría e ideología de la interpretación constitucional*. Tradução Miguel Carbonell e Pedro Salazar. Madrid: UNAM/Trotta, 2008. p. 91-92.

Nos casos de inconstitucionalidade por omissão, a garantia de constitucionalidade se concebe como meio de efetividade de normas constitucionais por intermédio de um aparato processual, de berço constitucional (item 3.3), institucionalizado para tal desiderato. Como bem pontua Alexy, a jurisprudência do Tribunal Constitucional Federal da Alemanha tem mostrado que de modo algum um Tribunal Constitucional pode ficar impotente perante um legislador inoperante, e que o espectro de atuação se estende desde a mera constatação de uma violação da Constituição, com a fixação de um prazo para que seja produzida a legislação exigida constitucionalmente, até a formulação direta pelo Tribunal do que foi ordenado pela Constituição.[348]

A inconstitucionalidade por omissão se caracteriza quando um órgão estatal não faz aquilo que de forma concreta e explícita estava constitucionalmente obrigado a fazer, afinal, o Estado como pessoa, como sujeito de Direito, não é só titular dos direitos subjetivos, mas também obrigado pelo direito objetivo, pela regra de direito. Tem-se assim que ao mesmo tempo que a Constituição (direito) obriga ao Estado a não fazer certa leis, também o obriga a fazer outras.

Bem anota Mendes a respeito:

> O dever de legislar pode decorrer de expressa previsão constitucional (*Verfassungsauftrag*) – norma-tarefa, na tradução proposta por Canotilho) ou pode derivar do chamado *dever de proteção* (*Schutzpflicht*), que obriga o Estado a atuar na defesa e na proteção de certos valores, como a vida, a integridade física, a honra, sobretudo em face de agressões praticadas por terceiros.[349]

---

[348] ALEXY, Robert. *Teoria de los derechos fundamentales*. Tradução Ernesto Garzón Valdés. Madrid: Centro de Estudios Políticos y Constitucionales, 2002. p. 496-497. Exemplo clássico dessa atuação normativa se observou na medida liminar proferida pelo Tribunal Constitucional Federal alemão que, ao declarar inconstitucional lei que disciplinava o aborto, paralelamente, editou verdadeiros enunciados normativos transitórios até que o legislador atribuísse tratamento adequado à matéria. (SCHLAICH, Klaus. El Tribunal Constitucional Federal Aleman. In: FAVOREU, Louis et. al. *Tribunales constitucionales europeus y derechos fundamentales*. Tradução Luis Aguiar de Luque e Maria Gracia Rubio de Casas. Madrid: Centro de Estúdios Constitucionales, 1984. p. 205).

[349] MENDES, Gilmar Ferreira. *Jurisdição constitucional*: o controle abstrato de normas no Brasil e na Alemanha. 5. ed. São Paulo: Saraiva, 2005. p. 301.

Acentua-se a necessidade de se configurar o *dever de legislar* já que não se pode olvidar de que o legislador labora na articulação entre o *jurídico* e o *político*, afinal, além de análise das questões de forma e de competência (aspecto jurídico) o legislador deve analisar também as questões de oportunidade e de conveniência para deliberação da matéria (aspecto político), o que por consectário lógico retira, na maioria das vezes, a possibilidade de se arguir um *dever de legislar*, já que o legislador pode entender ainda inoportuno e/ou inconveniente o momento para deliberação da matéria por diversos motivos, inclusive, por ausência de maturação social suficiente a fim de possibilitar até mesmo a percepção quanto à vontade geral rousseauniana (cf. item 2.1).

Como bem adverte Canotilho, a *omissão normativa juridicamente relevante* não é aquela que trata de um "simples negativo 'não fazer' do legislador"; mas sim, quando o "legislador não cumpre ou cumpre incompletamente o dever constitucional de emanar normas, destinadas a actuar as imposições constitucionais permanentes e concretas".[350]

Assim, a omissão legislativa inconstitucional só ocorre quando se verifica a opção consciente do constituinte em transferir de forma *específica* ao legislador a tarefa de implementar a plena efetividade do direito estabelecido constitucionalmente, e este se mantém inerte, sendo, descabida qualquer referência a um dever genérico de legislar, ou de um direito genérico à legislação.

Nesse mesmo sentido, o STF se posicionou no MI 642/DF[351] que, para se configurar direito subjetivo à emanação de enunciado normativo, deve a Constituição impor um dever específico de editar enunciados normativos.

Obviamente que tais ponderações devem ser sopesadas com a *força normativa dos enunciados constitucionais* (cf. item 3.2.1)

---

[350] CANOTILHO, José Joaquim Gomes. *Constituição dirigente e vinculação do legislador*: contributo para a compreensão das normas constitucionais programáticas. 2. ed. Coimbra: Coimbra Editora, 2001. p. 481, 338. Traz Piovesan a respeito: "A omissão legislativa inconstitucional advém não do dever geral de legislar, mas da específica e concreta incumbência ou encargo constitucional. Surge uma verdadeira ordem de legislar de cunho específico, cujo cumprimento está adstrito à emissão das normas correspondentes." (PIOVESAN, Flávia. *Proteção judicial contra omissões legislativas*: ação direta de inconstitucionalidade por omissão e mandado de injunção. 2. ed. rev., atual. e ampl. São Paulo: Revista dos Tribunais, 2003. p. 186-187).

[351] STF. Decisão Monocrática. MI 642/DF. Rel. Min. Celso de Mello. Julgado em 1º ago. 2001.

e a necessidade de todos os órgãos constitucionais de soberania cumprirem e efetivarem a Constituição, inclusive o Legislativo, situação em que o *dever de legislar* decorrerá da própria Constituição e da necessidade de sua concretização.

Para Silva, a *omissão normativa* e a imposição do exercício da função de legislar pela Constituição, distinguem-se por meio do "dever geral de produção legislativa" e do "dever específico de legislar", sendo que o último apresenta a seguinte classificação: "dever de concretização de normas constitucionais, dever de proteção de direitos fundamentais, dever de concretização ou adequação de leis vigentes e dever de reposição da igualdade violada".[352]

A classificação do autor lusitano serve apenas para proporcionar uma melhor visualização das hipóteses em que se corporifica o "dever específico de legislar", afinal, todas elas servem para bem demonstrar quando se tem caracterizada uma *omissão inconstitucional relevante* a fim de ensejar a atuação do Tribunal Constitucional como órgão de curadoria da Constituição e o exercício da sua função legislativa *stricto sensu* em decorrência do déficit legislativo averiguado, afinal, independentemente da espécie do *dever de legislar*, a inconstitucionalidade por omissão que deverá ser corrigida pelo Tribunal é aquela que coloca em risco a efetividade da Constituição.

Dentre as diversas circunstâncias que podem ensejar a omissão legislativa inconstitucional, destaca-se o advento de situações ou fatos que surgem após a edição da Constituição ou de uma determinada legislação. Mutações ocorridas no mundo dos fatos e dos valores ensejam a produção de uma nova legislação ou de uma atualização legislativa a fim de efetivar a Constituição, sendo a omissão caracterizada não pela ausência de legislação em sentido estrito, mas pela inércia em não adaptar (aperfeiçoar) a legislação já existente (lacuna ontológica).

Mendes narra que o Tribunal Constitucional alemão tem identificado, ultimamente, como fundamento do dever constitucional de legislar "o dever geral de adequação (*allgemeiner Nachbesserungsvorbehalt*), que impõe ao legislador a obrigação de corrigir as

---

[352] SILVA, Jorge Pereira da. *Dever de legislar e protecção jurisdicional contra omissões legislativas*. Lisboa: Universidade Católica, 2003. p. 21-22.

conseqüências danosas ou perversas para os direitos fundamentais resultantes da aplicação da legislação existente".[353] De igual modo, alterações ocorridas na realidade podem ensejar a revogação de uma legislação, bem como determinada legislação pode ser invalidada por órgão constitucional de soberania competente. Se em ambas as hipóteses o legislador se mantiver inerte não cumprindo com o seu dever de produzir uma nova legislação mais adequada, na primeira hipótese, ou válida, na segunda hipótese, ter-se-á, assim, um verdadeiro *vácuo normativo*[354] e uma omissão legislativa inconstitucional.

Pouco importa a *causa* geradora da *omissão inconstitucional relevante*, o que importa é a *consequência* desta omissão, já que é desnecessário perquirir o que ensejou (elemento volitivo) a *omissão inconstitucional relevante* tendo em vista que o que se está a atingir é a curadoria da Constituição e não a responsabilidade político-jurídica do Legislativo ou do(s) legislador(es), e tal desiderato há de ser atingido por meio de um processo objetivo (cf. item 4.11).

Não se pode esquecer que a *omissão inconstitucional relevante* pode ser decorrente de uma ditadura de uma *maioria* conjuntural, sobre os direitos constitucionais garantidos a uma *minoria*, devendo o Tribunal Constitucional, por conta da legitimidade que lhe é inerente (item 1.4.4), afastar tal comportamento omissivo inconstitucional.

Kelsen, a esse respeito, de certo modo, já advertia:

> Se virmos a essência da democracia não na onipotência da maioria, mas no compromisso constante entre os grupos representados no Parlamento pela maioria e pela minoria, e por conseguinte na paz social, a justiça constitucional aparecerá como um meio particularmente adequado à realização dessa idéia. A simples ameaça do pedido ao tribunal constitucional pode ser, nas mãos da minoria, um instrumento capaz de impedir que a maioria viole seus interesses constitucionalmente

---

[353] MENDES, Gilmar Ferreira. *Direitos fundamentais e controle de constitucionalidade:* estudos de direito constitucional. 3. ed., rev. e ampl. São Paulo: Saraiva, 2004. p. 413.

[354] O vácuo normativo, como bem anota Puccinelli Jr., é um "retrocesso que segue itinerário oposto ao da regulamentação, pois de uma situação juridicamente disciplinada caminha-se para o vazio normativo". (PUCCINELLI JR., André. *A omissão legislativa inconstitucional e a responsabilidade do Estado legislador*. São Paulo: Saraiva, 2007. p. 131).

protegidos, e de se opor à ditadura da maioria, não menos perigosa para a paz social que a da minoria.[355]

Como se vê, se menosprezada a advertência de Kelsen, pode-se perfilhar o entendimento de que o Tribunal Constitucional não pode exercer a função legislativa *stricto sensu* e, apenas, declarar em mora o legislador, mas isso seria um comportamento, principalmente para as minorias, repugnante, já que seria a demonstração de que o Tribunal não se presta como curador da Constituição, mas como mero órgão de declaração (ou de constituição em mora).[356]

Permitir que o legislador infraconstitucional mantenha-se omisso, em determinados casos, é franquear-lhe o controle sobre a própria Constituição e sua efetividade. Não deve haver lugar para a inconstitucionalidade por omissão quando o silêncio do legislador afeta normas constitucionais gerando uma norma implícita contrária à Constituição.

Deve ficar claro que o exercício da função legislativa *stricto sensu* pelo Tribunal Constitucional no controle das omissões legislativas inconstitucionais só é aceitável como mecanismo garantidor da eficácia da Constituição em face da inércia inconstitucional do órgão que detém a competência titular (originária) para o exercício da função legislativa (item 2.3.2).

Obviamente que se mostra salutar a fixação de prazo para que o órgão constitucional competente legisle (cf. item 3.2.4.2), e que caso seja ultrapassado este prazo o Tribunal Constitucional edite o enunciado normativo necessário para a curadoria da Constituição.

Adverte-se que não está aqui a pretender, muito menos a defender, que o problema da inconstitucionalidade por

---

[355] KELSEN, Hans. *Jurisdição constitucional*. Tradução Alexandre Krug, Eduardo Brandão e Maria Ermantina Galvão. São Paulo: Martins Fontes, 2003. p. 181-182.

[356] Adotar a tese de que com a declaração em mora pelo Tribunal Constitucional tem-se a geração da responsabilidade estatal passível de indenização é, em nosso *sentire*, partir do pressuposto que todo o direito pode ser mensurado e tem seu preço – o que é inadmissível. Não se quer a indenização *pelo* direito, o que se quer é *o* direito, é a efetivação da Constituição. Nesse sentido: STF. Pleno. MI 284/DF. Rel. Min. Marco Aurélio. Julgado em 22 nov. 1992. Em sentido contrário entendendo pela possibilidade de indenização: PIOVESAN, Flávia. *Proteção judicial contra omissões legislativas*: ação direta de inconstitucionalidade por omissão e mandado de injunção. 2. ed. rev., atual. e ampl. São Paulo: Revista dos Tribunais, 2003. p. 123; STF. 1ª Turma. RE 510667 AgR/SP. Relª. Minª. Cármen Lúcia. Julgado em 02 mar. 2007.

omissão legislativa possa ser satisfeito facilmente pelo Tribunal Constitucional com o exercício da função legislativa *stricto sensu*, apresentando o Tribunal respostas rápidas e adequadas para todas as situações em que for requerida a efetivação da Constituição. Contudo, não se pode ombrear-se com aqueles que entendem que o Tribunal Constitucional nada pode fazer diante de uma situação que tal.

3.2.4.1 Caracterização da omissão legislativa inconstitucional: prazo e completude

É inquestionável que a interpretação do enunciado normativo, a fim de analisar sua aplicabilidade e efetividade, deve levar em consideração uma dimensão temporal.

A análise da dimensão temporal da omissão inconstitucional é casuística, já que se pode ter um prazo fixado pela Constituição para a implementação de determinado direito, ou ainda encontrar traduções concretas em decorrência da essência do enunciado constitucional cuja efetividade se busca assegurar.

Muito embora a existência de prazo expressamente previsto na Constituição para a emanação da legislação infraconstitucional seja um elemento importante e objetivo para a identificação de uma omissão inconstitucional relevante, a não fixação de prazo para a atuação do legislador infraconstitucional não implicará uma menor importância da omissão analisada.

Dentro do prazo assinalado pela Constituição para determinada produção legislativa, e ainda pendente a legislação, está-se diante de uma *situação constitucional imperfeita*; contudo, com a superação desse prazo, passa-se, de forma imediata e inquestionável, para uma *situação de inconstitucionalidade por omissão*, já que com o descumprimento do prazo prefixado pela Constituição, tem-se aflorado o tipo mais grave e repugnante de inércia, configurando-se uma espécie de *mora qualificada*.

A dificuldade que se observa é na definição, nos casos em que a Constituição não assinala prazo para o cumprimento do dever de legislar, do exato momento em que a omissão legislativa passa a ser inconstitucional a merecer reprimenda pelo Tribunal Constitucional por meio do exercício da função legislativa *stricto sensu*. Caso a Constituição não estipule uma data ou um prazo determinado para a edição, pelo titular, do diploma legislativo, o exercício da função legislativa *stricto sensu* pelo Tribunal Constitucional será legítimo a partir da existência de precedentes a demonstrar a necessidade social da normatização (cf. item 3.5) ou do interregno de um *prazo (tempo) razoável*, pois, a inconstitucionalidade por omissão conta com um elemento adicional para a sua configuração: o *tempo*.

Para Miranda, o juízo da inconstitucionalidade por omissão "traduz-se num juízo sobre o tempo em que deveria ser produzida a lei: nenhuma omissão pode ser descrita em abstracto, mas somente em concreto, balizada entre determinados eventos, estes de sinal positivo", afirmando ainda que

> [...] o órgão de fiscalização, sem se substituir ao órgão legislativo, tem de medir e interpretar o tempo decorrido – esse tempo que fora dado ao órgão legislativo para emanar a lei; e terá de concluir pela omissão, sempre que, tudo ponderado, reconhecer que o legislador não podia como devia ter emitido a norma legal, diante de determinadas circunstâncias ou situações em que se colocou ou foi colocado.[357]

Canotilho também destaca que os momentos decisivos para a verificação da existência da inconstitucionalidade são mais a importância e indispensabilidade da mediação legislativa para dar operatividade prática às normas constitucionais do que a fixação de eventuais limites *ad quem*.[358]

A omissão legislativa inconstitucional não se caracteriza sem o decurso de algum prazo. Inexistindo meios para conceder, rapidamente, aplicabilidade à Constituição, percebe-se que ao conceito de omissão se deve agregar algum juízo valorativo sobre o prazo razoavelmente necessário para se produzir a legislação necessária à plena efetividade da norma constitucional.

---

[357] MIRANDA, Jorge. *Manual de direito constitucional*. 2. ed. rev. e actual. Coimbra: Coimbra Editora, 2005. t. 6. p. 309-310.
[358] CANOTILHO, José Joaquim Gomes. *Direito constitucional e teoria da Constituição*. 4. ed. Coimbra: Almedina, 2000. p. 1007.

Clève, também utiliza o *tempo (ir)razoável* como um fator essencial para a distinção entre uma "situação jurídica imperfeita" e a "omissão inconstitucional", com a seguinte sustentação:

> As lacunas técnicas ou de legislação podem consistir em "situações jurídicas imperfeitas (omissões constitucionais e omissões constitucionais em transito para a inconstitucionalidade); todavia, no caso de inércia mantida por um período não razoável, ultrapassada a linha perimétrica-limite, deslocam-se para o território conceitual da "omissão inconstitucional", com as conseqüências jurídicas que esse lugar é capaz de impulsionar. [...] A inconstitucionalidade por omissão conta com um elemento adicional para a sua caracterização: o *tempo*.[359]

Atente-se que quanto à fruição de um *prazo razoável* a fim de se ter considerada a omissão legislativa como inconstitucional, não se pode desmerecer a contribuição de Recaséns Siches, filósofo da "lógica do razoável", que teoriza no sentido de que a razoabilidade é circunscrita, condicionada e influenciada pela realidade em que opera o Direito, o mundo social, histórico e particular, no qual e para o qual são produzidos os enunciados normativos; está ainda a razoabilidade impregnada por valorações que devem levar em conta todas as possibilidades e todas as limitações concretas.[360]

O STF no MI 361/RJ assim ementou seu entendimento:

> A MORA – QUE É PRESSUPOSTO DA DECLARAÇÃO DE IN-CONSTITUCIONALIDADE DA OMISSAO LEGISLATIVA –, É DE SER RECONHECIDA, EM CADA CASO, QUANDO, DADO O TEMPO CORRIDO DA PROMULGAÇÃO DA NORMA CONS-TITUCIONAL INVOCADA E O RELEVO DA MATÉRIA, SE DEVA CONSIDERAR SUPERADO O PRAZO RAZOAVEL PARA A EDIÇÃO DO ATO LEGISLATIVO NECESSÁRIO A EFETIVIDADE DA LEI FUNDAMENTAL; VENCIDO O TEMPO RAZOAVEL, NEM A INEXIS-TÊNCIA DE PRAZO CONSTITUCIONAL PARA O ADIMPLEMENTO DO DEVER DE LEGISLAR, NEM A PENDÊNCIA DE PROJETOS DE

---

[359] CLÈVE, Clèmerson Merlin. *Fiscalização abstrata da constitucionalidade no direito brasileiro*. 2. ed. São Paulo: Revista dos Tribunais, 2000. p. 326.

[360] RECASÉNS SICHES, Luis. *Nueva filosofia de la interpretation del derecho*. México: Fondo de Cultura Economica, 1956. p. 286-289. Cf. ainda: MIRANDA, Jorge. *Manual de direito constitucional*. 2. ed. rev. e actual. Coimbra: Coimbra Editora, 2005. t. 6, p. 309.

LEI TENDENTES A CUMPRI-LO PODEM DESCARACTERIZAR A EVIDÊNCIA DA INCONSTITUCIONALIDADE DA PERSISTENTE OMISSAO DE LEGISLAR.[361]

Obviamente que a necessidade de se exercer a curadoria da Constituição pelo Tribunal Constitucional no exercício da função legislativa *stricto sensu* se mostra cada vez mais pertinente à medida que o tempo passa e aquele que detém a competência originária (titular) para legislar se mantém em inércia configuradora de uma *omissão inconstitucional relevante*.

Cabe ao Tribunal Constitucional medir e interpretar o tempo decorrido, considerando os elementos e fatores aqui apresentados, averiguando se a situação é realmente de uma omissão legislativa inconstitucional relevante, reconhecendo que o legislador já deveria ter editado a adequada espécie legislativa. Essa análise deverá ser atual (item 3.2.2.1), nunca abstrata e num exercício de prognose, sendo necessário verificar, em cada caso concreto, a fluência do "prazo razoável"[362] para a edição da legislação necessária para a efetivação da Constituição.

Parece certo que, com o passar dos anos, e mantida a inércia do legislador, as imperfeições técnicas ("situações jurídicas imperfeitas") tendem a deslocar-se, em bloco, para o território da inconstitucionalidade por omissão. Salvo o advento de alterações na Constituição que afastem a exigibilidade do direito constitucional em mora, a tendência é que "haverá um momento em que todas as 'situações jurídicas imperfeitas' terão dado lugar a omissões inconstitucionais.[363]

Outro ponto que merece destaque é quanto à possibilidade do diploma legislativo restar incompleto, aquém do exigido na Constituição, configurando-se assim aquilo que se denomina de

---

[361] STF. Pleno. MI 361/RJ. Rel. para Acórdão: Min. Sepúlveda Pertence. Julgado em 08 abr. 1994.
[362] Registra-se que a expressão "prazo razoável" foi utilizada pela Lei nº 13.300, de 23 de junho de 2016, que disciplinou o mandado de injunção e prescreveu que, reconhecido o estado de mora legislativa, será deferida a injunção para determinar prazo razoável para que o impetrado promova a edição da norma regulamentadora (art. 8º, I).
[363] CLÈVE, Clèmerson Merlin. *Fiscalização abstrata da constitucionalidade no direito brasileiro*. 2. ed. São Paulo: Revista dos Tribunais, 2000. p. 327.

omissão parcial, já que quanto à inconstitucionalidade por omissão *completa* não há maiores discussões.[364]
A inconstitucionalidade por omissão *completa* ocorre pela ausência total de medidas legislativas que deem cumprimento a uma norma constitucional ou a um dever prescrito também constitucionalmente, já a inconstitucionalidade por omissão *parcial* é verificada quando ocorre a ausência de cumprimento da norma constitucional quanto a alguns dos seus aspectos ou dos seus destinatários.

Como bem alude Canotilho, o "conceito jurídico-constitucional de omissão é compatível com *omissões legislativas parciais*", existindo então uma *omissão legislativa* quando o Legislativo "não cumpre ou cumpre incompletamente o dever constitucional de emanar normas destinadas a actuar as imposições legiferantes estabelecidas na Constituição".[365]

Outro professor português, Miranda, destaca a respeito:

> Por omissão entende-se a falta de medidas legislativas necessárias, falta esta que pode ser *total* ou *parcial*. A violação da Constituição, na verdade, provém umas vezes da completa inércia do legislador e outras vezes da sua deficiente actividade, competindo ao órgão de fiscalização pronunciar-se sobre a adequação da norma legal à norma constitucional.[366]

A inconstitucionalidade por omissão legislativa pode, então, ser *completa* ou *parcial*. Será *completa* quando houver a inércia total do legislador, e será *parcial* quando houver *deficiência* ou *insuficiência* na atividade legislativa. Mas, independentemente da

---
[364] A Lei nº 13.300, de 23 de junho de 2016, trouxe expressamente em seu art. 2º a concessão de mandado de injunção sempre que a falta parcial de norma regulamentadora tornar inviável o exercício dos direitos e liberdades constitucionais e das prerrogativas inerentes à nacionalidade, à soberania e à cidadania, consignando ainda em seu parágrafo único que: "Considera-se parcial a regulamentação quando forem insuficientes as normas editadas pelo órgão legislador competente.".
[365] CANOTILHO, José Joaquim Gomes. *Direito constitucional e teoria da Constituição*. 4. ed. Coimbra: Almedina, 2000. p. 1005-1006. Sagüés intitula a inconstitucionalidade por omissão parcial de "inconstitucionalidade por negação", já que o legislador omitiu de alguém um Direito constitucional que lhe pertence. (SAGÜÉS, Néstor Pedro. *La interpretación judicial de la Constitución*. 2. ed. Buenos Aires: Lexis Nexis, 2006. p. 130).
[366] MIRANDA, Jorge. *Manual de direito constitucional*. 2. ed. rev. e actual. Coimbra: Coimbra Editora, 2005. t. 6. p. 308.

espécie de inconstitucionalidade por omissão, *completa* ou *parcial*, a inconstitucionalidade será verificada e digna de ser corrigida pelo Tribunal Constitucional se a efetividade das normas constitucionais estiverem em risco.

Assim, haverá inconstitucionalidade por omissão quando o legislador infraconstitucional não cumprir, *completa* ou *parcialmente*, com o dever constitucional de editar enunciados normativos com vista a dar eficácia à Constituição, em uma análise de *(in)suficiência* da produção legislativa e não de *(in)satisfação* do que foi legislado, mérito que ao Tribunal Constitucional é vedado analisar.

Canotilho, apresenta uma classificação interessante quanto às omissões inconstitucionais, ao distinguir a omissão *parcial* da omissão *relativa*. Para o autor, configura-se a omissão *relativa* quando o legislador, muito embora não tenha o dever constitucional específico de legislar, edita normação que não contemple todos os casos essencialmente semelhantes, legislando assim em ofensa ao princípio da igualdade. É essa a lição do autor:

> Nas omissões relativas não existiria a exigência "absoluta" da emanação da lei, suscitando-se apenas o problema de acto omissivo quando um acto legiferante intervém violando o princípio da igualdade. Quer dizer, se o legislador actuou voluntariamente criando uma certa disciplina legal, então ele fica obrigado a não deixar inconsiderados os casos essencialmente iguais aos previstos no *Tatbestand* legal.[367]

Destaca-se ainda que a análise da inconstitucionalidade por omissão *parcial*, e também *relativa*, pode-se apresentar paradoxal já que, por vezes, pode implicar também a verificação da inconstitucionalidade por ação. Tal paradoxo pode decorrer de violação ao princípio da igualdade, *v.g.*, quando uma lei versar sobre determinados direitos para determinados grupos sociais, em detrimento da totalidade. Considerando aqueles que não foram contemplados pela legislação, ter-se-á uma inconstitucionalidade por omissão parcial ou relativa, mas considerando a atuação final do legislador, ver-se-á também que ele agiu à margem do princípio da

---

[367] CANOTILHO, José Joaquim Gomes. *Constituição dirigente e vinculação do legislador*: contributo para a compreensão das normas constitucionais programáticas. 2. ed. Coimbra: Coimbra Editora, 2001. p. 335.

igualdade, pois discriminou os grupos sociais no momento de legislar, prestigiando uns em detrimento de outros.

Apesar de saber da existência de outras soluções para um caso de inconstitucionalidade por omissão *parcial* ou *relativa*, em homenagem à força normativa da Constituição, e sem perder de mira que o mecanismo da ação por inconstitucionalidade por omissão, total, parcial ou relativa, está relacionado à busca de uma efetividade ótima das normas constitucionais para todos os indivíduos e grupos sociais, tem-se que a melhor solução é declarar a inconstitucionalidade por omissão parcial, definindo-se prazo para que aquele que detém a competência titular para legislar supra a omissão. Caso a omissão persista, o Tribunal Constitucional, então, diretamente, corrigirá a omissão inconstitucional podendo, inclusive, estender aos excluídos da legislação imperfeita os mesmos direitos (cf. item 4.9), obviamente que observadas todas as demais condições e limites para o exercício da função normativa pelo Tribunal.

Esta alternativa de solução vem sendo adotada pela Corte Constitucional italiana, por intermédio das chamadas *decisões aditivas* (*decisioni manipolative*), proferidas quando a lei apresenta uma grave e injustificada lacuna originada de uma grave e injustificada desigualdade de tratamento em que seja necessário colmatar a denunciada ausência de previsão legislativa.[368]

Miranda noticia que apesar das fortes críticas recebidas, o Tribunal Constitucional português também tem proferido "*decisões aditivas* de relevante interesse, nascidas da própria dinâmica da sua actividade".[369]

Outra solução que merece ser destacada, que é a de de declarar a inconstitucionalidade por ação dos enunciados normativos que contenham a discriminação, mas sem a pronúncia de nulidade, só seria aceitável em um ordenamento constitucional que não houvesse

---

[368] PIZZORUSSO, Alessandro. El Tribunal Constitucional italiano. In: FAVOREU, Louis et. al. *Tribunales constitucionales europeus y derechos fundamentales*. Tradução Luis Aguiar de Luque e Maria Gracia Rubio de Casas. Madrid: Centro de Estúdios Constitucionales, 1984. p. 258-261.

[369] MIRANDA, Jorge. *Manual de direito constitucional*. 5. ed. rev. e actual. Coimbra: Coimbra Editora, 2003. t. 2. p. 87.

previsão para que o Tribunal Constitucional possa atuar com órgão de normação positiva.[370] Cobra relevo registrar que a omissão legislativa inconstitucional pode ocorrer ainda pelo não cumprimento da obrigação do legislador em melhorar, adequar ou corrigir as normas de prognose incorretas ou defasadas por circunstâncias supervenientes. "A omissão consiste agora não na ausência total ou parcial da lei, mas na falta de adaptação ou aperfeiçoamento das leis existentes",[371] que impedirá a efetivação da Constituição.

Alfim, pode-se concluir que não é apenas a ausência de normatização (omissão completa) que enseja a atuação do Tribunal Constitucional como órgão de normação positiva, mas também a insuficiência normativa, ou seja, a omissão parcial, a omissão relativa ou ainda a falta de adaptação ou aperfeiçoamento da legislação vigente.

3.2.4.2 Necessidade de declarar previamente a mora do órgão que detém a competência titular (originária) para o exercício da função legislativa *stricto sensu* como forma de estabelecimento de um diálogo institucional

O exercício da função legislativa *stricto sensu* que aqui se pesquisa decorre de uma inconstitucionalidade por omissão em que a inexistência de espécie legislativa torna inexequível certa norma constitucional, ou seja, trata-se de uma situação em que a violação da Constituição se dá pelo silêncio daquele que detém a competência titular (originária) para legislar.

---

[370] Para Mendes, o Direito brasileiro deve adotar a técnica de declaração de inconstitucionalidade sem pronúncia de nulidade. (MENDES, Gilmar Ferreira. *Jurisdição constitucional*: o controle abstrato de normas no Brasil e na Alemanha. 5. ed. São Paulo: Saraiva, 2005. p. 330-331).

[371] STRECK, Lenio Luiz. *Jurisdição constitucional e hermenêutica*: uma nova crítica do direito. Porto Alegre: Livraria do Advogado, 2002. p. 627-628. O Supremo Tribunal Federal brasileiro, nos termos da Súmula Vinculante nº 37: "Não cabe ao Judiciário, que não tem função legislativa, aumentar vencimentos de servidores públicos sob o fundamento de isonomia". (STF. Pleno. DOU 24 out. 2014), entende pela não aplicação do princípio da igualdade para corrigir uma omissão inconstitucional.

Como demonstrado, a função legislativa *stricto sensu* exercida no controle das omissões legislativas inconstitucionais relevantes, ocorre quando o Tribunal Constitucional desempenha, temporariamente, função normativa a fim de suprir uma lacuna normativa ofensiva à Constituição deixada pelo titular da função de legislar, até que este saia da inércia e exerça a sua competência.

Contudo, a fim de evitar que o Tribunal Constitucional exerça sua função legislativa *stricto sensu* de forma desnecessária, ou até mesmo durante a discussão e deliberação da sua decisão, ou logo após a decisão advenha a legislação pelo respectivo titular da função, necessário se faz que o Tribunal declare a mora do titular em um momento prévio, anterior ao início do procedimento para o exercício da função normativa, estabelecendo assim um *diálogo institucional* entre o Tribunal e o Legislativo que se prestará como um elemento de instrução, e para a construção da decisão a ser adotada.

Como bem se posiciona Ramos, da mesma forma que há limite negativo na atuação do Tribunal Constitucional, "também se pode falar em uma limitação positiva, consistente na necessidade de o órgão de controle estabelecer um verdadeiro diálogo com o legislador, até como fator legitimador de sua atuação", frisando ainda que

> importa considerar que, se o diálogo entre o órgão de controle e o legislador é sempre útil à calibragem da interpretação constitucional, maior importância ainda assume na fiscalização de matriz europeia, em virtude do impacto contundente de sua atuação. Ademais, a concentração da competência de controle e a especialização da Corte Constitucional sem dúvida contribuem para habilitá-la a empreender essa tarefa.[372]

A importância do diálogo desponta ainda pelo fato de que o "confronto" entre o Tribunal Constitucional e o legislador pode ser arbitrado pelo Poder Constituinte reformador que, em boa parte dos sistemas constitucionais, manifesta-se, formalmente, por meio dos próprios órgãos que detêm a competência legislativa ordinária, exigindo-se, em um sistema de Constituição rígida, apenas *quorum* diferenciado. Assim, abre-se a possibilidade de superar um possível

---

[372] RAMOS, Elival da Silva. *Controle de constitucionalidade no Brasil*: perspectivas de evolução. São Paulo: Saraiva, 2010. p. 456, 459.

impasse gerado pela recusa, ou mesmo pela permanência da inércia do legislador ordinário, mediante a alteração das normas-parâmetros que serviram para o reconhecimento da inconstitucionalidade por omissão legislativa.

Muito embora se mostre indispensável o estabelecimento de um diálogo entre o Tribunal Constitucional e o Legislativo, não se está aqui defendendo que a atuação do Tribunal pare por aí, afinal, entender que a omissão é inconstitucional e não corrigir essa omissão é praticar outra inconstitucionalidade, talvez até mais grave, pois a omissão inconstitucional pode estar ocorrendo sem a ciência daquele que é titular da função. Já saber da inconstitucionalidade após o estabelecimento do diálogo e nada fazer é desrespeitar a Constituição naquilo que ela tem de mais sagrado: sua superioridade e força normativa.

Como bem salienta Ferraz, a omissão inconstitucional, para ser configurada, depende de uma "inatividade consciente na aplicação da Constituição, ou seja, quando uma disposição constitucional deixa de ser plenamente aplicada por falta de atuação do poder competente para esse fim, por um tempo mais ou menos longo".[373]

O que está aqui sendo tratado é de uma condição que deve ser observada antes da edição de enunciados normativos pelo Tribunal Constitucional no exercício da função legislativa, a saber: a necessidade de declarar previamente a mora do órgão que detém a competência titular (originária) para o exercício da função legislativa *stricto sensu*, fixando um prazo razoável para que este saneie seu comportamento omissivo inconstitucional.

Tal comportamento busca também conciliar a autonomia do legislativo (e do legislador) e a eficácia que deve ter as normas constitucionais, até porque o exercício da função normativa pelo Tribunal Constitucional deverá ocorrer somente quando o titular não puder intervir em tempo satisfatório a fim de sanar a omissão inconstitucional relevante verificada.

Nessa circunstância a declaração da mora cumpre importante função já que informa ao legislador que ele está deixando de cumprir

---

[373] FERRAZ, Anna Cândida da Cunha. *Processos informais de mudança da Constituição*: mutações constitucionais e mutações inconstitucionais. São Paulo: Max Limonad, 1986. p. 218.

com sua competência constitucional de editar legislação necessária para conceder eficácia às normas constitucionais.

Piovesan, criticando a concepção da ação direta de inconstitucionalidade por omissão brasileira, faz a seguinte proposta:

> A título de proposição, sustenta-se que mais conveniente e eficaz seria se o Supremo Tribunal Federal declarasse inconstitucional a omissão e fixasse prazo para que o legislador omisso suprisse a omissão inconstitucional, no sentido de conferir efetividade à norma constitucional. O prazo poderia corresponder ao prazo da apreciação em "regime de urgência" que, nos termos do art. 64, §2º, do texto, é de quarenta e cinco dias. Pois bem, finalizado o prazo, sem qualquer providência adotada, poderia o próprio Supremo, a depender do caso, dispor normativamente da matéria, a título provisório, até que o legislador viesse a elaborar a norma faltante. Esta decisão normativa do Supremo Tribunal Federal, de caráter temporário, viabilizaria, desde logo, a concretização de preceito constitucional. Estariam então conciliados o princípio político da autonomia do legislador e a exigência do efetivo cumprimento das normas constitucionais.[374]

A declaração prévia da mora também diminuirá a possibilidade de o ordenamento jurídico ser alterado repentinamente ora pelo substituto ora pelo titular, e também poderá afastar alegações do titular da função de legislar de que não sabia que estava sendo omisso e de que tal comportamento era inconstitucional, afinal, a omissão pode ser parcial.

Interessante proposta de diálogo nos casos de omissão legislativa inconstitucional já apresentava Pires Rosa ao analisar o mandado de injunção brasileiro. Sugeria o autor que o STF ao emitir sua decisão, com eficácia *erga omnes*, comunicasse imediatamente ao Legislativo sua decisão e o modo que entende que se deva dar concretude à Constituição, sendo que os efeitos de tal decisão permaneceriam suspensos por um ano, período em que o legislador poderia editar a legislação pertinente que iria sobrepor, parcial ou totalmente, a escolha do Supremo.[375]

---

[374] PIOVESAN, Flávia. *Proteção judicial contra omissões legislativas*: ação direta de inconstitucionalidade por omissão e mandado de injunção. 2. ed. rev., atual. e ampl. São Paulo: Revista dos Tribunais, 2003. p. 126-127.

[375] ROSA, André Vicente Pires. *Las omisiones legislativas y su control constitucional*. Rio de Janeiro: Renovar, 2006. p. 386-390. Para o autor, caso se entenda que a decisão em sede de mandado de injunção possui efeito *inter pars*, ter-se-á a infração do princípio da igualdade, já que seria possível pensar que em casos análogos ter-se-iam decisões distintas. (*Ibidem*, p. 388).

Calha registrar que a Lei nº 13.300, de 23 de junho de 2016, ao regulamentar o mandado de injunção no direito brasileiro, acatou, de certa forma, a doutrina retro, prescrevendo no seu art. 8º que o Judiciário deve reconhecer o *estado de mora legislativa* e determinar *prazo razoável* para a edição da norma regulamentadora, estabelecendo já na decisão as "condições em que se dará o exercício dos direitos, das liberdades ou das prerrogativas reclamados [...] caso não seja suprida a mora legislativa no prazo determinado".

Como se observa, nesse diálogo entre o legislador e o Judiciário, o legislador (Executivo ou Legislativo) agora saberá as consequências da sua inércia, haja vista que o Judiciário já terá estabelecido as condições para o exercício dos direitos reclamados.

Ainda no âmbito da declaração da mora, destaca-se também como interessante instrumento de diálogo entre o Tribunal Constitucional e o titular da função de legislar o Apelo ao Legislador[376] utilizado pela Justiça Constitucional alemã em virtude de inadimplemento do dever constitucional de legislar.

Trata-se de um mecanismo da Justiça Constitucional bem interessante em que o Tribunal Constitucional "dialoga" com o Legislativo. Por intermédio do "Apelo ao Legislador", este fica ciente de que o Tribunal poderá, em breve, declarar a inconstitucionalidade de determinado ato legislativo, ou que o Tribunal Constitucional entende necessário uma modificação do ato legislativo em certo sentido, já que poderá declarar, mais adiante, a inconstitucionalidade daquele ato legislativo.

Dimoulis e Lunardi apontam duas categorias de decisões de Apelo ao Legislador de acordo com o critério *finalidade*: a) Apelo ao legislador *em virtude de mudança nas relações de fato ou jurídicas*: nesse caso o dispositivo deixa de ser compatível com a Constituição, e; b) Apelo ao legislador *em virtude de descumprimento do dever constitucional de legislar*: a omissão revela-se ainda constitucional, enfatizando, porém, o dever do legislador de sanar a omissão.[377]

---

[376] A expressão *Appellentscheidung*, literalmente "Decisão de Apelo", é traduzida para o português como "Apelo ao Legislador" e, nos países de língua castelhana, como "decisión exortativa".
[377] DIMOULIS, Dimitri; LUNARDI, Soraya Gasparetto. *Curso de processo constitucional*: controle de constitucionalidade e remédios constitucionais. São Paulo: Atlas, 2011. p. 280.

Por meio do instituto do "Apelo ao Legislador" vê-se demonstrada a imperfeição quanto à situação de (in)constitucionalidade, já que nesta condição o Tribunal Constitucional alemão reconhece que "a lei ainda é constitucional", mas que se encontra em um processo de transição para a inconstitucionalidade, sendo necessário um comportamento comissivo por parte do Legislativo, em prazo razoável, para que a inconstitucionalidade não se concretize.

As lições de Cruz, bem delineiam o "Apelo ao Legislador":

> Estas decisões apelativas do Tribunal exprimem o fenômeno da inconstitucionalização fática ou progressiva de uma norma, em que o Tribunal considera o texto ou o âmbito da norma ainda constitucional, fazendo com que se requeira ao legislador uma modificação ou um aperfeiçoamento da norma, a fim de evitar-se, pela decretação de uma nulidade, a criação de uma situação ainda pior do que a situação anterior à apreciação do caso.[378]

Tal fenômeno implica um reconhecimento pelo Tribunal Constitucional de que o enunciado normativo não é mais perfeito e que se encontra em processo de inconstitucionalização em decorrência de um exercício de prognose, apesar de o Tribunal não dispor de competência para estabelecer prognósticos, além de não poder estabelecer, com precisão e segurança, a partir de qual momento exato ocorrerá a conversão da situação que "ainda é constitucional" para situação de inconstitucionalidade.

Na realidade, trata-se de uma decisão que afasta, momentaneamente, a inconstitucionalidade de determinado enunciado normativo, mas que adverte que ele se encontra em "trânsito para a inconstitucionalidade", preferindo-se, assim, avisar ao Legislativo que deve ser saneada a inconstitucionalidade sob pena de uma

---

[378] CRUZ, Álvaro Ricardo de Souza. *Jurisdição constitucional democrática*. Belo Horizonte: Del Rey, 2004. p. 181. Cf. ainda: MENDES, Gilmar Ferreira. *Jurisdição constitucional*: o controle abstrato de normas no Brasil e na Alemanha. 5. ed. São Paulo: Saraiva, 2005. p. 301. Mendes noticia ainda que a utilização do *Appellentscheidung* é polêmica na própria Alemanha não colhendo "aplausos unânimes na doutrina. Afirma-se que o Tribunal não dispõe de base legal para proferir esse tipo de decisão". (*Idem*. *Moreira Alves e o controle de constitucionalidade no Brasil*. São Paulo: Saraiva, 2004. p. 38).

postura mais ativa do Tribunal Constitucional do que simplesmente declarar a inconstitucionalidade.

Como se vê, por intermédio do mecanismo do "Apelo ao Legislador" tem-se um importante complemento à simples comunicação da "mora" na ação por omissão, já que o "Apelo" constitui um aviso de que ou o Legislativo cumpre sua competência em prazo razoável, ou se persistir na omissão, o Tribunal Constitucional regulará a questão, exercendo a curadoria da Constituição.[379]

Nessa mesma linha dialógica, Tushnet propõe[380] um "sistema 'fraco' de revisão constitucional" (*weak-form judicial review*) em que haveria um diálogo institucional entre o Tribunal Constitucional e os demais poderes (órgãos constitucionais de soberania). Afirma o professor que o sistema proposto de Justiça Constitucional encontra-se em diversos lugares sob diferentes formas.

Para Tushnet, o "sistema 'fraco' de revisão constitucional" propicia ao Tribunal Constitucional "dizer sobre a Constituição", mas sem ser a última, ou a única palavra,[381] bem como reduz a tensão entre a Justiça Constitucional e autogoverno democrático.

No sistema proposto por Tushnet, antes de qualquer decisão conclusiva do Tribunal Constitucional, este deveria dialogar com o poder que pratica(ou) o ato (comissivo ou omissivo) ofensivo à Constituição, possibilitando a ele a correção do ato. Apenas com uma resposta inadequada, ou sem uma resposta, é que o

---

[379] A sistemática e os efeitos do Apelo ao Legislador decorre da *cláusula parâmetro da independência e harmonia* (cf. item 1.3.1) entre os *órgãos constitucionais de soberania*, ressaltando que do ponto de vista estritamente *jurídico*, o Apelo ao Legislador não se equipara à imposição de um dever de legislar.

[380] TUSHNET, Mark. Formas alternativas de revisão judicial do poder público, direitos sociais e separação de poderes. In: CONGRESSO INTERNACIONAL DE DIREITO CONSTITUCIONAL, 8., 2010, Natal-RN. *Federalismo e separação dos poderes*: avanços e retrocessos. Natal: Escola Brasileira de Estudos Constitucionais, 2010. Palestra proferida no dia 30.04.2010.

[381] Argumenta o autor, ao analisar o sistema estadunidense, que "quaisquer decisões proferidas por uma maioria da Suprema Corte não são as únicas decisões razoáveis que estão disponíveis, até porque tais entendimentos, frequentemente, encontram dissenso no próprio Tribunal, não obstante todas as posições sejam defendidas por pessoas aparentemente razoáveis. Já deve ser o bastante para demonstrar que há, de fato, uma tensão entre a forma forte de controle judicial e o autogoverno democrático." (TUSHNET, Mark. Formas alternativas de controle judicial. In: LEITE, George Salomão; SARLET, Ingo Wolfgang; TAVARES, André Ramos. *Estado constitucional e organização do poder*. São Paulo: Saraiva, 2010. p. 45).

Tribunal Constitucional agiria de forma mais efetiva para afastar a inconstitucionalidade perpetrada, fazendo assim que o "sistema 'fraco' de revisão constitucional" se convertesse em um "sistema 'forte' de revisão constitucional".

Independentemente do modelo e/ou sistema adotado de diálogo entre o Tribunal Constitucional e o Legislativo, entende-se o mesmo como louvável, vez que homenageia os órgãos em que seus integrantes são providos por meio de um sistema democrático-representativo.

Uma atuação conjunta dos órgãos constitucionais de soberania, a despeito da declaração de inconstitucionalidade ou de alguma interpretação de texto constitucional, no âmbito da Justiça Constitucional, merece ser estimulada, afinal,

> [e]star-se-á, certamente, perante iniciativa geradora de uma cultura de respeito e consolidação das instituições democráticas e constitucionais, que exigem oitiva constante da Justiça Constitucional, mas que não podem pretender esgotar-se, enquanto momento constitucional de um Estado, nessa única instituição.[382]

Mas independente da mantença desse diálogo institucional, e por quanto tempo ele dure, o Tribunal Constitucional só estará autorizado a atuar como órgão de normação positiva se houver efetivamente uma necessidade atual para o exercício da curadoria da Constituição (cf. item 3.2.2.1).

Ao cabo, salienta-se que essa postura de *diálogo institucional* do Tribunal Constitucional com o Legislativo configura-se, de certo modo, uma forma de "autolimitação" do Tribunal (cf. item 4.12).

3.2.4.3 Constituição dirigente

Seguindo o modelo da Constituição mexicana, de 1917 e, principalmente, da Constituição da República de Weimar, de

---

[382] TAVARES, André Ramos. A inconsistência do Tribunal Constitucional como "legislador negativo" em face de técnicas avançadas de decisão da justiça constitucional. *Revista Brasileira de Estudos Constitucionais – RBEC*, Belo Horizonte, v. 4, n. 15, p. 128, jul./ set. 2010.

1919, as Constituições contemporâneas não se limitam, como as liberais do século XIX, a prescrever direitos de primeira geração (liberdades negativas) que tutelavam os particulares de possíveis atos do Estado. As Constituições atuais vão além das *garantias*, pois pretendem conformar amplos aspectos da vida social, quer seja com a formulação de programas para os poderes públicos, quer seja com a constitucionalização de direitos cuja efetivação requer postura ativa do Estado (liberdades positivas). O que se verifica é uma metamorfose do modelo estatal: *do Estado Liberal ao Estado Social*.

O modelo de Constituição contemporânea acima desenhado é a "Constituição dirigente", que demanda além da contenção do Estado contra as garantias constitucionalmente asseguradas, mas também uma atuação estatal (administrativa e legislativa) para a efetivação dos direitos contemplados pelos enunciados normativos constitucionais, afinal, a "Constituição dirigente", como programa de ação aberto ao tempo, impõe para o Estado programas, metas, tarefas e fins, que requerem atuação efetiva do Estado, inclusive legislativa.[383]

Para o que se pretende neste trabalho, não se irá perscrutar as discussões se a "Constituição dirigente" proposta por Canotilho morreu ou não morreu a mercê do famoso prefácio à segunda edição da sua obra, bastando aqui, utilizar das seguintes respostas do próprio Canotilho aos questionamentos realizados por professores brasileiros em simpósio: "o legislador não tem absoluta liberdade de conformação, antes tem de mover-se dentro do enquadramento constitucional. Esta é a primeira sobrevivência da Constituição dirigente em termos jurídico-programáticos".[384]

---

[383] Canotilho ao tratar da *função* da Constituição dirigente, assim leciona: "O 'sentido normativo' da constituição, concebe-se como prospectivamente orientado, abrindo via ao futuro, sem perfeccionisticamente tentar captar e fechar o processo histórico. Nesta perspectiva se afirma que a lei fundamental é 'esboço de uma via' e algo de 'desejado' e não apenas um estatuto 'confirmante ou garantidor'." (CANOTILHO, José Joaquim Gomes. *Constituição dirigente e vinculação do legislador*: contributo para a compreensão das normas constitucionais programáticas. 2. ed. Coimbra: Coimbra Editora, 2001. p. 152-153).

[384] COUTINHO, Jacinto Nelson de Miranda (Org.). *Canotilho e a Constituição dirigente*. Rio de Janeiro: Renovar, 2003. p. 15. A citada obra é uma reprodução de intervenções orais havidas no simpósio realizado em 21 e 22 de fevereiro de 2002, nas cidades de Curitiba e São Luiz do Puruña, promovido pelo Programa de pós-graduação em Direito da Universidade Federal do Paraná, com a participação por videoconferência do Professor J. J. Gomes Canotilho, tendo como enfoque algumas ideias e interpretações oriundas da obra *Constituição dirigente e vinculação do legislador* do citado Professor, principalmente do prefácio a segunda edição.

Mais adiante, ao responder outro questionamento, responde J. J. Gomes Canotilho de forma contundente: "as constituições dirigentes existirão enquanto forem historicamente necessárias".[385] Como bem anota Streck, para quem o "caráter dirigente-vinculativo-normativo da Constituição não morreu", o que "permanece da noção de Constituição dirigente, no início do século XXI, é a vinculação do legislador aos ditames da materialidade da Constituição".[386]

O enfoque da "Constituição dirigente", que fique claro, serve neste trabalho apenas como um *plus*, como um reforço argumentativo que pode ser utilizado no discurso jurídico proferido no âmbito da Justiça Constitucional no controle das omissões legislativas inconstitucionais em face de qualquer outro argumento, principalmente nos países de modernidade tardia com uma realidade constitucional marginal-periférica.

A atuação do Tribunal Constitucional como órgão de normação positiva constitui também uma estratégia de tornar viável uma Constituição Dirigente, que cultua um modelo de Estado intervencionista, do qual emerge o direito a prestações positivas e que exige de todos os órgãos constitucionais de soberania a sua realização.

Ocorre que tal vinculação só se mostra efetiva, caso se confira, também à omissão legislativa, um comportamento eficaz por parte do órgão de controle de constitucionalidade – Tribunal Constitucional – repudiando a inércia configuradora de uma inconstitucionalidade por omissão.

3.2.5 Situações conjunturais que não influenciam na atuação do Tribunal Constitucional como curador da Constituição

A existência de um processo legislativo para reforma da Constituição ou de um processo legislativo comum não são

---

[385] COUTINHO, Jacinto Nelson de Miranda (Org.). *Canotilho e a Constituição dirigente*. Rio de Janeiro: Renovar, 2003. p. 40.
[386] STRECK, Lenio Luiz. Prefácio da obra. In: MOREIRA, Nelson Camatta. *Fundamentos de uma teoria da Constituição dirigente*. Florianópolis: Conceito, 2010. p. 18-19.

impeditivos para que o Tribunal Constitucional atue como curador da Constituição, salvo a demonstração aparente de que este chegará ao fim em tempo razoável.

O fato de haver sido desencadeado o respectivo processo legislativo para a reforma da Constituição ou para a edição de ato legislativo a fim de sanar a omissão inconstitucional, não afasta a necessidade da atuação do Tribunal Constitucional como órgão curador da Constituição.

A atuação do Tribunal Constitucional como órgão curador da Constituição não deve receber contenções pela simples instalação pelo legislador de qualquer *iter* conducente ao saneamento da ineficácia constitucional ou da ofensa à Constituição.

Clève, analisando o cabimento do mandado de injunção no direito brasileiro, afirma que é cabível a impetração do *writ*, pouco importando se já iniciado ou não o processo de elaboração da normativa faltante.[387]

No mesmo sentido Mendes destaca que:

> Não temos dúvida, portanto, em admitir que também a *inertia deliberandi* das Casas Legislativas pode ser objeto da ação direta de inconstitucionalidade por omissão. Assim, pode o Supremo Tribunal Federal reconhecer a mora do legislador em deliberar sobre questão, declarando, assim, a inconstitucionalidade por omissão.[388]

É da essência do processo legislativo que ele seja demorado, além do que, maiorias ou minorias representadas no Legislativo poderão trabalhar para que a deliberação se estenda por um tempo considerável, num comportamento que fará com que a Constituição continue sem eficácia por tempo indeterminado – o que é inadmissível.

No MI 361/RJ, o STF assim também entendeu, ao decidir que "vencido o prazo razoável, [...] nem a pendência de projetos

---

[387] CLÈVE, Clèmerson Merlin. *Fiscalização abstrata da constitucionalidade no direito brasileiro*. 2. ed. São Paulo: Revista dos Tribunais, 2000. p. 386. No mesmo sentido: CUNHA JR., Dirley da. *Controle judicial das omissões do poder público*: em busca de uma dogmática constitucional transformadora à luz do direito fundamental à efetivação da Constituição. São Paulo: Saraiva, 2004. p. 517.

[388] MENDES, Gilmar Ferreira; BRANCO, Paulo Gustavo Gonet. *Curso de direito constitucional*. 8. ed. São Paulo: Saraiva, 2013. p. 1160.

de lei tendentes a cumpri-lo podem descaracterizar a evidência da inconstitucionalidade da persistente omissão de legislar.[389] Contudo, tendo ocorrido a aprovação pelo Legislativo da espécie legislativa que concederá ao enunciado normativo constitucional a eficácia que lhe é inerente, e restando pendente apenas a publicação, deverá o Tribunal Constitucional se abster, ao menos provisoriamente, de atuar como órgão de normação positiva. Tal comportamento é importante pelo Tribunal Constitucional de forma a homenagear o mínimo de estabilidade que deve ter um ordenamento jurídico.

3.3 Previsão constitucional

3.3.1 Legitimidade na norma fundante

Após afirmar no item 2.2.7 quanto à possibilidade de o Tribunal Constitucional ditar *diretivas gerais* quando do exercício da sua *função enunciativa*, e no item 2.3.1 a possibilidade de o Tribunal Constitucional substituir aquele que detém a competência titular (originária) para o exercício da função legislativa *stricto sensu*, é o momento de aprofundar a análise a fim de demonstrar que, para que ocorra a realização dessas *funções normativas,* imprescindível é a previsão constitucional.

Garcia-Pelayo, ao tratar da importância do estudo do *direito constitucional* na organização estatal, afirmou que o mesmo pode ser definido como "a ordenação das competências supremas de um Estado", e como o Estado se manifesta como uma unidade de poder é essencial que o direito constitucional estabeleça: *i*) quem está legitimado a exercer o poder; *ii*) com base em quais princípios orgânicos; *iii*) segundo quais métodos e *iv*) com quais limitações.[390]

---

[389] STF. Pleno. MI 361/RJ. Rel. para Acórdão: Min. Sepúlveda Pertence. Julgado em 08 abr. 1994. No mesmo sentido: STF. Pleno. ADI 3682/MT. Rel. Min. Gilmar Mendes. Julgado em 09.05.2007. Em sentido contrário: STF. Pleno. ADI 2495/SC. Rel. Min. Ilmar Galvão. Julgado em 02.05.2002.

[390] GARCIA-PELAYO, Manuel. *Derecho constitucional comparado.* 3. ed. Madrid: Revista de Occidente, 1953. p. 19-20.

Tem-se então que todos os órgãos constitucionais de soberania (poderes) são legítimos na medida em que a Constituição os reconheça e na proporção que exercem suas competências por ela distribuídas. Como sustentado no item 3.2, o exercício da *função normativa* pelo Tribunal Constitucional se dará apenas quando o mesmo atuar na posição de curador da Constituição. Sendo assim, por ser a Constituição a própria ordenação suprema do Estado, deve ela encontrar em si mesma a própria tutela e garantia.[391]

O fato do surgimento do *judicial review* na Suprema Corte dos Estados Unidos da América no ano de 1803 com a consagração do controle difuso de constitucionalidade e o reconhecimento da superioridade hierárquica da Constituição em relação às leis ter ocorrido sem a expressa previsão na Constituição estadunidense, bem como o acolhimento em alguns países (Áustria, Espanha, Itália e Alemanha) da noção de inconstitucionalidade por omissão por obra da jurisprudência constitucional, mesmo não havendo na Constituição respectiva a devida previsão, não é suficiente para legitimar a atuação dos Tribunais Constitucionais como órgãos constitucionais de normação positiva sem uma expressa previsão constitucional.

Apesar da utilidade e do brilhantismo da *teoria dos poderes implícitos*[392] – *implied powers* – (quem quer a realização dos fins concede os meios necessários para tanto), repudia-se a mesma para sustentar que o Tribunal Constitucional possa, a fim de efetivar a Constituição, editar enunciados normativos, já que tal teoria não possibilita uma percepção objetiva dessa atuação, devendo-se ainda anotar que tal teoria foi construída numa concepção de Estado liberal.

Um dos pontos altos da *teoria dos poderes implícitos* seria que "na interpretação de um poder, todos os meios ordinários e apropriados a executá-los são considerados parte do próprio poder", que "se o fim for legítimo e estiver dentro do escopo da Constituição, todos os meios apropriados e claramente ajustados àquele fim, e não proibidos, podem ser constitucionalmente empregados",

---

[391] RUFFIA, Paolo Biscaretti di. *Direito constitucional*: instituições de direito público. Tradução Maria Helena Diniz. São Paulo: Revista dos Tribunais, 1984. p. 3-4.
[392] BONAVIDES, Paulo. *Curso de direito constitucional*. 11. ed. rev., atual. e ampl. São Paulo: Malheiros, 2001. p. 430-433.

acrescentando ainda que o exercício de uma competência não exclui as demais, podendo ocorrer que "o modo eficaz e útil numa idade ou debaixo de uma determinada circunstância vem a revelar-se por inteiro inútil ou pernicioso noutra época".[393]

Pode-se dizer que o exercício da *função normativa* pelo Tribunal Constitucional seria um "meio ordinário", "apropriado" e "claramente ajustado" para o exercício da curadoria da Constituição? Crê-se que não.

O Tribunal Constitucional pode, e deve, ser o curador da Constituição, mas ele não é o único com tal mister. A Constituição deve atribuir a competência para aqueles órgãos que irão desenvolver a mais importante função dentro de uma democracia – legislar (*lato sensu*). Cabe à Constituição definir qual(is) órgão(s) poderá(ão) exercer a função legislativa (*lato sensu*), e quando poderá assim atuar, sob pena de ocorrer uma sobreposição de atos normativos com o mesmo fim – a curadoria da Constituição, além da possibilidade de ocorrer uma desarmonia na estrutura estatal, tendo em vista que a atuação de um órgão poderá interferir, indevidamente, na competência de outro órgão.

Não se pode perder de vista que há autores que consideram ter havido uma usurpação de poderes por parte da Suprema Corte estadunidense, já que o *judicial review* é uma função autoatribuída, sendo essa a lição de Enterría:

> Como explicar a surpreendente aceitação geral de uma instituição cuja posição central está baseada inteiramente em uma competência, a de *judicial review*, que não foi atribuída expressamente pela Constituição, mas foi propriamente "usurpada", ou ao menos auto-atribuída?[394]

---

[393] STORY, Joseph. *Commentaries on the Constitution of the United States*. 4. ed. Boston: [S. n.], 1873. p. 327-328, *apud*, BONAVIDES, Paulo. *Curso de direito constitucional*. 11. ed. rev., atual. e ampl. São Paulo: Malheiros, 2001. p. 432.

[394] ENTERRÍA, Eduardo García de. *La Constitución como norma y el Tribunal Constitucional*. 4. ed. Madrid: Civitas, 2006. p. 135. T.a. do original: "¿Cómo explicar la sorprendente aceptación general de una institución cuya posición central está basada enteramente en una competencia, la de *judicial review*, que no ha sido atribuida expresamente por la Constitución, sino propiamente 'usurpada', o al menos autoatribuida?" Bitar noticia diversas críticas quanto aos fundamentos trazidos por Marshall no caso *Marbury v. Madison*: "A crítica tem insinuado que tais fundamentos foram deduzidos por Marshall sem maior penetração e, numa petição de princípios lamentável, teria dado como provado exatamente aquilo que deveria provar." (BITAR, Orlando. *Obras completas de Orlando Bitar*: estudos de direito constitucional e direito do trabalho. Rio de Janeiro: Renovar, 1996. v. 1, p. 518).

Deve ficar claro que não é possível a utilização da ideia de *separação orgânica* (formal ou subjetiva) de poderes (cf. item 1.2.2) para entender que em caso de omissão da Constituição na distribuição da competência para o exercício da *função normativa* em sede de Justiça Constitucional, ficaria a cargo do Judiciário e/ou do Tribunal Constitucional o exercício dessa competência com a possível substituição do legislador (ordinário ou constituinte derivado).

A ideia da separação *orgânica* de poderes pode ser utilizada apenas naquilo que pertine a cada órgão estatal a atribuição da respectiva função, afinal, trata-se da *separação* formal ou subjetiva dos poderes que impõe a correspondência entre o órgão estatal e a respectiva função.

Assim, corresponde ao Judiciário e/ou ao Tribunal Constitucional o controle de constitucionalidade, por ação ou por omissão, contudo, o exercício da *função normativa* trata-se de uma exceção ao *imperativo de correspondência*, configurando uma "competência anômala" que para ser exercida carece de previsão constitucional.

O que se está aqui a tratar é, na classificação de Reale[395] acerca da validade as leis,[396] a validade formal (ou técnico-jurídica) naquilo que concerne ao requisito[397] da *legitimidade do órgão*.

O requisito da legitimidade do órgão para Reale é observado por dois prismas: *i*) legitimidade subjetiva, que diz respeito ao agente ou órgão em si mesmo; e *ii*) legitimidade quanto à matéria, que se verifica pela competência do órgão legiferante.[398]

Aqui, o que interessa, é a *legitimidade subjetiva* no que tange ao Tribunal Constitucional em si mesmo.

Como visto no item 1.3, é na Constituição que se observa o grau de independência e de colaboração entre os órgãos constitucionais instituídos em cada Estado, bem como a definição de suas competências.

---

[395] REALE, Miguel. *Lições preliminares de direito.* 27. ed. São Paulo: Saraiva, 2010. p. 105.
[396] Utilizar-se-á da ideia da validade das leis para se analisar a validade da normação positiva editada pelo Tribunal Constitucional já que os atos normativos oriundos destes diferentes órgãos possuem os mesmos efeitos.
[397] Reale aponta os seguintes requisitos quanto à validade formal: *i*) legitimidade do órgão; *ii*) competência *ratione materiae*; e *iii*) legitimidade do procedimento. (REALE, Miguel. *Lições preliminares de direito.* 27. ed. São Paulo: Saraiva, 2010. p. 109-110).
[398] REALE, Miguel. *Lições preliminares de direito.* 27. ed. São Paulo: Saraiva, 2010. p. 108.

A Constituição é a norma que redireciona a diversidade política da nação em uma unidade jurídica, bem como a pluralidade de fontes em uma unidade do ordenamento jurídico.[399]

Apesar de consignado no item 1.3.2 a inadmissibilidade de uma separação absoluta no exercício das funções estatais no atual Estado Constitucional de Direito, não se pode desconsiderar a seguinte lição:

> Embora se defenda a inexistência de uma separação absoluta de funções, dizendo-se simplesmente que a *uma função corresponde um titular principal*, sempre se coloca o problema de saber se haverá um núcleo essencial caracterizador do princípio da separação e absolutamente protegido pela Constituição. Em geral, afirma-se que a nenhum órgão podem ser atribuídas funções das quais resulte o esvaziamento das funções materiais especialmente atribuídas a outro. Quer dizer: o princípio da separação exige, a título principal, a correspondência entre órgão e função e só admite excepções quando não for sacrificado o seu núcleo essencial. O alcance do princípio é visível quando com ele se quer traduzir a proibição do "monismo de poder", [...]. Todavia, permanece em aberto o problema de saber onde começa e onde acaba o núcleo essencial de uma determinada função.[400]

Para Miranda, "o pressuposto [condição] de longe mais importante dos actos jurídico-constitucionais, e comum a todos eles, é a *competência*".[401]

Morais assim define *competência*:

> A *competência* pode ser definida como a atribuição a um órgão, com eventual exclusão dos demais, do poder funcional de aprovar actos jurídico-públicos no âmbito de uma determinada matéria e nos limites de um determinado espaço e de um determinado tempo.[402]

A soberania estatal atribui à Constituição a "competência para distribuição das competências" entre os órgãos constitucionais de

---

[399] CARBONELL, Miguel. *Constitución, reforma constitucional y fuentes del derecho en México*. 6. ed. México: Porrúa, 2008. p. 5.
[400] CANOTILHO, José Joaquim Gomes. *Direito constitucional e teoria da Constituição*. 4. ed. Coimbra: Almedina, 2000. p. 544-545.
[401] MIRANDA, Jorge. *Manual de direito constitucional*. 3. ed. Coimbra: Coimbra Editora, 2004. t. 5, p. 102.
[402] MORAIS, Carlos Blanco de. *Curso de direito constitucional*. Coimbra: Coimbra Editora, 2008, t. 1, p. 66.

soberania, vez que somente o Poder Constituinte pode defini-las e dimensioná-las para então estabelecer a sua repartição.

Cooley, analisando a Constituição estadunidense, afirmou que: "*A Constituição é uma outorga de poderes*. O governo criado pela Constituição tem poderes limitados e declarados, e a Constituição é a medida e a distinção dos poderes conferidos".[403]

Como bem assenta Teixeira:

> o que à Constituição cabe é efetuar a distribuição de funções de competências entre os Poderes, atendo-se em maior ou menor grau à divisão lógica das funções estatais, como julgar mais conveniente e adequado à criação de um sistema político equilibrado, à eficiência do governo e à preservação da liberdade;[404]

A cláusula da separação de poderes se apresenta assim como uma teoria de estruturação organizacional para cada Estado estabelecida pela respectiva Constituição.

De uma vez por todas, a cláusula da separação de poderes não significa, ausência de limitações recíprocas, de coordenação, de interdependência, de tarefas comuns entre os poderes. Significa que essas limitações, esses controles, essas interferências de cada órgão constitucional de soberania na esfera teoricamente de competência dos demais, essa interdependência e coordenação, serão estritamente aquelas estabelecidas e admitidas pela Constituição.

Nesse sentido Willoughby leciona que a cláusula da separação de poderes não proíbe a prática, por um poder, de atos que pela sua natureza essencial, pertença a outro. Antes, sua correta formulação consiste em afirmar-se que a um poder é lícito, constitucionalmente, exercer qualquer direito ou faculdade, seja qual for sua íntima natureza, desde que assim o estabeleça a Constituição.[405]

Tem-se então que a distribuição das funções do Estado entre os órgãos constitucionais de soberania, ou seja, a determinação para

---

[403] COOLEY, Thomas M. *Princípios gerais de direito constitucional nos Estados Unidos da América*. Tradução Ricardo Rodrigues Gama. Campinas: Russel, 2002. p. 38.

[404] TEIXEIRA, José Horácio Meirelles. *Curso de direito constitucional*. Rio de Janeiro: Forense Universitária, 1991. p. 599.

[405] WILLOUGHBY, *On the Constitution of the United States*, v. 3, 1929. p. 1619, apud, TEIXEIRA, José Horácio Meirelles. *Separação de poderes e direito adquirido na concessão de serviço público*. São Paulo: [S. n.], 1956. p. 39-40.

o exercício das competências é tarefa do Poder Constituinte que a positiva com ampla liberdade por meio da Constituição, elencando, inclusive, as competências do Tribunal Constitucional. Com grande precisão Tavares leciona:

> É a Constituição o *locus* adequado para perscrutar-se acerca das funções a serem exercidas pelo Tribunal Constitucional. Nessa lição compreende-se uma completa liberdade de previsão (constituinte-originária) de quais serão exatamente essas funções em determinado contexto histórico-pontual.[406]

O Estado não pode viver à margem do Direito. Ele sempre atua por intermédio de processos ou procedimentos jurídicos ou de operações materiais que remontam a normas de competência, afinal, se as funções do Estado dependem dos enunciados normativos constitucionais que as regem, então todas as funções de soberania do Estado não podem deixar de ser funções jurídicas e todos os "actos em que se desdobram atos jurídico-públicos".[407]

A competência traduz-se, concomitantemente, em uma *autorização* ou *legitimação* para a prática de atos jurídicos (aspecto positivo) e em um *limite* para essa prática (aspecto negativo).[408]

As exceções à cláusula da separação de poderes, isto é, aquelas competências anômalas (atípicas), aquelas participações a título secundário, de cada poder na esfera teoricamente de competência dos outros órgãos constitucionais de soberania (poderes), somente serão admissíveis quando a Constituição as estabeleça, ou claramente as permita, e nos estritos termos em que o fizer.[409]

Assentada a ideia de que o exercício de qualquer competência pelos órgãos constitucionais de soberania exige a prévia previsão constitucional, é momento agora de visitar a discussão que gira em torno se a dita previsão deve ser *expressa* ou pode ser *tácita*.

---

[406] TAVARES, André Ramos. *Teoria da justiça constitucional*. São Paulo: Saraiva, 2005. p. 197.
[407] MIRANDA, Jorge. *Manual de direito constitucional*. 3. ed. Coimbra: Coimbra Editora, 2004. t. 5, p. 11-12.
[408] MIRANDA, Jorge. *Manual de direito constitucional*. 3. ed. Coimbra: Coimbra Editora, 2004. t. 5, p. 58.
[409] TEIXEIRA, José Horácio Meirelles. *Separação de poderes e direito adquirido na concessão de serviço público*. São Paulo: [S. n.], 1956. p. 39.

Canotilho anota que, pelo *princípio da tipicidade de competências*, tem-se que "as competências dos órgãos constitucionais sejam, em regra, apenas as expressamente enumeradas na Constituição".[410] Tal discussão resta estéril sob o prisma pragmático já que determinado dispositivo constitucional, ao ser interpretado, pode possibilitar a uns concluírem que ali está *expressamente* prevista determinada competência, e a outros entenderem que não, que o determinado dispositivo apenas *implicitamente* confere determinada competência a determinado órgão estatal.

Assim, parece mais adequado entender que a competência pode ser aquela fixada *explícita ou implicitamente* pela Constituição, como bem leciona Teixeira:

> [...] as Constituições modernas são, na realidade, verdadeiros sistemas cerrados de competências, e cada ente, poder ou órgão, vai buscar na Constituição, que explícita ou implicitamente as estabelece, as próprias fontes, os próprios fundamentos de sua autoridade, e nenhuma competência se lhes pode reconhecer ou admitir, quando não as estabeleça, expressa ou implicitamente, a própria Constituição.[411]

No mesmo sentido leciona Miranda afirmando que a "competência vem da norma; não se presume. Contudo, tanto pode ser explícita quanto implícita", e continua:

> Quer dizer tanto pode assentar numa norma que, explicitamente, a declare como assentar em norma cujo sentido somente seja descoberto através de técnicas interpretativas e que surja como consequência de outra norma ou nela esteja contida. Não há diferença de natureza entre poderes explícitos e implícitos; há somente diferença de graus de leitura.[412]

Contudo, deve ficar assente que se afigura inadmissível, a comum afirmação de poderes implícitos a certos órgãos constitucionais de soberania que tenham por objetivo aumentar a

---

[410] CANOTILHO, José Joaquim Gomes. *Direito constitucional e teoria da Constituição*. 4. ed. Coimbra: Almedina, 2000. p. 532.
[411] TEIXEIRA, José Horácio Meirelles. *Curso de direito constitucional*. Rio de Janeiro: Forense Universitária, 1991. p. 129.
[412] MIRANDA, Jorge. *Manual de direito constitucional*. 3. ed. Coimbra: Coimbra Editora, 2004. t. 5, p. 58.

sua influência ou a sua competência em detrimento de outros órgãos de mesma estatura constitucional.

As competências implícitas de um órgão constitucional de soberania não podem disputar com as competências – explícitas ou implícitas – de quaisquer outros da mesma estirpe. Deve-se lançar mão da interpretação sistemática, a fim de conjugar a interpretação de qualquer preceito definidor de competência com, pelo menos, os restantes preceitos que prevêem as competências dos demais órgãos.

Nesse aspecto, importante a advertência de Canotilho quanto à relevância do princípio da *conformidade funcional*[413] no que tange a análise das competências implícitas e explícitas, afinal, de acordo com este princípio, quando a Constituição regula de determinada forma a competência dos órgãos constitucionais de soberania, estes órgãos devem manter-se no quadro de competências constitucionalmente definido, não devendo modificar, por via interpretativa, a repartição, a coordenação e o equilíbrio de poderes, as funções e as tarefas inerentes ao referido quadro de competências.[414]

Assim, se qualquer órgão estatal, inclusive um órgão constitucional de soberania, praticar um ato que não esteja no rol das suas competências, esse ato será inválido, irregular por incompetência (ou, conforme os casos, incompetência *stricto sensu*, usurpação de poder ou, ainda de certa ótica, desvio de poder).

Sendo a competência definida pelo direito objetivo, um órgão constitucional de soberania não pode exercer nenhuma competência além daquelas elencadas pela Constituição, afinal, não pertence ao próprio órgão a competência para especificar as competências que lhes sejam devidas, até porque, dentro de um Estado Constitucional de Direito se mostra inadmissível que um órgão estatal ou agente público pratique atos que não estejam contemplados em uma competência previamente estabelecida por outro órgão ou agente público hierarquicamente superior.

---

[413] Para Canotilho, "[e]ste princípio tende, porém, hoje, a ser considerado mais como um princípio autónomo de competência do que como um princípio de interpretação da constituição." (CANOTILHO, José Joaquim Gomes. *Direito constitucional e teoria da Constituição*. 4. ed. Coimbra: Almedina, 2000. p. 1188).

[414] CANOTILHO, José Joaquim Gomes. *Direito constitucional e teoria da Constituição*. 4. ed. Coimbra: Almedina, 2000. p. 533.

Partindo do pressuposto que não há uma correspondência rígida entre os órgãos de soberania constitucional e as funções que exercem e que a definição de suas competências são delineadas pelo Poder Constituinte, não é necessário desprender esforço para concluir que mediante previsão constitucional o Tribunal Constitucional poderá editar enunciados normativos, sem que isso implique ofensa à cláusula da separação de poderes (cf. item 1.3).

Nesse passo, as exceções à cláusula da separação de poderes, isto é, todas aquelas participações de cada órgão estatal, a título secundário, em funções que teórica e normalmente competiriam a outro órgão constitucional de soberania, só serão admissíveis quando a Constituição as estabeleça, e nos termos, condições e limites que o fizer.

Assim, não é lícito à lei infraconstitucional (cf. item 3.3.2), nem ao Tribunal Constitucional, nem ao intérprete criarem exceções, participações secundárias, violadoras do princípio geral de que a cada categoria de órgãos compete àquelas funções correspondentes à sua tarefa específica definida pela Constituição.

É nesse sentido que se pode falar em "competência normal" e "competência excepcional" de cada um dos órgãos constitucionais, podendo-se enunciar, como princípio geral, importantíssimo para o que aqui se enfrenta, o de que toda competência excepcional deve emanar da Constituição, fundando-se em enunciado normativo constitucional.

A contrário senso, pode-se afirmar que cada órgão constitucional de soberania (poder) deve conservar-se dentro da órbita da competência que lhe foi constitucionalmente atribuída e, assim, o Tribunal Constitucional não poderá sair, na sua atuação, fora das balizas assinaladas pelas normas que emanam da Constituição.

O Tribunal Constitucional somente poderá atuar como órgão constitucional de normação positiva e elaborar enunciados normativos nos casos que a Constituição estabelecer, afinal, legislar compete, por essência, ao Legislativo e não ao Tribunal Constitucional.

Teixeira afirma que a legitimidade do exercício de uma competência (faculdade) por certo órgão estatal (poder) não depende da natureza dela – se legislativa, executiva ou judiciária –, mas de "haver tal faculdade sido especificamente atribuída àquele

Poder pela Constituição", assim, em muitos casos, não se inquire se uma atribuição é legislativa, executiva ou judiciária (pela súa natureza essencial), e sim a qual dos órgãos constitucionais de soberania (poderes) a Constituição a outorgou.[415]

Confirma-se assim que o *princípio da prescrição normativa* da competência é, em uma ordem constitucional de Estado de Direito, manifestação de duas ideias mais fundas: a de limitação do poder público como garantia de liberdade das pessoas e a da separação e articulação dos órgãos estatais entre si e entre eles e os órgãos de quaisquer entidades ou instituições públicas.[416]

Havendo previsão constitucional, não há que se questionar a legitimidade de atuação de um Tribunal Constitucional para atuar como órgão de normação positiva na edição de enunciados normativos. De outra perspectiva, a ausência de previsão constitucional impossibilitará atuação do Tribunal Constitucional na elaboração de enunciados normativos, afinal, o "ordenamento jurídico regula a própria produção normativa".[417]

Nesse cenário, se a Constituição prescreve direitos aos indivíduos que são desconsiderados reiteradamente ou que não são implementados por omissão legislativa inconstitucional, e essa mesma Constituição traz um Tribunal Constitucional com a competência de exercer a curadoria da Constituição (item 3.2.2) e garantir esses direitos, tem-se que a intervenção desse Tribunal, dentro das balizas constitucionais, não pode ser considerada como uma intromissão inconstitucional na competência do Legislativo (constituinte reformador ou ordinário), já que se trata do exercício de uma competência que não está apenas permitida, mas sim ordenada pela própria Constituição.

Como o que está aqui a tratar é a utilização dos enunciados normativos editados pelo Tribunal Constitucional como fonte do Direito (eficácia *erga omnes*), não se pode esquecer da advertência

---

[415] TEIXEIRA, José Horácio Meirelles. *Curso de direito constitucional*. Rio de Janeiro: Forense Universitária, 1991. p. 593-594.
[416] MIRANDA, Jorge. *Manual de direito constitucional*. 3. ed. Coimbra: Coimbra Editora, 2004. t. 5, p. 57-58.
[417] BOBBIO, Norberto. *Teoria do ordenamento jurídico*. 10. ed. Tradução Maria Celeste Cordeiro Leite dos Santos. Brasília: UnB, 1999. p. 45.

de F. Callejón no sentido de que "as fontes do Direito devem ser determinadas em cada sistema jurídico a partir do Direito positivo",[418] que merece ser lida com a seguinte observação de Merkl: "a Constituição representa o fundamento jurídico positivo de todo o ordenamento jurídico e regula a produção de todo o direito".[419]

A Constituição como *fonte primária da produção jurídica* implica a existência de um procedimento de criação de normas jurídicas no qual as normas superiores constituem as *determinantes positivas* e *negativas* das normas inferiores. Nesse quadrante de criação, concebido verticalmente, as normas superiores servem como fundamento de validade para as normas inferiores e determinam, até certo ponto, o conteúdo material destas últimas.

Como bem salienta Rocha, a Constituição condiciona, na sua função de norma primeira, a produção das estruturas normativas restantes, constituindo-se na *norma normarum*, preceituando a forma para a feitura das demais normas do ordenamento jurídico.[420]

Apesar de tudo que foi tratado neste item, não se pode esquecer da lição de Jellinek de que o desenvolvimento das Constituições mostra, infelizmente, o importante significado deste ensinamento: "as proposições jurídicas são incapazes de dominar, efetivamente, a distribuição do poder estatal. As forças políticas reais operam segundo suas próprias leis que atuam independentemente de qualquer forma jurídica".[421]

Garcia-Pelayo também registra que tamanha a importância qualitativa do *costume* no Direito constitucional, que não é incomum que, por vezes, se veja radicalmente alterada as atribuições dos órgãos e instituições constitucionais.[422]

---

[418] CALLEJÓN, Francisco Balaguer. *Fuentes de derecho*: I. principios del ordenamiento Constitucional. Madrid: Tecnos, 1991. p. 65.

[419] MERKL, Adolfo. *Teoría general del derecho administrativo*. Madrid: Editorial Revista de Derecho Privado, 1935. p. 227. Cf. ainda da mesma Escola de Viena: KELSEN, Hans. *Teoria pura do direito*. 6. ed. Tradução João Baptista Machado. São Paulo: Martins Fontes, 1998. p. 246-247.

[420] ROCHA, Carmem Lúcia Antunes. *Constituição e constitucionalidade*. Belo Horizonte: Lê, 1991. p. 53.

[421] JELLINEK, Georg. *Reforma y mutación de la Constitución*. Tradução Christian Förster. Madrid: Centro de Estudios Constitucionales, 1991. p. 84.

[422] GARCIA-PELAYO, Manuel. *Derecho constitucional comparado*. 3. ed. Madrid: Revista de Occidente, 1953. p. 136.

3.3.1.1 Possibilidade de (re)distribuição das competências por meio de reforma constitucional

Num sistema de Constituição rígida, as competências somente poderão ser distribuídas ou redistribuídas entre os órgãos constitucionais de soberania por meio de reforma constitucional (emenda ou revisão).[423] Assim, tanto a *função enunciativa* quanto a *função legislativa stricto sensu* podem ser atribuídas ao Tribunal Constitucional por meio de uma reforma constitucional.

Zippelius, talvez sentido a necessidade de adequação da (re) distribuição das funções estatais, destaca que:

> Todavia, apenas centralmente se pode dispor do esquema central de competências jurídico-constitucionais, que cria, distribui e coordena estas mesmas competências. Contanto que isto não aconteça através de um acto revolucionário mas por via de uma revisão constitucional, ou seja, através de um procedimento jurídico-constitucional, [...].[424]

Dallari leciona nesse mesmo sentido afirmando que é "mais ou menos freqüente é a transferência de competências, por meio de reforma constitucional", desde que obedecido rigorosamente o processo de emenda à Constituição.[425]

Discorrendo acerca dos *assentos portugueses* e do efeito vinculante dessas decisões, ponderou Canotilho que qualquer aspiração em constituir *súmulas vinculantes* como forma de *legislatio* com efeito vinculante geral e obrigatório, seria de difícil

---

[423] Vale a pena conferir o julgamento contido na ADI 3367/DF em que o STF analisando a criação do Conselho Nacional de Justiça entendeu que nada obsta que o poder constituído (ou poder constituinte reformador) crie um novo órgão estatal atribuindo a ele a função de controle administrativo do Judiciário, vez que a independência (e imparcialidade) e a harmonia do "poder judiciário" no exercício da sua função típica (jurisdicional) estaria mantida. (STF. Pleno. ADI 3367/DF. Rel. Min Cezar Peluso. Julgado em 13 abr. 2005).

[424] ZIPPELIUS, Reinhold. *Teoria geral do Estado*. 3. ed. Tradução Karin Praefke-Aires Coutinho. Lisboa: Fundação Calouste Gulbenkian, 1997. p. 82.

[425] DALLARI, Dalmo de Abreu. *Elementos de teoria geral do Estado*. 25. ed. São Paulo: Saraiva, 2005. p. 222. No mesmo sentido: TEIXEIRA, José Horácio Meirelles. *Curso de direito constitucional*. Rio de Janeiro: Forense Universitária, 1991. p. 129-130.

compatibilização com a cláusula da separação de poderes, "salvo credencial constitucional expressa", ou seja, a possibilidade de se ter um Tribunal Constitucional editando enunciados normativos somente será possível com previsão na Constituição, que poderá vir por meio de um processo de reforma no seu texto.[426]

Contudo, como já dito (cf. itens 2.2.7 e 2.2.8), no exercício da função enunciativa o Tribunal Constitucional muito se aproxima do Poder Constituinte reformador, sendo então necessário o cuidado inerente para que não se tenha o câmbio total da titularidade do poder reformador, afinal, o Poder Constituinte reformador não pode renunciar a sua competência a favor de outro órgão constitucional de soberania. De idêntico modo não pode delegar as suas atribuições, já que estas lhe foram conferidas para que ele próprio as exercite.

3.3.2 Delegação legislativa: possibilidade desde que com expressa previsão constitucional

Importa neste item responder a seguinte indagação: há de se conceber, em órgãos constitucionais de soberania, competências criadas ou derivadas diretamente de lei infraconstitucional?

De partida, calha registrar que a doutrina constitucional do século XIX e princípio do século XX, desde a Constituição norte-americana de 1787, orientou-se pelo *princípio da proibição das delegações legislativas*.

Locke, ao apontar os limites que impõe ao Legislativo de toda a sociedade civil, trouxe que o "legislativo não deve nem pode transferir para outros o poder de legislar, e nem deve depositá-lo em outras mãos que não aquelas a que o povo o confiou".[427]

A questão da (in)delegabilidade não passou despercebida por Cooley que, analisando a Constituição estadunidense, afirmou que "nenhum corporação legislativa pode delegar a outro

---

[426] CANOTILHO, José Joaquim Gomes. *Direito constitucional e teoria da Constituição*. 4. ed. Coimbra: Almedina, 2000. p. 905-906.
[427] LOCKE, John. *Segundo tratado sobre o governo civil*. Tradução Magda Lopes e Marisa Lobo da Costa. 4. ed. Petrópolis: Vozes, 2006. p. 169.

departamento governamental ou a outra autoridade o poder geral ou especial de legislar".[428]

Barbosa, quanto à (im)possibilidade de delegação legislativa, provoca a discussão nos seguintes termos:

> Donde vêm ao legislador as suas prerrogativas? Da Constituição que as enumera, as define, as circunscreve. Como êle, os outros dois poderes tem igualmente a sua competência taxada na lei fundamental. Desta deriva para cada um dos três a autoridade que exercita. Logo, dessa autoridade, nenhum deles se pode aliviar em outro.[429]

Durante longo tempo a cláusula vedatória da delegação de poderes (*the non-delegation power*), inscrita ou não nos textos constitucionais era considerada como "cláusula parâmetro" (assim como a independência e a harmonia) para aplicação da cláusula da separação de poderes, afinal

> [d]elegar funções próprias, na visão clássica do princípio, era ferir de morte a 'separação' de poderes. Todavia, ao longo da evolução dos tempos, por uma série de causas [...], a delegação cuja vedação que vinha sendo, por primeiro, atenuada, é, posteriormente, amplamente admitida, de tal sorte que já não constitui cláusula-parâmetro para a aplicação do princípio da separação de poderes, mesmo nos sistemas presidencialistas. Atualmente, a regra da não delegação de poderes se curva apenas a dois limites: de um lado, a impossibilidade de abdicação do poder ou competência originária constitucionalmente atribuída a determinado poder; de outro, o estabelecimento de condições e limites claros para a atuação do poder delegado. Assim, somente sob essa ótica renovada se pode admitir a não-delegação como cláusula-parâmetro, mesmo nos sistemas presidencialistas.[430]

A partir da lição retro, verifica-se que é possível ocorrer a delegação de competências, desde que observados certos limites (parâmetros): *i)* a impossibilidade de abdicação do poder ou

---

[428] COOLEY, Thomas M. *Princípios gerais de direito constitucional nos Estados Unidos da América*. Tradução Ricardo Rodrigues Gama. Campinas: Russel, 2002. p. 108.

[429] BARBOSA Rui. *Comentários à Constituição Federal*, 1932. v. 1. p. 410, *apud*, ESPINOLA, Eduardo. *A nova Constituição do Brasil*: direito político e constitucional brasileiro. São Paulo: Freitas Bastos, 1946. p. 249.

[430] FERRAZ, Anna Cândida da Cunha. *Conflito entre poderes*: o poder congressual de sustar atos normativos do poder executivo. São Paulo: Revista dos Tribunais, 1994. p. 15.

competência originária constitucionalmente atribuída a determinado poder; *ii*) o estabelecimento de condições e limites claros para a atuação do poder delegado.

Tavares, ao cuidar do *postulado da constitucionalidade*, afirma que este não pode ser confundido com a ideia de que existem matérias reservadas à Constituição, ou com o conceito de Constituição em sentido substancial, apontando que "determinadas matérias não estariam ao alcance do legislador e, assim, teriam âmbito de disciplina normativa exclusiva na própria Constituição", sendo isso o que ocorre com os dispositivos constitucionais que cuidam da separação de poderes.[431]

Já Teixeira pontua que a consequência mais importante da rigidez constitucional em sede de fixação de *competências* é a "indelegabilidade das competências constitucionalmente estabelecidas", isto é, a impossibilidade jurídica que se encontra qualquer poder, órgão ou autoridade, de "transferir a outro toda ou parte de qualquer competência que lhe haja outorgado a Constituição".[432]

Canotilho destaca como um dos princípios mais importantes o da *indisponibilidade de competências*, segundo o qual as competências constitucionalmente fixadas não podem ser transferidas para órgãos diferentes daqueles a quem a Constituição as atribuiu.[433]

Ferreira Filho trata como um dos corolários principais da "versão jurídica da separação dos poderes" a questão da "indelegabilidade das atribuições que competem a cada um dos Poderes, o que foi sintetizado na fórmula latina – *delegata postestas delegari non potest*.[434]

Tem-se assim que num sistema de Constituição rígida, não é lícito, portanto, seja ao legislador ordinário, aos agentes executivos,

---

[431] TAVARES, André Ramos. *Curso de direito constitucional*. 7. ed. rev. e ampl. São Paulo: Saraiva, 2009. p. 631.
[432] TEIXEIRA, José Horácio Meirelles. *Curso de direito constitucional*. Rio de Janeiro: Forense Universitária, 1991. p. 129.
[433] CANOTILHO, José Joaquim Gomes. *Direito constitucional e teoria da Constituição*. 4. ed. Coimbra: Almedina, 2000. p. 532. Em idêntico sentido: OTERO, Paulo. *O poder de substituição em direito administrativo*: enquadramento dogmático-constitucional. Lisboa: Lex, 1995. v. 1. p. 256 *et seqs*.
[434] FERREIRA FILHO, Manoel Gonçalves. *Princípios fundamentais do direito constitucional*. São Paulo: Saraiva, 2009. p. 254.

aos juízes ou aos intérpretes, criarem novas exceções à cláusula da separação de poderes e da indelegabilidade das competências, estabelecendo novas participações anômalas (secundárias, atípicas) violadoras daquelas cláusulas.

Admitir comportamento outro – a delegação de competências constitucionais sem prévia previsão no texto constitucional – equivaleria a admitir-se a modificação da Constituição rígida por ato de um dos órgãos constitucionais de soberania – o que é inadmissível em face da flagrante inconstitucionalidade.

Assim, se por um lado a indelegabilidade de competências decorre do princípio da separação de poderes e da rigidez constitucional, por outro, conforme tratado no item 3.3.1, caso a delegação seja realizada pelo próprio Poder Constituinte, passa-se a questão para o âmbito da competência, no sentido que foi o Poder Constituinte que repartiu a competência entre dois ou mais órgãos constitucionais de soberania.

Ultrapassada essa questão, cabe agora enfrentar se para ocorrência dessa delegação é necessária previsão expressa constitucionalmente, ou se é possível por meio de previsão tácita.

Ao convergir o *princípio da indisponibilidade de competências* com o *princípio da tipicidade de competências*, Canotilho conclui que "em relação aos órgãos [constitucionais] de soberania, as competências legais, ou seja, as competências atribuídas por via de lei, devam ter fundamento constitucional expresso".[435]

Assim, consequência da cláusula da separação de poderes, tem-se que "nenhum dos Poderes pode delegar as atribuições que a Constituição assinala à sua competência" – salvo, os casos porventura expressamente previstos na própria Constituição. Admitir que leis ordinárias, atos administrativos ou decisões judiciais fixassem (ou delegassem) as competências estabelecidas constitucionalmente, "cairia por terra todo o sistema constitucional, e, de mutilação em mutilação desse sistema, chegaríamos, afinal, à acumulação e à confusão de poderes".[436]

---

[435] CANOTILHO, José Joaquim Gomes. *Direito constitucional e teoria da Constituição*. 4. ed. Coimbra: Almedina, 2000. p. 533.

[436] TEIXEIRA, José Horácio Meirelles. *Curso de direito constitucional*. Rio de Janeiro: Forense Universitária, 1991. p. 595-596.

Pode-se então afirmar que, em princípio, as competências de um órgão constitucional de soberania ("poder") não podem ser delegadas a outro órgão, salvante expressa disposição constitucional permitindo a delegação.

3.3.3 Impossibilidade de autocompetência

Foi dito no item 1.4.5 que umas das funções do Tribunal Constitucional é a *arbitral*, e que esta se desenvolve em diversos segmentos, como na superação do atrito entre os "poderes" orgânicos do Estado. Pelo o que aqui já foi trazido, pode-se asseverar que em sede de atuação do Tribunal Constitucional como órgão de normação positiva não há superfície para se concluir que o Tribunal Constitucional teria competência para firmar sua competência – "competência da competência"[437] ou "autocompetência" para exercer sua função normativa.

Não se quer aqui negar que o Tribunal Constitucional

> exerce, com características de definitividade, a função de definir (diminuir, alargar ou conformar com os "anseios oficiais") suas funções. Isso significa a função implícita de declarar, em causa própria, se é sua ou não determinada tarefa que lhe seja apresentada. Esse é o típico processo aberto de definição funcional de um órgão.[438]

Contudo, essa autocompetência deve ser utilizada em questões envolvendo outros tribunais, o Judiciário, mas não os órgãos constitucionais de soberania com legitimidade popular e que a Constituição tenha definidos como os titulares para a edição de enunciados normativos concretizadores da vontade constitucional com eficácia *erga omnes*.

---

[437] Interessante aqui consignar o possível *paradoxo* trazido por Tavares: "A competência da competência, não se poderia deixar de fazer referência, pode levar a um paradoxo: o Tribunal é competente para decidir sua competência, logo, o Tribunal tem competência para decidir que não tem a referida competência para decidir sua competência." (TAVARES, André Ramos. *Tribunal e jurisdição constitucional*. São Paulo: Instituto Brasileiro de Direito Constitucional/Celso Bastos, 1998. p. 118. N. R. 162.
[438] TAVARES, André Ramos. *Teoria da justiça constitucional*. São Paulo: Saraiva, 2005. p. 215.

Tavares, abordando os possíveis atritos entre o Tribunal Constitucional e o Legislativo, trouxe que

[...] quando o Tribunal faz emanar decisões que devem ser diretamente observadas pelo Poder Legislativo, como quando "reduz" o campo de atuação de determinada Casa Legislativa (em virtude de repartição federativa de competências), ou quando indica a interpretação adequada da norma constitucional (para fins de posterior atuação legislativa, as chances de um atrito multiplicam-se.

Na eventualidade de concretizar-se esse embate a solução que o sistema apresenta é a coerção do Legislativo, que deve ater-se às decisões advindas da Justiça Constitucional, o que pode gerar profunda crise institucional, irrompendo as discussões acerca da legitimação democrática.[439]

Admitir que o Tribunal Constitucional atribua a si próprio a competência (autocompetência) para atuar como órgão de normação positiva com decisões de eficácia *erga omnes* poderá colocá-lo em rota de colisão com o Legislativo, com o Poder Constituinte Derivado (e também com a sociedade) que poderão editar leis e/ou emendas constitucionais afirmando que o Tribunal Constitucional não tem a competência que lhe fora reconhecida por ele próprio.

A mantença de uma harmonia entre os órgãos constitucionais de soberania, do regime democrático e de uma paz social, impõe que o Tribunal Constitucional não atribua a si próprio competências cuja titularidade pertença a órgãos constitucionais com legitimidade popular.

3.3.4 Previsão no ordenamento jurídico brasileiro

Apesar de não ser objeto deste estudo o direito constitucional positivado brasileiro, tece-se breves comentários acerca dos institutos que merecem e devem ser implementados pelo órgão que faz às vezes, por aqui, de Tribunal Constitucional – o Supremo Tribunal Federal, realizando um pequeno enfoque que possa contribuir para

---

[439] TAVARES, André Ramos. *Teoria da justiça constitucional*. São Paulo: Saraiva, 2005. p. 310.

a análise dogmática que aqui se desenvolve acerca da atuação dos Tribunais Constitucionais como órgãos de normação positiva.

De uma leitura cuidadosa da Constituição brasileira de 1988 percebe-se que a mesma abriu a possibilidade para o "desenvolvimento sistemático da *declaração de inconstitucionalidade sem a pronúncia da nulidade*, na medida em que atribui particular significado ao controle de constitucionalidade da chamada *omissão do legislador*".[440]

A Constituição brasileira de 1988 também trouxe uma série de esboços que aguardam acabamento e desenvolvimento. Não se questiona que é competência do Legislativo dar o arremate a esses institutos constitucionais. Mas ao Judiciário, e principalmente ao STF, cabem idêntica tarefa.

3.3.4.1 Súmula vinculante

Antes mesmo da Emenda Constitucional nº 45/2004, já era a "súmula vinculante" instituto mais afamado que o "efeito vinculante".

Para alguns,[441] a Emenda Constitucional nº 45/2004 em seu art. 103-A não tratou propriamente de instituir uma *súmula vinculante*, mas de reconhecer *efeito vinculante* às súmulas que observarem os requisitos ali estipulados. Ocorrendo algum deslize quanto ao atendimento dos requisitos elencados, não ocorrerá a súmula em vício insanável, mas apenas não seria dotada do *efeito vinculante*.

Da leitura do art. 103-A, *caput* e §1º da Constituição, trazidos pela Emenda Constitucional nº 45/2004,[442] tem-se que a súmula vinculante possui como *objetivos* dar um basta à grave insegurança jurídica causada pela controvérsia a respeito de matéria constitucional e evitar a multiplicação de processos sobre questão

---

[440] MENDES, Gilmar Ferreira; BRANCO, Paulo Gustavo Gonet. *Curso de direito constitucional*. 8. ed. São Paulo: Saraiva, 2013. p. 1179.

[441] LEAL, Roger Stiefelmann. *O efeito vinculante na jurisdição constitucional*. São Paulo: Saraiva, 2006. p. 175.

[442] A Lei nº 11.417, de 19 de dezembro de 2006, disciplina a edição, a revisão e o cancelamento de enunciado de súmula vinculante pelo STF.

idêntica, para tanto, o *requisito material* que se exige é a existência de reiteradas decisões sobre matéria constitucional em que se discuta a validade, a interpretação e a eficácia de normas determinadas, acerca das quais haja controvérsia atual entre órgãos judiciários ou entre esses e a Administração Pública.

Com o advento da Emenda Constitucional nº 45/2004 ficou o STF apto a editar *diretivas gerais* intituladas de "súmula vinculantes" com a finalidade de exercer a função de curador da Constituição da República Federativa do Brasil.

3.3.4.2 Mandado de injunção

A Constituição brasileira de 1988 trouxe em seu art. 5º, LXXI uma garantia fundamental que se presta como instrumento de reprimenda a uma omissão legislativa (normativa)[443] inconstitucional, configurando-se assim num interessante modelo de substituição provisória da competência para o exercício da função legislativa.[444]

Toda e qualquer norma constitucional é apta "*em princípio* a servir de fundamento jurídico à injunção, esteja geograficamente inserido aonde estiver".[445]

Basicamente são quatro os requisitos para a impetração desse *writ*: *i*) a previsão de um direito constitucional; *ii*) a inexistência de norma (total ou parcial)[446] regulamentadora do deste direito constitucional; *iii*) a impossibilidade do exercício do direito constitucional; *iv*) o nexo de causalidade entre a impossibilidade

---

[443] Entende-se que a expressão "norma regulamentadora" trazida no art. 5º, LXXI da CRFB compreende toda e qualquer medida normativa (regulamentadora) para tornar efetiva norma constitucional, *v.g.*, leis, decretos, resoluções, portarias, regulamentos e instruções. Estando o direito constitucional *regulamentado* incabível é o mandado de injunção, podendo o mesmo ser reclamado por outro meio judicial (mandado de segurança, ação ordinária etc.).
[444] A Lei nº 13.300, de 23 de junho de 2016, disciplina o processo e o julgamento dos mandados de injunção individual e coletivo.
[445] FIGUEIREDO, Marcelo. *O mandado de injunção e a inconstitucionalidade por omissão*. São Paulo: Revista dos Tribunais, 1991. p. 34.
[446] A Lei nº 13.300, de 23 de junho de 2016, trouxe expressamente em seu art. 2º a concessão de mandado de injunção sempre que a falta *total* ou *parcial* de norma regulamentadora tornar inviável o exercício dos direitos e liberdades constitucionais e das prerrogativas inerentes à nacionalidade, à soberania e à cidadania.

do exercício do direito constitucional e a falta de norma infraconstitucional regulamentadora.

Basicamente, a doutrina pátria se posicionou em duas correntes (teorias) quanto aos efeitos da decisão do *mandado de injunção*. A primeira denominada de "concretista", planteia que o efeito da decisão judicial no *writ* é constitutivo, regulando a matéria constitucional, dotando-a de eficácia, ou seja, o Judiciário regulamentaria a matéria em decorrência da omissão do Legislativo. Ela se dividiria em "individual", regulando para determinados casos concretos, e em "genérica", regulando para todos os casos, ou seja, com eficácia *erga omnes*.

A segunda teoria, baseada numa suposta afronta a cláusula da separação de poderes, é denominada de "não-concretista", e advoga que a decisão do Judiciário tem efeitos declaratórios, noticiando ao Legislativo a sua mora e solicitando que este efetue a regulamentação normativa. Se o Legislativo não regulamentar a matéria não haveria nenhuma sanção para o seu comportamento.

Entendemos que se deve interpretar o *mandado de injunção* de forma mais avançada e eficaz possível – teoria *concretista-genérica*, partindo-se da ideia que ele é um instrumento colocado à disposição pelo legislador constituinte a fim de efetivar a Constituição. Para tanto o *mandado de injunção* seria o instrumento hábil para a efetivação de *normas constitucionais definidoras de direito* independentemente do nível normativo em que ocorra a inércia legislativa governamental, pouco importando assim se a não implementação de um direito constitucional seja decorrente da ausência de lei ou de regulamento, o *mandado de injunção* será o meio próprio para a implementação da Constituição e não apenas para exigir o cumprimento do dever de editar enunciado normativo por parte de um órgão estatal.

Contudo, de forma diferente do que aqui defendemos, tem-se que o STF adotou inicialmente um entendimento modesto, tímido, quanto à utilização desta garantia constitucional, consoante se observa no MI-QO 107/DF.[447]

O entendimento do STF foi no sentido de que o mandado de injunção tem *natureza* mandamental e que a sua *finalidade* é

---

[447] STF. Pleno. MI-QO 107/DF. Rel. Min. Moreira Alves. Julgado em 23 nov. 1989.

a declaração da omissão, com mera ciência ao omisso para que adote as providências necessárias, ou seja, o STF adotou a teoria "não-concretista", equiparando a eficácia do *writ* a da ação direta de inconstitucionalidade por omissão. Tal adoção contribuiu sobremaneira para o arrefecimento da eficácia constitucional, fazendo que durante um bom tempo o mandado de injunção restasse imprestável pragmaticamente.

Adotar esse entendimento é negar a própria etimologia da expressão "mandado de injunção", afinal, a origem da "palavra *injunção* procede do latim *injunctio, onis* (s.f.), que significa 'ordem formal, imposição'. Procede de *injungere* (=mandar, ordenar, impor uma obrigação)".[448]

Contudo, o STF vem evoluindo[449] quanto à exegese do mandado de injunção, sendo que em 2007 adotou um comportamento em que começa a colocar o *mandado de injunção* no seu devido lugar, conforme se observa nos Mandados de Injunção 670/ES,[450] 708/DF[451] e 712/PA,[452] atribuindo-lhe, inclusive, eficácia *erga omnes*,[453] promovendo assim uma alteração na rota da sua jurisprudência.

Interessante destacar que no MI 712-8/PA o Min. Eros Grau ao defender a necessidade de mudança de entendimento do STF quanto aos efeitos do mandado de injunção destacou a seguinte situação: "Importa verificarmos é se o Supremo Tribunal Federal emite decisões ineficazes; decisões que se bastam em solicitar ao

---

[448] FERREIRA, Pinto. *Curso de direito constitucional*. 11. ed. atual. São Paulo: Saraiva, 2001. p. 152.
[449] Registra-se o MI 284/DF em que o STF considerou o mandado de injunção instrumento hábil para obter qualquer regulamentação necessária para se efetivar a Constituição, e não apenas as relacionadas aos direitos e garantias fundamentais constantes no seu Título II. (STF. Pleno. MI 284/DF. Rel. para Acórdão: Min. Celso de Mello. Julgado em 22 nov. 1992. Já no MI 283/DF o STF também avançou um pouco ao fixar prazo para que o Congresso Nacional ultimasse o processo legislativo da lei reclamada, e reconheceu ao autor o direito de, em ação ordinária pleitear indenização do Estado caso a inércia legislativa persistisse após o prazo de sessenta dias que foi concedido ao Congresso. (STF. Pleno. MI 283/DF. Rel. Min. Sepúlveda Pertence. Julgado em 20 mar. 1991. Já no MI 232/RJ o STF além de reconhecer a mora legislativa, fixou prazo de seis meses para que o Congresso Nacional regulamentasse o art. 195, §7º da CRFB, sob pena de, vencido o prazo sem a produção legislativa, o autor passasse a gozar da imunidade requerida (STF. Pleno. MI 232/RJ. Rel. Min. Moreira Alves. Julgado em 02 ago. 1991).
[450] STF. Pleno. MI 670/ES. Rel. para Acórdão: Min. Gilmar Mendes. Julgado em 25 out. 2007.
[451] STF. Pleno. MI 708/DF. Rel. Min. Gilmar Mendes. Julgado em 25 out. 2007.
[452] STF. Pleno. MI 712/PA. Rel. Min. Eros Grau. Julgado em 25 out. 2007.
[453] No mesmo sentido, entendendo pela possibilidade de eficácia *erga omnes* no mandado de injunção é o magistério de Miranda. (MIRANDA, Jorge. *Manual de direito constitucional*. 2. ed. rev. e actual. Coimbra: Coimbra Editora, 2005. t. 6, p. 299.

Poder Legislativo que cumpra o seu deve, inutilmente", para logo em seguida concluir que: "Pois é certo que este Tribunal exercerá ao formular supletivamente a norma regulamentadora de que carece o art. 37, VII da Constituição, função normativa."

Nessa evolução, o STF também começou a atribuir eficácia *erga omnes* em mandados de injunção que exigiam uma legislação que regrasse as aposentadorias especiais. Após decisões em alguns mandados de injunção (MI 721-7/DF,[454] MI 925/DF,[455] Ag. Reg. MI 1596/DF,[456] dentre outros), foi editada a Súmula Vinculante nº 33,[457] com o seguinte texto:

> Aplicam-se ao servidor público, no que couber, as regras do regime geral da previdência social sobre aposentadoria especial de que trata o artigo 40, §4º, inciso III da Constituição Federal, até a edição de lei complementar específica.

Deve-se registrar que o STF vem se preocupando com a sua atuação como "legislador positivo" nessa viragem da jurisprudência concernente ao mandado de injunção e o direito de greve, conforme se observa no voto do Min. Gilmar Mendes no MI 670/ES em que comunga das preocupações "quanto a não-assunção pelo Tribunal de um protagonismo *legislativo*. Entretanto, [...] a não atuação no presente momento já se configuraria quase como uma espécie de 'omissão judicial'."

Contudo, talvez todas as construção jurisprudenciais e doutrinárias venham a ser reconstruídas (ou desconstruídas) a partir da novel Lei nº 13.300, de 23 de junho de 2016, que ao disciplinar o processo e o julgamento dos mandados de injunção individual e coletivo, assim prescreveu:

> Art. 8º Reconhecido o estado de mora legislativa, será deferida a injunção para:
> I – determinar prazo razoável para que o impetrado promova a edição da norma regulamentadora;

---

[454] STF. Pleno. MI 721-7/DF. Rel. Min. Marco Aurélio. Julgado em 30 ago. 2007.
[455] STF. Pleno. MI 925/DF. Rel. Min. Cezar Peluso. Julgado em 17 jun. 2009.
[456] STF. Pleno. Ag.Reg. MI 1596/DF. Rel. Min. Teori Zavascki. Julgado em 16 mai. 2013.
[457] STF. Pleno. DOU 24 abr. 2014.

II – estabelecer as condições em que se dará o exercício dos direitos, das liberdades ou das prerrogativas reclamados ou, se for o caso, as condições em que poderá o interessado promover ação própria visando a exercê-los, caso não seja suprida a mora legislativa no prazo determinado.

Parágrafo único. Será dispensada a determinação a que se refere o inciso I do *caput* quando comprovado que o impetrado deixou de atender, em mandado de injunção anterior, ao prazo estabelecido para a edição da norma.

Art. 9º A decisão terá eficácia subjetiva limitada às partes e produzirá efeitos até o advento da norma regulamentadora.

§1º Poderá ser conferida eficácia *ultra partes* ou *erga omnes* à decisão, quando isso for inerente ou indispensável ao exercício do direito, da liberdade ou da prerrogativa objeto da impetração.

§2º Transitada em julgado a decisão, seus efeitos poderão ser estendidos aos casos análogos por decisão monocrática do relator.

...

Como se nota, o legislador pouco ajudou para uma efetivação plena do mandado de injunção como importante garantia constitucional, preferindo, praticamente, repetir aquilo que a jurisprudência já tinha assentando.

Destaca-se, porém, o estabelecimento do forçoso diálogo institucional (cf. 3.2.4.2) entre o legislador e o Judiciário, já que agora o Judiciário deverá determinar prazo razoável para a edição da norma regulamentadora, ao mesmo tempo que estabelecerá as condições em que se dará o exercício dos direitos caso se perdure a inércia, restando ciente o legislador (Executivo ou Legislativo) e a sociedade das normas que serão aplicadas uma vez rompido o prazo.

3.3.4.3 Ação direta de inconstitucionalidade por omissão

A Constituição brasileira de 1988 traz ainda outro mecanismo que se presta como reprimenda a uma omissão legislativa inconstitucional[458] – a ação direta de inconstitucionalidade por

---

[458] Entendemos que o art. 103, §2º da CRFB dá azo a impetração da ação de inconstitucionalidade por omissão *normativa* e também *não-normativa*. Tavares distingue

omissão prevista no seu art. 103, §2º,[459] albergando qualquer modo de descumprimento de enunciados normativos constitucionais, e permitindo que seja determinada qualquer providência (necessária) a qualquer Poder a fim de sanar essa omissão inconstitucional.

Sobre a presente ação, incisivas são as palavras de Figueiredo no sentido de que foi "[o] profundo, vincado e legítimo desejo de que a Constituição seja efetivamente aplicada, em todos os seus termos [que] criou, de maneira original, a figura da inconstitucionalidade por omissão".[460]

A ação direta de inconstitucionalidade por omissão objetiva, em última análise, permitir que toda norma constitucional alcance eficácia plena, impedindo que a inação do legislador comprometa o exercício de direitos constitucionais. Registre-se que a omissão deve-se referir diretamente à Constituição, assim pode haver omissão estatal que não poderá ser combatida por meio da entelada ação constitucional, sob pena de se transformar a ação direta de inconstitucionalidade por omissão em ação direta de ilegalidade por omissão.

Infelizmente, é indiscutível que a ação direta de inconstitucionalidade por omissão carece de mecanismos mais persuasivos para que tenha uma utilidade prática quando se cuida de omissão do Legislativo, já que a Constituição concedeu a decisão em ADI o

---

a respeito: "A normativa pode ser decorrente da falta de ato do Parlamento (lei) ou de ato do Executivo (Decreto). [...] De outra parte, tem-se, ainda, a omissão não-normativa, que pode ser decorrente da falta de ato administrativo ou de execução material. Via de regra, a omissão não-normativa é um problema de ilegalidade, mas quando diretamente requerida pela Constituição, a omissão não-normativa será uma questão de inconstitucionalidade." (TAVARES, André Ramos. *Curso de direito constitucional*. 7. ed. rev. e ampl. São Paulo: Saraiva, 2009. p. 314). Em idêntico sentido: CUNHA JR., Dirley da. *Controle judicial das omissões do poder público*: em busca de uma dogmática constitucional transformadora à luz do direito fundamental à efetivação da Constituição. São Paulo: Saraiva, 2004. p. 543; MENDES, Gilmar Ferreira; BRANCO, Paulo Gustavo Gonet. *Curso de direito constitucional*. 8. ed. São Paulo: Saraiva, 2013. p. 1166-1167. O STF tem entendimento de que a ação direta de inconstitucionalidade por omissão "não é de ser proposta para que seja praticado determinado ato administrativo em caráter concreto" (ADI 19/AL. Rel. Min. Aldir Passarinho. Julgado em 23 fev. 1989.)

[459] A Lei nº 12.063, de 27 de outubro de 2009, acrescentou à Lei nº 9.868, de 10 de novembro de 1999, o Capítulo II-A que "estabelece a disciplina processual da ação direta de inconstitucionalidade por omissão".

[460] FIGUEIREDO, Marcelo. *O mandado de injunção e a inconstitucionalidade por omissão*. São Paulo: Revista dos Tribunais, 1991. p. 41.

efeito constitutivo, para a mora do Legislativo, e meramente declaratório, quanto à omissão, sem a possibilidade de atuação do STF como órgão de normação positiva.

Tavares, com maestria, gravou:

[...] a distinção, que há de existir entre decisões proferidas em sede de mandado de injunção e decisões proferidas em sede de ação direta de inconstitucionalidade por omissão, poderia justamente permitir um uso útil ao mandado de injunção, sem constranger de imediato o S.T.F. a modificar seu entendimento também quanto à ação direta de inconstitucionalidade por omissão, embora aqui uma mudança fosse igualmente desejável para atribuir efeito geral e corretor às decisões proferidas em sede de controle abstrato.[461]

Tavares critica ainda o posicionamento restritivo do STF caracterizando-o como "extremado e inadequado", até porque "seu principal fundamento é retórico (cláusula da separação dos poderes, que não deixa de ser uma cláusula interpretada pelo próprio S.T.F.)", salientando ainda que caso se continue a emprestar esse entendimento restritivo à ADI por omissão, a consequência será transportar para a ADPF a capacidade que, em sua origem, deveria ser da ADI por omissão.[462]

O raciocínio aqui desenvolvido, conjugado com as demais condições (principalmente com a declaração da mora (item 3.2.4.2)) e limites aqui demonstrados, se mostra ótimo com o objetivo de dar concretude à força normativa da Constituição brasileira de 1988, pois permite uma conjugação perfeita com a cláusula da *independência* e *harmonia*, que é cláusula parâmetro da cláusula da separação de poderes (cf. item 1.3.1).

Por fim, se há uma diferença fundamental entre o mandado de injunção e a ação direta de inconstitucionalidade por omissão, essa seria a de que, enquanto o primeiro destina-se à proteção de direitos subjetivos e pressupõe, por isso, a configuração de um interesse jurídico, o processo de controle abstrato da

---

[461] TAVARES, André Ramos. *Curso de direito constitucional*. 7. ed. rev. e ampl. São Paulo: Saraiva, 2009. p. 978.
[462] TAVARES, André Ramos. *Curso de direito constitucional*. 7. ed. rev. e ampl. São Paulo: Saraiva, 2009. p. 317.

omissão, enquanto processo objetivo, pode ser instaurado independentemente da existência de um interesse jurídico específico. Registre-se que não se está aqui a restringir a eficácia da decisão do mandado de injunção apenas às partes. Existindo um interesse jurídico objetivo (cf. item 3.3.4.2), demonstrado inclusive por precedentes (item 3.5), poderá o STF conceder eficácia *erga omnes* a sua decisão.

3.3.4.4 Arguição de descumprimento de preceito fundamental

Trouxe também a Constituição brasileira de 1988 em seu art. 102, §1º outro mecanismo que, subsidiariamente, pode servir como mecanismo de reprimenda a omissão legislativa inconstitucional – a *arguição de descumprimento de preceito fundamental* (ADPF).[463]

Da leitura do dispositivo citado, corrobora-se que o legislador constituinte optou pela mera criação do instituto (ADPF), "sem conferir-lhe contornos precisos, e remete ao legislador a tarefa de fazê-lo, há que reconhecer a este ampla liberdade de conformação da matéria, desde que não incida em inconstitucionalidade".[464]

Tavares assim conceituou a arguição de descumprimento de preceito fundamental:

> A argüição é ação (podendo assumir a feição de incidente constitucional), de competência originária do Supremo Tribunal Federal, que desencadeia o denominado processo objetivo com eficácia final ampliada em relação aos tradicionais mecanismos de controle abstrato, cujo fundamento é o descumprimento de preceito constitucional consagra-

---

[463] A Lei nº 9.882, de 03 de dezembro de 1999, dispõe sobre o processo e julgamento da ADPF. Interessante registrar que o art. 1º, par. único, I, fixou a utilização da ADPF inclusive para tutelar "preceitos fundamentais" diante de atos normativos municipais e de atos anteriores à Constituição brasileira de 1988.
[464] RAMOS, Elival da Silva. *Controle de constitucionalidade no Brasil*: perspectivas de evolução. São Paulo: Saraiva, 2010. p. 329. Esta é a redação do art. 103, §1º da CRFB: "A arguição de descumprimento de preceito fundamental, decorrente desta Constituição, será apreciada pelo Supremo Tribunal Federal, na forma da lei."

dor de valores basilares para o Direito pátrio, descumprimento este perpetrado por ato de natureza estatal, quando direta a modalidade, ou por atos normativos, quando se tratar de argüição na modalidade incidental, aplicando-se, por força de lei, o critério da subsidiariedade (sendo referencial, pare este, a possibilidade de sanar plenamente a lesão a preceito fundamental.[465]

Se não for o *mandado de injunção* ou a *ação direta de inconstitucionalidade por omissão* os meios hábeis para sanar a omissão inconstitucional lesiva, apresenta-se então a ADPF como meio (subsidiário)[466] alternativo e eficaz para tanto. Foi esse, inclusive, o raciocínio utilizado no julgamento da admissibilidade da ADPF 4/DF[467] que, em votação apertada (6 a 5), o STF conheceu do pedido, sob o fundamento de que a ação direta de inconstitucionalidade por omissão não era eficaz para sanar a ofensa à Constituição.

Como bem salienta Rothenburg, talvez seja o "insucesso do mandado de injunção, com base na tacanha leitura de suas possibilidades" que justifique a utilidade da arguição de descumprimento de preceito fundamental em casos de omissão legislativa.[468]

Nessa senda, a arguição de descumprimento de preceito fundamental pode se tornar um potencial instrumento de controle das omissões constitucionais normativas.

---

[465] TAVARES, André Ramos. *Curso de direito constitucional*. 7. ed. rev. e ampl. São Paulo: Saraiva, 2009. p. 298-299. Traz ainda o autor: "A criação desse mecanismo específico de proteção quanto a determinados preceitos (os de cunho fundamental) significa, sem dúvida, que 'se supervalorizam, por via de sua máxima proteção, determinados preceitos'. [...] Sublinhe-se, nesse sentido, que só cabe a argüição quando há descumprimento de preceito fundamental." (*Ibidem*, p. 286).
[466] O caráter subsidiário é decorrente do art. 4º, §1º da Lei nº 9.882/1999 que possui a seguinte redação: "Não será admitida argüição de descumprimento de preceito fundamental quando houver qualquer outro meio eficaz de sanar a lesividade". Tavares adota, em determinadas circunstâncias, posição contrária: "A hermenêutica mais engajada com o nível de abertura proposto pela Constituição e a busca por uma tutela efetiva da supremacia constitucional permite a leitura de que sempre, *absolutamente sempre*, que houver violação de preceito constitucional fundamental, a medida de controle abstrato-concentrado deva ser a A.D.P.F." (TAVARES, André Ramos. *Curso de direito constitucional*. 7. ed. rev. e ampl. São Paulo: Saraiva, 2009. p. 290).
[467] STF. Informativo nº 264: de 15 a 19 de abril de 2002. Posteriormente, em 2006, o STF julgou prejudicada a arguição ante a perda de seu objeto em virtude da edição de norma posterior.
[468] ROTHENBURG, Walter Claudius. Argüição de descumprimento de preceito fundamental. In: TAVARES, André Ramos; ROTHENBURG, Walter Claudius. *Argüição de descumprimento de preceito fundamental*: análises à luz da lei nº 9.882/99. São Paulo: Atlas, 2001. p. 198-238.

3.4 Ausência de opção legítima adotada pelo titular da função de legislar

Caso o titular da função de legislar tenha feito sua opção, e esta se mostre legítima, não pode a Justiça Constitucional querer impor sua vontade política sobre a opção já manifestada pelo titular e editar outra normação positiva que considere mais conveniente, afinal, deve se dar sempre preferência ao legislador com representatividade democrática.

Tal condição, na essência, se confunde com a *democracia* na limitação do poder político, no sentido de que "a lei, sendo a expressão da vontade resultante dos votos dos governados, é um comando dado pelos governados a si mesmos. Ora, quando uma pessoa obedece a si própria é livre; logo a obediência às leis votadas por todos é o exercício da liberdade".[469]

Assim, no espaço dado pela Constituição ao legislador (ordinário ou constituinte), este dispõe de uma competência de criação que desde que mantida a coerência com todo o sistema constitucional, deve tal opção ser respeitada pelo Tribunal Constitucional que não poderá, nessa seara, exercer qualquer função normativa, já que não é acessível ao Tribunal Constitucional a invalidação da opção política adotada, prevalecendo assim a vontade (poder) da maioria democraticamente eleita para governar.

Andrade argumenta com propriedade que não parece legítimo que o Tribunal Constitucional possa exigir ao legislador, em nome da Constituição, um padrão de densidade uniforme, tendo que aceitar com alguma abertura as opções legislativas, desde que elas, na espécie, não sejam desrazoáveis.[470]

O Tribunal Constitucional deve se conformar com seu papel secundário em uma democracia, afinal, num regime democrático compete aos representantes eleitos pelo povo a primazia nas opções

---

[469] CAETANO, Marcello. *Manual de ciência política e direito constitucional*. 6. ed. rev. e ampl. Coimbra: Almedina, 2003. t. 1, p. 331.
[470] ANDRADE, J. C. Vieira de. Legitimidade da justiça constitucional e princípio da maioria. In: BRITO, J. Sousa et al. *Legitimidade e legitimação da justiça constitucional*. Coimbra: Coimbra Editora, 1995. p. 83.

políticas, principalmente aquelas manifestadas por meio de atos legislativos (comissivos ou omissivos).

Moro, a esse respeito, escreve:

> O juiz constitucional deve se conformar com seu papel secundário, embora relevante, em uma democracia. Cabe aos representantes eleitos pelo povo a primazia na formulação das políticas públicas, o que eles fazem principalmente por meio de atos legislativos.[471]

Luño trata a presunção pela qual o Tribunal Constitucional reconhece a primazia do legislador democrático na concreção e desenvolvimento da Constituição de "presunção subjetiva" (*favor legislatoris*).[472]

Desse modo, o exercício da função normativa pelo Tribunal Constitucional só poderá ocorrer quando restar demonstrado de forma inconteste a ausência de opção legítima adotada pelo titular da função de legislar.

Como bem anota Tavares:

> [...] a legitimidade de exercício na justiça constitucional é que essa legitimidade não se converta nunca em uma deslegitimação da lei, é dizer, que a legitimidade da justiça constitucional não suponha subvalorizar ou debilitar o estatuto da Lei, que a Lei não se converta em algo permanentemente sob suspeita.[473]

Deve o Tribunal Constitucional respeitar o espaço dos demais órgãos constitucionais de soberania, inclusive do Legislativo (constituinte ou ordinário), não podendo exercer sua competência de forma a reduzir o espaço de atuação de outros órgãos, sob pena de incorrer numa usurpação ilegítima de competência e de negar a legitimidade democrática do Legislativo. Não se pode admitir a Justiça Constitucional como instância hegemônica e usurpadora da função legislativa.

---

[471] MORO, Sergio Fernando. *Jurisdição constitucional como democracia*. São Paulo: Revista dos Tribunais, 2004. p. 204.
[472] LUÑO, Antonio Enrique Pérez. *Derechos humanos, Estado de derecho y Constitución*. 9. ed. Madrid: Tecnos, 2005. p. 286. Para o autor, a *objetiva* é presunção de que a lei se ajusta aos parâmetros estabelecidos pela Constituição (*favor legis*). (*Ibidem*, p. 286-287).
[473] TAVARES, André Ramos. *Teoria da justiça constitucional*. São Paulo: Saraiva, 2005. p. 519.

Não é demais consignar que todas as presunções militam em favor da validade das leis e dos atos governamentais. No caso de dúvida razoável, portanto, deverá o Tribunal Constitucional decidir-se pela constitucionalidade da lei ou do ato governamental, respeitando a escolha do titular da função.

Tem-se, contudo, que a *presunção de constitucionalidade* encerra, naturalmente, uma presunção *iuris tantum*, e que caso a opção do Legislativo se mostre flagrantemente ilegítima (inconstitucionalidade comissiva ou omissiva) deverá então o Tribunal Constitucional no exercício da sua *função estruturante* declarar a inconstitucionalidade da opção do titular, e caso este não exerça outra opção, e verificada as demais condições e limites trazidos neste Capítulo, poderá então o Tribunal Constitucional exercer sua competência como órgão de normação positiva.

Essa necessidade de restar evidente a contradição entre o comportamento estatal (omissivo e comissivo) perante a Constituição para que se possa afirmar a inconstitucionalidade, já se observava no *Federalis paper* nº 81 em que Hamilton admitia a Constituição como "padrão para a interpretação das leis e, sempre que houver uma evidente, contradição, prevalecerá o dispositivo constitucional".[474]

A presente condição se presta como um importante requisito para a atuação do Tribunal Constitucional, afinal a simples afirmação subjetiva de que a inconstitucionalidade deve ser flagrante é insuficiente sob o prisma prático, pois ficará a cargo dos Tribunais definirem se a inconstitucionalidade é ou não manifesta, sem esquecer que o que pode ser evidente e manifesto para uns, pode não ser para outros.

3.5 Existência de precedentes: caráter não inovativo da normação positiva

A edição de atos normativos pelo Tribunal Constitucional que terão eficácia *erga omnes* requer uma atuação bem comedida pelo

---

[474] HAMILTON, Alexander; MADISON, James; JAY, John. *O federalista*. Tradução Ricardo Rodrigues Gama. São Paulo: Russel, 2003. p. 488.

Tribunal Constitucional, face a necessidade de amadurecimento do tema a ser normado.

Como já afirmado por Teixeira, a função legislativa deve suportar intermitências, intervalos de ação, até porque para o seu exercício exige-se ponderação, reflexão, amadurecimento nas decisões criadoras de normas gerais. A deliberação supõe discussão, opiniões numerosas e variadas a fim de garantir uma legislação sábia.[475]

Pelo seu grande alcance no ordenamento jurídico, o conteúdo dos enunciados normativos não pode representar apenas o pensamento imediato e isolado do Tribunal Constitucional. A matéria a ser normada deve ter sido objeto de discussões e maturação ao longo do tempo, afigurando-se assim a sedimentação de um entendimento do Tribunal Constitucional que se concretiza por intermédio da existência de precedentes.

Um Tribunal Constitucional, ao exercer sua função normativa, deve considerar assim a segurança jurídica do entendimento que está a adotar bem como no direito como integridade, não podendo o Tribunal ignorar as decisões anteriores e partir do nada (*ex nihilo*), mas sim laborar de modo a sedimentar um "romance em cadeia" (*chain novel*)[476] e evitar um *decisionismo* em que o Tribunal decidiria com uma liberdade (discricionariedade) que poderia demonstrar uma incoerência com as decisões anteriores.

Analisando a súmula vinculante no ordenamento jurídico brasileiro,[477] verifica-se que seu conteúdo, necessariamente, já deve ter sido apreciado em reiteradas discussões, corroborando assim a importância da consolidação de seu entendimento a ponto de se exteriorizar com eficácia *erga omnes*.

Essa condição acaba impondo ao Tribunal Constitucional um importante dever de cautela, pelo qual só deverá iniciar o procedimento para a edição um enunciado normativo após

---

[475] TEIXEIRA, José Horácio Meirelles. *Curso de direito constitucional*. Rio de Janeiro: Forense Universitária, 1991. p. 578.
[476] DWORKIN, Ronald. *O império do direito*. Tradução Jefferson Luiz Camargo. São Paulo: Martins Fontes, 1999. p. 275-279.
[477] O art. 103-A da CRFB e o art. 2º da Lei nº 11.417, de 19.12.2006, que disciplina a edição, a revisão e o cancelamento de enunciado de súmula vinculante pelo STF, prescrevem que a edição de súmula exige "reiteradas decisões sobre matéria constitucional".

ter firme convicção de que as decisões anteriores (precedentes) refletem sólido entendimento sobre a matéria, afinal é precisamente o conjunto dos precedentes em um mesmo sentido que possibilitará a percepção de que a questão já está amadurecida e pacificada suficientemente a fim de legitimar a edição de um enunciado normativo pelo Tribunal Constitucional.

Não é demais frisar que a existência de vários precedentes que serve de demonstração do amadurecimento da questão a ser decidida, obviamente, deverá conduzir a elaboração do enunciado normativo no mesmo sentido das decisões anteriores, e não em sentido contrário, além de condicionar também uma convergência da tese fundamentadora (*ratio decidendi*). Admitir o entendimento de que seria possível a decisão que edita o enunciado normativo mostrar-se contrária dos precedentes anteriores, seria compreender a condição quanto a existência de precedentes como mera formalidade.

Deve estar firme que não é qualquer conjunto de precedentes cujas decisões apontam para o mesmo sentido que determinará a confecção do enunciado normativo, é necessário também verificar a identidade não só da questão constitucional, mas, também, dos casos analisados e dos fundamentos da decisão (*ratio decidendi*).

A exigência de o Tribunal Constitucional ter que decidir reiteradas vezes em um mesmo sentido impõe relativa unidade quanto aos fundamentos da linha interpretativa predominante do Tribunal sobre a matéria objeto de discussão, verificando-se assim uma integridade no exercício da justiça constitucional e demonstrando uma *moralidade política* do Tribunal, afinal,

[...] tal como os escritores de um romance em cadeia, comprometidos com o que já foi escrito até o momento, devem levar em conta não só a *ratio decidendi* das decisões precedentes, mas também os princípio implícitos ou expressos que lhe deram fundamento, bem como devem ser coerentes com o conjunto de princípios que representa a moralidade política da comunidade brasileira.[478]

Reivindicação dessa monta se justifica a partir da consideração de que o enunciado normativo deverá corporificar

---

[478] BARBOZA, Estefânia Maria de Queiroz. *Precedentes judiciais e segurança jurídica*: fundamentos e possibilidade para a jurisdição constitucional brasileira. São Paulo: Saraiva, 2014. p. 35.

uma específica tese jurídica emergente da jurisprudência tranquila do Tribunal. Dessa forma, essa jurisprudência deve se assentar em argumentos jurídicos (fundamentação) compartilhados por parcela expressiva do Tribunal. Do contrário, ter-se-ia que o único consenso seria aquele referente à conclusão dos julgados, e não à sua fundamentação.[479]

O cumprimento dessa condição faz com que o Tribunal Constitucional já tenha debatido amplamente a questão controvertida, e que assim o entendimento da matéria esteja suficientemente amadurecido para que se tenha uma decisão com eficácia *erga omnes*, podendo-se então se falar que, antes que um entendimento do Tribunal Constitucional se mostre vinculante, tem de anteriormente mostrar-se predominante.

Reforça essa condição a necessidade de que por vezes se poderá ter de recorrer às fundamentações dos precedentes, mormente nos casos de *diretivas gerais*, para melhor compreender sua intenção (cf. item 2.4.3), evitando-se assim uma má aplicação do enunciado normativo editado. A existência de fundamentos divergentes nos precedentes dificultaria a identificação da orientação pretendida pelo Tribunal Constitucional.

A necessidade de verificação de precedentes e a convergência dos seus fundamentos servem também para afastar qualquer tentativa de autoritarismo por parte do Tribunal Constitucional, conferindo melhor legitimidade ao enunciado normativo editado.

3.6 Possibilidade de o Tribunal Constitucional revisar ou cancelar a normação por ele editada

Além do limite imposto pela heterocontenção orgânica (item 4.8), ou seja, a possibilidade de o titular da competência legislativa retomar o exercício da sua função que, provisoriamente, fora exercida pelo Tribunal Constitucional, deverá existir como condição *sine qua non* para o exercício da função normativa a possibilidade

---

[479] Cf.: LEITE, Glauco Salomão. *Súmula vinculante e jurisdição constitucional brasileira*. Rio de Janeiro: Forense, 2007. p. 136.

de o Tribunal revisitar ou cancelar a qualquer tempo os enunciados normativos por ele editados, até porque muito embora o direito deva ser estável, em homenagem inclusive à segurança jurídica, não pode ser estático.

Faz-se necessário, desde logo, diferenciar *revisão* de *cancelamento* da normação editada pelo Tribunal Constitucional. Entende-se por *revisão* a alteração do conteúdo da normação editada pelo Tribunal Constitucional, enquanto por *cancelamento* deve-se entender a retirada do ordenamento jurídico da normação editada pelo Tribunal, equivalendo-se à *revogação*.

Tanto a *revisão* quanto o *cancelamento* da normação editada podem ocorrer devido a uma alteração do entendimento jurídico por parte do Tribunal Constitucional; por uma alteração no ordenamento jurídico pelo titular da função de legislar, que direta ou indiretamente influenciará no conteúdo da normação editada pelo Tribunal; ou até mesmo em decorrência de circunstâncias fáticas ou de modificações na sociedade que exigem a *revisão* ou o *cancelamento* da normação editada pelo Tribunal.

Fine, ao analisar o sistema jurídico anglo-americano, aponta os seguintes fatores que levam a Suprema Corte a revogar seus próprios precedentes:

1. As regras mostraram-se impossíveis de aplicar na prática.
2. A regra está sujeita a um tipo de condicionante que trará uma dificuldade ou iniquidade [...].
3. Um princípio legal sofreu tantas mudanças que transformou a regra antiga em nada além de uma "reminiscência de uma doutrina abandonada".
4. Os fatos mudaram tanto, ou passaram a ser interpretados de forma tão diferente, que a norma original perdeu uma aplicação ou justificativa significativa.[480]

É injustificável imaginar que o efeito da coisa julgada recaísse sobre uma atuação do Tribunal Constitucional, que não é *judicial*, mas sim *normativa* (jurídica), a fim de impossibilitar que ele reveja seu ato e o corrija ou adapte na medida que entender adequada.

---

[480] FINE, Toni M. *Introdução ao sistema jurídico anglo-americano*. Tradução Eduardo Saldanha. São Paulo: Martins Fontes, 2011. p. 85.

Não se pode perder de vista que os enunciados normativos produzidos pelo Tribunal Constitucional possuem como características a abstração, a generalidade e eficácia prospectiva, assim, não será incomum que seja necessário revisar esses enunciados para um melhor aclaramento por qualquer deficiência técnica, ou então para atualizá-lo em virtude de alterações no contexto social ou no próprio ordenamento jurídico, considerando para tanto que o titular da função legislativa mantenha-se inerte.

Cobra relevo registrar que também na doutrina do *stare decisis* os "precedentes não são sacrossantos",[481] aceitando alguns mecanismos para que se faça a necessária adaptação (total ou parcial) do entendimento já plasmado à real necessidade, senão vejamos:

> [...] o tribunal poderá revogar integralmente um precedente, medida designada *overruling*; poderá apenas restringir o seu âmbito de aplicação, em favor de uma regra que lhe é posterior, através do *overriding*; e, ocasionalmente, por intermédio de um artifício denominado *transformation*, conferirá significado tão diverso a um comando, que, na verdade, ensejará implicitamente o abandono da norma original, sem assumi-lo explicitamente.
>
> Além desses mecanismos, o *stare decisis* apresenta duas técnicas intermediárias de alteração de decisões, que objetivam acomodá-las a circunstâncias que poderiam aconselhar a manutenção de um entendimento, tais quais: a necessidade de proteger a confiança dos jurisdicionados e de evitar a reabertura de casos já julgados. Um desses instrumentos é a superação de uma orientação com efeitos futuros, chamada de *prospective overruling*, pela qual se estabelece que uma nova regra será aplicada apenas a eventos ocorridos a partir do julgamento que a estabeleceu, ou de determinada data nele fixada, mantendo-se a validade do precedente antigo para a solução de demandas anteriores.
>
> Outra modalidade de decisão intermediária consiste na sinalização [ou aviso], *signaling* [ou *caveat*], pela qual o tribunal vinculante, ao apresentar determinado caso concreto, aplica-lhe a doutrina vigente, mas informa, sinaliza à comunidade jurídica, através de um mero *obiter dictum*, a intenção de abandoná-la no futuro, o que afasta, a partir do aviso, a justificada confiança em sua aplicação.[482]

---

[481] FINE, Toni M. *Introdução ao sistema jurídico anglo-americano.* Tradução Eduardo Saldanha. São Paulo: Martins Fontes, 2011. p. 84.
[482] MELLO, Patrícia Perrone Campos. *Precedentes*: o desenvolvimento judicial do direito no constitucionalismo contemporâneo. Rio de Janeiro: Renovar, 2008. p. 235-236. Prossegue a autora: "A opção por cada um de tais instrumentos dependerá do caso em exame e de considerações acerca das razões de segurança que aconselhariam a manutenção da antiga solução (*authority reasons*)." (*Ibidem*, p. 236).

Assim, na hipótese de perda de coerência social e/ou consistência sistêmica do enunciado normativo editado deverá o Tribunal Constitucional cancelar ou revisar seu entendimento utilizando os mecanismos acima elencados.

Silva aponta como hipóteses que conduzem ao *overruling* – a completa invalidação do entendimento: *i*) o entendimento está obsoleto e desfigurado; *ii*) o entendimento é absolutamente injusto e/ou incorreto e *iii*) o entendimento se revelou inexequível na prática.[483]

Já o *overriding* acontece quando se reduz o âmbito de um entendimento anteriormente estabelecido em favor de um enunciado normativo que surgiu depois que o entendimento havia sido estabelecido. Trata-se, na teoria, de uma revogação parcial de um entendimento precedente geral, em decorrência de uma norma especial superveniente que afastaria de forma limitada, por meio de uma distinção consistente, o âmbito de aplicação da doutrina vinculante.

Tem-se então que no sistema do *stare decisis*, tanto o *overruling* como o *overriding* devem ser entendidos como soluções sistêmicas para evitar a petrificação do direito, fazendo parte e complementando a ideia de uma doutrina vinculante.

Não diferente, Queiroz aponta que é perfeitamente possível ao Tribunal Constitucional expressar uma mudança no seu entendimento, ainda que solidamente arraigados, posto que

> [o]s tribunais de justiça constitucional não se encontram vinculados pelos seus próprios precedentes. Podem '*overrule*', isto é, modificar uma orientação jurisprudencial prévia, decidindo em sentido contrário. A *Supreme Court* só se encontra vinculada pelo direito constitucional, não pelas decisões anteriores dos tribunais, incluindo as suas próprias decisões.[484]

Inadmissível inviabilizar a evolução dos enunciados normativos editados pelo Tribunal Constitucional. Ao Tribunal deve-se permitir reapreciar a decisão adotada anteriormente, promovendo, se for o caso, a devida revisão ou o cancelamento

---

[483] SILVA, Celso de Albuquerque. *Do efeito vinculante*: sua legitimação e aplicação. Rio de Janeiro: Lumen Juris, 2005. p. 267.

[484] QUEIROZ, Cristina. *Interpretação constitucional e poder judicial*: sobre a epistemologia da construção constitucional. Coimbra: Coimbra Editora, 2000. p. 214.

da normação por ele editada, haja vista que qualquer enunciado normativo estará sempre aberto a novas interpretações (interpretação evolutiva), bem como a mudanças no contexto social e até mesmo no contexto jurídico (atuação do legislador reformador ou ordinário).

Invocar o efeito vinculante não seria suficiente para obstaculizar a alteração dos enunciados normativos pelo próprio Tribunal Constitucional, até porque, tal efeito, para a doutrina majoritária, não alcançaria o próprio Tribunal Constitucional, vez que a autovinculação, como já se viu, petrificaria a própria Constituição.

Negar a possibilidade do Tribunal Constitucional revisar ou cancelar a normação por ele editada, faz ressurgir à questão de quem poderá fiscalizar o fiscal (*quis custodiet custodes?*).

Considerando-se que as decisões do Tribunal Constitucional enteladas nesta pesquisa são as de caráter normativo, indaga-se se elas poderiam ser controladas pelo próprio Tribunal Constitucional. A indagação pode parecer, à primeira vista, inadequada, contudo, é possível imaginar um modelo no qual essa proposição alcance um sentido próprio.

Poder-se-ia imaginar a revisão das decisões do Tribunal Constitucional quando mais da maioria dos componentes fosse trocada, tomando-se como parâmetro os integrantes à época da decisão que se pretende *controlar*, e desde que algum legitimado (ou até o próprio Tribunal) solicitasse a reapreciação. Seria um mecanismo pelo qual o "novo" Tribunal estaria habilitado a rever as decisões assumidas por um Tribunal "antigo". Importa aqui consignar a necessidade de que representantes da sociedade civil também possam pleitear junto ao Tribunal a revisão ou o cancelamento do enunciado normativo editado, objetivando assim suprir qualquer déficit de legitimidade da decisão vigente.

Outra situação que inquestionavelmente legitimaria a revisão das decisões do Tribunal Constitucional seria aquela em que o enunciado normativo editado perdurasse por um tempo suficiente de modo a não mais retratar os anseios da sociedade, sendo necessária sua adequação a fim de retomar a coerência social e/ou a consistência sistêmica do seu entendimento.

Para Tavares, está-se diante de "um caso de controle normativo, para adequar as decisões anteriores ou *i*) à nova Constituição (incluída a emenda) ou *ii*) à nova interpretação das mesmas normas constitucionais".[485] Não é demais registrar que a revisão ou o cancelamento deverão ocorrer sempre de forma fundamentada (cf. item 4.5.2) e com cuidadosa discussão, até mesmo para servir como mecanismo de autodisciplina do Tribunal Constitucional.

Mendes, Coelho e Branco ao enfocar, no direito brasileiro, a *súmula vinculante* no que concerne à possibilidade de revisão ou de cancelamento, assim afirmaram:

> A possibilidade de revisão ou cancelamento de súmula é de extrema relevância quando se tem em vista que é da natureza da própria sociedade e do Direito estar em constante transformação. Nesse sentido, faz-se imprescindível a possibilidade de alteração das súmulas vinculantes, para que elas possam ser adequadas a essas necessidades, também de índole prática. [486]

Como se nota, trata-se de uma condição essencial para a atuação do Tribunal Constitucional como órgão de normação positiva, afinal, a ausência dessa condição, gerará a possibilidade de uma fossilização do ordenamento jurídico e do próprio direito constitucional, ou até mesmo a mantença de uma escolha (decisão) equivocada por parte do Tribunal Constitucional que, aliada à inércia do Legislativo, perpetuará uma situação inadequada, ou até mesmo inconstitucional, no ordenamento jurídico.

No direito brasileiro, o art. 103-A, *caput*, introduzido pela Emenda Constitucional nº 45 na Constituição brasileira de 1988, permite entender que o STF não está vinculado às suas próprias súmulas, podendo, a qualquer tempo, rever e até mesmo cancelar uma súmula vinculante por ele editada diante de uma mudança de entendimento.

Apesar de parecer lógico o que aqui se apresenta, essa condição não se notava nos *assentos* portugueses, em que uma vez

---

[485] TAVARES, André Ramos. *Teoria da justiça constitucional*. São Paulo: Saraiva, 2005. p. 283. Continua o autor: "Também é o caso, mais pacificamente aceito, de reapreciar decisões que proclamam a constitucionalidade de lei ou ato normativo em relação a uma Constituição-parâmetro que vem a ser substituída." (*Ibidem*, p. 283).
[486] MENDES, Gilmar Ferreira; BRANCO, Paulo Gustavo Gonet. *Curso de direito constitucional*. 8. ed. São Paulo: Saraiva, 2013. p. 970.

proferido o *assento*, o Supremo Tribunal de Justiça português não mais poderia modificá-lo ou revogá-lo – somente poderia fazê-lo uma alteração legislativa posterior, uma vez que não se encontrava previsto na lei um mecanismo de sua revisibilidade.[487]

Como se vê, a importância da condição aqui trabalhada influi sobremaneira, inclusive, na conclusão acerca da *natureza jurídica* dos enunciados normativos editados pelo Tribunal Constitucional, afastando assim qualquer tese de que as decisões decorrentes da sua função normativa possuem *natureza jurisdicional*, mas sim, que se trata de decisões de *natureza jurídico-normativa*.

Registra-se, ao cabo, que não só a edição de enunciados normativos, mas também a revisão ou o cancelamento destes observarão todos os limites trazidos no Capítulo 4, destacando a *dimensão comunicativa* (item 4.5) e o *devido processo objetivo* (item 4.11), a fim de oferecer a segurança jurídica necessária para todos aqueles que lhe devem observância.

---

[487] SIFUENTES, Mônica. *Súmula vinculante*: um estudo sobre o poder normativo dos tribunais. São Paulo: Saraiva, 2005. p. 201. Essa característica de perpetuidade dos *assentos* conduziu Miranda ao entendimento de que os mesmos possuíam *natureza jurisdicional*. (MIRANDA, Jorge. *Manual de direito constitucional*. 3. ed. Coimbra: Coimbra Editora, 2004. t. 5, p. 42).

CAPÍTULO 4

LIMITES DA ATUAÇÃO DO TRIBUNAL CONSTITUCIONAL COMO ÓRGÃO DE NORMAÇÃO POSITIVA

4.1 Considerações iniciais

4.1.1 O que se deve entender por *limite* da atuação do Tribunal Constitucional como órgão de normação positiva

Enquanto as *condições* para atuação da Justiça Constitucional no exercício da função normativa (item 3.1) se referem à averiguação de questões preliminares autorizadoras para o processamento dos enunciados normativos a serem editados, os *limites* devem ser observados após o início dessa atuação.

Uma vez preenchidas todas as *condições* para o exercício da *função normativa*, os *limites* se apresentam como marcas delimitadoras dessa atuação, margens intransponíveis que devem ser verificadas sob pena da normação editada apresentar-se ilegítima.

Por *ilegitimidade* deve-se entender a incompatibilidade entre o enunciado normativo editado e o sistema constitucional, considerando para tanto, inclusive, as aspirações do substrato empírico (social, econômico, político, cultural) ou de ordem moral deste sistema.

Os limites aqui tratados são aplicáveis tanto na *função enunciativa* quanto na *função legislativa stricto sensu* a serem exercidas pela Justiça Constitucional.

4.1.2 Necessidade da existência de limites para a atuação do Tribunal Constitucional como órgão de normação positiva

É inquestionável que o *controle* é merecedor de uma centralidade e onipresença no Direito constitucional, a ponto de já se ter constatado que, dentro do legado constitucional, o *limite* é um ideal em constante aspiração, e o fato de que a Constituição seja capaz de disciplinar o exercício das competências (poder) dos órgãos constitucionais de soberania não significa que seja prescindível buscar maiores e melhores limitações, principalmente por ter a história provado que os próprios órgãos constitucionais (poderes) tentaram ultrapassar seus limites, por isso a necessidade de renová-los constantemente a favor da mantença de um Estado Constitucional de Direito.

Além das condições apresentadas no Capítulo 3, que devem ser averiguadas para que a Justiça Constitucional atue na função normativa, deve-se também estabelecer os limites para que essa atuação não se dê à margem da legitimidade constitucional. Para tanto, imprescindível se mostra então o apontamento desses limites, já que, em última análise, é por intermédio destes que se tem a própria significação da atuação da Justiça Constitucional na função normativa.

A negação à tradicional doutrina da separação de poderes (item 1.3) e a demonstração de que o Tribunal Constitucional pode atuar como órgão de normação positiva (item 1.4), não implica a conclusão de que a atuação da Justiça Constitucional ocorra sem limites, até porque o exercício da Justiça Constitucional em um regime verdadeiramente democrático deve ser limitado.

Não se pode partir de um pressuposto de absoluta confiabilidade no Tribunal Constitucional, como se fosse ele o único órgão apto a solucionar todos os problemas constitucionais, inclusive os que envolvem opções político-sociais e que, para tanto, pudesse usufruir de uma superioridade perante o constituinte reformador ou o legislador ordinário, ou ainda de falta de parâmetros (limites), tendo como justificativa rasa o fato de estar exercendo a curadoria da Constituição.

É inerente ao exercício da Justiça Constitucional, independentemente da sua forma e mecanismo, um eventual risco para a democracia. Muito embora a Justiça Constitucional tenha sido concebida como reforço ao sistema constitucional democrático (cf. item 1.4.4), corre-se o risco de se ter aviltamento desse mesmo sistema pela própria Justiça Constitucional. Contudo, esse risco deve ser superado não com um amesquinhamento da Justiça Constitucional, mas sim com a construção de ideias que preservem e incentivem a Justiça Constitucional, e que, concomitantemente, preservem a harmonia e a independência dos órgãos constitucionais de soberania (cf. item 1.3.1), bem como o regime democrático e os verdadeiros titulares do poder – o povo (a coletividade) (cf. item 1.2.1); evitando assim as disfunções dos órgãos constitucionais de soberania.

A afirmação anterior ganha magnitude com a conjugação da ideia de que a experiência constitucional de vários Estados tem demonstrado que o Estado Democrático de Direito não se sustenta, nem se realiza sem uma Justiça Constitucional, como bem leciona Moreira:

> A existência de uma jurisdição [justiça] constitucional, sobretudo se confiada a um tribunal específico, parece ter-se tornado nos tempos de hoje num requisito de legitimação e de credibilidade política dos regimes constitucionais democráticos. *A jurisdição [justiça] constitucional passou a ser crescentemente considerada como elemento necessário da própria definição do Estado de direito democrático.*[488]

Mesmo sendo a Justiça Constitucional oriunda de um *poder político*, ela deverá encontrar *limites*, pois é logicamente necessário admitir a limitação de qualquer instituição, inclusive a de um órgão constitucional de soberania como o Tribunal Constitucional, já que

---

[488] MOREIRA, Vital. Princípio da maioria e princípio da constitucionalidade: legitimidade e limites da justiça constitucional. In: BRITO, J. Sousa et al. *Legitimidade e legitimação da justiça constitucional*. Coimbra: Coimbra Editora, 1995. p. 178.

toda instituição é constituída para a realização de determinadas competências e para a consecução de determinados fins, e só se mostra legítima se se mantiver nas balizas estabelecidas.

Os limites se mostram imprescindíveis principalmente pela plasticidade dos enunciados normativos constitucionais (item 2.2.1), afinal, diante de enunciados adjetivados de abertos, deve-se ter muita precaução ao realizar a efetivação destes enunciados, sob pena de se majorar, antidemocraticamente, o poder discricionário da Justiça Constitucional.

O apontamento desses limites servirá também para compatibilizar a produção dos enunciados normativos editados pela Justiça Constitucional com a produção legislativa dos órgãos políticos que detêm a titularidade para tal exercício e que possuem legitimidade democrática direta representativa, preservando assim a soberania popular e a supremacia da Constituição.

Ferriz afirma que a existência de limites serve para matizar a posição da Justiça Constitucional, principalmente por estar atuando em concorrência com o "poder normador" por excelência, o Legislativo.[489]

Demonstrou-se, no item 1.2.1, que *poder político* se configura na possibilidade que um povo tem de instituir, por autoridade própria, órgãos que criem e imponham normas jurídicas, dispondo, inclusive, dos inerentes meios de coação. Contudo, o problema que se apresenta, um dos mais caros à filosofia política, é saber se o *poder político* é suscetível de ser limitado juridicamente.

Como cediço, a própria ideia de ausência de limites[490] do Poder Constituinte originário já não mais subsiste. A doutrina atual rejeita essa compreensão, como bem anota Canotilho:

> [...] se o poder constituinte se destina a criar uma constituição concebida como organização e limitação do poder, não se vê como esta "vontade de constituição" pode deixar de condicionar a vontade do criador. Por

---

[489] FERRIZ, Remedio Sánchez. *El Estado constitucional y su sistema de fuentes.* 3. ed. Valencia: Tirant lo Blanch, 2005. p. 311.

[490] Na teoria clássica do Poder Constituinte – pelo menos no seu figurino francês – o Poder Constituinte era considerado como um poder incondicionado, livre, que poderia fazer tudo, como se partisse do nada político, jurídico e social, chegando a reconhecer no Poder Constituinte atributos divinos.

outro lado, este criador, este sujeito constituinte, este povo ou nação, é estruturado e obedece a padrões e modelos de conduta espirituais, culturais, éticos e sociais radicados na consciência jurídica geral da comunidade e, nesta medida, considerados como "vontade do povo".[491]

Sendo assim, todos os órgãos estatais, inclusive os órgãos constitucionais de soberania, exercendo ou não *poder político*, também devem encontrar na noção de bem público um limite geral e abstrato para o exercício da sua competência. Por serem esses órgãos compostos de homens – criaturas que, pela sua natureza, estão sujeitos às paixões e aos erros –, evidencia-se ainda mais a necessidade de se apontar *limites* que servirão de resistência contra o erro e o arbítrio, permitindo a controlabilidade das decisões e evitando a degeneração do regime democrático.

Loewenstein adverte que, com o objetivo de evitar esse perigo sempre presente, que é imanente a todo o poder, o Estado organizado exige de maneira imperativa que o exercício do poder político, tanto no interesse dos detentores como nos destinatários do poder, seja restringido e limitado.[492]

Assim, na medida em que as normações editadas pela Justiça Constitucional assumem importância e impõem comportamentos para todos (eficácia *erga omnes*), torna-se imperioso a necessidade de limitações para que o Tribunal não se torne soberano, mas também limitado como os demais órgãos constitucionais de soberania, circunscrevendo suas funções *enunciativa* e *legislativa stricto sensu* às balizas aqui traçadas.

A escolha da melhor opção (decisão) pela Justiça Constitucional no exercício da curadoria da Constituição por meio da *função normativa* não pode ocorrer num ambiente de *liberdade total*, sob o risco de se ter uma *arbitrariedade* por estar a Justiça Constitucional atuando livre de qualquer limite.[493]

---

[491] CANOTILHO, José Joaquim Gomes. *Direito constitucional e teoria da Constituição*. 4. ed. Coimbra: Almedina, 2000. p. 81. No mesmo sentido: MIRANDA, Jorge. *Manual de direito constitucional*. 5. ed. rev. e actual. Coimbra: Coimbra Editora, 2003. t. 2, p. 124.

[492] LOEWENSTEIN, Karl. *Teoría de la Constitución*. Tradução Alfredo Gallego Anabitarte. 2. ed. Barcelona: Ariel, 1979. p. 29.

[493] Cappelletti informa que em "todo sistema jurídico civilizado procurou estabelecer e aplicar certos *limites à liberdade judicial*, tanto *processuais* quanto substanciais." Para Cappelletti os *limites substanciais* "variam profundamente de época para época e de sociedade para

Sem uma limitação para que a Justiça Constitucional atue na função normativa, poderá ocorrer o assenhoramento do conteúdo da Constituição e de seu significado pelo Tribunal Constitucional, tornando-o assim um *Herr* (Senhor) da Constituição e não um *Hütter* (Guardião), colocando a Constituição e o próprio Estado Constitucional Democrático em risco, já que o Tribunal Constitucional pronuncia-se por último sobre a Constituição, não estando suas decisões sujeitas a qualquer controle democrático posterior, sendo, assim, "o único juiz da sua própria autoridade".[494]

Apenas o controle político das decisões da Justiça Constitucional por meio da *retomada da competência legislativa pelo titular da função* (item 4.8) com a edição do respectivo ato legislativo (emenda constitucional ou lei) não afasta o "risco democrático" da atuação do Tribunal Constitucional, já que as leis e as emendas constitucionais se sujeitam ao controle de constitucionalidade do Tribunal Constitucional, enquanto as decisões do Tribunal Constitucional não.

Não se pode perder de vista que, conforme indica García, é marcante o reconhecimento de que as decisões sobre a legitimidade e os limites do controle de constitucionalidade ficam orbitando em torno dos métodos e limites da interpretação da Constituição.[495]

Definir *limites* é tarefa árdua, contudo, mais árduo ainda é efetivá-los, fazê-los funcionar devidamente de maneira a conter a Justiça Constitucional na edição de enunciados normativos.

Qualquer crítica concernente à ausência de objetividade plena no apontamento dos limites não poderá desconsiderar que a impossibilidade de se alcançar a *objetividade plena*, não pode afastar a necessidade de se buscar limites dentre de uma *objetividade possível*.

Deve-se consignar que não se está diante de limites absolutos, mas de limites relativos que podem ser alterados pelo Estado, afinal,

---

sociedade, e até no âmbito da mesma época e sociedade. Incluem, vez por outra, precedentes judiciários, opiniões de jurisconsultos, ordenanças de monarcas, decisões de assembléias, leis de parlamentos, códigos etc." (CAPPELLETTI, Mauro. *Juízes legisladores?* Tradução Carlos Alberto Alvaro de Oliveira. Porto Alegre: Sergio Antonio Fabris, 1999. p. 24).

[494] Frase última atribuída a Rui Barbosa por Inocêncio Mártires Coelho. (COELHO, Inocêncio Mártires. As idéias de Peter Häberle e a abertura da interpretação constitucional no direito brasileiro. *Revista Brasileira Direito de Administrativo*, Rio de Janeiro, n. 211, p. 131, jan./ mar. 1998.).

[495] ALONSO GARCÍA, Enrique. *La interpretación de la Constitución*. Madrid: Centro de Estudios Constitucinales, 1984. p. 9.

"o Estado pode libertar-se de todos os limites que tenha imposto a si próprio desde que o faça respeitando as formas do Direito e impondo-se novos limites. O que é permanente não é tal ou tal limite, em especial, mas a limitação em si".[496]

4.2 Caráter jurídico da decisão: fechamento das opções políticas

A separação entre *direito* e *política* tem sido considerada como essencial no Estado constitucional democrático contemporâneo. Na *política*, vigoram a *soberania popular* e o *princípio majoritário*, ou seja, o domínio da *vontade*. No *direito*, vigoram o *primado da lei* (*rule of law*) e o respeito aos direitos fundamentais, ou seja, o domínio da *razão*.

A crença mitológica nessa distinção – *direito* e *política* – tem resistido aos tempos e às evidências. Ainda hoje, já avançado o século XXI, mantêm-se a divisão tradicional entre o espaço da política e o espaço do direito. "O direito é, na verdade, um dos principais produtos da política".[497]

A relação entre *direito* e *política* pertence aos grandes temas da ciência jurídica e se apresenta de múltiplas formas, sendo que ambos são instrumentos para a direção da sociedade. Nessa relação recíproca vivem a *solidariedade* e as *tensões*.[498]

O debate acerca da natureza da Justiça Constitucional – jurídica ou política – teve seus contornos traçados da discussão travada entre Carl Schmitt e Hans Kelsen. O primeiro defendeu no seu livro "A defesa da Constituição" a tese de que o presidente do *Reich* deveria ser o guardião da Constituição, ou seja, um órgão de natureza política. Hans Kelsen respondeu diretamente o artigo de Carl Schmitt, publicando *"Wer soll der Hüter der Verfassung sein?"*

---

[496] CAETANO, Marcello. *Manual de ciência política e direito constitucional*. 6. ed. rev. e ampl. Coimbra: Almedina, 2003. t. 1, p. 301.

[497] BARROSO, Luís Roberto. Constituição, democracia e supremacia judicial: direito e política no Brasil contemporâneo. *Revista de Direito do Estado*, Rio de Janeiro, v. 6, n. 21, p. 96, jan./dez. 2011.

[498] STERN, Klaus. *Derecho del Estado de la Republica Federal Alemana*. Tradução Javier Pérez Royo y Pedro Cruz Villalón. Madrid: Centro de Estudios Constitucionales, 1987. p. 132-133.

("Quem deve ser o guardião da Constituição?"), no qual defende que o Tribunal Constitucional é que deveria ser o guardião da Constituição, ou seja, um órgão de natureza jurídica.

O caráter das decisões da Justiça Constitucional se confunde, de certo modo, com os grandes modelos ou sistemas de controle de constitucionalidade.

Ao fazer um estudo do controle judicial de constitucionalidade das leis no direito comparado, Cappelletti afirma que é absolutamente impossível fazer uma análise estritamente jurídico-científica ou completamente desinteressada e neutra, posto que o controle de constitucionalidade, por sua própria natureza, possui "também uma coloração 'política' mais ou menos evidente, mais ou menos acentuada" que refletirá na "dialética das forças políticas do Estado".[499]

Na essência, é praticamente impossível encontrar limites precisos à separação entre a seara política e a jurídica, destacando que no "direito constitucional, o princípio da separação entre direito e política se expressa principalmente no princípio da independência do juiz"[500].

Uma análise da experiência político-constitucional revela três grandes modelos ou sistemas de controle de constitucionalidade, a saber: *i*) o modelo de controle político (de matriz francesa – o *Sénat Conservateur*); *ii*) o modelo de controle judicial difuso (de matriz estadunidense – o *judicial review*); e, *iii*) o modelo de controle concentrado por meio de um Tribunal Constitucional (de matriz austríaca (europeia)).

Para Miranda, o modelo de Tribunal Constitucional dir-se-ia *prima facie* agregar elementos do modelo político e elementos do modelo judicial, já que o Tribunal Constitucional ostenta características de órgão jurisdicional, apesar de não ser como os outros, seja pela sua composição, pelo modo de recrutamento de seus integrantes, bem como pelo processo objetivo que desenvolve, afirmando ainda o mestre português:

> Mais correcto afigura-se – quer a nível de conceitos, quer a nível de experiência – defini-lo [o Tribunal Constitucional] como um *tertim genus*,

---

[499] CAPPELLETTI, Mauro. *O controle judicial de constitucionalidade das leis no direito comparado*. 2. ed. Tradução Aroldo Plínio Gonçalves. Porto Alegre: Sergio Antonio Fabris, 1999. p. 114.
[500] GRIMM, Dieter. *Constituição e política*. Tradução Geraldo de Carvalho. Belo Horizonte: Del Rey, 2006. p. 13.

entender que se trata de um tribunal em que se esgota uma ordem de jurisdição diferente tanto da dos tribunais civis e criminais como da dos tribunais administrativos (ou de qualquer outra), de um tribunal com competência especializada no campo do Direito Constitucional.[501]

Também não se pode olvidar que a interpretação da Constituição também se desenvolve num sentido político, como bem assinalou o Min. Themistocles Brandão Cavalcanti em voto proferido no STF:

Na interpretação da Constituição não se deve levar em conta somente a intenção do legislador, o sentido e a significação das palavras, o raciocínio lógico no processo de interpretação, mas principalmente o sentido político da interpretação, considerando-se a Constituição como um diploma político.[502]

Por ser a Constituição um diploma político por excelência, quando a Justiça Constitucional é chamada a atuar no exercício da *função normativa*, não deixa, de certo modo, de ser político, confundindo a função exercida com a matéria com que lida.

Hesse chega a afirmar que "[q]uestões constitucionais não são, originariamente, questões jurídicas, mas sim questões políticas"[503].

Apesar do caráter político, a Constituição tem por objeto a materialização da conversão do *poder político* em *poder jurídico*, num esforço de juridicização do fenômeno político, ou seja, a interpretação e a curadoria da Constituição vivem paredes-meias com a política, até porque

[o] Poder político assim necessariamente limitado pela existência de uma Ordem jurídica que se traduz na sua Constituição e no acatamento voluntário das normas internacionais: é um poder *jurídico* e consequentemente tem de estar submetido ao Direito.[504]

---

[501] MIRANDA, Jorge. *Manual de direito constitucional*. 2. ed. rev. e actual. Coimbra: Coimbra Editora, 2005. t. 6, p. 117-118.
[502] BRASIL. Supremo Tribunal Federal. *Representações por inconstitucionalidade*: dispositivos de Constituições estaduais, Brasília, 1976. v. 1, p. 153.
[503] HESSE, Konrad. *A força normativa da Constituição*. Tradução Gilmar Ferreira Mendes. Porto Alegre: Sergio Antonio Fabris, 1991. p. 9.
[504] CAETANO, Marcello. *Manual de ciência política e direito constitucional*. 6. ed. rev. e ampl. Coimbra: Almedina, 2003. t. 1, p. 301.

Muito embora a Constituição possua um texto político, é também um documento jurídico. Sendo assim, apesar de a Justiça Constitucional ser chamada a decidir questões que, sem qualquer dúvida, assumem conotação política, a verdade é que, mesmo nessas circunstâncias, a Justiça Constitucional decide conflitos políticos, mas a característica é que a resolução dos mesmos se faz por critérios e métodos jurídicos.[505]

A *jurisdição* sobre matéria *política* não é a mesma que *jurisdição política*. A *jurisdição*, pela própria essência, não segue o método decisional utilizado nas decisões políticas.

Tavares bem anota que:

[...] não se devem confundir eventuais efeitos políticos, a seguir analisados, com o processo de tomada de decisão, que é jurisdicional por excelência. Por outro lado, todo processo de tomada de decisão judicial, seja do Tribunal Constitucional ou de qualquer outra instância jurisdicional, envolve um determinado *quantum* de opção política, entendida esta em seu sentido mais lato (é o eterno problema da interpretação jurídica) [...].[506]

Para Baum, a Justiça Constitucional faz suas escolhas políticas dentro de um contexto jurídico,[507] e esse contexto jurídico seria exatamente as *condições* e os *limites* trazidos neste trabalho.

A interpretação da Constituição, a despeito do caráter político do objeto e dos agentes que a levam a efeito, é uma tarefa jurídica,

---

[505] Cf.: nesse sentido: ENTERRÍA, Eduardo García. *La Constitución como norma y el Tribunal Constitucional*. 4. ed. Madrid: Civitas, 2006. p. 192. Importante conferir ainda Agra: "Apesar de o Poder Constituinte, criador da Constituição, ter natureza política, já que as circunstâncias político-econômico-sociais que circundam o momento histórico de sua formação são os vetores que ditam o conteúdo das normas constitucionais, a Carta Magna tem natureza essencialmente jurídica. Não obstante ter nascido de um poder político, todo o seu funcionamento insere-se em uma perspectiva jurídica, assim devendo ser analisada – obviamente dentro de um caráter dialógico." (AGRA, Walber de Moura. *A reconstrução da legitimidade do Supremo Tribunal Federal*: densificação da jurisdição constitucional brasileira. Rio de Janeiro: Forense, 2005. p. 24).

[506] TAVARES, André Ramos. *Tribunal e jurisdição constitucional*. São Paulo: Instituto Brasileiro de Direito Constitucional/Celso Bastos, 1998. p. 47. Afirma ainda o autor: "Decidir matéria que apresente contornos políticos não transforma a atividade de jurisdicional em política, da mesma forma que falar sobre um psicopata não transforma ninguém num doente mental." (*Ibidem*, p. 42).

[507] BAUM, Lawrence. *A Suprema Corte Americana*: uma análise da mais notória e respeita instituição judiciária do mundo contemporâneo. Tradução Élcio Cerqueira. Rio de Janeiro: Forense Universitária, 1987. p. 188.

e não política, sujeitando-se, assim, aos cânones de racionalidade, objetividade e fundamentação exigíveis das decisões proferidas pela Justiça Constitucional.

Tem-se então que, muito embora a Justiça Constitucional não possa desconsiderar as consequências políticas de suas decisões, não poderá decidir fora do contexto jurídico, afinal, em um conflito entre o *jurídico* e o *político*, a Justiça Constitucional não poderá divorciar-se do *jurídico*.[508]

A Justiça Constitucional, apesar de ser política em razão de sua matéria, é estritamente jurídica por seus métodos e por seus critérios de fundo, já que a Justiça Constitucional não pode ficar cega às consequências políticas de suas decisões.[509]

Assim, um dos deveres da Justiça Constitucional é incluir, nas decisões que vier a proferir, considerações atinentes às consequências políticas da escolha efetuada.

Com isso não se quer dizer que as decisões da Justiça Constitucional são formalmente jurídicas e materialmente políticas – a decisão deve ser de cunho jurídico em todos os sentidos.

Acresce-se a tudo isso que a decisão da Justiça Constitucional deverá ser sempre fundamentada (item 4.5.2) e observar a racionalidade (item 4.7) – que são elementos suficientes, de *per si*, para afastar qualquer entendimento de que uma decisão da Justiça Constitucional seja *política*.

Esse aspecto *jurídico* da decisão da Justiça Constitucional que aqui se destaca confere a denominada "legitimidade tecnocrática"[510] às suas decisões.

Na essência, o que importa em decorrência inclusive do que será trazido no item 4.5 (decisão aberta a uma dimensão comunicativa), é que não se pode sacramentar, idealizar a Justiça

---

[508] Cf.: STF. Decisão Monocrática. MS 34.448/MC-DF. Rel. Min. Roberto Barroso. Julgado em 10 out. 2016: "5. Por certo, há risco de setores mais vulneráveis e menos representados politicamente perderem a disputa por recursos escassos. Porém, esta não é uma questão constitucional, mas política, a ser enfrentada com mobilização social e consciência cívica, e não com judicilialização."
[509] ENTERRÍA, Eduardo García. *La Constitución como norma y el Tribunal Constitucional*. 4. ed. Madrid: Civitas, 2006. p. 190-192.
[510] TAVARES, André Ramos. *Tribunal e jurisdição constitucional*. São Paulo: Instituto Brasileiro de Direito Constitucional/Celso Bastos, 1998. p. 46.

Constitucional como sendo *neutra*,[511] imparcial, livre de paixões, sentimentos e pressões (sociais, corporativas, religiosas etc.) a que todos estão submetidos.

Tem-se assim que quando a Justiça Constitucional, para exercer a curadoria da Constituição, necessita editar enunciados normativos a fim de, *v.g.*, determinar conceitos fluidos, estará atuando, nesse sentido, politicamente, afinal, há aí, sem dúvida, uma boa carga de criação de Direito, como bem afirma Bonavides:

> O erro do jurista puro ao interpretar a norma constitucional é querer exatamente desmembrá-la de seu manancial político e ideológico, das nascentes da vontade política fundamental, do sentido quase sempre dinâmico e renovador que de necessidade há de acompanhá-la.
>
> ...
>
> A interpretação constitucional se move, pois, no plano delicado da dicotomia a que nos temos referido: de um lado, o jurídico, doutro, o político, ambos porém decisivamente importantes, demandando a única solução possível: o equilíbrio desses dois pratos da balança constitucional.[512]

Também não se pode deixar de ressaltar a observação feita por Mendes que, ecoando a lição de Walter Krebs, firmou que *"eventual 'escorregão' (gratwanderung) entre o direito e a política constitui risco inafastável da profissão do constitucionalista"*,[513] até porque, como bem acentua Grimm:

> [...] não se exclui a possibilidade de que um tribunal constitucional ultrapasse o limite legal imposto a ele e, sob o pretexto de aplicação constitucional, pratique ele mesmo realização política. A relação de tensão entre direito e política continua assim, a princípio, insuprimível.[514]

---

[511] Para Barroso: "*Neutralidade* é um conceito possivelmente mais complexo de se delinear do que o de objetividade. A objetividade busca uma razão científica de validade geral. A neutralidade se dilui em muitos aspectos diferentes. [...] a neutralidade pressupõe algo impossível: que o intérprete seja indiferente ao produto do seu trabalho." (BARROSO, Luís Roberto. *Interpretação e aplicação da Constituição*: fundamentos de uma dogmática constitucional transformadora. 7. ed. rev. São Paulo: Saraiva, 2009. p. 292).

[512] BONAVIDES, Paulo. *Curso de direito constitucional*. 11. ed. rev., atual. e ampl. São Paulo: Malheiros, 2001. p. 420-422.

[513] MENDES, Gilmar Ferreira. *Direitos fundamentais e controle de constitucionalidade*: estudos de direito constitucional. 3. ed. rev. e ampl. São Paulo: Saraiva, 2004. p. 40.

[514] GRIMM, Dieter. *Constituição e política*. Tradução Geraldo de Carvalho. Belo Horizonte: Del Rey, 2006. p. 11.

Considerando as advertências retro, talvez o melhor comportamento para o intérprete da Constituição seria o semelhante ao de Ulisses – relatado no Canto XII da *Odisséia* – que, ao retornar da Guerra de Tróia, teria de passar por um ponto do oceano repleto de recifes, de onde poderia ouvir um canto sereno e encantador das sereias que atraíam os náuticos para a colisão com os recifes, provocando o naufrágio. Advertido do perigo, Ulisses se fez amarrar a um dos mastros da embarcação e determinou que os demais tripulantes remassem com os ouvidos tapados de cera. Dessa forma Ulisses não se privou do prazer, apenas do perigo, passando assim ileso pela tentação que era ouvir o canto das sereias.

Essa é a sina do constitucionalista pois, por mais técnica e apegada ao direito que possa e deva ser a Justiça Constitucional, jamais se libertará de sua natureza e dimensão política,[515] até porque, a linha divisória que inquestionavelmente existe entre *direito* e *política*, nem sempre é forte e contínua e, muito menos, é fixa. Como anota Barroso, essa "pretensão de autonomia absoluta do direito em relação à política é impossível de se realizar".[516]

Por fim, não é demais registrar que não deve haver, pela Justiça Constitucional, em momento algum, uma tomada de *decisão política* no sentido partidário do termo, sob pena de absoluta ilegitimidade, até porque a Constituição expressa um *consenso fundamental* e, assim sendo, é necessário que este consenso goze de uma proteção pela Justiça Constitucional, sendo essencial que ela não se enverede por disputas políticas não se outorgando qualquer função desta estirpe, mas apenas exigindo a otimização das normas constitucionais.

4.2.1 Questões morais

De início, a fim de melhor delimitar a temática, deve-se consignar que o termo *moral* remete à ideia de comportamentos

---

[515] PEDRA, Anderson Sant'Ana. *O controle da proporcionalidade dos atos legislativos*: a hermenêutica constitucional como instrumento. Belo Horizonte: Del Rey, 2006. p. 128.

[516] BARROSO, Luís Roberto. Constituição, democracia e supremacia judicial: direito e política no Brasil contemporâneo. *Revista de Direito do Estado*, Rio de Janeiro, v. 6, n. 21, p. 122, jan./dez. 2011

(costumes) adotados por determinada sociedade num determinado momento histórico, social, cultural e político, devendo refletir a realidade desta sociedade.

Questões morais são então aquelas atinentes às matérias que surgem no seio de determinada sociedade, em um certo momento, a partir do comportamento adotado e esperado pelos integrantes desta sociedade. Contudo, por se ter, em regra, uma sociedade plural, inexiste unicidade nesses comportamentos, sendo necessário, então, colocar em debate *majoritário* essas *questões morais*, já que a partir de uma determinada escolha ter-se-á reflexos no mundo jurídico.

Estas *questões morais* ganham maior amplitude de debate *político* quando se está diante dos chamados *desacordos morais razoáveis*,[517] ou seja, quando se tem cidadãos bem intencionados e esclarecidos, em relação a determinadas matérias,[518] mas que pensam de forma contrária, sem possibilidade de conciliação, principalmente em face das convicções filosóficas e religiosas.

Pelo fato de as escolhas sobre *questões morais* atingir o âmago da sociedade, vez que determinada escolha pode, inadivertidamente, contrariar os *valores morais* desta sociedade, espera-se que as decisões sejam tomadas, ao menos,[519] pelo Legislativo que goza de *legitimidade democrática ótima*, mas nunca pela Justiça Constitucional, até porque os rumos a serem adotados pela sociedade quanto às *questões morais* devem guardar *harmonia com aquilo que a sociedade espera* (cf. item 4.6).

Apesar de ser impossível idealizar a Justiça Constitucional como sendo algo neutro, imparcial, livre de paixões, sentimentos e pressões (sociais, corporativas, religiosas etc.), inadmite-se que a Justiça Constitucional se curve a qualquer tipo de influência para

---

[517] WALDRON, Jeremy. *Derecho e desacuerdos*. Traducción de José Luis Martí y Águeda Quiroga. Madrid: Macial Pons, 2005. p. 209-222..

[518] A título exemplificativo, tem-se atualmente os seguintes *desacordos morais razoáveis* que devem ser discutidos pela sociedade brasileira e que apresentam reflexos jurídicos: descriminalização das drogas; reconhecimento jurídico da união homoafetiva; descriminalização da eutanásia; descriminalização do aborto; início e término da "vida" dentre outras.

[519] Há doutrinadores que defendem que em razão da importância das escolhas sobre *questões morais*, tais escolhas devem ser submetidas previamente à apreciação popular. Cf. nesse sentido: MORAES, Diego Pimenta; PEDRA, Adriano Sant'Ana. Legitimação democrática das decisões em questões morais por meio da participação popular direta. In: *Anais do XX Congresso Nacional do CONPEDI*. Florianópolis: Fundação Boiteux, 2011. p. 8136-8156.

solucionar *desacordos morais razoáveis* – o que deve, sempre, estar a cargo de uma *instância majoritária* (Legislativo).

A Justiça Constitucional jamais deverá substituir a política, muito menos se apresentar como meio ordinário para se resolverem as *questões morais*, ao contrário, a Justiça Constitucional deve evitar interferir ou decidir essas questões.

Apesar de a Justiça Constitucional servir como um garantidora da minoria em face de uma maioria conjuntural e assim reforçar o ideal democrático (cf. item 1.4.4), jamais poderá atuar politicamente para definir *valores morais* e proclamar princípios, uma vez que os valores em questão devem ser decididos politicamente pela maioria, e como bem afirma Ferraz Jr.:

> [...] a Justiça politizada arrisca-se a render-se ao *marketing* das opiniões, reduzindo o direito a elas, o que funciona bem no Legislativo mas que, no Judiciário, torna opaco o uso da força, conduzindo-a à banalidade e à trivialidade do jogo dos interesses.[520]

Dworkin, ao tratar do *fundamento político do direito*, anota que *questões morais* devem ser deixadas para as instituições democráticas, não porque o Legislativo seja necessariamente correto, mas porque é uma maneira justa de decidir *questões morais* sobre as quais pessoas sensatas e sensíveis discordam.[521]

O idealizador dos Tribunais Constitucionais, Hans Kelsen, reconhece os perigos decorrentes da fiscalização do Legislativo com base em preceitos de baixa precisão semântica – como as *questões morais* aqui destacadas:

> As disposições constitucionais que convidam o legislador a se conformar à justiça, à eqüidade, à igualdade, à liberdade, à moralidade etc. poderiam ser interpretadas como diretivas concernentes ao conteúdo das leis. Equivocadamente, é claro, porque só seria assim se a Constituição estabelecesse uma direção precisa, se ela própria indicasse um critério objetivo qualquer. [...] É claro que a Constituição não entendeu, empregando uma palavra imprecisa e equivocada quanto a de justiça,

---

[520] FERRAZ JR., Tercio Sampaio. O Judiciário frente à divisão dos poderes: um princípio em decadência? *Revista Trimestral de Direito Público*, São Paulo, n. 9, p. 44, 1995.
[521] DWORKIN, Ronal. *Uma questão de princípio*. Tradução Luís Carlos Borges. São Paulo: Martins Fontes, 2001. p. 127.

ou qualquer outra semelhante, fazer que a sorte de qualquer lei votada pelo Parlamento dependesse da boa vontade de um colégio composto de maneira mais ou menos arbitrária do ponto de vista político, como o tribunal constitucional. Para evitar tal deslocamento de poder [...] do Parlamento para uma instância a ela estranha, e que pode se tornar representante de forças políticas diferentes das que se exprimem no Parlamento, a Constituição deve, sobretudo se criar um tribunal constitucional, abster-se desse gênero de fraseologia, e se quiser estabelecer princípios relativos ao conteúdo das leis, formulados da forma mais precisa possível.[522]

Se o que está a decidir é acerca de determinada *questão (valor) moral*, esta resposta deve ser encontrada pela sociedade, diretamente, ou por meio de um órgão estatal com melhor representatividade democrática – Legislativo, e não pela Justiça Constitucional.

Tem-se assim que para as *questões morais* ganharem moldura jurídica devem as mesmas passar, ao menos, pelo crivo de uma instituição majoritária, sob pena de não alcançarem a legitimidade necessária para sua implementação, pois carecerá da certeza de que a mesma, efetivamente, retrata os anseios da sociedade.

4.3 Manutenção do Texto Constitucional

4.3.1 A supremacia constitucional

A possibilidade de exercício da *função normativa* pela Justiça Constitucional provoca uma discussão acerca da manutenção e da não ofensa ao texto da Constituição.

Conforme apontado nos itens 2.2.3 e 2.2.8, no exercício das funções *interpretativa* e *enunciativa* o Tribunal Constitucional, de certo modo, torna-se um "Poder Constituinte permanente". Nessa perspectiva, faz-se então necessário estabelecer limites a fim de que seja assegurada a supremacia normativa da Constituição e preservada, assim, a sua estabilidade.

---

[522] KELSEN, Hans. *Jurisdição constitucional*. Tradução Alexandre Krug, Eduardo Brandão e Maria Ermantina Galvão. São Paulo: Martins Fontes, 2003. p. 169-170.

Tal zelo se mostra importante pois a Justiça Constitucional não pode se transformar, sob o aspecto jurídico, em intérprete fora da Constituição. Sobre tal preocupação destaca Enterría:

> De onde extrai o Tribunal Constitucional seus critérios de decisão, supondo que ele intervém justamente no momento em que se comprova uma insuficiência do texto constitucional?, pois, ainda que pretenda aplicá-lo, é fato demonstrado historicamente que os Tribunais Constitucionais exercitam na prática um verdadeiro *poder de emendar*, nos termos do juiz americano MARLAN, isto é, um poder de emendar ou revisar a Constituição, ou ao menos, de suplementá-la, de construir preceitos constitucionais novos, que não puderam nem estar na intenção do constituinte.[523]

Se o Tribunal Constitucional tem o poder de emendar, de revisar ou até mesmo de suplementar a Constituição, construindo "preceitos constitucionais" que sequer foram imaginados pelo constituinte originário, não se pode perder de vista que tal poder não é absoluto, como nenhum poder deve ser, mas encontra limites, inclusive na supremacia do Texto Constitucional estabelecido pelo constituinte originário.

Por derivar da Constituição, o Tribunal Constitucional não pode, a pretexto de exercer sua curadoria, alterar suas próprias bases, numa espécie de revolta da criatura contra o criador.

Se é dado ao Tribunal Constitucional o poder de "construir preceitos constitucionais novos", não pode ele erguer essa construção fora dos alicerces erguidos e moldados pelo constituinte originário, sob pena de comprometer toda a estrutura do ordenamento constitucional.

Esse mesmo cuidado também deve ser verificado no exercício da função legislativa *stricto sensu* pelos Tribunais Constitucionais.

---

[523] ENTERRÍA, Eduardo García. *La Constitución como norma y el Tribunal Constitucional*. 4. ed. Madrid: Civitas, 2006. p. 168. T.a. original: "de dónde extrae el Tribunal Constitucional sus criterios de decisón, supuesto que él interviene justamente en el momento en que se comprueba una insuficiencia del texto constitucional?, pues aunque pretenda aplicar éste, es un hecho que la historia demuestra que los Tribunales Constitucionales ejercitan en la práctica un verdadero *amending power*, en los términos del jues americano Marlan, esto es, un poder de enmendar o revisar la Constitución, o al menos de suplementarla, de construir preceptos constitucionales nuevos, que no pudieron estar siqueira en la intención del constituynte."

Ao atuar como órgão de normação positiva, não deverá o Tribunal Constitucional jamais olvidar da *supremacia constitucional*.[524] A observância da Constituição como limite mostra-se necessária, sobretudo para que seja preservado o *princípio da supremacia constitucional*, já que este indica que a Constituição é a norma maior do ordenamento, e que acima dela nenhuma norma de existência concreta existe, não podendo ser a admissão da tese do Tribunal Constitucional como órgão de normação positiva que colocará em dúvida a característica de *Lex superior* da Constituição.

Dentre as diversas classificações a que se submetem as leis em sentido largo e os enunciados normativos, verifica-se aquela concernente à intensidade criadora do direito. Nesse aspecto, a classificação hierárquica se baseia na conformidade das normas inferiores em relação às de categoria superior; e essa conformidade se traduz no princípio fundamental da *constitucionalidade*, sendo que no grau mais elevado da hierarquia encontra-se a *Constituição*, à qual as demais leis e enunciados normativos se devem amoldar, afinal, os enunciados normativos constitucionais inauguram a ordem jurídica de um dado povo soberano e se põem como fundamento de validade para todas as demais regras de direito.

Nesse quadrante, o Texto Constitucional se apresentam como *normae normarum*, isto é, normas que disciplinam a produção jurídica, possuindo a *Constituição* uma *natureza supra-ordenamental*.

Canotilho, ao discorrer acerca da superioridade normativa-constitucional e da vinculação dos demais órgãos constitucionais assim lecionou:

> A constituição é a norma das normas, a lei fundamental do Estado, o estalão normativo superior de um ordenamento jurídico. Daí resulta

---

[524] A supremacia (superioridade) normativa constitucional está presente de forma explícita em várias Constituições, *v.g.*, Constituição de Portugal (arts. 3.º.2 e 277.º.1), Constituição da Espanha (art. 9.1) e no preâmbulo da Constituição de Cuba. Em outras Constituições, essa superioridade encontra-se implícita, advindo de uma própria criação de uma Justiça Constitucional, do processo mais dificultoso de criação, alteração e supressão dos enunciados normativos constitucionais e, por vezes, até mesmo da impossibilidade de se suprimirem determinadas normas pela competência reformadora. No Brasil, a superioridade se observa em vários dispositivos da Constituição brasileira de 1988 (*v.g.* arts. 60, 102 e 103). Já em outros países, a supremacia da Constituição se impôs e se fixou por obra da jurisprudência, sendo paradigmático nesse sentido o caso dos Estados Unidos.

uma pretensão de validade e de observância como norma superior directamente vinculante em relação a todos os poderes públicos.[525]

Alguns elementos permitem distinguir a Constituição de outros instrumentos com valor legislativo presentes na ordem jurídica, destacando-se: a *autoprimazia normativa*, a sua característica de *fonte primária de produção jurídica* e a sua *natureza supra-ordenamental*.[526]

Sendo então a *Constituição* um texto supremo, superior a tudo do ordenamento jurídico, deve ele prevalecer sobre todos os demais enunciados normativos impedindo, inclusive, que o Tribunal Constitucional edite enunciados normativos ofensivos à supremacia constitucional. Dito de outro modo: a atuação do Tribunal Constitucional como órgão de normação positiva deverá coexistir com a supremacia da normatividade da Constituição, inclusive do seu texto.

4.3.2 Observância da Constituição

O Estado Democrático de Direito não tolera a ausência de limites, sendo assim, a normação positiva editada pelo Tribunal Constitucional apenas poderá ocorrer dentro dos limites impostos pela normatividade da Constituição que aflora das regras e princípios nela insculpidos. Dito de outra maneira, a normação positiva tem sua atuação reduzida ao domínio permitido pela própria Constituição: seu texto e a elasticidade que ele permite.

A força normativa dos enunciados normativos constitucionais (cf. item 3.2.1) começa a partir da concepção que se tem acerca do texto, já que a norma que vier a ser extraída do enunciado não pode superar seu texto.

O texto da Constituição se apresenta, assim, de *per si*, como verdadeira barreira (limite) para os seus intérpretes e aplicadores,

---

[525] CANOTILHO, José Joaquim Gomes. *Direito constitucional e teoria da Constituição*. 4. ed. Coimbra: Almedina, 2000. p. 860.
[526] CANOTILHO, José Joaquim Gomes. *Direito constitucional e teoria da Constituição*. 4. ed. Coimbra: Almedina, 2000. p. 1112-1115.

inclusive para o Tribunal Constitucional, ao atuar como órgão de normação positiva.

O principal e mais poderoso limite da atuação da Justiça Constitucional, e que jamais poderá ser desrespeitado, está na textualidade da norma interpretada e no sistema de normas em que se insere (todas, igualmente, com sua própria dimensão léxica), o texto "não permite decidir em qualquer direção, como querem as diversas formas de decisionismo".[527]

A abertura dos enunciados normativos constitucionais (item 2.2.1) não é sem limites. Uma abertura sem limites conduziria, eventualmente, a uma destruição, a uma erosão dos elementos vinculantes que preservam a identidade da Constituição.[528]

O limite a ser considerado é o do texto constitucional como um todo, e não de um enunciado normativo específico isoladamente analisado, tudo em homenagem ao princípio interpretativo da *unidade da Constituição*, já que não é incomum que o resultado de uma interpretação aparentemente contrarie o texto de um determinado enunciado normativo constitucional, mas ao realizar uma interpretação sistemática da Constituição ver-se-á que, na verdade, chegou-se ao significado melhor revelado pela análise da Constituição na sua inteireza dos seus diversos enunciados normativos, das suas regras e dos seus princípios, considerando a pluralidade que lhe é inerente. No exercício de quaisquer de suas funções, o Tribunal Constitucional deve considerar a Constituição como um todo harmônico.

Maximiliano, com o escólio de Charles Hughes, leciona que "[o] todo deve ser examinado com o intuito de obter o verdadeiro sentido de cada uma das partes. '*A Constituição não se destrói a si própria*. Em outros têrmos, o poder que ela confere com a mão direita, não retira, em seguida, com a esquerda'."[529]

---

[527] ADEODATO, João Maurício. *A retórica constitucional*: sobre tolerância, direitos humanos e outros fundamentos éticos do direito positivo. São Paulo: Saraiva, 2009. p. 415. Prossegue o autor: "Convém ressaltar que não se trata de uma separação 'real' entre texto e norma. Por óbvio que não existe um texto exclusivamente texto, pois toda expressão de norma jurídica já traz dados lingüísticos e reais embutidos, referências externas à própria expressão." (*Ibidem*, p. 146).

[528] Cf. a respeito: CARBONELL, Miguel. *Constitución, reforma constitucional y fuentes del derecho en México*. 6. ed. México: Porrúa, 2008. p. 187.

[529] MAXIMILIANO, Carlos. *Comentários à Constituição brasileira*. 5. ed. atual. São Paulo: Freitas Bastos, 1954. v. 1, p. 133-134.

Apesar de *norma* e *enunciado normativo* serem coisas distintas (cf. itens 2.2.1 e 2.2.2), não se permite, com isso, atribuir qualquer sentido ao enunciado normativo constitucional a fim de possibilitar uma maior margem de atuação do Tribunal Constitucional a ponto de extrair uma norma que não esteja contida em qualquer enunciado, nem em qualquer combinação destes.

A esse respeito leciona Streck:

> [...] a afirmação "a norma é (sempre) produto da interpretação do texto", ou que o "intérprete sempre atribui sentido (*Sinngebung*) ao texto", nem de longe pode significar a possibilidade deste – o intérprete – poder dizer "qualquer coisa sobre qualquer coisa", atribuindo sentidos de forma arbitrária aos textos, como se texto e norma estivessem separados (e, portanto, tivessem "existência" autônoma").[530]

Como bem advertiu Starck, os "Tribunais Constitucionais devem agir com moderação, procurando não estender nem condensar o conteúdo jurídico da Constituição criando pretensões exageradas".[531]

O Tribunal Constitucional espanhol também já se manifestou no sentido de que "[n]ão pode [...] tratar de reconstruir uma norma que não esteja devidamente explícita em um texto, para concluir que esta é a norma constitucional".[532]

A elasticidade do *enunciado normativo* pode até permitir a extração de uma *norma* bem distante dos termos (expressões) utilizados pela Constituição, mas em hipótese alguma pode configurar rompimento com a *unidade da Constituição*. Uma coisa é atribuir, criativamente, significados ou sentidos ao texto da Constituição, outra coisa bem distinta é desprezar ou destruir esse texto.

Mesmo sendo a interpretação um ato de vontade, é vedado ao intérprete dar o sentido que bem entender ao enunciado normativo, afinal há um limite, um controle que deve advir exatamente do texto

---

[530] STRECK, Lenio Luiz. A diferença ontológica (entre texto e norma) como blindagem contra o relativismo no processo interpretativo: uma análise a partir do "ontological turn". *Revista Brasileira de Estudos Políticos*, Belo Horizonte, n. 89, p. 131, jan./ jun., 2004.
[531] STARCK, Christian. A legitimação da justiça constitucional e o princípio democrático. In: *Anuario Iberoamericano de Justicia Constitucional*, n. 7, p. 489, 2003.
[532] S.T.C. de 8 abr. 1981, *apud*, TAVARES, André Ramos. *Teoria da justiça constitucional*. São Paulo: Saraiva, 2005. p. 249.

escrito e da linguagem utilizada. Escapar desse limite é igualar em todas as situações àqueles que editam os enunciados normativos com aqueles que a interpretam – o que é inadmissível sob pena de desprezar a vontade democrática máxima manifestada por meio do Poder Constituinte (originário ou derivado).

A interpretação de um texto normativo, inclusive o texto constitucional, deve ter como parâmetro o próprio texto, até porque "o conteúdo da norma constitucional só poderá modificar-se no interior do marco traçado pelo texto"[533] e os enunciados normativos constituem verdadeiras barreiras interpretativas. Dessa forma, se é verdade que um texto pode ter mais de um significado, também é verdade que não pode ter infinitos.

Muito embora a *função interpretativa* do Tribunal Constitucional (cf. item 2.2.2) esteja inserida como o processo pelo qual o Tribunal constrói a norma a ser aplicada, a partir do enunciado normativo fornecido pelo constituinte originário, trata-se da "construção de um discurso não autônomo"[534] porque vinculado ao enunciado normativo trazido pela Constituição.

Em decorrência da própria ideia e função da Constituição escrita, Stern anota que não é possível passar por cima do direito constitucional escrito alegando-se um direito não escrito.[535]

A célebre declaração de Charles Hughes, *justice* da Suprema Corte dos Estados Unidos da América, de que "estamos sob uma Constituição, mas a Constituição é aquilo que os juízes dizem que ela é" recebeu uma marcante refutação de Frankfurter, também *justice*, que assim se pronunciou: "em última análise, a pedra de toque da constitucionalidade está na própria Constituição e não naquilo que nós dizemos a respeito dela".[536]

---

[533] HESSE, Konrad. *Escritos de derecho constitucional*. 2. ed. Tradução Pedro Cruz Villalon. Madrid: Centro de Estudios Constitucionales, 1992. p. 101.
[534] TAVARES, André Ramos. *Teoria da justiça constitucional*. São Paulo: Saraiva, 2005. p. 219.
[535] STERN, Klaus. *Derecho del Estado de la Republica Federal Alemana*. Tradução Javier Pérez Royo y Pedro Cruz Villalón. Madrid: Centro de Estudios Constitucionales, 1987. p. 263.
[536] BALEEIRO, Aliomar. *O Supremo Tribunal Federal, êsse outro desconhecido*. Rio de Janeiro: Forense, 1968. p. 45. Verifica-se nesse ponto a acirrada polêmica instaurada na Suprema Corte estadunidense sobre os limites que podem ser empregados para a atualização dos preceitos constitucionais, formando-se duas correntes: "os interpretativistas (dando valor à análise jurídica, limitando o papel da Corte) e os não interpretativistas (dando maior amplitude aos poderes da Corte Suprema), aspecto que traz em seu contexto a possibilidade

Müller também entende que "o teor literal demarca as fronteiras extremas das possíveis variantes de sentido, isto é, funcionalmente defensáveis e constitucionalmente admissíveis".[537] A *constitutio scripta* é então um limite insuperável da interpretação constitucional, apresentando-se tal limite como um pressuposto da função racionalizadora.[538] Os enunciados normativos constitucionais devem ser interpretados com racionalidade, de modo que a interpretação dada pelo Tribunal Constitucional ao texto da Constituição não possa convergir para uma conclusão absurda, insustentável, inconsistente ou impossível, ou que ainda não guarde conformidade com o próprio texto constitucional. Não pode o intérprete passar por cima da Constituição, pois assim ele não mais estará interpretando-a, mas estará modificando ou rompendo com seu texto.

Como bem anota Hesse, o texto da Constituição apresenta um limite para a interpretação, apresentando-se, de certa forma, como uma garantia para sua força normativa. Caso seja necessário chegar a uma solução que ultrapasse o limite do texto é o caso de se utilizar uma *reforma constitucional*, sob pena de não estar realizando uma interpretação (mutação) constitucional, mas sim promovendo uma falência ou anulação da Constituição.[539]

Inadmissível assim interpretar o que consta escrito no texto constitucional de modo a configurar aquilo que Vega conceituou como "falseamento da Constituição", ou seja, um fenômeno em virtude. do qual se outorga a certas normas constitucionais uma interpretação e um sentido distintos dos que realmente têm.[540]

Assim, como o objeto da interpretação constitucional é o *texto constitucional* como "portador" do sentido nele vertido,

---

de o aplicador da Constituição se posicionar com verdadeiro 'constituinte', provocando fenômeno denominado 'supraconstitucionalidade'.". (FRANCISCO, José Carlos. *Emendas constitucionais e limites flexíveis*. Rio de Janeiro: Forense, 2003. p. 67. N.R. 70).

[537] MÜLLER, Friedrich. *Métodos de trabalho de direito constitucional*. 2. ed. rev. Tradução Peter Naumann. São Paulo: Max Limonad, 2000. p. 75.

[538] HESSE, Konrad. *Elementos de direito constitucional da República Federal da Alemanha*. Tradução Luís Afonso Heck. Porto Alegre: Sergio Antonio Fabris, 1998. p. 69.

[539] HESSE, Konrad. *Escritos de derecho constitucional*. 2. ed. Tradução Pedro Cruz Villalon. Madrid: Centro de Estudos Constitucionales, 1992. p. 103.

[540] VEGA, Pedro de. *La reforma constitucional y la problematica del poder constituyente*. Madrid: Tecnos, 1999. p. 291.

e a compreensão desse sentido se encontra na interpretação. Interpretação (*Auslegung*) é, caso se atenha ao sentido das palavras, desentranhamento (*Auseinanderlegung*), difusão e exposição do sentido disposto no texto, mas, de certo modo, ainda oculto. Mediante a interpretação "faz-se falar" este sentido, quer dizer, ele é enunciado com outras palavras, expressado de modo mais claro e preciso, e tornado comunicável. A esse propósito, o que deve caracterizar o processo de interpretação do Tribunal Constitucional é que o mesmo só deve fazer falar o texto,[541] encontrando aí seu limite, sem acrescentar, omitir ou desconsiderar o que quer que seja.

Evidentemente que se sabe que o intérprete nunca se manterá exclusivamente no texto da Constituição de modo puramente passivo, já que o Tribunal Constitucional não pode nunca se cegar ou ficar indiferente às consequências políticas das suas decisões, inclusive para afastar resultados injustos ou danosos ao bem comum. Contudo essa justificativa não o autoriza a laborar fora das balizas e das possibilidades abertas pela Constituição.

Apesar da observação exposta no parágrafo anterior, qualquer interpretação constitucional, ao buscar conformidade com os "valores sociais", como bem adverte M. Callejón, deverá ter em conta que, precisamente, esses valores são, por sua vez, os que estão contidos na Constituição, e caso ocorra um dissenso entre o resultado da interpretação e algum enunciado normativo constitucional, deve-se conduzir antes uma reforma do texto da Constituição de forma a permitir soluções alternativas fora dela.[542]

Nesse quadrante é possível falar que o enunciado normativo constitucional também desempenha uma *função negativa*, até porque a abertura da linguagem constitucional e a polissemia de seus termos não são absolutas, devendo estancar diante de *significados mínimos*, afinal

[o]s enunciados lingüísticos são, noutros casos, *vagos* (= conceitos vagos, conceitos indeterminados), havendo, ao lado de "objectos" que cabem

---

[541] LARENZ, Karl. *Metodologia da ciência do direito*. 3. ed. Tradução José Lamego. Lisboa: Calouste Gulbenkian, 1997. p. 441.
[542] CALLEJÓN, María Luisa Balaguer. *Interpretación de la Constitución y ordenamiento jurídico*. Madrid: Tecnos, 1997. p. 103.

inequivocamente no âmbito conceitual (= candidatos positivos) e ao lado de objectos que estão claramente excluídos do âmbito intencional do conceito (= candidatos negativos), outros objectos em relação aos quais existem sérias dúvidas quanto a sua caracterização (= candidatos neutrais).[543]

No que concerne às convenções linguísticas a serem utilizadas no processo de interpretação dos enunciados normativos constitucionais, merece relevo a seguinte lição:

O recurso ao texto constitucional, não obstante as dificuldades das operações de determinação dos enunciados lingüísticos das normas constitucionais, tem este sentido básico no processo metódico de concretização: (1) o conteúdo vinculante da norma constitucional deve ser o conteúdo semântico dos seus significados lingüísticos, tal como eles são mediatizados pelas convenções linquísticas relevantes; (2) a formulação linguística da norma constitui o *limite externo* para quaisquer variações de sentido jurídico-constitucionalmente possíveis (função negativa do texto).[544]

Nessa linha o texto constitucional deve servir como um ponto de partida compartilhado pela comunidade. "A significação e a ressignificação será feita a partir da interpretação e reinterpretação do texto, das decisões já tomadas [cf. item 3.5] e da realidade".[545]

Destaca-se, assim, o problema da linguagem constitucional que, com a democratização do processo constituinte, ganhou novel importância, afinal, as Constituições democráticas mais recentes foram geradas em meio a um amplo processo de discussão, participação e composição política, o que, por consectário lógico, dificulta a apresentação de uma linguagem jurídica uniforme e tecnicamente rigorosa. Prudente então se mostra a utilização, no particular, da regra mais flexível ditada por Quintana, já que as palavras empregadas na Constituição devem ser entendidas em seu sentido geral, comum e

---

[543] CANOTILHO, José Joaquim Gomes. *Direito constitucional e teoria da Constituição*. 4. ed. Coimbra: Almedina, 2000. p. 1180.
[544] CANOTILHO, José Joaquim Gomes. *Direito constitucional e teoria da Constituição*. 4. ed. Coimbra: Almedina, 2000. p. 1181.
[545] BARBOZA, Estefânia Maria de Queiroz. *Precedentes judiciais e segurança jurídica*: fundamentos e possibilidade para a jurisdição constitucional brasileira. São Paulo: Saraiva, 2014. p. 288.

usual, a menos que resulte claramente de seu texto que o constituinte quis referir-se ao seu sentido técnico-jurídico.[546] Não discrepa da lição supra o entendimento de Bastos e Britto, para quem a interpretação da Constituição deve ser interpretada de modo diverso do direito ordinário, vez que no direito constitucional a exceção é o emprego de termos técnicos. Caso haja dúvida em um enunciado normativo constitucional sobre se uma palavra tem significado técnico ou comum o intérprete deve ficar com o comum, haja vista ser a Constituição um documento político; já nos setores do direito infraconstitucional a preferência recai sobre o sentido técnico, sendo que a acepção comum só será admitida quando o legislador não tenha dado elemento para que se infira uma acepção técnica.[547]

Obviamente que quando se fala do texto da Constituição como limite, está-se falando de uma limitação não absoluta, já que o legislador constituinte reformador pode atingir essa limitação com a alteração do texto da Constituição.

Calha registrar que o apego ao texto da Constituição não importa em reduzir o direito ao enunciado normativo, mas sim elevá-lo a efetiva condição de norma jurídica, pois,

[e]m busca deste desiderato, é importante difundir uma concepção do direito constitucional dotada de rigor científico, com apropriada utilização de princípios, conceitos e elementos interpretativos. Essa é a única forma de isolá-lo do que se poderia chamar de *charlatanismo constitucional*, que é o discurso constitucional inteiramente dissociado dos direitos, desenvolvido em nível puramente teórico, com vulgaridade e insciência. [548]

Por fim, consigna-se a importância deste limite quando se compara o exercício da *função enunciativa* pelo Tribunal Constitucional com o exercício da função legislativa pelo legislador constituinte reformador (cf. item 2.2.8).

---

[546] QUINTANA, Segundo V. Linares. *Reglas para la intepretación constitucional*. Buenos Aires: Plus Ultra, 1987. p. 65.
[547] BASTOS, Celso Ribeiro; BRITTO, Carlos Ayres. *Interpretação e aplicabilidade das normas constitucionais*. São Paulo: Saraiva, 1982. p. 19-20.
[548] BARROSO, Luís Roberto. *Interpretação e aplicação da Constituição*: fundamentos de uma dogmática constitucional transformadora. 7. ed. rev. São Paulo: Saraiva, 2009. p. 296.

Apesar da inquestionável aproximação entre a *função enunciativa* do Tribunal Constitucional e a *função legislativa* exercida pelo legislador constituinte reformador, deve-se alertar que tais atuações normativas não se equiparam, já que no exercício da *função enunciativa* o Tribunal Constitucional deverá atuar dentro das balizas marcadas pelo texto constitucional consoante aqui sustentado; enquanto que, no exercício da função legislativa, o legislador constituinte reformador encontra maior margem para atuação, podendo, inclusive alterar (modificar, suprimir ou acrescer) o próprio texto da Constituição – o que não é admitido na atuação normativa do Tribunal Constitucional.

4.3.2.1 Valores constitucionais

Apesar de o Tribunal Constitucional ter uma margem de atuação para interpretar a Constituição, jamais poderá exercitar sua função normativa contra o enunciado normativo lançado no Texto Constitucional, ou contra os *valores* ali encampados.

Como bem afirma Vieira, "as constituições também se transformaram em depositários de valores éticos positivados, expressa ou implicitamente, pela comunidade".[549]

Pode-se então afirmar que os *valores* em que se assenta e para onde se orienta determinada sociedade estão vertidos no ordenamento jurídico constitucional, muitas das vezes, tanto na forma principiológica[550] como na forma de regramento.

---

[549] VIEIRA, Oscar Vilhena. A moralidade da Constituição e os limites da empreitada interpretativa, ou entre Beethoven e Bernstein. In: SILVA, Virgílio Afonso da (Org.). *Interpretação constitucional*. São Paulo: Malheiros, 2007. p. 225-226.

[550] TAVARES, André Ramos. *Curso de direito constitucional*. 7. ed. rev. e ampl. São Paulo: Saraiva, 2009. p. 116. Destaca o autor que é "preciso, contudo, esclarecer que, embora não haja um consenso em torno da noção de princípios gerais do Direito como princípios constitucionais, e menos ainda quanto a seu exato conteúdo, a verdade é que os valores supremos estão incrustados nesses princípios gerais de Direito, como visto, embora não haja, é certo, consenso em torno de sua enumeração." (*Ibidem*, p. 118). Leciona ainda o autor que "[à]quela categoria anteriormente denominada de princípio geral de direito correspondem, hoje, aos princípios constitucionais [...]. Assim, se se comparar o que antes constituíam os chamados princípios gerais de direito com o que hoje são considerados princípios constitucionais, poder-se-á verificar uma quase completa coincidência [...]." (Idem. *Fronteiras da hermenêutica constitucional*. São Paulo: Método, 2006. p. 87).

"A determinação dos valores faz-se através de um procedimento democrático aberto que tem nas arenas parlamentares o seu lugar de eleição", posto que a "positivação dos valores sob a forma de princípios gerais constitucionais é apenas o primeiro passo na senda da respectiva concretização".[551]

Além do texto (enunciado normativo) trazido pela Constituição, deverá também o Tribunal Constitucional, enquanto órgão de normação positiva, obedecer ainda aos *valores constitucionais basilares* (explícitos e implícitos)[552] e às estruturas essenciais, trazidos pela Constituição, consignando ainda que as Constituições democráticas modernas encontram-se totalmente envolvidas e penetradas pelos valores jurídicos fundamentais dominantes na sociedade.

Uma decisão do Tribunal Constitucional pode até ser, em um primeiro momento, *extra legem*, mas deverá ser *intra jus*, "dentro do quadro da ordem jurídica global e dos princípios jurídicos que lhe servem de base".[553]

Tavares, acerca da encampação de valores pelas Constituições afirma que é verdade "as Constituições não estão livres de valores, antes os pressupõem e os acolhem em seu seio, algumas expressamente, outras implicitamente", e que tal comportamento das Constituições democráticas modernas de corporificar os *valores* da sociedade fez com que restasse desmistificada a "neutralidade axiológica" das Constituições. [554]

Não se pode olvidar que alguns desses *valores constitucionais* estão positivados em alguns preâmbulos constitucionais, estando "superada a tese segundo a qual o preâmbulo da Constituição nenhuma normatividade pode produzir",[555] até porque a análise

---

[551] MONCADA, Luís S. Cabral de. Os princípios gerais de direito e a lei. In: MONCADA, Luís S. Cabral de. *Estudos de direito público*. Coimbra: Coimbra Editora, 2001. p. 410-411.

[552] A respeito, Sundfeld: "Os princípios implícitos são tão importantes quanto os explícitos; constituem, como estes, verdadeiras normas jurídicas. Por isso, desconhecê-los é tão grave quanto desconsiderar quaisquer outros princípios." (SUNDFELD, Carlos Ari. *Fundamentos de direito público*. 4. ed. rev., aum. e atual. São Paulo: Malheiros, 2000. p. 150).

[553] Cf. LARENZ, Karl. *Metodologia da ciência do direito*. 3. ed. Tradução José Lamego. Lisboa: Calouste Gulbenkian, 1997. p. 588.

[554] TAVARES, André Ramos. *Curso de direito constitucional*. 7. ed. rev. e ampl. São Paulo: Saraiva, 2009. p. 111-112.

[555] CLÈVE, Clèmerson Merlin. A teoria constitucional e o direito alternativo: para uma dogmática constitucional emancipatória. *ADV – Advocacia Dinâmica – seleções jurídicas*, São Paulo, n. 1, p. 48, jan. 1994. p. 48. Cf. ainda: MIRANDA, Jorge. *Manual de direito constitucional*. 5. ed. rev. e

de que o preâmbulo de uma Constituição tem ou não conteúdo normativo, somente poderá ser respondida satisfatoriamente à vista do seu texto, ou seja, caso a caso.

A observância do texto constitucional, e dos *valores* ali incorporados, é fundamental para que o Tribunal Constitucional não se torne um "Poder Constituinte", e porque não dizer absoluto, que, ao invés de exercer a curadoria da Constituição acabe por criar uma nova Constituição.

4.3.2.2 Bloco de constitucionalidade

Quando se indica como limite da atuação positiva do Tribunal Constitucional no exercício da função normativa a observância da Constituição, deve-se considerar aí, se existente, o chamando "bloco de constitucionalidade" que alguns países adotam como parâmetro para o exercício da Justiça Constitucional.

Quando se adota o *bloco de constitucionalidade*, o texto escrito que deve ser considerado como limite para atuação do Tribunal Constitucional não será apenas o da Constituição, mas também dos demais diplomas normativos que estão ombreados à Constituição nos moldes estatuídos pelo ordenamento constitucional do respectivo Estado, destacando-se aí os tratados internacionais já reconhecidos e também outras leis com valor constitucional (cf. item 3.2.2.2).

4.3.3 Limites trazidos no Texto Constitucional para o legislador (constituinte ou infraconstitucional)

Decorrente do entendimento de que se deve ter como limite o texto constitucional, cumpre destacar que as restrições trazidas dentro deste texto para o legislador constituinte reformador, bem como para

---

actual. Coimbra: Coimbra Editora, 2003. t. 2, p. 265; SOSPEDRA, Manuel Martínez. *Manual de derecho constitucional*: parte general. Valencia: Tirant lo Blanch, 2007. p. 190.

o legislador infraconstitucional, também deverão ser observadas pelo Tribunal Constitucional quando do exercício da *função normativa*.

Com exceção dos *limites procedimentais* (formais) (*procedural due process*) que se impõem aos legisladores titulares, todos os demais limites previstos na Constituição para os titulares da função de legislar, também deverão ser observados pelo Tribunal Constitucional no exercício da sua *função normativa*.

Nessa quadra, os limites de qualquer espécie trazidos para o legislador constituinte reformador ou para o legislador infraconstitucional pela Constituição, também deverão ser observados pelo Tribunal Constitucional.

Uma das restrições que ganha mais destaque na doutrina são as *limitações materiais* atinente ao legislador constituinte derivado, talvez pelo fato de tais limitações tratarem, na verdade, da essência da Constituição, de serem o "espírito da obra constitucional";[556] por serem os princípios fundantes e estruturantes nos quais se assentam o restante do edifício jurídico. São invariáveis axiológicas que formaram um "consenso básico" nos mais díspares grupos sociais.[557]

As *limitações materiais* são aquelas que vedam a alteração da Constituição em certas matérias (conteúdo), em determinados pontos considerados fundamentais (preponderantes) pelo Poder Constituinte originário que prevê no próprio texto constitucional esse leque de matérias que são consideradas como o cerne material da Constituição. São as denominadas "cláusulas pétreas", "cláusulas intocáveis", "cláusula de eternidade" ou "cláusulas de intangibilidade".

No que concerne à função legislativa *stricto sensu*, todos os *limites materiais* (de conteúdo) impostos ao titular da função de legislar também deverão ser observados pelo Tribunal Constitucional quando vier a exercer a função legislativa *stricto sensu*.

---

[556] FERREIRA, Pinto. *Princípios gerais do direito constitucional moderno*. 6. ed. ampl. e atual. São Paulo: Revista dos Tribunais, 1983. v. 1, p. 122.

[557] HÄBERLE, Peter. *El Estado constitucional*. Tradução Héctor Fix-Fierro. Buenos Aires: Astrea, 2007. p. 227; GROPPALI, Alexandre. *Doutrina do Estado*. 2. ed. Tradução Paulo Edmur de Souza Queiroz. São Paulo: Saraiva, 1968. p. 171. Não obstante a inserção frequente dessas *limitações materiais* nas Constituições, muitos publicistas as combatem, tachando-as de inúteis e até contraproducentes. Nesse sentido: VANOSSI, Jorge Reinaldo A. *Teoría constitucional*. 2. ed. Buenos Aires: Depalma, 2000. t. 1, p. 186-192; RUFFIA, Paolo Biscaretti di. *Direito constitucional*: instituições de direito público. Tradução Maria Helena Diniz. São Paulo: Revista dos Tribunais, 1984. p. 228-229.

Quando o Tribunal Constitucional exerce a *função normativa*, ele atuará ora como um "Poder Constituinte derivado" ora como um legislador *infraconstitucional*, logo não poderá ter como *limitação material* (de conteúdo) para sua atuação uma margem maior daquela imposta ao titular da função de legislar.

Tem-se também a *limitação temporal*, que pode ser imposta a quaisquer dos legisladores (constituinte reformador ou infraconstitucional).

Não é raro que uma Constituição imponha um prazo, um limite temporal à ação do legislador, paralisando sua competência legislativa até o transcurso desse prazo, como forma de assegurar uma certa estabilidade às instituições constitucionais evitando reformas precipitadas. Tal limitação é mais comum com o advento de uma nova Constituição que veda qualquer tipo de reforma ao seu texto até o transcurso de determinado prazo, permitindo assim, na prática, a verificação de defeitos ou lacunas na Constituição.

Muito embora a Constituição possa, em regra, ser reformada a qualquer tempo, é possível que ela mesma imponha um prazo ou momento em que será vedada sua reforma, ocasionando assim uma intangibilidade temporária.

Em hipótese que tais, o Tribunal Constitucional, nesse mesmo entretempo, não poderá editar seus enunciados normativos, ou se editar, a vigência e a eficácia, ficarão comprometidas até que se dê o transcurso do prazo fixado pela Constituição, uma vez que ao atuar em substituição ao titular, não pode ter uma liberdade de atuação maior que aquele.

De igual modo, em regra, o legislador infraconstitucional possui discricionariedade para a escolha do momento para legislar. Contudo, pode a Constituição também impor alguns limites temporais para que se legisle, ou para que a legislação entre em vigor ou que tenha eficácia.

Verifica-se assim que deverá o Tribunal Constitucional, ao atuar no exercício da função enunciativa ou no exercício da função legislativa *stricto sensu*, observar a mesma limitação temporal imposta ao titular.

A Constituição também pode impor aos respectivos legisladores titulares certo tipo de *limitação circunstancial*, ou seja, percebidas determinadas situações de índole social, política, econômica e/ou jurídica, excepcionais na vida de um país (estado de guerra, estado de sítio, *v.g.*), o exercício da função legislativa fica impossibilitado, tanto para o titular, quanto para o substituto.

As *limitações circunstanciais* são fatores imperantes em um dado momento histórico que afetam a estabilidade necessária para se ter a inovação na ordem jurídica (constitucional ou infraconstitucional). Trata-se de um estado de crise que torna ilegítimo, nessas circunstâncias, empreender qualquer alteração na legislação (constitucional ou infraconstitucional), em face da adversidade à livre deliberação e da possibilidade de investidas oportunistas ou de ocasião.

Se a Constituição elenca determinadas circunstâncias que interferem na estabilidade do Estado a ponto de suspender, enquanto perdurarem tais circunstâncias, a competência da produção legislativa pelo titular, de igual modo o Tribunal Constitucional também não poderá exercer sua função normativa, já que a instabilidade decorrente da circunstância excepcional também poderá afetar a capacidade de sua decisão que terá eficácia *erga omnes*.

A imposição da *limitação temporal* e da *limitação circunstancial* para o Tribunal Constitucional também se justifica pela necessidade de não se ter impossibilitado o exercício da heterocontenção (item 4.8), posto que no entretempo e nas circunstâncias delimitados pela Constituição o titular não poderá atuar para conter (limitar) o substituto.

Admitir que o Tribunal Constitucional possa editar enunciados normativos num momento em que o titular da função de legislar encontra-se limitado, ocasionaria uma situação em que o Tribunal ficaria sem um controle externo no exercício de uma função tão importante como a *normativa*.

4.3.3.1 Segurança jurídica: impossibilidade de retroação

Um limite que merece destaque neste trabalho é o da segurança jurídica (proteção da confiança),[558] haja vista que a

---

[558] Estes dois princípios – *segurança jurídica* e *proteção da confiança* – andam estreitamente associados, sendo que para alguns o segundo seria um subprincípio ou uma dimensão específica do primeiro. A respeito, leciona Canotilho: "Em geral, considera-se que a *segurança jurídica* está conexionada com elementos objetivos da ordem jurídica – garantia

atuação do Tribunal Constitucional como órgão de normação positiva a fim de exercer a curadoria da Constituição poderá ensejar dúvidas quanto ao efeito das decisões no que concerne às situações pretéritas, principalmente pela possibilidade de uma incorreta combinação entre a natureza jurídica da função interpretativa (item 2.2.3) e a eficácia *erga omnes* das decisões do Tribunal Constitucional (item 2.4.2) – esta é a justificação para o destaque dessa limitação constitucional.

Prima facie convém registrar que, quer do ângulo da antropologia, quer do da psicologia quer da sociologia, tem-se afirmado que um dos desejos fundamentais do homem é o desejo de segurança.[559]

Segurança jurídica é valor que qualifica o direito, tanto que Vigo sustenta que a segurança jurídica não é um valor substantivo do Direito, senão um valor adjetivo.[560] A segurança jurídica é, assim, um valor, a motivação inicial ou a razão de ser formal do Direito, o seu valor funcional, ainda que não seja o seu fim supremo.[561]

Para Canotilho, o princípio da *segurança jurídica*, naquilo que concerne à proteção dos atos normativos se configura naquilo que denomina de *"proibição de pré-efeitos de actos normativos"*.[562]

Nesse passo pode-se afirmar que a existência e a elaboração do direito a partir de todas as suas fontes, inclusive dos enunciados

---

de estabilidade jurídica, segurança de orientação e realização do direito – enquanto a *protecção da confiança* se prende mais com as componentes subjectivas da segurança, designadamente a calculabilidade e previsibilidade dos indivíduos em relação aos efeitos jurídicos dos actos dos poderes públicos. [...] os postulados da segurança jurídica e da protecção da confiança são exigíveis perante *qualquer acto de qualquer poder* – legislativo, executivo e judicial." (CANOTILHO, José Joaquim Gomes. *Direito constitucional e teoria da Constituição*. 4. ed. Coimbra: Almedina, 2000. p. 256).

[559] RÁO, Vicente. *O direito e a vida dos direitos*. 5. ed. anot. e atual. São Paulo: Revista dos Tribunais, 1999. p. 363.

[560] VIGO, Rodolfo Luis. *Los principios jurídicos*: perspectiva jurisprudencial. Buenos Aires: Depalma, 2000. p. 59.

[561] RECASÉNS SICHES, Luis. *Nueva filosofia de la interpretation del derecho*. México: Fondo de Cultura Economica, 1956. p. 276.

[562] CANOTILHO, José Joaquim Gomes. *Direito constitucional e teoria da Constituição*. 4. ed. Coimbra: Almedina, 2000. p. 258. Leciona ainda o autor: "O *princípio da proibição de pré-efeitos* de actos normativos formula-se assim: os actos legislativos e outros actos normativos não podem produzir quaisquer efeitos jurídicos (pretensão de eficácia) quando não estejam ainda em vigor nos termos constitucional e legalmente prescritos [...]." (CANOTILHO, José Joaquim Gomes. *Direito constitucional e teoria da Constituição*. 4. ed. Coimbra: Almedina, 2000. p. 258).

normativos editados pelo Tribunal Constitucional no exercício da sua *função normativa*, não tem outra razão que não seja o atingimento da certeza e da segurança jurídica comum aos homens nos seus comportamentos sociais que repercutem na esfera jurídica.

Assim, as decisões do Tribunal Constitucional que possuírem eficácia *erga omnes* e que ensejarem a "criação" de uma norma jurídica não poderá produzir efeito prejudicial em eventos pretéritos, em homenagem ao princípio da segurança jurídica (proteção da confiança).

No mesmo sentido é a doutrina de Tavares,

> A retroatividade das decisões judiciais interpretativas (que opera fora de qualquer questionamento) é fruto da ficção de que o Tribunal Constitucional apenas declara o Direito. Ora, quando o Direito se depara com decisões criativas, com normas inovadoras, é preciso aplicar a diretriz geral da preservação das situações passadas ou já consumadas. Trata-se de princípio normalmente encontrável nas constituições.[563]

Até mesmo quando um novo significado é dado a um enunciado constitucional é necessário resguardar deste novo entendimento as relações jurídicas havidas no passado.

A segurança jurídica deve estar presente na sociedade, pois representa a certeza de agir conforme os padrões comportamentais em vigor. As pessoas precisam saber como devem comportar-se perante à comunidade em que vivem, e isso é incompatível com a retroatividade das normas, inclusive daquelas que vierem a ser "produzidas" pelo Tribunal Constitucional.

A justificativa de se estar atuando como curador da Constituição não é suficiente para que as decisões normativas do Tribunal Constitucional alcance o passado desafiando o deus Chronos. Apesar de ser um dever a efetivação da Constituição, isso tem que ocorrer de forma prospectiva, sob pena de efetivar a Constituição por uma banda e, de outra, ofender a segurança jurídica, cláusula tão cara em um Estado Democrático de Direito.

---

[563] TAVARES, André Ramos. *Teoria da justiça constitucional*. São Paulo: Saraiva, 2005. p. 250. Nesse sentido o art. 103-A da Constituição brasileira de 1988, introduzido pela Emenda Constitucional nº 45/2004, prescreve que o efeito vinculante da súmula será "a partir de sua publicação na imprensa oficial".

Um enunciado normativo é editado para viger para o futuro, não retroativamente. A primeira condição da segurança jurídica é a irretroatividade de um enunciado normativo. Por possuírem natureza normativa conforme demonstrado nos itens 2.2.8 e 2.3.3, a aplicação dos enunciados normativos editados pelo Tribunal Constitucional no exercício da sua função normativa apenas poderá ocorrer para o futuro, a partir da sua publicidade, salvo se para trazer benefícios.

4.4 Disposições externas ao ordenamento jurídico positivado do respectivo Estado

4.4.1 Aspectos gerais

Além do conteúdo do Texto Constitucional e dos *valores ali encampados*, explícita ou implicitamente (cf. item 4.3.2 e seus subitens), existem outras limitações à atuação do Tribunal Constitucional como órgão de normação positiva que, apesar de não estarem contempladas na Constituição – nem para o Poder Constituinte derivado, nem para o legislador ordinário – tolhem as margens de deliberações e decisões do Tribunal Constitucional em decorrência de valores estranhos ao ordenamento jurídico positivado do respectivo Estado.

Como destaca Romano, "além da delimitação do âmbito da ordenação estatal relativa ao aspecto institucional é fundamental aquela que se refere ao aspecto conexo ao primeiro", devendo-se considerar, dentre outras, as "normas jurídicas de outras ordenações originárias" e "as normas da moral, do costume, da política etc.".[564]

Barroso traz que até mesmo o Poder Constituinte possui condicionamentos (condicionamento pré-constituinte), lecionando que muito embora se possa afirmar que o poder constituinte seja ilimitado, livre e autônomo na sua condição de força social e política,

---

[564] ROMANO, Santi. *Princípios de direito constitucional geral*. Tradução Maria Helena Diniz. São Paulo: Revista dos Tribunais, 1977. p. 106-107.

isso não significa que se trate de um poder totalmente ilimitado e, portanto, completamente livre do direito, já que seu exercício encontra-se condicionado tanto pela realidade fática quanto por determinados valores civilizatórios, pelos direitos humanos e pela justiça.[565] Há certo consenso na doutrina que até mesmo o Poder Constituinte originário está sujeito a limites. Os limites do Poder Constituinte originário têm a finalidade de agir como *valores*, "expungindo do texto constitucional idéias ou sentimentos totalitários obstaculizadores de direitos fundamentais, servindo como um quadro comparativo para que o cidadão possa ter consciência de qual verniz é formada sua Constituição".[566]

Peces-Barba destaca que esses *valores* se apresentam como "norma básica da Constituição", dos quais depende a validade de todas as demais normas, e que a não observação desses *valores* "transformaria substancialmente o sistema e o converteria em outro sistema distinto".[567]

Não diferente anota Stern que no Estado constitucional de hoje o poder constituinte e a Constituição por ele criada não obtêm legitimidade por si mesmos exclusivamente, mas pela coincidência com as ideias de valor, justiça e segurança dominantes no povo.[568]

As Constituições não estão livres de *valores* já que antes os pressupõe, além do que, "os *valores* encontram-se no âmbito axiológico, enquanto os *princípios* estão no plano deontológico",[569] afinal, como leciona Moncada: "[o]s valores são obviamente anteriores às normas positivas, apenas sucedendo que são estas que concretizam o vago conteúdo axiológico em causa, transformando-o em regras deontológicas de conduta".[570]

---

[565] BARROSO, Luís Roberto. *Curso de direito constitucional contemporâneo*: os conceitos fundamentais e a construção do novo modelo. São Paulo: Saraiva, 2009. p. 109-111.
[566] AGRA, Walber de Moura. *Fraudes à Constituição*: um atentado ao poder reformador. Porto Alegre: Sergio Antonio Fabris, 2000. p. 98. Cf. também: SARLET, Ingo Wolfgang; MARINONI, Luiz Guilherme; MITIDIERO, Daniel. *Curso de direito constitucional*. 2. ed. rev., atual. e ampl. São Paulo: Revista dos Tribunais, 2013. p. 114.
[567] PECES-BARBA, Gregorio. *Los valores superiores*. Madrid: Tecnos, 1986. p. 176.
[568] STERN, Klaus. *Derecho del Estado de la Republica Federal Alemana*. Tradução Javier Pérez Royo e Pedro Cruz Villalón. Madrid: Centro de Estudios Constitucionales, 1987. p. 319.
[569] Cf.: ALEXY, Robert. *Teoria de los derechos fundamentales*. Tradução Ernesto Garzón Valdés. Madrid: Centro de Estudios Políticos y Constitucionales, 2002. p. 147.
[570] MONCADA, Luís S. Cabral de. Os princípios gerais de direito e a lei. In: MONCADA, Luís S. Cabral de. *Estudos de direito público*. Coimbra: Coimbra Editora, 2001. p. 411.

Essa ideia nos remete ao raciocínio de Lassalle que assinala que a "Constituição material" está determinada pelas relações reais de poder.[571]

Não diferente foram as ensinanças de Schmitt ao distinguir *Constituição* (conceito absoluto de Constituição – decisões políticas fundamentais) de *Leis Constitucionais* (conceito relativo de Constituição – enunciados da Constituição que não representam decisões políticas fundamentais) trazendo que a *Constituição em sentido absoluto* pode significar, por agora, a concreta *maneira de ser* resultante de qualquer unidade política existente, para mais adiante acentuar que o Poder Constituinte derivado pode alterar as *Leis Constitucionais*, mas não pode alterar a *Constituição* (sentido absoluto) – decisão de quanto ao modo e forma da unidade política.[572]

Nesse mesmo panorama, Heller distingue "a Constituição não normada [*normalidade*] e a normada [*normatividade*], e, dentro desta, a normada extrajuridicamente e a que o é juridicamente".[573]

Tavares afirma que "praticamente a maioria dos autores é concorde ao afirmar alguma sorte de limitação a essa força constituinte, que não se apresenta como função (ou potência) totalmente descompromissada",[574] afinal

[r]esta, pois, claro que os valores – tecnicamente falando – são elementos estranhos ao âmbito normativo, externos a este, mas nele influenciam diretamente. Ademais, o Direito não é um fim em si mesmo, servindo apenas na medida em que proporciona as condições desejadas e adequadas para o relacionamento social seguro. Evidentemente que,

---

[571] Cf. LASSALLE, Ferdinand. *A essência da Constituição*. 6. ed. Tradução Walter Stöner. Rio de Janeiro: Lumen Juris, 2001.
[572] SCHMITT, Carl. *Teoria de la Constitución*. Tradução Francisco Ayala. Madrid: Editorial Revista de Derecho Privado, p. 4; 28-29, [19--?].
[573] HELLER, Hermann. *Teoria do Estado*. Tradução Lycurgo Gomes da Motta. São Paulo: Mestre Jou, 1968. p. 296.
[574] TAVARES, André Ramos. *Curso de direito constitucional*. 7. ed. rev. e ampl. São Paulo: Saraiva, 2009. p. 41. Prossegue o autor: "Nesse sentido é que se alude ao respeito à situação histórica da comunidade política, aos ideais de Justiça, ao Direito Internacional, a um Direito Natural, a grupos de pressão (presentes em toda Assembléia Constituinte), a crenças ou a uma realidade social subjacente limitadora (normalidade na teoria do jurista Hermann Heller), ou a princípios superiores de convivência humana. Poder-se-ia, na realidade, recorrer ao conceito de 'Constituição material" de Zagrebelsky para deixar certo que a Constituição escrita decorre da Constituição já existente em qualquer sociedade organizada (Constituição Material)." (*Ibidem*, p. 41-42).

nessa perspectiva, o Direito há de refletir as aspirações e valores que a sociedade deseja. É nesse momento, pois, que a carga axiológica da sociedade faz-se presente no Direito, especialmente no momento constituinte, ocasião em que os representantes diretos do povo irão marcar as normas fundamentais.[575]

Rompe-se assim com a "tradicional doutrina da omnipotência do *pouvoir constituant* enquanto expressão máxima da soberania do povo",[576] já que a atividade do Poder Constituinte originário só será legítima se ocorrer dentro dos valores (parâmetros) superiores anteriormente definidos.

Já que a atuação do Tribunal Constitucional como órgão de normação positiva, nos termos delineados neste trabalho, ora se apresenta como uma expressão do próprio Poder Constituinte (*função enunciativa*), ora como expressão do Legislativo (*função legislativa* stricto sensu), deve o Tribunal Constitucional também encontrar limites estranhos à seara jurídica positivada do respectivo Estado, assim como encontra o Poder Constituinte e o Legislativo, sejam eles de ordem moral, política, ideológica, social, religiosa ou ainda cultural, que se manifestam na sociedade à qual pertence a Constituição.

Jellinek, ao tratar das *garantias do direito público*, salienta que as *garantias sociais* – as grandes forças sociais, religião, costumes, moralidade social, em síntese, as "forças culturais" – servem para limitar de forma mais eficaz o arbítrio nas concepções jurídicas mais abstratas, principalmente quando os agentes públicos se consideram isentos de obediência às leis humanas.[577]

Tal como acontece com o Poder Constituinte originário, com o Poder Constituinte derivado e com o Legislativo, também na autuação do Tribunal Constitucional como órgão de normação positiva verificam-se disposições externas ao ordenamento jurídico

---

[575] TAVARES, André Ramos. Elementos para uma teoria geral dos princípios na perspectiva constitucional. In: LEITE, George Salomão (Org.). *Os princípios constitucionais*: considerações em torno das normas principiológicas da Constituição. São Paulo: Malheiros, 2003. p. 23.
[576] PINTO, Luzia Marques da Silva Cabral. *Os limites do poder constituinte e a legitimidade material da Constituição*. Coimbra: Coimbra Editora, 1994. p. 72.
[577] JELLINEK, Georg. *Teoría general del Estado*. Tradução Fernando de los Ríos. México: Fondo de Cultura Económica, 2004. p. 677-678.

positivado do respectivo Estado, quais sejam: *limites ideológicos, limites institucionais* e *limites substanciais (materiais)*.

4.4.2 Limites ideológicos

Os *limites ideológicos* são os que se exteriorizam por intermédio das crenças, da experiência dos valores, da influência dos grupos de pressão, das exigências do bem comum, da opinião pública.

4.4.3 Limites institucionais

Os *limites institucionais*, por sua vez, fornecem ideias reguladoras de situações sociais, como a família, a propriedade, a educação etc., buscando os fins supremos, responsáveis pelo bem-estar dos membros da comunidade.

4.4.4 Limites substanciais

Os *limites substanciais (materiais)* podem ser subdivididos em três categorias: *transcendentes, imanentes* e *heterônomos*.[578]

Tais limites tratam-se, na essência, de uma série de valores que ao mesmo tempo que limitam o Tribunal Constitucional ao atuar como órgão de normação positiva, também configuram a personalidade e a natureza da Constituição.

4.4.4.1 Limites transcendentes

Após o final da Segunda Guerra Mundial volta à cena a ideia de que, acima do direito positivo, existe outro direito que se imporia a

---

[578] MIRANDA, Jorge. *Manual de direito constitucional*. 5. ed. rev. e actual. Coimbra: Coimbra Editora, 2003. t. 2. p. 126-130.

este, lhe orientaria o conteúdo e a ele estabeleceria limites – um direito *suprapositivo*,[579] ou, na terminologia preferida pelos portugueses, *supralegal*. Tal direito se posicionaria acima até mesmo da própria Constituição, podendo-se então dizer que se trata de um direito *supraconstitucional*.

Os *limites transcendentes*, ou seja, aqueles impostos pelo direito *suprapositivo* (supraconstitucional), são os que provêem de imperativos de *direito natural*, de valores éticos superiores, de uma consciência jurídica coletiva, destacando aqui aqueles que se relacionam com os direitos fundamentais.

Trata-se de limites não articulados ou tácitos que, no fundo, é um renascimento do direito natural empreendido como defesa frente ao positivismo jurídico,[580] até porque "ninguém ignora que o constitucionalismo moderno se caracteriza, dentre outros aspectos, pelo esforço desenvolvido no sentido de positivar o direito natural".[581]

Tão velha quanto a humanidade é a crença na existência de certos princípios normativos da conduta social que se impõem como necessária consequência do "modo de ser" dos homens e que ninguém, governante ou governado, pode violar sem injustiça, já que

> [o] Direito Natural seria formado por normas ideais decorrentes das concepções fundamentais de Justiça e Segurança, tais como elas se deduzem da própria natureza humana e da ordem universal; essas normas constituem os padrões em relação aos quais deve ser aferida a bondade das leis positivas e fornecem os critérios de aperfeiçoamento destas. Trata-se, por conseguinte, de uma ordem jurídica anterior e

---

[579] Ao fim da Segunda Guerra Mundial ocorreu a instauração do Tribunal (Especial) de Nuremberg com o fim de julgar os dirigentes da Alemanha nazista por atrocidades cometidas durante a Segunda Guerra. A defesa alegou que os fatos objeto de julgamento perante o Tribunal foram praticados a partir de normas que emanavam de enunciados normativos advindos de um Estado soberano, ou seja, as autoridades em julgamento estavam apenas cumprindo com o seu dever de súditos perante as leis editadas por um Estado soberano. Para se ter a condenação deveria então o Tribunal basear-se em normas oponíveis ao Direito da Alemanha soberana, oponíveis ao direito positivo vigente à época dos fatos em julgamento. Tais normas, contrárias ao Direito alemão da época, foram encontradas na ideia de princípios gerais do Direito oponíveis ao Estado soberano, princípios estes que se identificavam com a "pessoa humana", com a sua dignidade.

[580] LOEWENSTEIN, Karl. *Teoría de la Constitución*. Tradução Alfredo Gallego Anabitarte. 2. ed. Barcelona: Ariel, 1979. p. 192.

[581] MENDES, Gilmar Ferreira; COELHO, Inocêncio Mártires; BRANCO, Paulo Gustavo Gonet. *Curso de direito constitucional*. São Paulo: Saraiva, 2007. p. 979.

superior a toda e qualquer forma de sociedade política, de um *facto* que os homens devem procurar descobrir para acatar.[582]

O *jusnaturalismo* sustenta, assim, a existência de *valores* anteriores e superiores, que limitam até mesmo a soberania do povo, posto que as "leis que violem os princípios do Direito Natural são *leis injustas*".[583]

Não se está aqui a defender um *jusnaturalismo* com valores absolutos no tempo e no espaço. Que as normas apontadas como sendo do *direito natural* possuam legitimidade em qualquer tempo e/ou lugar, afinal, nada mais estranho num mundo como o nosso em que todas as coisas parecem mudar a todo instante que se tenha algo imutável.

Ao refletir sobre as novas tendências para interpretação do direito constitucional, Cueva tece comentários acerca do "renascimento do direito natural", ponderando que a atual concepção não comporta a ideia de um *direito natural universal*, imutável e perfeito, pelo contrário, sustenta-se a tese de um *direito natural de conteúdo variável*.[584]

Perelman, nessa trilha, ao analisar a utilização dos princípios gerais de direito após a Segunda Guerra Mundial questiona se significaria o renascimento do direito natural clássico a volta à jurisprudência universal que dominou os séculos XVII e XVIII? E responde:

> Certamente que não, na medida em que o direito natural racionalista acreditava poder formular princípios unívocos de alcance universal. Mas, certamente sim, se se trata de rejeitar a concepção positivista, legalista e estatizando do direito, expressão da vontade arbitrária de um poder soberano, que nenhuma norma limita e não é submetido a nenhum valor.[585]

Nessa perspectiva pode-se entender os *valores* (aqui *limites transcendentes*) como sendo o "direito natural de conteúdo

---

[582] CAETANO, Marcello. *Manual de ciência política e direito constitucional*. 6. ed. rev. e ampl. Coimbra: Almedina, 2003. t. 1, p. 289-290.
[583] CAETANO, Marcello. *Manual de ciência política e direito constitucional*. 6. ed. rev. e ampl. Coimbra: Almedina, 2003. t. 1, p. 294.
[584] CUEVA, Mario de la. *Teoría de la Constitución*. Cidade do México: Porrúa, 2008. p. 91.
[585] PERELMAN, Chäim. *Lógica jurídica*. São Paulo: Martins Fontes, 2000. p. 95-96.

democrático",[586] sendo que as correntes *jusnaturalistas* apontam a ética, a moral, o bem comum, o respeito à liberdade e o respeito à dignidade da pessoa humana como valores extrajurídicos que devem ser considerados.

Como bem leciona Cappelletti,

> o moderno constitucionalismo, com seus ingredientes básicos – uma constituição garantidora de liberdades civis e sua imposição –, é a única tentativa realista de implementar valores de direito natural em nosso mundo real. Nesse sentido, nossa época, e nenhuma outra, é a época do direito natural. Mais acuradamente, entretanto, eu diria que o moderno constitucionalismo constitui uma tentativa de suplantar o plurimilenar contraste entre o direito natural e o positivismo, o contraste entre um direito não escrito imutável e mais elevado, enraizado na natureza ou na razão, e um direito passageiro, escrito por um legislador particular de um dado tempo e lugar.[587]

Trata-se, assim, o pós-positivismo como sendo a "designação de um ideário difuso, no qual se incluem o resgate dos valores [...] e a reaproximação entre o Direito e a Ética",[588] [s]endo as Constituições o ponto de encontro entre a moralidade e o Direito".[589]

Destaca-se que a *moral* também é um pressuposto necessário (limite transcendente) tanto para o costume (bons costumes), quanto para a lei e ainda qualquer ato ou negócio jurídico,[590] devendo-se aí incluir os enunciados normativos editados pelo Tribunal Constitucional.

Como bem leciona Radbruch, "só a moral pode fundamentar a força obrigatória do direito", pois, "apesar de toda a diversidade possível do seu conteúdo, tem, no entanto, a moral como seu fim".[591]

---

[586] MONCADA, Luís S. Cabral de. Os princípios gerais de direito e a lei. In: MONCADA, Luís S. Cabral de. *Estudos de direito público*. Coimbra: Coimbra Editora, 2001. p. 410.

[587] CAPPELLETTI, Mauro. Repudiando Montesquieu? A expansão e a legitimidade da "justiça constitucional". *Revista Forense*, Rio de Janeiro, v. 99, n. 366, p. 150, mar./abr. 2003.

[588] BARROSO, Luís Roberto; BARCELLOS, Ana Paula de. O começo da história: a nova interpretação constitucional e o papel dos princípios no direito brasileiro. *Interesse Público*, Porto Alegre, v. 5, n. 19, p. 79, maio/jun. 2003.

[589] VIEIRA, Oscar Vilhena. *A Constituição e sua reserva de justiça*: um ensaio sobre os limites materiais ao poder de reforma. São Paulo: Malheiros, 1999. p. 232.

[590] RÁO, Vicente. *O direito e a vida dos direitos*. 5. ed. anot. e atual. São Paulo: Revista dos Tribunais, 1999. p. 258. Dimoulis leciona que a existência da moral, ainda que objetiva e universal, não impede que o direito a contrarie. (DIMOULIS, Dimitri. *Positivismo jurídico*: introdução a uma teoria do direito e defesa do pragmatismo jurídico-político. São Paulo: Método, 2006. p. 191).

[591] RADBRUCH, Gustav. *Filosofia do direito*. Tradução Marlene Holzhausen. 6. ed. São Paulo: Martins Fontes, 2004. p. 66-67.

Nesse panorama, deve-se ter em conta que o Tribunal Constitucional deve sempre buscar a resposta moralmente mais correta para dar concretude à Constituição, não limitando sua legitimidade, apenas, a positividade, até porque, as "Constituições se pretendem ser válidas, devem ser intrinsecamente boas, funcionando como 'reserva de justiça' para os sistemas políticos e jurídicos que organizam".[592]

Ráo aponta como requisitos da *lei*, mas que também servem para os *enunciados normativos* aqui tratados, dentre outros, que os mesmos devem ser *justos*, mantendo igualdade entre os que nele incidem e atribuindo a cada qual o que é seu, *honesto*, não contendo nota alguma de torpeza ou contrária à moral.[593]

Como se vê, de muitas virtudes deve se revestir os enunciados normativos para alcançar o fim que se propõe, ou seja, a disciplina social e a efetivação da Constituição.

Ainda a este respeito, Bitar trouxe corajosa afirmação:

Nas suas fontes e no seu exercício, o controle judicial é de feitio jusnaturalista. Embora teoricamente se ensine não deva ser decretada inconstitucionalidade de lei só porque injusta, opressora, ofenda a razão ou o espírito da Constituição ou os princípios fundamentais do direito, esta é a realidade, liberta da ortodoxia oficial: o controle jurisdicional se informa em uma base *jusnaturalista* [...]. Firmou-se o conceito de constituição como a revelação de uma *justiça fundamental*, diz Carl Swisher: aquilo que for justo será constitucional e aquilo que for *injusto será inconstitucional*. Dando à Constituição esse valor absoluto de justiça, os juízes a *santificam* [...].[594]

Adotando-se a tese da existência de *limites transcendentais* (suprapositivos), tem-se como implicação que a Constituição compreenderá, além das normas que emanam de seu texto formal, normas outras, "não escritas, mas que a integram do ângulo material. Ou seja, a Constituição 'material' é mais abrangente que a Constituição formal".[595]

---

[592] VIEIRA, Oscar Vilhena. *A Constituição e sua reserva de justiça*: um ensaio sobre os limites materiais ao poder de reforma. São Paulo: Malheiros, 1999. p. 203.

[593] RÁO, Vicente. *O direito e a vida dos direitos*. 5. ed. anot. e atual. São Paulo: Revista dos Tribunais, 1999. p. 282.

[594] BITAR, Orlando. *Obras completas de Orlando Bitar*: estudos de direito constitucional e direito do trabalho. Rio de Janeiro: Renovar, 1996. v. 1. p. 579.

[595] FERREIRA FILHO, Manoel Gonçalves. *Princípios fundamentais do direito constitucional*. São Paulo: Saraiva, 2009. p. 112.

Registra-se que os *limites transcendentes* também servem para impedir eventuais distorções interpretativas da Constituição. Neste sentido, *v.g.*, um limite de ordem subjetiva à atuação do Tribunal Constitucional como órgão de normação positiva é a *postura ética* dos membros do Tribunal que, ao interpretarem o texto constitucional, devem fazer de forma que não o desrespeite ou o contrarie.

O Tribunal Constitucional também deve estar atento a alterações desses *valores transcendentes*, já que até mesmo as normas de *direito natural* estão sujeitas às modificações que o tempo lhes impõe, conforme se destaca:

> [...] muitas das normas do chamado direito natural resistem a todas as mutações históricas e são comuns a todas as culturas por mais que estas se distingam entre si (por exemplo, a regra *pacta sunt servanda*). Outras, porém, modificam-se de acordo com as épocas e as circunstâncias, refletindo o próprio modo de ser do homem, o qual, pela sua *abertura ao mundo*, se adapta à emergência de situações novas – donde o poder falar-se de um *direito natural de conteúdo variável*. Mas quer umas, quer outras, fazem parte da mesma ordem objetiva que transpositivamente traça limites à concretização do que numa comunidade deverá ser o direito.[596]

Não se pode deixar de consignar que os *limites transcendentes* não estão isentos de críticas, trazendo aqui, por todos, a seguinte consideração de Miranda àqueles que se pronunciam contra os *limites transcendentes*:

> Quanto a nós, consideramos que negar a sujeição do poder constituinte a determinados valores jurídicos equivaleria a destruir as bases éticas e convivenciais da própria comunidade política. O Direito, antes de ser lei, é valor, é ideia, é projecto assumido comunitariamente. E, para o reconhecer, nem é necessário sequer apelar ao Direito Natural.[597]

Obviamente que o ideal seria que o sistema constitucional reconhecesse esses *limites transcendentes* (cf. item 4.3.2.1) para então, no plano da normatividade, poder-se falar em *limites*.

---

[596] PINTO, Luzia Marques da Silva Cabral. *Os limites do poder constituinte e a legitimidade material da Constituição*. Coimbra: Coimbra Editora, 1994. p. 92-93. No mesmo sentido: CUEVA, Mario de la. *Teoría de la Constitución*. Cidade do México: Porrúa, 2008. p. 91-92.

[597] MIRANDA, Jorge. *Manual de direito constitucional*. 5. ed. rev. e actual. Coimbra: Coimbra Editora, 2003. t. 2, p. 127.

4.4.4.2 Limites imanentes

Os *limites imanentes* estão ligados à configuração do Estado à luz do Poder Constituinte material ou à própria identidade do Estado que cada Constituição representa apenas um momento da marcha histórica, compreendendo limites que se reportam à soberania do Estado, à forma do Estado e também aos limites atinentes à legitimidade política em concreto.

Assim, inconcebível, *v.g.*, que em um Estado soberano e que pretenda continuar a sê-lo, que ele venha a ficar despojado da soberania, ou que um Estado federal e que pretenda continuar a sê-lo, que se passe a ser unitário.

Não se pode deixar de registrar que o reconhecimento dos *limites imanentes* é muito problemático, mas a sua admissibilidade é justificada, no contexto sistemático da Constituição, em nome da salvaguarda de outros direitos ou bens.

4.4.4.3 Limites heterônomos

Os *limites heterônomos* proveem da conjugação de outros ordenamentos jurídicos, referindo-se a princípios, regras, atos de direito internacional (tratados), direito comunitário ou até mesmo jurisprudências de Tribunais Internacionais ou de Tribunais Supranacionais – [598] *justiça constitucional transnacional* – que resultem obrigações para todos os Estados ou só para certo Estado, ou ainda a regras de direito interno quando o Estado é composto ou complexo e de igual forma tenha que ser o seu ordenamento jurídico. Registra-se que esses limites só se impõem aos Estados-partes, ou seja, quando o Estado soberano expressamente consentiu em sua adoção.

---

[598] As jurisprudências dos Tribunais Internacionais (*v.g.* Tribunal Europeu de Direito Humanos e o Tribunal Penal Internacional (cf. art. 5º, §4º da CRFB)) ou dos Tribunais Supranacionais (*v.g.* Tribunal de Justiça da Comunidade Europeia) não devem ser confundidas com a *jurisprudência constitucional estrangeira*. Registra-se que, como qualquer jurisprudência, apesar de servir como *parâmetro* (aqui *limite*) é possível, por meio da análise da *ratio decidendi* e de uma motivação racional (cf. item 4.7) apresentar o *distinguishing* a fim de permitir o *overriding* ou o *overruling* (cf. item 3.6 para compreensão desses termos próprios do *stare decisis* que, por analogia, foram aqui utilizados).

Tais limites se apresentam de longa data, tanto que Barbosa, acerca do Parlamento britânico do século XVII, afirmava que a sua aparente onipotência teórica encontrava, no domínio da realidade, fronteiras eficazes como o "*direito das nações*".[599] Miranda, quanto aos *limites heterônomos*, apresenta a seguinte classificação:

> Limites heterónomos de Direito internacional, com carácter geral, são os princípios de *jus cogens* (como os que constam de alguns artigos da Declaração Universal e do art. 2º da Carta das Nações Unidas. [...]
> Limites heterónomos de Direito internacional, com carácter especial, são os que correspondem a limitações do conteúdo da Constituição por virtude de deveres assumidos por um Estado para com outro ou outros Estados ou para com a comunidade internacional no seu conjunto.[600]

Bobbio afirma, com precisão, que "não existe entre os homens um só ordenamento, mas muitos e de diversos tipos", inclusive, "ordenamentos *acima* do Estado, como o ordenamento internacional".[601]

Menciona-se a existência de uma *ordem constitucional global* que também deve servir como parâmetro de constitucionalidade, fazendo-se com que o juízo de legitimidade constitucional dos enunciados normativos se faça não apenas com as regras e os princípios escritos na Constituição e nas leis constitucionais escritas (bloco de constitucionalidade), mas também tendo em conta os princípios não escritos que integram a *ordem constitucional global*.[602]

Um sistema jurídico, de qualquer Estado, não pode estar *out* da comunidade internacional, já que se encontra vinculado a princípios de direito internacional (princípio da independência, princípio da autodeterminação, princípio da observância de direitos humanos).

---

[599] BARBOSA, Rui. *Atos inconstitucionais*. Campinas: Russel, 2003. p. 23.
[600] MIRANDA, Jorge. *Manual de direito constitucional*. 5. ed. rev. e actual. Coimbra: Coimbra Editora, 2003. t. 2, p. 129-130. Para Carbonell, os *limites heterônomos* são aqueles impostos por fontes distintas da própria Constituição. Para o autor, a existência destes limites se tem defendido desde posições jusnaturalistas, como também da ordem jurídica internacional. (CARBONELL, Miguel. *Constitución, reforma constitucional y fuentes del derecho en México*. 6. ed. México: Porrúa, 2008. p. 244).
[601] BOBBIO, Norberto. *Teoria do ordenamento jurídico*. 10. ed. Tradução Maria Celeste Cordeiro Leite dos Santos. Brasília: UnB, 1999. p. 35, 164.
[602] CANOTILHO, José Joaquim Gomes. *Direito constitucional e teoria da Constituição*. 4. ed. Coimbra: Almedina, 2000. p. 889-890.

"Segundo a teoria do primado do direito internacional existe uma ordem jurídica homogênea. De acordo com esta teoria, não são as normas emanadas pelo Estado que constituem o grau superior, mas as normas de direito supranacional",[603] devendo o Direito Internacional ser incluído entre as fontes substanciais do direito nacional.

Indiscutível que o Direito Internacional já vem de longa data reivindicando para sua órbita os direitos verdadeiramente fundamentais, que pertencem ao homem seja qual for a latitude em que viva, como direitos anteriores e superiores ao Estado, e dos quais este não pode despojá-lo.[604] Este direito internacional deve ter como princípio fundamental a proteção internacional dos direitos humanos,[605] fazendo com que tal proteção determine a relativização do conceito de soberania, por permitir uma responsabilização internacional dos Estados que não garantirem os direitos do *cidadão universal*.

Acerca da *limitação heterônoma*, deve-se analisar ainda se as decisões de um Estado, incluindo-se por óbvio as decisões da Justiça Constitucional no exercício da função normativa, estão adstritas ou não ao direito internacional, principalmente neste início de século XXI, em que se caminha para um direito supranacional, um direito comunitário estimulado por relações comerciais, econômicas, sociais e culturais. Nesse sentido, as correntes internacionalistas, indicam como limitações o bem comum, a segurança e a paz internacional, que devem ser considerados na sociedade da complexidade, que é a sociedade aberta e multinacional.

As ordens jurídicas nacionais não são mais totalmente soberanas e isoladas, exigindo, inclusive, adaptação do ordenamento jurídico aos preceitos normativos e atuação jurisprudencial consentânea com as decisões dos órgãos jurisdicionais supranacionais, já que a ordem jurídica nacional passa, agora, a dialogar em torno de um objetivo comum, o da construção de um Sistema Internacional voltado para a proteção dos direitos humanos.

---

[603] ZIPPELIUS, Reinhold. *Teoria geral do Estado*. 3. ed. Tradução Karin Praefke-Aires Coutinho. Lisboa: Fundação Calouste Gulbenkian, 1997. p. 88.
[604] SAMPAIO, Nelson de Sousa. *O poder de reforma constitucional*. Salvador: Livraria Progresso, 1954. p. 51.
[605] Cf. a respeito: PIOVESAN, Flávia. *Direitos humanos e o direito constitucional internacional*. 7. ed. São Paulo: Saraiva, 2007. p. 117.

Deve restar claro que as decisões da *justiça constitucional transnacional* que servirão de parâmetro para a Justiça Constitucional local, deverão ser aquelas que atendem a "determinados cânones de *verificação*, como a primazia do princípio mais benéfico e do precedente estrangeiro mais benéfico, em uma pespectiva de *unificação material da norma* e de seus conteúdos ético-valorativos.[606]

Em verdade, a tendência de proteção dos direitos humanos tem levado o constitucionalismo atual a absorver os tratados[607] relativos aos direitos humanos como normas constitucionais limitadoras da atuação do legislador (constituinte ou ordinário) (cf. itens 3.2.2.2 e 4.3.2.2).

Não é demais frisar que se trata de uma limitação imposta por disposições externas ao ordenamento jurídico do respectivo Estado, e a possibilidade de fazer referências a normas jurídicas estrangeiras, a opinião pública internacional ou a decisões de uma *justiça constitucional transnacional* confere à Justiça Constitucional uma interessante e útil abertura para a solução de questões complexas, vez que passa a ter para manejo mais elementos e instrumentos para confeccionar sua decisão. Contudo, deve a Justiça Constitucional analisar em que medida, e sob quais condições, essa limitação heterônoma será considerada sem colocar em risco a Constituição do respectivo Estado.

No que tange a (des)contextualização das decisões da *justiça constitucional transnacional*, deve-se levar em consideração que

---

[606] SILVA, Guilherme Amorim Campos da. *O uso de precedente estrangeiro pela Justiça Constitucional*: uma teoria de unificação do direito constitucional material. 2010. 380 f. Tese (Doutorado em Direito) – Faculdade de Direito, Pontifícia Universidade Católica de São Paulo, São Paulo, 2010. p. 350.

[607] Há quatro correntes acerca da hierarquia dos tratados de proteção aos direitos humanos, sustentando a sua: *i*) hierarquia supraconstitucional, *ii*) hierarquia constitucional, *iii*) hierarquia supralegal e infraconstitucional e *iv*) paridade hierárquica com lei ordinária. O STF em 2008 alterou sua posição anterior que entendia que os tratados internacionais tinham paridade hierárquica com lei ordinária e fixou o entendimento de que os tratados e convenções internacionais sobre direitos humanos que o Brasil aderiu gozam de status de *norma supralegal*. Cf.: STF. Pleno. HC 87585/TO. Rel. Min. Marco Aurélio. Julgado em 03 dez. 2008; STF. Pleno. RE 349703/RS. Rel. para Acórdão: Min. Gilmar Mendes. Julgado em 03 dez. 2008. Registra-se ainda, na CRFB: o art. 5º, §2º, o art. 60, §4º e o §3º do art. 5º com a redação dada pela Emenda Constitucional nº 45/2004.

estas decisões e razões de decidir já carregam em si a pretensão universalizante (ou descontextualizada) como própria.

4.4.5 Observação final

As *disposições externas ao ordenamento jurídico positivado do respectivo Estado* estão colocadas em um plano anterior e/ou superior ao Texto Constitucional, não podendo ser desrespeitadas por enunciados advindos do Poder Constituinte originário, nem por enunciados editados por um Tribunal Constitucional atuando como órgão de normação positiva.

Nessa quadra, a *normatividade* produzida pelo Tribunal Constitucional como órgão de normação positiva deve estar adequada à *normalidade* (Heller),[608] sob pena de se ver questionada a legitimidade dos enunciados normativos editados.

Assim, além de verificar as regras e os princípios constitucionais escritos (item 4.3), deve-se alargar o *corpus* constitucional como limite à atuação do Tribunal Constitucional como órgão de normação positiva, desde que reconduzíveis ao programa normativo-constitucional como mecanismo de densificação ou revelação específica de regras ou princípios constitucionais positivamente plasmados.[609]

Contudo, apesar do que aqui foi exposto, não se pode negar a grande divergência que há em torno da existência dessas disposições externas ao ordenamento jurídico positivado (valores fundamentais supraconstitucionais), quando ausente na Constituição algum sistema de remissão a eles, o que torna muito difícil, quando não impraticável, o controle da limitação imposta por esses elementos externos ao ordenamento jurídico positivado do respectivo Estado.

---

[608] HELLER, Hermann. *Teoria do Estado*. Tradução Lycurgo Gomes da Motta. São Paulo: Mestre Jou, 1968. p. 296. O autor considera a Constituição como uma "totalidade", em que se reúnem em relação dialética o *dinâmico* e o *estático*, a *normalidade* e a *normatividade*, o *ser* e o *dever-ser*. (*Ibidem*, p. 296).

[609] Cf. CANOTILHO, José Joaquim Gomes. *Direito constitucional e teoria da Constituição*. 4. ed. Coimbra: Almedina, 2000. p. 891.

4.5 Decisão aberta a uma dimensão comunicativa

4.5.1 Diálogo com a sociedade

A Justiça Constitucional não é e não deve ser considerada como a única personagem ou a protagonista da narrativa constitucional. "A Constituição é interpretada e concretizada também fora das cortes, e o seu sentido é produzido por meio de debates e interações que ocorrem nos mais diferentes campos em que se dá o exercício da cidadania".[610]

Para exercer a curadoria da Constituição, a Justiça Constitucional deverá caracterizar a ofensa, o descaso, o desrespeito, a desconsideração que eventualmente seja constatada em face da Constituição, bem como justificar a opção pelo conteúdo da normação positiva que buscará corrigir tal comportamento.

Para atingir tais desideratos, a Justiça Constitucional pode utilizar de várias metodologias, não sendo objeto desse estudo o aprofundamento dessa temática. Contudo, é necessário que a Justiça Constitucional explicite essa interpretação, até porque, como assinala Zagrebelsky, em um Estado Constitucional não subsiste a ideia de "patrão do direito", não sendo o Direito objeto de propriedade de um, mas sim de tantos quantos queiram cuidar dele.[611]

A Justiça Constitucional não pode interpretar a Constituição de forma hermética, sem maiores esclarecimentos, demonstrações, considerações acerca da sua decisão e até mesmo um diálogo, uma comunicação com a sociedade, afinal, como argumenta Sunstein, no "âmago da tradição liberal e de sua oposição ao autoritarismo, reside uma exigência de justificação baseada em razões de âmbito público que sejam compreendidas por todos os cidadãos".[612]

---

[610] SOUZA NETO, Cláudio Pereira de; SARMENTO, Daniel. Notas sobre jurisdição constitucional e democracia: a questão da "última palavra" e alguns parâmetros de autocontenção judicial. In: FELLET, André; NOVELINO, Marcelo. *Constitucionalismo e democracia*. Salvador: JusPodivm, [S.d]. p. 159.

[611] ZAGREBELSKY, Gustavo. *Il diritto mite*. 2. ed. Torino: Einaudi, 1992. p. 213.

[612] SUNSTEIN, Cass R. *A Constituição parcial*. Tradução Manassés Teixeira Martins e Rafael Triginelli. Belo Horizonte: Del Rey, 2009. p. 30.

Tavares afirma que o "próprio método utilizado, suas vantagens e as preocupações do Tribunal devem ser, por este, apresentadas no próprio contexto decisório", asseverando que se trata

[...] de uma dimensão comunicativa, que se não é a própria interpretação, é, contudo, imanente a essa atividade quando desempenhada pelo Tribunal Constitucional. Um diálogo adequado do Tribunal Constitucional com a sociedade é possível a partir de uma teoria do agir comunicativo, que permita um consenso em torno da decisão adotada (HABERMAS).[613]

A busca desse diálogo (dimensão comunicativa) deve ser uma tarefa constante, até porque, em uma sociedade aberta e pluralista, a Justiça Constitucional não pode pretender o monopólio da interpretação da Constituição.

Para Habermas, a importância da legitimação da Justiça Constitucional está em traçar uma conexão com a vontade popular, emanada do espaço público,[614] com base no agir comunicativo.

Este comportamento é reconhecido juridicamente por meio dos princípios da *fundamentação* e da *publicidade* das decisões judiciais, sendo então necessário visitá-los no contexto da atuação da Justiça Constitucional no exercício da função normativa, mas, antes, é necessário analisar essa "comunicação" entre a Constituição e a sociedade tendo como interlocutor[615] a Justiça Constitucional.

Um dos grandes pilares para a sustentação da legitimidade do Tribunal Constitucional é a aceitação de suas decisões pelos demais órgãos estatais e também pela sociedade, razão pela qual todas as suas decisões devem ser desenvolvidas em uma dimensão comunicativa, sendo resultado de um trabalho coletivo.

---

[613] TAVARES, André Ramos. *Teoria da justiça constitucional*. São Paulo: Saraiva, 2005. p. 251.

[614] Para Habermas, *esfera* ou *espaço público* pode ser descrito "como uma rede adequada para comunicação de conteúdos, tomadas de posição e *opiniões*; nela os fluxos comunicacionais são filtrados e sintetizados, a ponto de se condensarem em opiniões *públicas* enfeixadas em temas específicos. (HABERMAS, Jürgen. *Direito e democracia*: entre facticidade e validade. Tradução Flávio Beno Siebeneichler. 2. ed. Rio de Janeiro: Tempo Brasileiro, 2003. v. 2. p. 92).

[615] Registra-se que com a exposição do Tribunal Constitucional, e de seus integrantes, a crítica pública, sobretudo e especialmente por intermédio dos meios de comunicação de massa, tem-se uma séria de tensões entre as suas responsabilidades e a sua independência.

Enquanto no Estado legalista eram desconsiderados o entendimento e os valores da sociedade (como um todo), bastando, apenas, a "lei escrita" e nada mais, com o advento do constitucionalismo passou-se a ter uma transdisciplinaridade, inclusive com as ciências sociais, e também se começou a preocupar com aquilo que a sociedade pensa sobre a Constituição.

Foi nesse panorama que Häberle desenvolveu a tese da "sociedade aberta dos intérpretes da Constituição" em que defende a ampliação dos intérpretes constitucionais como forma de realizar e de concretizar a cada momento histórico o projeto constitucional, com influência destacável da opinião pública. A propósito, merece destaque:

> A própria abertura da Constituição demonstra que não apenas o constitucionalista participa desse processo de interpretação!
>
> ...
>
> Uma Constituição, que estrutura não apenas o Estado em sentido estrito, mas também a própria esfera pública (*Öffentlichkeit*), dispondo sobre a organização da própria sociedade e, diretamente, sobre os setores da vida privada, não pode tratar as forças sociais e privadas como meros objetos. Ela deve integrá-las ativamente enquanto sujeitos.[616]

Nesse prisma, uma hermenêutica constitucional aberta propicia novos canais de comunicação entre a Constituição e a sociedade, sendo que o Tribunal Constitucional deverá interpretar a Constituição a fim de garantir sua capacidade de prestação perante a sociedade, sendo necessário, para tanto, uma maior participação popular nessas decisões jurídico-políticas (cf. item 4.2) do Tribunal Constitucional, proporcionando assim a este órgão continuar sendo a última instância para interpretar a Constituição, mas não mais a única e de forma hermética.

Falar em participação popular, em participação da sociedade, implica possibilitar a participação da pluralidade de grupos que compõem a sociedade (o povo), tais como: partido político, opinião

---

[616] HÄBERLE, Peter. *Hermenêutica constitucional*: a sociedade aberta dos intérpretes da Constituição: contribuição para a interpretação pluralista e 'procedimental' da Constituição. Tradução Gilmar Mendes Ferreira. Porto Alegre: Sergio Antonio Fabris, 1997. p. 32-33.

científica, grupo científico e, também, o povo,[617] não apenas na atividade normativa do Legislativo, mas também na do Tribunal Constitucional. Häberle afirma que cidadãos, grupos e opinião pública representam forças produtivas de interpretação, sendo eles intérpretes constitucionais em sentido lato, atuando nitidamente, pelo menos, como pré-intérpretes.[618] No mesmo sentido, Tushnet faz a seguinte advertência, ao analisar o ordenamento constitucional estadunidense:

> O constitucionalista populista acredita que o público deveria geralmente participar na formação do direito constitucional mais direta e abertamente. A Declaração da Independência e o Preâmbulo da Constituição dá a todos essa oportunidade. Como disse Lincoln, a Constituição pertence ao povo. Talvez seja hora de a reclamarmos das cortes.[619]

Entre nós, Streck, Oliveira e Lima também acentuam a necessidade da participação da sociedade no processo de interpretação da Constituição:

> O papel da jurisdição [constitucional] é o de levar adiante a tarefa de construir interpretativamente, com a participação da sociedade,

---

[617] Para Häberle, "'Povo' não é apenas um referencial quantitativo que se manifesta no dia da eleição e que, enquanto tal, confere legitimidade democrática ao processo de decisão. Povo é também um elemento pluralista para a interpretação que se faz presente de forma legitimadora no processo constitucional: como partido político, como opinião científica, como grupo de interesse, como cidadão." (HÄBERLE, Peter. *Hermenêutica constitucional*: a sociedade aberta dos intérpretes da Constituição: contribuição para a interpretação pluralista e 'procedimental' da Constituição. Tradução Gilmar Mendes Ferreira. Porto Alegre: Sergio Antonio Fabris, 1997. p. 37). Prossegue o autor: "Ademais, a Corte Constitucional deve controlar a participação leal (*faire Beteiligung*) dos diferentes grupos na interpretação da Constituição, de forma que, na sua decisão, se levem em conta, interpretativamente, os interesses daqueles que não participam do processo (interesses não representados ou não representáveis)." (*Ibidem*, p. 46).

[618] HÄBERLE, Peter. *Hermenêutica constitucional*: a sociedade aberta dos intérpretes da Constituição: contribuição para a interpretação pluralista e 'procedimental' da Constituição. Tradução Gilmar Mendes Ferreira. Porto Alegre: Sergio Antonio Fabris, 1997. p. 14.

[619] TUSHNET, Mark. *Taking the Constitution away from the courts*. Princeton: Princeton University, 1999. p. 194. T.a. do original: "The populist constitutionalist believes that the public generally should participate in shaping constitutional law more directly and openly. The Declaration of Independence and the Preamble to the Constitution give all of us that opportunity. As Lincoln said, the Constitution belongs to the people. Perhaps it is time for us to reclaim it from the courts".

o sentido normativo da constituição e do projeto de sociedade democrática a ela subjacente.[620]

Com essas lições, e considerando ainda que as decisões do Tribunal Constitucional como órgão de normação positiva terão eficácia *erga omnes* (item 2.4.2) e, por vezes efeito vinculante (item 2.4.3), mais do que justificável que se implemente essa participação popular no processo de edição de enunciados normativos pelo Tribunal Constitucional, nem que para isso seja necessário "reclamar" junto aos Tribunais.

O Tribunal Constitucional deve postar-se como autêntico canal de comunicação (interlocutor)[621] entre a sociedade e os enunciados normativos que edita, fazendo com que sua missão seja também a de propiciar, por meio de adequado processo constitucional objetivo (item 4.11), a realização das aspirações da sociedade (item 4.6) observando uma racionalidade (item 4.7).

Essa abertura para a participação popular não deve ser considerada como algo estranho, diferente ou peculiar na atuação do Tribunal Constitucional, posto que todos os juízes, constitucionais ou não, "existem em função do povo, que é quem lhes dá legitimação para proferirem julgamentos e cujos interesses devem merecer permanente respeito e atenção",[622] afinal, como afirma Fabriz, "se o povo, de maneira efetiva, participou da elaboração do texto constitucional original, cabe a ele também participar na interpretação dos princípios e normas nele contidos".[623]

Acresce-se ainda que o ideal democrático impõe que a vontade soberana do povo prevaleça, sendo então desejável que o Tribunal Constitucional reconheça a sociedade como intérprete constitucional e com ela se comunique a fim de conhecer suas

---

[620] STRECK, Lenio Luiz; OLIVEIRA, Marcelo Andrade Cattoni de; LIMA, Martonio Mont'Alverne Barreto. A nova perspectiva do Supremo Tribunal Federal sobre o controle difuso: mutação constitucional e limites da legitimidade da jurisdição constitucional. In: AGRA, Walber de Moura; CASTRO, Celso Luiz Braga de; TAVARES, André Ramos (Coord.). *Constitucionalismo*: os desafios no terceiro milênio. Belo Horizonte: Fórum, 2008. p. 375-376.

[621] O STF conta com diversos mecanismos de aproximação com a sociedade, dentre os quais sobressaem a TV Justiça, a Rádio Justiça e a Central do Cidadão.

[622] DALLARI, Dalmo de Abreu. *O poder dos juízes*. 2. ed. São Paulo: Saraiva, 2002. p. 147.

[623] FABRIZ, Daury Cesar. *A estética do direito*. Belo Horizonte: Del Rey, 1999. p. 165.

escolhas, o que se mostra perfeitamente possível e realizável dentro de uma *dimensão comunicativa*.

Habermas, com precisão, leciona:

> Nesta perspectiva, o tribunal constitucional precisa utilizar os meios disponíveis no âmbito de sua competência para que o processo da normatização jurídica se realize sob condições da política deliberativa, que fundam legitimidade. Esta, por sua vez, está ligada aos pressupostos comunicativos pretensiosos de arenas políticas, que não se limitam à formação da vontade institucionalizada em corporações parlamentares, estendendo-se também à esfera pública política, bem como ao seu contexto cultural e à sua base social.[624]

É necessário, pois, que sempre se oportunize de forma efetiva a participação popular no processo de curadoria da Constituição, e quanto mais pluralista for essa participação, a efetivação da Constituição se mostrará mais democrática, inclusiva, realista e melhor.

Não se pode limitar a interpretação constitucional aos intérpretes corporativos ou autorizados jurídica ou funcionalmente pelo Estado, já que efetivar a Constituição não é uma função exclusivamente estatal, mesmo porque muitas questões não chegam sequer ao Tribunal Constitucional, seja por falta de competência específica para tanto, seja pela falta de iniciativa de eventuais interessados.

Bem expõe Tavares no sentido de que:

> Deve haver um *acesso* à Justiça Constitucional e, assim, ao Tribunal Constitucional, de maneira ampla e, dessa forma, proporcionar maior legitimidade, especialmente de seu poder normativo e de suas decisões de governo. Trata-se, não há como negar, de uma fórmula democrático-participativa.[625]

É pela via da participação político-jurídico, traduzida como o alargamento do círculo de intérpretes da Constituição, que se processa a interligação entre o direito constitucional e a democracia participativa, daí a necessidade de assegurar e sempre aperfeiçoar

---

[624] HABERMAS, Jürgen. *Direito e democracia*: entre facticidade e validade. Tradução Flávio Beno Siebeneichler. 2. ed. Rio de Janeiro: Tempo Brasileiro, 2003. v. 1, p. 340.
[625] TAVARES, André Ramos. *Teoria da justiça constitucional*. São Paulo: Saraiva, 2005. p. 511.

as formas de participação no processo de normação positiva pelo Tribunal Constitucional.

Lembra Canotilho que

> a democracia é um processo dinâmico inerente a uma sociedade *aberta* e *activa*, oferecendo aos cidadãos a possibilidade de desenvolvimento integral e de liberdade de participação crítica no processo político em condições de igualdade económica, política e social.[626]

Nesta concepção, pode-se dizer que se está diante de uma ideia de *democracia inclusiva*, "uma democracia que procura trazer para si a discussão antes da tomada de decisão. A democracia inclusiva procura trazer para a discussão todos os pontos de vista possíveis ou aqueles pontos de vista mais importantes para a sociedade".[627]

Aqueles que vivenciam a Constituição são os que mais têm legitimidade para transformá-la em algo efetivo e fazer a democracia desabrochar do papel e florescer na sociedade. É preciso que o direito constitucional seja um direito vivo, o que só é possível imaginar com uma interpretação da Constituição com a presença ativa do cidadão.[628]

Adotadas tais premissas, tem-se a possibilidade de se obter decisões constitucionais mais legítimas do ponto de vista da democracia e do pluralismo, haja vista que esta concepção procura alcançar certo pluralismo de argumentos a partir de um pluralismo na apresentação das ideias pelos membros da sociedade.

Assim, ter-se-á um direito constitucional que será uma *law in action*, e não apenas uma *law in books*, afinal

> o direito constitucional é um "direito vivo", é um direito em acção" e não apenas um "direito nos livros". Precisamente por isso, existe um direito *constitucional não escrito* que embora tenha na constituição

---

[626] CANOTILHO, José Joaquim Gomes. *Direito constitucional e teoria da Constituição*. 4. ed. Coimbra: Almedina, 2000. p. 287.
[627] PEDRA, Adriano Sant'Ana. *Mutação constitucional*: interpretação evolutiva da Constituição na democracia constitucional. 2. ed. Rio de Janeiro: Lumen Juris, 2014. p. 272.
[628] PEDRA, Adriano Sant'Ana. *Mutação constitucional*: interpretação evolutiva da Constituição na democracia constitucional. 2. ed. Rio de Janeiro: Lumen Juris, 2014. p. 270.

escrita os fundamentos e limites, completa, desenvolve, vivifica o direito constitucional escrito.[629]

Com a participação da sociedade no processo de atuação do Tribunal Constitucional como órgão de normação positiva, a decisão do Tribunal Constitucional estará legitimada não somente porque emanou do órgão constitucional de soberania que possui a competência de ser o curador da Constituição, mas, principalmente, por estar a decisão do Tribunal legitimada por ser o resultado de um devido processo (cf. item 4.11) em que se oportunizou a participação da sociedade em uma dimensão comunicativa.

É cediço que o que se está aqui a defender demanda, para uma eficaz aplicação, a presença de sólido consenso democrático, base social estável, pressupostos institucionais firmes, cultura política bastante ampliada e desenvolvida, fatores sem dúvida difíceis de achar nos sistemas políticos e sociais de nações subdesenvolvidas ou em desenvolvimento.

Dito isso, deve ficar claro que não se está aqui defendendo que qualquer cidadão[630] possa participar ou até mesmo provocar o Tribunal Constitucional no que concerne ao exercício da curadoria da Constituição, o que cabe apenas aos representantes da sociedade civil cujo ordenamento jurídico tenha feito previsão.

O crescimento contínuo da importância e das funções do Tribunal Constitucional e a consequente politização são realidades incontestáveis dos sistemas políticos atuais requer que as decisões do Tribunal Constitucional sejam revestidas de não apenas autoridade, mas também de legitimidade e racionalidade.

Para o atingimento de tais desideratos, as decisões do Tribunal Constitucional, principalmente naquelas que decorrem do exercício da função normativa, devem possibilitar a participação de organizações civis diversas (sindicato, associações, partidos

---

[629] CANOTILHO, José Joaquim Gomes. *Direito constitucional e teoria da Constituição*. 4. ed. Coimbra: Almedina, 2000. p. 1103.

[630] Acerca da *ação popular de inconstitucionalidade*, adotada na Alemanha e em outros países, Kelsen advertia: "[...], não se pode recomendar essa solução, porque ela acarretaria um perigo considerável de ações temerárias e o risco de um intolerável congestionamento das funções." (KELSEN, Hans. *Jurisdição constitucional*. Tradução Alexandre Krug, Eduardo Brandão e Maria Ermantina Galvão. São Paulo: Martins Fontes, 2003. p. 174).

políticos, entidades religiosas etc.) no sentido de tomarem parte nos processos de decisão. Deve-se admitir cada vez mais a participação de atores sociais e políticos das mais diversas matizes nas questões suscitadas perante o Tribunal Constitucional, construindo-se, aos poucos, um ambiente de legitimação política de algum modo semelhante ao processo legislativo.

A abertura do processo constitucional atual é, exatamente, a tentativa de não permitir a ocorrência do mesmo erro que acometeu o Legislativo, e também corroborar a crescente importância do Tribunal Constitucional nos países em que o Legislativo restou enclausurado e inoperante, gerando a perda do seu prestígio político.

Pode-se afirmar que atualmente a Justiça Constitucional vem adotando um modelo procedimental que oferece opções e condições para que se torne possível, de modo cada vez mais intenso, no processo constitucional, a participação daqueles que poderão apresentar argumentos e visões plurais, vez que enxergarão a *quaestio* a partir de pontos de observação igualmente variados.

Nesse sentido, Mendes informa que a moderna doutrina constitucional defende abertamente a ampliação do direito de manifestação de diferentes órgãos ou entidades no processo de controle de constitucionalidade (omissivo ou comissivo), apontando ainda que o Regimento Interno do Tribunal Constitucional alemão prescreve que o Tribunal está "autorizado a solicitar pareceres de *experts* ou personalidades que disponham de conhecimentos específicos sobre determinada área, caso se revelem imprescindíveis para o esclarecimento de uma dada questão".[631]

Essa dimensão comunicativa da Justiça Constitucional, principalmente nos processos cujas decisões terão eficácia *erga omnes*, admite não só a possibilidade de o Tribunal Constitucional se valer de todos os elementos técnicos disponíveis para o exercício da curadoria da Constituição, mas também a utilização de alternativas e condições que possibilitem de modo cada vez mais intenso, a interferência de uma pluralidade de sujeitos, argumentos e visões no processo constitucional, como o *amicus curiae* e as audiências públicas.

---

[631] MENDES, Gilmar Ferreira. *Jurisdição constitucional*: o controle abstrato de normas no Brasil e na Alemanha. 5. ed. São Paulo: Saraiva, 2005. p. 17-19.

O acesso a essa pluralidade de sujeitos, argumentos e visões por meio do *amicus curiae*[632] e das *audiências públicas*[633] permitirá que o Tribunal Constitucional tenha acesso aos subsídios técnicos, implicações políticas, sociais, culturais e elementos de repercussão econômica que deverão ser considerados na sua decisão, promovendo assim um fator de abertura procedimental e de pluralização da Justiça Constitucional.

Todas essas informações disponibilizadas possibilitará ao Tribunal Constitucional uma melhor percepção dos fatos e prognoses referentes aos enunciados normativos que deve editar para exercer a curadoria da Constituição.

Medina, pesquisando empiricamente a repercussão prática do *amicus curiae* no STF, constatou que "o *amicus* influencia o processo de tomada de decisão no Supremo, aumentando as chances de conhecimento do processo, bem como as possibilidades de êxito da parte que ele apoia".[634]

Verifica-se assim que essa *dimensão comunicativa* deve ser controlada para que a atuação do *amicus curiae* não se torne polarizada, contribuindo para o desequilíbrio informacional da questão. "Mecanismos de *disclosure* [divulgação], que induzam a um maior equilíbrio informacional no processo, podem contribuir para a minimização de eventual déficit informacional causado pelo ingresso do terceiro".[635]

Como já dito, destaca-se também nesse processo de abertura procedimental do Tribunal Constitucional a realização de audiências públicas, também já incorporada no direito brasileiro.

---

[632] O *amicus curiae* ("amigo da corte") nasceu no direito anglo-saxônico e é uma prática muito difundida nos Estados Unidos. Tem como função fornecer o maior número possível de informações para que o órgão que exercerá a jurisdição o faça de modo que a decisão seja a mais consciente possível. Sua previsão está no art. 7º, §2º da Lei nº 9.868/1999 e no art. 138 do CPC/2015.

[633] A previsão de *audiências públicas* está no art. 9º, §1º da Lei nº 9.868/1999, no art. 983, §1º e no art. 1.038, II, ambos do CPC/2015.

[634] MEDINA, Damares. *Amicus curiae*: amigo da corte ou amigo da parte? São Paulo: Saraiva, 2010. p. 168. "A atuação dos *amici curiae* foi um dos vetores que contribui para a mudança da jurisprudência do Tribunal." (*Ibidem*, p. 169).

[635] MEDINA, Damares. *Amicus curiae*: amigo da corte ou amigo da parte? São Paulo: Saraiva, 2010. p. 170.

A colaboração ativa da sociedade nos procedimentos do Tribunal Constitucional é um fator de democratização, não só porque "assegura um 'pedaço de participação' dos cidadãos nas tarefas constitucionais, mas também porque, através da *adesão* e do *consenso* dos interessados, se evitam formar autoritárias de poder".[636]

Outro mecanismo que de certa forma permite, mesmo que minimamente, a "dimensão comunicativa" das decisões do Tribunal Constitucional é este ter como condição subjetiva para a sua composição a "diversidade cultural" de seus integrantes, assegurando-lhe uma composição plural e, assim, que a diversidade ideológica, política, econômica, religiosa, linguística ou social dos seus integrantes possa contribuir, pelo contínuo diálogo, decisões mais ponderadas e adequadas para uma sociedade igualmente multicultural.[637]

Por tudo que aqui foi dito, confirma-se que o exercício da função normativa pelo Tribunal Constitucional não mais pode ocorrer como uma mera operação realizada interna e isoladamente pelo Tribunal, vez que requer, sob pena de se mostrar ilegítima, que sua realização ocorra sob uma dimensão comunicativa.

Ao ser desenvolvido junto ao Tribunal Constitucional com vista à edição de enunciados normativos, o processo deve permitir a mais ampla discussão e diálogo, constante e aberto, em torno do que se está a decidir, devendo-se envolver nesse processo todos os integrantes do Tribunal Constitucional, os interessados diretos ("partes") e a sociedade como um todo.

É inquestionável que a participação de diferentes grupos em processos constitucionais de grande importância para a sociedade por meio do *amicus curiae* e das audiências públicas acaba por implementar uma importante função de integração.

---

[636] CANOTILHO, José Joaquim Gomes. *Direito constitucional e teoria da Constituição*. 4. ed. Coimbra: Almedina, 2000. p. 935.
[637] Cf. TAVARES, André Ramos. *Teoria da justiça constitucional*. São Paulo: Saraiva, 2005. p. 381-383. Exemplificando: na Suprema Corte do Canadá a província de Quebec tem direito de apresentar três dos nove componentes; a Constituição do Chipre de 1960 indica para a composição das três vagas do Tribunal Constitucional, um grego, um turco e um magistrado neutral. Cf. ainda: AGRA, Walber de Moura. *A reconstrução da legitimidade do Supremo Tribunal Federal*: densificação da jurisdição constitucional brasileira. Rio de Janeiro: Forense, 2005. p. 146.

Por tudo que foi dito neste item, além de se ter uma eficiência no exercício da curadoria da Constituição, ter-se-á também outras possibilidades de legitimação das decisões do Tribunal Constitucional. E tudo isso com uma coloração especial, em que a mistura de cada uma das cores (sujeitos, argumentos e visões) com outras, faz surgir uma nova cor *sui generis* que retrata a combinação das anteriores, observando-se assim o caráter pluralista e aberto que é próprio de uma Constituição democrática.

Ao cabo, deve registrar que esta dimensão comunicativa aliada ao fato de o Tribunal Constitucional se legitimar como o *locus* em que uma minoria democrática pode se manifestar e proteger (cf. item 1.4.4) gera alguns riscos para o exercício da Justiça Constitucional. Diante dessa perspectiva, tem-se o risco de que o Tribunal Constitucional se torne excessivamente condescendente ou parcial, bem como politize o seu discurso e transformando um debate que deveria ser basicamente jurídico num "palanque político", sem que isso proporcione qualquer tipo de vantagem ou legitimidade para a decisão jurídico-política que será tomada.

Assim, devem os juízes do Tribunal Constitucional terem o cuidado para não se influenciarem de forma equivocada por meio desse "diálogo com a sociedade" a ponto de proferirem uma decisão influenciada por paixões momentâneas que são divorciadas da Constituição, mas que atendam a um "clamor social" (cf. item 4.6).

Fique claro que tais riscos são remotos em um sistema adequado de Justiça Constitucional, além do que, os benefícios que uma atuação dialógica do Tribunal Constitucional proporciona para a consolidação de um Estado Constitucional de Direito com uma sociedade plural, com maiorias e minorias, supera em muito qualquer descaminho isolado que possa ocorrer.

4.5.2 Necessidade de fundamentação

Uma fundamentação (motivação) sólida é condição sem a qual as decisões do Judiciário, e também do Tribunal Constitucional, carecem de legitimidade e de validade, destacando que a exigência de fundamentação das decisões serve também como mecanismo em relação aos demais limites, principalmente a observância da

Constituição (item 4.3.2) e à demonstração da racionalidade da decisão (cf. item 4.7), o que faz com que a *necessidade de fundamentação* seja o limite mais importante das decisões do Tribunal Constitucional.

A exigência de *fundamentação* nas decisões do Judiciário é uma das conquistas mais importantes do racionalismo iluminista e democrático da segunda metade do século XVIII, e que está vinculada à própria necessidade de justificação das decisões do Poder Público num regime republicano.

David destaca a necessidade de fundamentação a partir do estilo das decisões do Judiciário:

> Um outro elemento a considerar é o estilo das decisões judiciárias. Estas, atualmente, devem ser sempre motivadas. A obrigação de motivar os julgamentos é, no entanto, recente. Durante muito tempo, concordou-se em ver nos julgamentos um exercício de autoridade, que não tinha de ser justificado. [...]. O princípio de que os julgamentos devem ser motivados está hoje firmemente estabelecido; [...]. Surge aos olhos dos homens do nosso tempo como uma garantia contras as decisões arbitrárias e, mais ainda, talvez como uma garantia de que as decisões serão maduramente refletidas e conformes ao direito.[638]

A *fundamentação* pode ter uma serventia *endoprocessual* como controle das razões da decisão e mecanismo de racionalização técnica do processo, mas também terá uma serventia, e talvez a mais importante, *extraprocessual*, já que será a partir da fundamentação que a decisão tornar-se-á compreensível para o cidadão, em nome do qual são exercidas todas as funções estatais.

A fundamentação das decisões do Tribunal Constitucional, em um viés *extraprocessual*, tem também uma função democrática, vez que materializa a relação de concordância entre o Tribunal e o povo em nome do qual são proferidas as suas decisões, até porque, como bem leciona Sunstein ao analisar o Direito constitucional norte-americano, "o governo deve sempre possuir uma razão para seus atos", já que se está numa "República das razões".[639]

---

[638] DAVID, René. *Os grandes sistemas do direito contemporâneo*. 3. ed. Tradução Hermínio A. Carvalho. São Paulo: Martins Fontes, 1998. p. 125.
[639] SUNSTEIN, Cass R. *A Constituição parcial*. Tradução Manassés Teixeira Martins e Rafael Triginelli. Belo Horizonte: Del Rey, 2009. p. 21.

Muito embora se tenha demonstrado que uma das condições para a atuação do Tribunal Constitucional como órgão de normação constitucional seja a existência de precedentes (item 3.5) de forma a certificar que o tema a ser apreciado encontra-se amadurecido para posicionamento do Tribunal, a mesma condição não presta para considerar que os precedentes anteriores servirão exclusivamente de fundamentação para a elaboração do enunciado normativo.

A simples verificação de precedentes pode não ser suficiente para indicar uma tendência de entendimento do Tribunal Constitucional, posto que as decisões anteriores podem ter fundamentações diversas, embora concordantes, quanto ao posicionamento final.

Desta forma, quando se está a tratar da atuação do Tribunal Constitucional como órgão de normação positiva, principalmente na transposição do modelo concreto-difuso para o abstrato-geral com a elaboração de diretivas gerais, imperioso se mostra a harmonia que deve haver quanto *à fundamentação* da decisão a fim de se viabilizar a edição de *diretiva geral*. Apenas a utilização das decisões reiteradas, sem a averiguação dessa harmonia, pode significar uma falsa representação desse pensamento.

Além da necessidade de fundamentação, a decisão pelo Tribunal Constitucional deverá vir demonstrada por meio de uma decisão racional (item 4.7) e deverá guardar harmonia com aquilo que a sociedade espera (item 4.6).

Consoante anota Tavares, a lição mais importante acerca da fundamentação das decisões de um Tribunal Constitucional é a de que elas só devem admitir argumentos jurídicos ou de implicações jurídicas de mera oportunidade. [640]

Assim, se a fundamentação de um processo legislativo aceita abundantemente argumentos jurídicos e políticos e a fundamentação de uma decisão do Tribunal Constitucional aceita, basicamente, argumentos jurídicos, os demais argumentos não jurídicos, devem ter, necessariamente, implicações jurídicas.

---

[640] TAVARES, André Ramos. *Teoria da justiça constitucional*. São Paulo: Saraiva, 2005. p. 471-472. O próprio Tavares sustenta que "mesmo que na motivação da decisão entrem elementos extrajurídicos, o que é inevitável, ainda assim está-se perante uma decisão judicial." (*Idem. Tribunal e jurisdição constitucional*. São Paulo: Instituto Brasileiro de Direito Constitucional/Celso Bastos, 1998. p. 46).

Ingressando na fundamentação da decisão elementos extrajurídicos, de certo *quantum* político – o que é inevitável, especialmente se considerado o termo em sua acepção mais lata, incluindo a liberdade de interpretação – ainda assim estar-se-á perante uma decisão jurídica, ou melhor, uma decisão jurídico-política (cf. item 4.2), em face das implicações jurídicas desses elementos.

4.5.3 Necessidade de publicidade

As decisões de um Tribunal Constitucional necessitam de uma oficialidade que lhes é atribuída pela *publicidade*, que difere da *publicação* – *publicação* é a forma de *publicidade*.

A *publicidade* não é um dos elementos necessários para a validade dos atos de normação positiva editados pelo Tribunal Constitucional, mas sim, um requisito para a eficácia (jurídica) da normação editada.

A necessidade de conhecimento por todos os membros da sociedade dos enunciados normativos editados pelo Tribunal Constitucional é destacável,[641] já que o princípio da segurança jurídica, uma das bases do Estado Democrático de Direito, exige também que o conteúdo do Direito seja conhecido pelos destinatários da norma, principalmente quando se trata da curadoria da Constituição.

Isto posto, como as leis devem ser acessíveis a todos os integrantes da sociedade de forma a propiciar uma mínima "certeza do direito", os enunciados normativos editados pelos

---

[641] Importante aqui trazer à colação a advertência de Ferraz Jr. quanto à publicidade das leis que, no que interessa, se aplica também a normação positiva editada pelo Tribunal Constitucional: "A publicação é outro procedimento importante. Destina-se a tornar a lei conhecida. Não devemos entender isto, no entanto, no sentido empírico de que a lei deva *de fato* tornar-se conhecida. É óbvio que, não obstante a publicação, muitas leis, até por sua complexidade e dificuldade técnica de apreensão, permanecem ignoradas de fato. O ato de publicação tem por função neutralizar a ignorância; mas não eliminá-la. Neutralizar significa fazer com que ela não seja levada em conta, não obstante possa existir. [...] embora a publicação sirva para que a lei torne conhecida, sua função básica é imunizar a autoridade contra a desagregação que a ignorância pode lhe trazer (afinal, uma autoridade ignorada é como se não existisse)." (FERRAZ JR., Tercio Sampaio. *Introdução ao estudo do direito*: técnica, decisão, dominação 4. ed. São Paulo: Atlas, 2003. p. 234).

Tribunais Constitucionais também devem ser, afinal, tais enunciados se impõem à sociedade com eficácia *erga omnes*, sendo a publicidade das decisões normativas do Tribunal Constitucional uma necessidade essencial para que o cidadão possa conduzir-se na forma prescrita.

A sujeição dos integrantes da sociedade, e de todos os órgãos integrantes do Estado, aos enunciados normativos editados pelo Tribunal Constitucional, somente ocorrerá se os destinatários das normas, que daí emanam, tiverem efetiva oportunidade de conhecê-las mediante um instrumento de difusão geral e eficiente que torne inquestionável sua existência e seu conteúdo.

Por um enunciado normativo acessível, deve-se entender àquele posto à disposição para o conhecimento da sociedade de forma ampla, já que o brocardo *ignorantia legis neminem excusat* (a ignorância da lei não escusa ninguém) necessita de um mínimo de realidade na ficção que representa.

É necessário, pois, para que seja atendido o requisito da acessibilidade, que a publicidade dos enunciados normativos editados pelo Tribunal Constitucional seja satisfeita, permitindo, assim, o conhecimento por todos dos conteúdos destes enunciados que serão reitores da conduta social.

Para Canotilho a justificação da *publicidade* "é simples: o princípio do Estado de direito democrático exige o conhecimento, por parte dos cidadãos, dos actos normativos, e proíbe os *actos normativos secretos* contra os quais não se podem defender".[642]

Explica-se a exigência da *publicidade*, além do interesse geral, também pelo reconhecimento de que os enunciados normativos editados pelo Tribunal Constitucional constituem, indiscutivelmente, fonte do Direito e, nesses termos, da notoriedade que deve acompanhar qualquer fonte do Direito.

A *publicidade* deve ocorrer por meio da(s) divulgação(ões) mais eficiente(s), partindo da publicação em jornais (diários) oficiais até aos mecanismos mais atuais e de maior alcance (*sites* na rede mundial de computadores, *v.g.*), devendo ainda estar atrelada à

---

[642] CANOTILHO, José Joaquim Gomes. *Direito constitucional e teoria da Constituição.* 4. ed. Coimbra: Almedina, 2000. p. 849.

dimensão comunicativa das decisões do Tribunal Constitucional. Assim, não se está falando de uma mera publicidade formal, mas sim de uma publicidade material (transparência) em que as decisões do Tribunal Constitucional possam ser compreensíveis pelo povo – titular do poder de legislar.

Nesse aspecto, tem-se que o Tribunal Constitucional tem o dever institucional de discernir e articular de forma racional (cf. item 4.7) as razões da sua decisão, de modo que reste compreensível para a sociedade (cf. item 4.5.4).

Registra-se ainda que a publicidade, especialmente das opiniões divergentes e convergentes *(dissenting and concurring opinions)*, tem sido reconhecida expressamente pela doutrina como importante elemento para a evolução da atividade dos Tribunais Constitucionais, bem como se apresenta como uma "lição de democracia".[643]

Comentando a publicidade das opiniões divergentes *(votos dissidentes)* pelo Tribunal Constitucional Federal alemão, Martins trouxe que os argumentos favoráveis a tal divulgação variam de "um certo 'orgulho democrático' – e a convicção da contribuição dos votos dissidentes para a evolução positiva da jurisprudência",[644] enquanto Tomás y Valiente salienta que a publicidade dos votos divergentes se presta como elemento de autocrítica do Tribunal Constitucional, além de propiciar amplo debate com o escopo de pacificar futuramente a questão.[645]

A possibilidade de divulgação oficial do voto dissidente impõe um esforço de fundamentação no entendimento da maioria, sob pena de a decisão ser submetida a um maior questionamento quanto a sua legitimidade.

---

[643] TAVARES, André Ramos. *Teoria da justiça constitucional*. São Paulo: Saraiva, 2005. p. 433. Cf. ainda: HÄBERLE, Peter. *Nueve ensayos constitucionales y una lección jubilar*. Tradução Carlos Ruiz Miguel et al. Lima: Palestra, 2004. p. 132-134.

[644] MARTINS, Leonardo. Introdução à jurisprudência do Tribunal Constitucional Federal alemão. In: SCHWABE, Jürgen. *Cinquenta anos de jurisprudência do Tribunal Constitucional Federal alemão*. Montevideo: Konrad-Adenauer-Stiftung, 2005. p. 98. Continua Martins: "Eles [votos dissidentes] podem, finalmente, ter a intenção de apontar a jurisprudência do tribunal para uma outra direção, chamando a atenção do público para esta possibilidade, assim como para contradições internas e rompimentos na jurisprudência passada (isso deveria ser o verdadeiro sentido do voto dissidente) [...]." *(Ibidem*, p. 98).

[645] TOMÁS Y VALIENTE, Francisco. *Escritos sobre y deste el Tribunal Constitucional*. Madrid: Centro de Estúdios Constitucionales, 1993. p. 60.

Por fim, tem-se que a publicação, diferente de uma notificação, não exige o efetivo conhecimento do ato normativo por parte dos destinatários e daí que, uma vez publicados os atos no jornal oficial, presumem-se conhecido por todos, não aproveitando a ninguém a sua ignorância (*ignorancia legis non escusat*).

4.5.4 Clareza, inteligibilidade e determinabilidade

Interessante trazer à colação, de imediato, a advertência de Leal dirigida ao legislador que, *mutatis mutandi*, aplica-se também ao Tribunal Constitucional quando estiver no exercício da sua função normativa:

> Tal é o poder da lei que a sua elaboração reclama precauções severíssimas. Quem faz a lei é como se estivesse acondicionando materiais explosivos. As conseqüências da imprevisão e da imperícia não serão tão espetaculares, e quase sempre só de modo indireto atingirão o manipulador, mas podem causar danos irreparáveis.[646]

A partir dessa perspectiva, o Tribunal Constitucional, ao elaborar seus enunciados normativos, não pode perder de vista que seu destinatário é a sociedade, logo, os enunciados deverão ser elaborados buscando a máxima *clareza, inteligibilidade* e *determinabilidade*. Tal tarefa não é simples, principalmente nos casos das diretivas gerais que são elaboradas em forma de súmulas (resumos, sínteses).

Os princípios constitucionais da função legislativa (*lato sensu*) têm reflexo na linguagem normativa, já que a função legislativa (*lato sensu*) se exprime sempre na forma de um enunciado (texto) normativo. "Exigem-lhe clareza e precisão, de modo a honrar o alcance garantístico que dela se pretende fazer decorrer para o cidadão".[647]

---

[646] LEAL, Victor Nunes. Técnica legislativa. In: LEAL, Victor Nunes. *Problemas de direito público e outros problemas*. Brasília: Ministério da Justiça, 1997. v. 1, p. 8.

[647] Cf. nesse sentido: MONCADA, Luís S. Cabral de. Contributo para uma teoria da legislação. In: MONCADA, Luís S. Cabral de. *Estudos de direito público*. Coimbra: Coimbra Editora, 2001. p. 281.

Para Mendes, a ideia de Estado Democrático de Direito exige que os enunciados normativos sejam dotados de "alguns atributos, tais como *precisão* ou *determinabilidade, clareza*, densidade suficiente para permitir a definição das posições juridicamente protegidas".[648] A compreensibilidade dos enunciados normativos fica assim no centro dessas considerações. Compreensibilidade para os aplicadores dos enunciados normativos e para a sociedade como um todo.

Por um enunciado normativo *claro* deve-se entender aquele que evita expressões confusas ou dotadas de obscuridade e/ou ambiguidade. Aquele cuja redação não deve conter dubiedade, para que não falhe em seu papel de expressar o entendimento dado pelo Tribunal Constitucional.

Já a *inteligibilidade* deve ser entendida por uma busca de enunciado normativo que deve se afastar da complexidade, tornando compreensível o texto do enunciado normativo para os seus destinatários.

O enunciado normativo inteligível, além de claro, necessita de precisão quanto aos termos utilizados – *determinabilidade*, a fim de permitir que seja compreendido pelos seus destinatários – a sociedade como um todo, e não apenas pelo "homem médio".

Ao elencar os requisitos da *lei*, que também se aplicam aos enunciados normativos, Ráo destaca que os enunciados devem ser *manifesto*, revelando ser a clareza qualidade própria do enunciado normativo; e, *breve*, dispondo e não disputando.[649]

Canotilho acrescenta que os atos normativos devem obedecer ao *princípio da precisão ou determinabilidade dos atos normativos* já que estes exigem, além da *clareza* e da *inteligibilidade*, também

[...] *densidade suficiente* na regulamentação legal, pois um acto legislativo (ou um acto normativo em geral) que não contém uma disciplina

---

[648] MENDES, Gilmar Ferreira. Questões fundamentais de técnica legislativa. *Revista Eletrônica sobre a Reforma do Estado – RERE*, Salvador, Instituto Brasileiro de Direito Público, n. 11, p. 13, set./ nov. 2007. Disponível em: <http://www.direitodoestado.com.br/rere.asp>. Acesso em: 05 out. 2010. Prossegue o autor: "O princípio da segurança jurídica, elemento fundamental do Estado de Direito, exige que as normas sejam pautadas pela precisão e clareza, permitindo que o destinatário das disposições possa identificar a nova situação jurídica e as conseqüências que dela decorrem. Devem ser evitadas, assim, as formulações obscuras, imprecisas, confusas ou contraditórias." (*Ibidem*, p. 13).

[649] RÁO, Vicente. *O direito e a vida dos direitos*. 5. ed. anot. e atual. São Paulo: Revista dos Tribunais, 1999. p. 282.

suficientemente concreta (= densa, determinada) não oferece uma *medida jurídica capaz* [...].⁶⁵⁰

Contudo, como bem adverte Moncada:

[...] a referida exigência de determinabilidade ou precisão não é para ser entendida em termos absolutos e, sobretudo, como se dizia, homogéneos. A determinabilidade não impede a presença de cláusulas gerais, conceitos indeterminados e a atribuição legislativa de poderes discricionários à administração e isto mesmo dentro do tratamento dos direitos fundamentais de tipo clássico. [...] A determinabilidade não preclude uma técnica legislativa "desnormativizada", apenas exprimindo exigências mínimas de densidade regulativa das situações.⁶⁵¹

A precisão normativa é um princípio geral da função legislativa *(lato sensu)*. Exprime uma exigência de clareza dos comandos normativos e de adequada densidade na regulamentação em ordem a ser cognoscível e previsível para toda a sociedade e os órgãos estatais de aplicação.

Silva, ao discorrer sobre a redação dos atos normativos, adverte que a linguagem empregada deverá ser correta, simples, precisa e concisa; linguagem especial, despida de ornamentos literários, direta, sendo necessário lembrar que os atos normativos são editados para reger condutas humanas e, por isso, deverá ser de fácil entendimento aos seus destinatários, que integram o povo.⁶⁵²

Registra-se que para se alcançar a clareza, a inteligibilidade e a determinabilidade, deve a linguagem utilizada nos enunciados normativos, tanto quanto possível, ter como referência o *nível comum* (homem-médio), potencializando assim a sua compreensibilidade.

---

⁶⁵⁰ CANOTILHO, José Joaquim Gomes. *Direito constitucional e teoria da Constituição*. 4. ed. Coimbra: Almedina, 2000. p. 257.

⁶⁵¹ MONCADA, Luís S. Cabral de. Contributo para uma teoria da legislação. In: MONCADA, Luís S. Cabral de. *Estudos de direito público*. Coimbra: Coimbra Editora, 2001. p. 275.

⁶⁵² SILVA, José Afonso da. *Manual do vereador*. 5. ed. rev., ampl. e atual. São Paulo: Malheiros, 2004. p. 130. Cf. ainda: "A lei destina-se a ser entendida pelo maior número de pessoas. Há de ser, pois, concisa, clara, simples, escrita tanto quanto possível no estilo direto. Se a sua leitura não pode ser agradável (é sempre enfadonho ser uma lei), que seja o menos desagradável possível. O bom gôsto da linguagem contribui para isso." (LEAL, Victor Nunes. Técnica legislativa. In: LEAL, Victor Nunes. *Problemas de direito público e outros problemas*. Brasília: Ministério da Justiça, 1997. v. 1. p. 22).

Mesmo que os termos técnicos sejam aqui e ali indispensáveis, deve o Tribunal Constitucional fazer um esforço para adequar a linguagem que emprega aos respectivos destinatários.

Não se pode esquecer que direito é *linguagem*, e esta se projeta além dela, pois incide sobre o funcionamento e a operacionalização do enunciado normativo e das normas que daí são extraídas. A adequada utilização da linguagem proporciona a *segurança jurídica* que se espera dos enunciados normativos, posto que a clareza, a inteligibilidade e a determinabilidade são características inerentes para a existência de um sistema normativo estável e seguro, além de permitir uma integração social dos enunciados normativos e das suas normas que são destinados não apenas ao jurista, mas também à sociedade.

4.6 Harmonia com aquilo que a sociedade espera: normação positiva legítima

Para Zagrebelsky o conceito de soberania constitucional desvincula-se de um centro de poder e relaciona-se a uma multicentricidade de poder, situação em que a Constituição assume o desafio de realizar as condições e as necessidades de um projeto de vida em comum.[653]

Assim, ao ser editado qualquer enunciado normativo, inclusive os da Constituição ou aqueles oriundos da Justiça Constitucional, deve estar o mesmo em consonância com aquilo que a sociedade espera, não sendo admissível a edição de enunciados normativos que violentem, sem racionalidade, a consciência da sociedade, provocando grandes reações contrárias.

O Tribunal Constitucional recebe do povo, por intermédio da Constituição, a legitimação para suas decisões que (cf. item 1.4.4), como visto, afetam de modo considerável a vida em sociedade. Contudo, essa legitimação deve ser permanentemente complementada pelo povo, o que só ocorre quando, segundo a

---

[653] ZAGREBELSKY, Gustavo. *El derecho dúctil*: ley, derechos, justicia. 8. ed. Tradução Marina Gascón. Madrid: Trotta, 2008. p. 13.

convicção predominante, o Tribunal esteja cumprindo o seu papel constitucional, protegendo eficazmente os direitos constitucionais e decidindo com justiça.

Barroso leciona a respeito:

> Cortes constitucionais, como os tribunais em geral, não podem prescindir do respeito, da adesão e da aceitação da sociedade. A autoridade para fazer valer a Constituição, com qualquer autoridade que não repouse na força, depende da confiança dos cidadãos. Se os tribunais interpretarem a Constituição em termos que divirjam significativamente do sentimento social, a sociedade encontrará mecanismos de transmitir suas objeções e, no limite, resistirá ao cumprimento da decisão.[654]

Dentro da abertura que a Constituição oferece, sobretudo quando se trata de interpretação das normas atributivas de certa discrição constitucional, a Justiça Constitucional deve ajustar suas interpretações, maiormente, ao interesse público, qual este se exprime no sentimento da coletividade, afinal, como bem adverte M. Callejón, na interpretação dos enunciados, "o contexto determina o sentido interpretativo do texto e o limita".[655]

Não se pode perder de mira que as "melhores constituições não são as mais bem pensadas e mais bem escritas, mas as que mais exactamente correspondam à feição de um Povo, demonstrada por uma longa e sincera experiência colectiva",[656] de igual modo, isso se aplica também aos demais enunciados normativos, inclusive aqueles editados pela Justiça Constitucional.

É corriqueiro ouvir que para se aplicar o direito não basta *saber*, mas também *sentir*.[657] Assim, deve a Justiça Constitucional não apenas *saber* o direito constitucional, mas também saber o que

---

[654] BARROSO, Luís Roberto. Constituição, democracia e supremacia judicial: direito e política no Brasil contemporâneo. *Revista de Direito do Estado*, Rio de Janeiro, v. 6, n. 21, p. 118, jan./dez. 2011. E lembrar que o distanciamento do Judiciário, e da Justiça Constitucional, em relação à sociedade e à opinião pública fazia parte da autocompreensão do Judiciário e era tido como virtude.

[655] CALLEJÓN, María Luisa Balaguer. *Interpretación de la Constitución y ordenamiento jurídico*. Madrid: Tecnos, 1997. p. 109.

[656] CAETANO, Marcello. *Manual de ciência política e direito constitucional*. 6. ed. rev. e ampl. Coimbra: Almedina, 2003. t. 1, p. 349.

[657] A gênese do substantivo "sentença" vem do verbo sentir. Sentença: do latim *sententia*, *sentiendo*, gerúndio do verbo *sentire*; na *sentença* o juiz declara o que sente.

a sociedade *sente* da Constituição, aquilo que ela espera que seja extraído do Texto Constitucional.

Durante um bom tempo, sob a égide do Estado legalista que se construiu em torno da ideia da supremacia da lei formal escrita, desconsideravam-se o entendimento e os valores da sociedade (como um todo), bastando, apenas, a "lei escrita" e nada mais, em um processo de identificação entre a *lei* e o *direito*. Durante esse período não se aceitava qualquer comentário ou manifestação daqueles que não fossem juristas.

Para evitar que o princípio da legalidade restasse identificado apenas com o cumprimento do rito formal de elaboração do enunciado normativo, os sistemas jurídicos da segunda metade do século XX passaram a exigir coerência da *lei* com o *consenso popular* e também com a Constituição.

Vê-se assim que a era iniciada pelo constitucionalismo, além de provocar a ruptura da identificação entre *lei* e o *direito*, conduz o direito constitucional para a transdisciplinaridade (cf. item 2.2.1). A Constituição passa a ficar mais sensível "[à]quilo que os homens e as mulheres vivos pensam que ela é",[658] e o "critério de legitimidade do poder constituinte não é a mera posse do poder, mas a concordância ou conformidade do ato constituinte com as 'idéias de justiça' radicadas na comunidade",[659] ou seja, começa-se a dar importância não só ao que os juristas pensam do que é capaz de se extrair da Constituição, mas sim o que pensa a sociedade como um todo, como anota Miranda, o "Direito, antes de ser lei, é valor, é ideia, é projecto assumido comunitariamente".[660]

Foi nessa perspectiva que se desenvolveu a tese da "sociedade aberta dos intérpretes da Constituição" concebida por Habërle, que defende a ampliação dos intérpretes constitucionais em face da necessidade de integração da realidade e o processo interpretativo (cf. item 4.5). O autor também critica a "reserva de

---

[658] BEARD, Charles, *apud*, PADOVER, Saul K. *A Constituição viva dos Estados Unidos*. 2. ed. Tradução A. Della Nina. São Paulo: Ibrasa, 1987. p. 55.

[659] VIEIRA, Oscar Vilhena. *A Constituição e sua reserva de justiça*: um ensaio sobre os limites materiais ao poder de reforma. São Paulo: Malheiros, 1999. p. 203.

[660] MIRANDA, Jorge. *Manual de direito constitucional*. 5. ed. rev. e actual. Coimbra: Coimbra Editora, 2003. t. 2, p. 127.

mercado" dos juristas apontando para a necessidade de integração das ciências sociais. [661] Ao discorrer sobre a importância de se formar uma *sociedade aberta de intérpretes da Constituição* nos termos preconizados por Häberle, Binenbojm afirma que a "maior ou menor autoridade da Corte Constitucional depende, necessariamente, de sua capacidade de estabelecer este diálogo com a sociedade e de gerar consenso, intelectual e moral, em torno de suas decisões",[662] cabendo ainda destacar que nas atuais sociedades pluralistas, em que diferentes visões de mundo atuam no espaço público em busca da realização de seus valores e de diversos interesses, a busca do consenso é fundamental para a legitimidade das decisões da Justiça Constitucional.

Vigo registra que a capacidade de despertar adesão está vinculada à sintonia que houver com os reclamos de justiça existentes na sociedade, não se podendo negar a importância de se "lograr um resultado [da Justiça Constitucional] que se concilie com a 'opinião pública'".[663]

Não há dúvida de que a fonte última da legitimação da Justiça Constitucional está sedimentada no "plebiscito diário"[664] a que estão sujeitas suas decisões e na sua capacidade de gerar consenso, sendo aceitas pela sociedade se forem justas e extraídas de valores constitucionais.

Obviamente que se está a buscar um *consenso relativo*, não necessariamente unânime, muito menos eterno, por isso que se prefere aqui falar em "harmonia com aquilo que a sociedade espera", até porque o dissenso, desde que mantido dentro de certos limites (estabelecidos pelas denominadas regras do jogo), não é

---

[661] HÄBERLE, Peter. *Hermenêutica constitucional*: a sociedade aberta dos intérpretes da Constituição: contribuição para a interpretação pluralista e 'procedimental' da Constituição. Tradução Gilmar Mendes Ferreira. Porto Alegre: Sergio Antonio Fabris, 1997. p. 12.

[662] BINENBOJM, Gustavo. *A nova jurisdição constitucional brasileira*: legitimidade democrática e instrumentos de realização. Rio de Janeiro: Renovar, 2001. p. 225. Ramos entende que "a legitimidade nas modernas Democracias é expressa em termos essencialmente sociológicos, ou seja, em termos de consenso". (RAMOS, Elival da Silva. *A inconstitucionalidade das leis*: vício e sanção. São Paulo: Saraiva, 1994. p. 216).

[663] VIGO, Rodolfo Luis. *Interpretación constitucional*. 2. ed. Buenos Aires: Lexis Nexis/Abeledo-Perrot, 2004. p. 156-157.

[664] ENTERRÍA, Eduardo García. *La Constitución como norma y el Tribunal Constitucional*. 4. ed. Madrid: Civitas, 2006. p. 214-215.

destruidor da democracia, mas solicitador, e uma democracia em que o dissenso não seja admitido é uma democracia condenada ao fracasso. Bem consideradas as coisas, apenas em uma sociedade pluralista o dissenso é possível: mais ainda, não apenas é possível, mas necessário.[665] Naquilo que concerne ao direito constitucional e as decisões da Justiça Constitucional, bem firmou Häberle:

> Consenso resulta de conflitos e compromissos entre participantes que sustentam opiniões e defendem os próprios interesses. Direito Constitucional é, assim, um direito de conflito e compromisso. [...] O mesmo se aplica a representantes de diferentes interesses em *hearings* perante Comissões do Parlamento. Isso vale, igualmente, para os partidos majoritários e para a oposição no processo parlamentar. Nesse ponto, existem similaridades entre o processo constitucional e do direito parlamentar.[666]

Contudo, haverá situações em que controvérsias serão instauradas no seio da sociedade com uma profunda divisão da opinião pública, cabendo então à Justiça Constitucional "a tarefa de zelar para que se não perca o mínimo indispensável da função integrativa da Constituição".[667] "A importância política da opinião pública aparece com a sociedade civil, com a difusão do saber ler e escrever e o desenvolvimento da imprensa e dos jornais especialmente".[668]

Com bem adverte Ramos, nessas situações de controvérsias, "intervêm normas constitucionais rígidas para assegurar um mínimo de consenso indispensável ao funcionamento do sistema", afinal, é na Constituição que se encontra a "expressão do consenso mínimo entre as forças sociais". [669]

---

[665] BOBBIO, Norberto. *O futuro da democracia*. 7. ed. rev. e ampl. Tradução Marco Aurélio Nogueira. São Paulo: Paz e Terra, 2000. p. 61-76.

[666] HÄBERLE, Peter. *Hermenêutica constitucional*: a sociedade aberta dos intérpretes da Constituição: contribuição para a interpretação pluralista e 'procedimental' da Constituição. Tradução Gilmar Mendes Ferreira. Porto Alegre: Sergio Antonio Fabris, 1997. p. 51-52.

[667] HÄBERLE, Peter. *Hermenêutica constitucional*: a sociedade aberta dos intérpretes da Constituição: contribuição para a interpretação pluralista e 'procedimental' da Constituição. Tradução Gilmar Mendes Ferreira. Porto Alegre: Sergio Antonio Fabris, 1997. p. 45-46.

[668] HELLER, Hermann. *Teoria do Estado*. Tradução Lycurgo Gomes da Motta. São Paulo: Mestre Jou, 1968. p. 211.

[669] RAMOS, Elival da Silva. *A inconstitucionalidade das leis*: vício e sanção. São Paulo: Saraiva, 1994. p. 217, 229.

Além do que já foi dito, a normação positiva, fruto do exercício da função normativa pela Justiça Constitucional, também deve ser editada de modo a refletir os valores adotados pela sociedade vivente.

Estes valores estão presentes na vida prática das pessoas e constituem a identidade jurídico-política do povo, com toda a complexidade que ele tiver, e devem permear o conteúdo dos enunciados normativos editados pela Justiça Constitucional.

Caetano fala da limitação do poder político pelo "sentimento jurídico colectivo". Para o mestre lusitano

[...] o Direito é uma criação espontânea da colectividade e o Poder Político não passa de instrumento de sua definição e sanção. Assim, se o Poder político pretende criar normas que estejam em oposição à *consciência jurídica colectiva* ou, se preferirmos outra maneira de dizer, com o *sentimento jurídico popular*, essas normas não chegarão a ser Direito e fatalmente soçobrarão perante a resistência do meio social.[670]

Os enunciados normativos editados pela Justiça Constitucional devem ser aceitos pela comunidade, tanto a jurídica quanto a não-jurídica. Dessa forma, a consciência jurídica geral – que inclui, *v.g.*, a ciência jurídica e a opinião pública – impõe-se como uma limitação, como uma consequência da pré-compreensão do exercício da normação positiva pela Justiça Constitucional. Sendo assim, serão considerados legítimos os enunciados normativos passíveis de aceitação pelos seus destinatários.

Não se pode negar que a consideração do que significa determinado enunciado normativo constitucional para a opinião pública (sociedade) maximiza a legitimidade das decisões da Justiça Constitucional e dela própria.

Como tratado no item 2.2.1 os enunciados normativos constitucionais apresentam maior abertura, maior grau de vagueza e, por consectário lógico, menor densidade jurídica.

Essas características plásticas, de certo modo, funcionam como mecanismo de legitimação constitucional, haja vista que os

---

[670] CAETANO, Marcello. *Manual de ciência política e direito constitucional*. 6. ed. rev. e ampl. Coimbra: Almedina, 2003. t. 1, p. 296.

enunciados constitucionais abertos estão em contato permanente com a vontade popular e atuam com o fim de alcançar a efetividade constitucional. Assim, essa característica permite uma atuação mais próxima do contexto histórico, da realidade, por parte da Justiça Constitucional.

Contudo, calha aqui novamente fazer menção a célebre declaração de Charles Hughes, *justice* da Suprema Corte Americana, de que "estamos sob uma Constituição, mas a Constituição é aquilo que os juízes dizem que ela é", ao que Rawls pondera: "a Constituição não é o que a Suprema Corte diz que ela é, e sim o que o povo, agindo constitucionalmente por meio dos outros poderes, permitirá à Corte dizer que ela é",[671] posto que o entendimento popular orienta expectativas, comportamentos e impõe balizas invisíveis até que se firme um entendimento de determinado enunciado normativo, principalmente daqueles mais abertos como os constitucionais.

A Justiça Constitucional, ao editar enunciados normativos, deve atentar-se para aquilo que já está sedimentado na sociedade. Desta forma, a normação positiva da Justiça Constitucional deve se esforçar para recepcionar o que for relevante para o processo de aferição da identidade (jurídico-política) da sociedade, já que não será legítima uma escolha pela Justiça Constitucional que, apesar da abertura do sistema jurídico-constitucional, opta por uma decisão que a sociedade não espera. Nunca é demais lembrar que o poder emana do *povo*, não da Justiça Constitucional.

A Justiça Constitucional deve postar-se como autêntico canal de comunicação (interlocutor) entre os valores da sociedade e os enunciados normativos que deve editar (cf. item 4.5.1), fazendo com que sua competência de curadora da Constituição seja exercida de modo a permitir a realização das aspirações da sociedade, aos grupos de pressão, aos partidos políticos e à opinião pública em geral, já que a Justiça Constitucional não pode ficar surda perante os anseios populares.

Não se pode olvidar que o direito é um organismo vivo peculiar, já que "não envelhece, nem permanece jovem, pois é

---

[671] RAWLS, John. *O liberalismo político*. São Paulo: Ática, 2000. p. 288.

contemporâneo à realidade",[672] assim, deve também a Justiça Constitucional atuar de forma ombreada e harmônica com aquilo que a sociedade espera em cada momento da sua história, não podendo chegar a uma decisão que somente lhe satisfaça, ou que satisfaça a comunidade jurídica. Deve chegar a uma decisão com um nível de aceitação mais amplo possível, até porque, como bem noticia Sunstein, as decisões judiciais "são notavelmente ineficazes para propalar mudanças sociais".[673]

Acresce-se ainda que o ideal democrático impõe que a vontade soberana do povo prevaleça, sendo então desejável que a Justiça Constitucional aceite a sociedade como intérprete constitucional e respeite suas escolhas.

Pelo que aqui foi dito, nota-se a importância do papel desempenhado pela Justiça Constitucional na obtenção e na manutenção da harmonia com aquilo que a sociedade espera (consenso), já que lhe compete decidir sobre opções políticas que lhes são submetidas, considerando que tal situação pode ter decorrido da impossibilidade das instâncias políticas em obter o consenso e a legitimidade necessária para a edição de enunciado normativo.

É momento agora de registrar que a atuação da Justiça Constitucional "com aquilo que a sociedade espera" não é uma tarefa simples, principalmente ao considerar que sua legitimidade se presta, inclusive, para proteger uma minoria frente a uma maioria (cf. item 1.4.4), atuando a Justiça Constitucional como representante de uma minoria ausente que o Estado nega ou para efetivar um direito de berço constitucional.

---

[672] GRAU, Eros Roberto. *Ensaio e discurso sobre a interpretação/aplicação do direito*. 4. ed. São Paulo: Malheiros, 2006. p. 59. Baum noticia que nos Estados Unidos os juízes têm feitos seus julgamentos com base nas posições da opinião pública quanto à interpretação de alguma disposição constitucional. Foi o que ocorreu nas decisões da Corte quanto à Oitava Emenda que tratava da pena capital e que os magistrados citaram pesquisas de opinião pública em apoio de suas interpretações. (BAUM, Lawrence. *A Suprema Corte Americana*: uma análise da mais notória e respeita instituição judiciária do mundo contemporâneo. Tradução Élcio Cerqueira. Rio de Janeiro: Forense Universitária, 1987. p. 200). Cf. "a influência da opinião pública sobre as decisões da Suprema Corte dos EUA" que anota que "os *justices* não só têm conhecimento sobre a importância da opinião pública, como repetidas vezes suas decisões refletem claramente a vontade da maioria popular." (NOVELINO, Marcelo. A influência da opinião pública no comportamento judicial dos membros do STF. In: FELLET, André; NOVELINO, Marcelo. *Constitucionalismo e democracia*. Salvador: Juspodivm, [S. d]. p. 285-288).

[673] SUNSTEIN, Cass R. *A Constituição parcial*. Tradução Manassés Teixeira Martins e Rafael Triginelli. Belo Horizonte: Del Rey, 2009. p. 188.

A imposição do limite aqui tratado, sem maiores cuidados, poderá servir como linhas de atuação conservadoras ou até mesmo reacionárias, o que é pouco compatível com o ideal democrático e com a própria ideia de Justiça Constitucional.

Como cediço, a sociedade, em regra, hostiliza, *v.g.*, os criminosos, contudo, a Justiça Constitucional deverá decidir de modo a tutelar os direitos constitucionais desses indivíduos-criminosos, exercendo, se for o caso, a função normativa que lhe é de sua competência, mesmo que a sociedade anseie por outra decisão.

A Justiça Constitucional deve ser zelosa ao decidir, para que a sociedade acate suas decisões de acordo com o que foi estabelecido pela ordem constitucional, com embasamento jurídico, e não como se suas decisões fossem frutos de uma transigência com pressões sociais e políticas – não se pode chegar a uma decisão por meio de aferimento da opinião pública.

Embora a Justiça Constitucional deva ser transparente e prestar contas à sociedade, não pode ser escrava da *opinião pública*,[674] até porque, por vezes, a melhor escolha não é a que a "sociedade espera" (a "mais popular"). Nessas situações, a Justiça Constitucional não deve hesitar em adotar uma postura contramajoritária.

Também não pode a Justiça Constitucional decidir de acordo com manifestações populares ou ser pautada pelo meios de comunicação: "pensando nas manchetes do dia seguinte ou reagindo às do dia anterior".[675]

A Justiça Constitucional não pode olvidar que faz parte da sabedoria universal que agradar a todos é desejo que somente os tolos podem nutrir, pois tentar agradar a todos é o caminho certo para o fracasso, além do que, um populismo da Justiça Constitucional é tão pernicioso à democracia quanto um populismo em geral.

Nessa perspectiva, a Justiça Constitucional deverá se esforçar na utilização de argumentos racionais (cf. item 4.7) para que sua

---

[674] A *opinião pública* é um fator extrajurídico importante no processo de escolha de decisão da Justiça Constitucional, mas não é o único (cf. item 4.7), além do que, não é fácil a sua captura na inteireza e com fidelidade.

[675] BARROSO, Luís Roberto. *O novo direito constitucional brasileiro*: contribuições para a construção teórica e prática da jurisdição constitucional no Brasil. Belo Horizonte: Fórum, 2012. p. 42.

decisão encontre acolhida na sociedade, já que, inicialmente, poderá ocorrer que "aquilo que a sociedade atual espera" não tenha sido a expectativa traçada na Constituição pelo Poder Constituinte, ou então, aquilo que a "sociedade espera" possa ter sido formado por mecanismos tendenciosos, principalmente veículos de comunicação de massa, indo de encontro a um direito (de uma maioria ou de uma minoria) consagrado na Constituição.

Assim, aquilo que a "sociedade espera" não pode substituir uma Justiça Constitucional, sob pena de se tentar prevalecer uma democracia direta partindo do pressuposto equivocado de que a opinião pública é o melhor julgador.

Estar a escolha da Justiça Constitucional em harmonia com aquilo que a sociedade espera, por mais representativo que possa ser em termos políticos para aceitação da sua decisão, será sempre um dado empírico que, de *per si*, não prestará como fundamento para a escolha realizada. O fundamento não pode estar apenas nessa harmonia, mas sim na *racionalidade* que a possibilitou e que a realizou, ou seja, que lhe imputou como um modal deôntico.

4.6.1 Costume constitucional

Muitas das vezes a "harmonia com aquilo que a sociedade espera" estará configurada num *costume constitucional*,[676] até porque, o *costume* é considerado ótimo intérprete. Assim, quando a Constituição tem sido entendida e efetivada num mesmo sentido e por um tempo considerável, há de se concluir que a interpretação que se lhe tem dado é a melhor.

Obviamente que se está aqui a tratar de *costume constitucional* arraigado na sociedade, e não de um *costume constitucional* desenvolvido dentro de qualquer estrutura (particular ou estatal) e que não tenha nenhuma, ou pouca, aceitabilidade ou reconhecimento pela sociedade.

---

[676] Cf. no item 3.2.2.2 os requisitos para a instituição do *costume constitucional*, bem como algumas das suas especificidades. No item 3.2.3 demonstra-se a possibilidade da influência da *função enunciativa* nos costumes constitucionais.

O *costume constitucional* que se ombreia com aquilo que a sociedade espera, obviamente, será aquele *praeter constitutionem* ou *secudum constitutionem*, mas não o *contra constitutionem*. Em muitos casos o *costume constitucional* perdura enquanto se mantém a situação de influência coercitiva e constrangedora (*contrainte*). Se ela desaparece, então pode surgir uma prática diferente.

Teixeira, apoiado em Durveger, afirma que há costumes que são introduzidos pela interpretação da Constituição, "que passam a integrar, fazer corpo com a Constituição escrita", naquilo que se denomina de "'costumes complementares', que se forma no silêncio da Constituição",[677] e por integrarem o *corpus constitucional*, também devem ser respeitados pela Justiça Constitucional na edição de seus enunciados normativos.

Vê-se assim que se deve ter presente que, junto ao direito constitucional escrito estão os costumes (*secundum constitutionem* e *praeter constitutionem*) que interpretam, adaptam e/ou completam os textos constitucionais e que devem ser considerados pela Justiça Constitucional quando da edição dos enunciados normativos – até porque, para a institucionalização de um *costume constitucional* deve-se verificar um elemento *objetivo* que consiste na prática geral, pública e duradoura, bem como um elemento *subjetivo* que consiste na convicção generalizada da sociedade quanto a sua normatividade.

4.7 Racionalidade da normação positiva

Além da normação positiva editada pela Justiça Constitucional ter limite naquilo que a sociedade espera (item 4.6), limita-se também pela necessidade das escolhas correspondentes serem fundamentadas (item 4.5.2) e racionais, já que a necessidade da Justiça Constitucional demonstrar a legitimidade da sua decisão aumenta quando se exerce a função normativa, haja vista que tal decisão não está legitimada pela tradicional ideia de separação de poderes.

---

[677] TEIXEIRA, José Horácio Meirelles. *Curso de direito constitucional*. Rio de Janeiro: Forense Universitária, 1991. p. 149.

A normação positiva editada pelo Tribunal Constitucional opera um processo de "construção do direito". Por estar à luz de uma Constituição, tem-se um processo interpretativo com alto grau de subjetivismo, mas que não se deve confundir com arbitrariedade,[678] nem ultrapassar a "reserva da consistência",[679] vez que tal processo deve se desenvolver mediante um procedimento argumentativo racionalmente controlável e plausível.

Em uma decisão racional, ou seja, baseada em uma "interpretação correta, deve[-se] fugir à arbitrariedade e das limitações decorrentes de hábitos mentais inconscientes, aproximando-se das coisas e submetendo-se a elas, como sua tarefa permanente".[680]

Hesse trouxe com propriedade que a tarefa da interpretação constitucional é a de buscar o resultado "constitucionalmente correto", por meio de um procedimento racional e controlável, com fundamentação de idênticos adjetivos, repudiando, assim, um simples decidir por decidir,[681] sem esquecer, contudo, de que "no sistema democrático não há, a rigor, a solução única correta – ainda que irrenunciável a procura da melhor interpretação".[682]

O Tribunal Constitucional não se pode apoiar exclusivamente numa autoridade formal, pois as sociedades atuais exigem mais do

---

[678] TAVARES, André Ramos. *Teoria da justiça constitucional*. São Paulo: Saraiva, 2005. p. 219. Pondera o autor que: "Embora a prática judicial não esteja 'obrigada à reflexão hermenêutica e metódica explícita (MÜLLER, 2000, p. 53), no sentido de repensar os próprios fundamentos utilizados e debatê-los amplamente, nem por isso se pode fugir de uma exposição mínima, que demonstre uma reflexão e uma escolha consciente não arbitrária [...]. É necessário, no Estado Constitucional de Direito, uma elucidação acerca das razões determinantes da escolha do método, bem como dos elementos utilizados." (*Idem*. *Fronteiras da hermenêutica constitucional*. São Paulo: Método, 2006. p. 79).

[679] A expressão é de Häberle. Cf.: HÄBERLE, Peter. *Hermenêutica constitucional*: a sociedade aberta dos intérpretes da Constituição: contribuição para a interpretação pluralista e 'procedimental' da Constituição. Tradução Gilmar Mendes Ferreira. Porto Alegre: Sergio Antonio Fabris, 1997. p. 42. Afirma o autor que a interpretação constitucional "está submetida à *reserva da consistência* (*Vorbehalt der Bewährung*)". (*Ibidem*, p. 42).

[680] PUGLIESI, Marcio. Hermenêutica constitucional. In: MOREIRA, Eduardo Ribeiro; PUGLIESI, Marcio (Coord.). *20 anos da Constituição brasileira*. São Paulo: Saraiva, 2009. p. 242.

[681] HESSE, Konrad. *Escritos de derecho constitucional*. 2. ed. Tradução Pedro Cruz Villalon. Madrid: Centro de Estudos Constitucionales, 1992. p. 35.

[682] FREITAS, Juarez. A melhor interpretação constitucional "versus" a única resposta correta. In: SILVA, Virgílio Afonso da (Org.). *Interpretação constitucional*. São Paulo: Malheiros, 2007. p. 353. Como bem salienta Atienza, muitas vezes não haverá uma única resposta correta, mas um conjunto de soluções plausíveis e razoáveis. (ATIENZA, Manuel. *As razões do direito*: teorias da argumentação jurídica. 2. ed. São Paulo: Landy, 2002. p. 40 *et seq*.).

que uma decisão oriunda de uma autoridade, mas que também sejam racionais, proporcionando assim o controle social da decisão.

Pode-se afirmar, de forma simples, que a racionalidade na esfera das decisões dos Tribunais Constitucionais se relaciona com dois requisitos: *i*) a capacidade de demonstrar conexão com o sistema constitucional e *ii*) a racionalidade propriamente dita da argumentação.

Nesse sentido, portanto, a vinculação da decisão ao sistema constitucional vigente é o primeiro elemento da racionalidade. Deve a decisão reconduzir sempre ao sistema constitucional. Ao demonstrar essa vinculação/recondução de forma consistente, a decisão do Tribunal Constitucional se beneficia da presumida racionalidade do ordenamento jurídico e, sobretudo, da contida em seu epicentro: a Constituição.

Como foi demonstrado (item 2.2.1), a Constituição possui enunciados normativos abertos, a fim de permitir e de assegurar um espaço de liberdade para o antagonismo, o compromisso e o consenso pluralísticos e, nessas circunstâncias, não é suficiente demonstrar a vinculação com o sistema constitucional será necessário demonstrar algo mais – a racionalidade propriamente dita da decisão escolhida.

Tem-se então que a decisão adotada pelo Tribunal Constitucional precisa ser racional e deve conter uma fundamentação constitucionalmente satisfatória a fim de demonstrar que a sua interpretação é a mais acertada. O Tribunal Constitucional deve, assim, valer-se de soluções interpretativas com argumentação (técnica discursiva) compreensível, coerente e racionalmente sustentável a fim de editar seus enunciados normativos, buscando sempre o consenso.

Nesse aspecto, e principalmente por ser a prática do direito essencialmente argumentativa,[683] deve-se entender a *argumentação* como a

> atividade de fornecer razões para a defesa de um ponto de vista, o exercício da justificação de determinada tese ou conclusão. Trata-se de um processo racional e discursivo de demonstração da correção e da justiça da solução proposta, que tem como elementos fundamentais: (i)

---

[683] DWORKIN, Ronald. *O império do direito*. Tradução Jefferson Luiz Camargo. São Paulo: Martins Fontes, 1999. p. 17.

a linguagem, (ii) as premissas que funcionam como ponto de partida e (iii) regras norteadoras da passagem das premissas à conclusão.[684]

A respeito, leciona Aarnio que o intérprete no âmbito do Direito não pode pretender alcançar um resultado que apenas a ele satisfaça, já que a interpretação jurídica, essencialmente, trata-se de um fenômeno social, devendo então almejar uma aceitabilidade geral.[685]

A solução interpretativa relaciona-se assim com a racionalidade naquilo que concerne à técnica argumentativa, ou seja, não se trata do modo de interpretar, mas do modo de justificar a escolha interpretativa, até porque a interpretação é uma escolha entre várias opções, e a argumentação tem por finalidade propiciar o controle da racionalidade da escolha (decisão) realizada.

Ao se pretender racionalizar uma decisão do Tribunal Constitucional, a argumentação jurídica é a ferramenta disponível para justificar a decisão. A argumentação jurídica conduz, necessária e inevitavelmente, a tomar determinada decisão em detrimento de qualquer outra, porque é precisamente a que se justifica racionalmente.

Apesar da argumentação jurídica não distinguir sensivelmente de qualquer outra argumentação racional,[686] possui a mesma algumas regras específicas do discurso jurídico que deverão estar presentes, como a preferência para os elementos normativos do sistema, a deferência para com as deliberações majoritárias válidas, a necessidade de respeito à integridade do sistema, o peso (relativo) a ser dado às consequências concretas da decisão e a observância dos precedentes (cf. item 3.5), para citar alguns exemplos.[687]

---

[684] BARROSO, Luís Roberto. *Curso de direito constitucional contemporâneo*: os conceitos fundamentais e a construção do novo modelo. São Paulo: Saraiva, 2009. p. 339.

[685] AARNIO, Aulis. *Derecho, racionalidad y comunicación social*. Tradução Pablo Larrañaga. México: Fontamara, 1995. p. 27-28.

[686] CALLEJÓN, María Luisa Balaguer. *Interpretación de la Constitución y ordenamiento jurídico*. Madrid: Tecnos, 1997. p. 98, 101. Por ser a argumentação jurídica um caso especial da teoria da argumentação, deve também obedecer às regras do discurso racional, destacando, dentre outras: as conclusões devem decorrer logicamente das premissas, não se admite o uso da força ou da coação psicológica, deve-se observar o princípio da não-contradição, o debate deve estar aberto a todos.

[687] BARROSO, Luís Roberto. *Curso de direito constitucional contemporâneo*: os conceitos fundamentais e a construção do novo modelo. São Paulo: Saraiva, 2009. p. 341-342.

Em decorrência da necessidade de fundamentação normativa, mesmo que implicitamente, e com o respectivo respeito às possibilidades semânticas do texto constitucional, a argumentação jurídica para a edição de enunciados normativos preserva o seu caráter *jurídico*, afastando-se de uma argumentação que possa ser estritamente lógica, moral ou política.

Como nem toda opção política pode ser revolvida com critérios estritamente jurídicos, são limitadas as soluções que podem ser fornecidas pelo Tribunal Constitucional por meio de uma decisão com racionalidade jurídica, até porque um "fundamentalismo jurídico" não se compatibiliza com uma sociedade pluralista.

A argumentação racionalmente sustentável passa também por uma análise atinente à possibilidade de efetiva realização da sua decisão, destacando que esta possui eficácia *erga omnes*, ou seja, atinge a todos que estiverem em situações equiparáveis, a todas as situações que se subsumirem à hipótese normativa trazida no enunciado editado pelo Tribunal Constitucional.

Sendo assim, a decisão não pode perder-se no mundo jurídico, desconectando-se da realidade e das consequências práticas de sua atuação. A decisão do Tribunal Constitucional deve envolver um "equilíbrio entre a prescrição normativa (deontologia), os valores em jogo (filosofia moral) e os efeitos sobre a realidade (conseqüencialismo)",[688] considerando, para tanto, o que é faticamente possível, ou melhor, tendo como pressuposto e limite o pensamento jurídico do possível.

Obviamente que o Tribunal Constitucional não pode balizar sua conduta unicamente inspirado pelas consequências práticas de suas decisões, já que tem como competência exercer a curadoria da Constituição, mas não pode, contudo, ser indiferente à repercussão de sua atuação sobre o mundo real, sobre a vida das pessoas e do Estado.

Ráo, ao apontar os requisitos da *lei*, empresta importante lição que também serve para o que aqui é defendido: a de que o enunciado normativo a ser editado deve ser *"possível*, preferindo o medíocre

---

[688] BARROSO, Luís Roberto. *Curso de direito constitucional contemporâneo*: os conceitos fundamentais e a construção do novo modelo. São Paulo: Saraiva, 2009. p. 343.

possível ao ótimo impossível; e, *útil*, favorecendo, efetivamente, o interesse geral".[689]

Deve-se, igualmente, a fim de se chegar à "racionalidade da interpretação", levar em conta as consequências práticas que a decisão produzirá no mundo dos fatos[690] (*consequencialismo*), destacando novamente a especificidade da sua eficácia – *erga omnes*.

Assim, para se ter uma decisão racional deve-se utilizar de um fundamento jurídico que possa ser estendido a todos os casos equiparáveis – pretensão de *universalidade* (macrojustiça).[691] Tal exigência é indissociável das decisões tratadas neste trabalho, uma vez que as mesmas possuem eficácia *erga omnes* (cf. item 2.4.2).

A possibilidade de efetivação do enunciado normativo que vier a ser editado pelo Tribunal Constitucional deve ser averiguada com muita acuidade, sob pena de gerar o descrédito das decisões do Tribunal Constitucional. Não pode o Tribunal agir de forma insincera, criando enunciados de impossível concreção fática que contribuirá para a desvalorização ainda maior da Constituição e do próprio Tribunal – não se pode normatizar o inalcançável num comportamento de *insinceridade normativa*.

Nessa linha de raciocínio, seria incabível o exercício da função normativa pelo Tribunal Constitucional, ainda que em sede de direito fundamental, caso se verificasse uma hipótese de impossibilidade fática, inclusive em face de escassez de recursos financeiros, afinal, qualquer decisão estatal, principalmente as que terão eficácia *erga omnes*, deve levar em conta tanto as questões jurídicas quanto as questões econômicas, formando um binômio direito-economia numa visão pragmática-consequencialista.

---

[689] RÁO, Vicente. *O direito e a vida dos direitos*. 5. ed. anot. e atual. São Paulo: Revista dos Tribunais, 1999. p. 282. Atenta-se aqui para a insuficiência econômica-financeira (limitação) e, assim, para a cláusula da *reserva do possível* oriunda da jurisprudência alemã.

[690] Para Segado: "[...] um dos deveres de um Tribunal Constitucional, quando trata de aplicar diretamente as normas que necessitam de sua interpretação, é incluir entre suas considerações as conseqüências políticas de sua eventual decisão." (SEGADO, Francisco Fernández. El Tribunal Constitucional: un estudio orgánico. *Revista de la Facultad de Derecho de la Universidad Complutense*, Madrid, n. 15, p. 384, 1989.).

[691] Cf.: STF. Decisão da Presidência. STA 91/AL. Relª. Minª. Ellen Gracie. Julgado em 26 fev. 2007: "Entendo que a norma do art. 196 da Constituição da República, que assegura o direito à saúde, refere-se, em princípio, à efetivação de políticas públicas que alcancem a população como um todo, assegurando-lhe acesso universal e igualitário, e não a situações individualizadas."

A busca da curadoria da Constituição não pode olvidar que cada direito implementado ou aperfeiçoado tem um custo que pode repercutir nas finanças estatais ou na própria economia, não sendo legítimo que um Tribunal Constitucional desconsidere que a responsabilidade fiscal e uma economia saudável são indispensáveis para o exercício de uma democracia preocupada, inclusive, com as próximas gerações.[692]

No que tange à busca do consenso, isso demanda um processo comunicativo (cf. item 4.5) que implica uma fundamentação racional – o melhor argumento. Nesse aspecto, o peso dos argumentos é reconhecido a partir de sua capacidade para obter o consenso.[693]

Essa fundamentação racional e esse consenso devem proporcionar às decisões do Tribunal Constitucional aquilo que Ferraz Jr. denominou como "efeito global da neutralização ideológica", ou seja, devem ser compreendidas numa totalidade que neutraliza qualquer entendimento/raciocínio contrário ao seu comando.[694] A *neutralização* não importa na *eliminação*, mas sim na possibilidade de fazer com que outros entendimentos não sejam levados em consideração, isto é, não sejam tomados como relevantes.

Assim, a racionalidade e a fundamentação devem estar presentes em todos os enunciados normativos que vierem a ser editados pelo Tribunal Constitucional, já que na sua atuação deve esforçar-se para convencer que sua decisão é coerente e que é a melhor para todos, devendo expor de forma convincente os argumentos utilizados, sendo insuficiente a utilização de *slogans*,

---

[692] Cf.: STF. Decisão Monocrática. MS 34.448/MC-DF. Rel. Min. Roberto Barroso. Julgado em 10 out. 2016: "4. A responsabilidade fiscal é fundamento das economias saudáveis, e não tem ideologia. Desrespeitá-la significa predeterminar o futuro com déficits, inflação, juros altos, desemprego e todas as consequências negativas que dessas disfunções advêm. A democracia, a separação de poderes e a proteção dos direitos fundamentais decorrem de escolhas orçamentárias transparentes e adequadamente justificadas, e não da realização de gastos superiores às possibilidades do Erário, que comprometem o futuro e cujos ônus recaem sobre as novas gerações."

[693] Para Habermas, na sua *teoria da verdade consensual*, o critério para se verificar a verdade de um enunciado seria a possibilidade de se obter o consenso sobre seu conteúdo, considerando os participantes de uma situação de comunicação. (HABERMAS, Jürgen. *Teoría de la acción comunicativa*: complementos y estudios previos. Madrid: Cátedra, 1994. p. 113-158).

[694] FERRAZ JR., Tercio Sampaio. Legitimidade na Constituição de 1988. In: DINIZ, Maria Helena; FERRAZ JR. Tercio Sampaio; GEORGAKILAS, Ritinha A. Stevenson. *Constituição de 1988*: legitimidade, vigência e eficácia, supremacia. São Paulo: Atlas, 1989. p. 19.

de discursos midiáticos e de teses panfletárias nas decisões com o objetivo do convencimento.

As decisões do Tribunal Constitucional serão acatadas voluntariamente em decorrência da sintonia que houver com os reclamos existentes na sociedade (cf. item 4.6), mas, para tanto, isso deverá estar bem demonstrado por meio de uma decisão racional, até porque será da aceitação das decisões proferidas pelo Tribunal Constitucional que dimanará sua legitimidade no Estado Democrático de Direito.

Alexy, acerca da representação política e argumentativa (racional) do Tribunal Constitucional, anota que enquanto o "parlamento representa o cidadão politicamente, o tribunal constitucional [representa] argumentativamente" e que

> [a] representação argumentativa dá certo quando o tribunal constitucional é aceito como instância de reflexão do processo político. Isso é o caso, quando os argumentos do tribunal encontram um eco na coletividade e nas instituições políticas, conduzem a reflexões e discussões que resultam em convencimentos examinados.[695]

A exigência de fundamentação das decisões é um importante limite à atuação do Tribunal Constitucional em relação ao texto (cf. itens 4.3.2 e 4.5.2), haja vista que não se admite qualquer interpretação, mas sim aquela que, pela necessidade de fundamentação, deve ser racional. A exigência de racionalidade é, além de uma garantia do processo, também um limite à arbitrariedade, uma limitação à atividade interpretativa do Tribunal.

Essa exigência de exteriorização dos motivos (fundamentação) que ditaram a escolha do Tribunal Constitucional permite alcançar a racionalidade e a calculabilidade da escolha capaz de concitar a aquiescência ou o consenso geral.

Como se verifica, não é suficiente que a escolha/decisão pelo enunciado normativo seja só fundamentado, necessário também que seja racional de modo a ser possível fazer o seu controle. Isto deve

---

[695] ALEXY, Robert. Direitos fundamentais no Estado constitucional democrático: para a relação entre direitos do homem, direitos fundamentais, democracia e jurisdição constitucional. Tradução Luís Afonso Heck. *Revista de Direito Administrativo*, Rio de Janeiro, v. 217, p. 66, jul./ set. 1999.

ocorrer porque a fundamentação da decisão judicial fixa um "ponto" no qual mais nenhuma dúvida existe sobre a aplicabilidade da norma resultante da interpretação. O Tribunal Constitucional alcança esse ponto quando ele próprio não tem mais nenhuma dúvida e afirma, portanto, que "ninguém mais, de modo racional, *pode pôr em causa essa interpretação*", naquilo que se "designa, genericamente, por racionalidade 'externa' ou 'extrínseca' do raciocínio".[696]

Não pode se olvidar que a fundamentação e a racionalidade utilizada para a decisão devem voltar-ser como ato de convencimento dirigido à sociedade (povo) vez que, de certo modo, o Tribunal Constitucional possui uma conotação popular no sentido de que ao promover e proteger a vontade expressada na Constituição, acaba por atuar como um representante da soberania popular (cf. item 1.4.4).

Pode-se então dizer que a argumentação jurídica, expressada na fundamentação da decisão, é sujeita à crítica jurídica e social, merecendo o controle social o devido destaque, já que, consoante observa Bandrés,

> [...] se hoje não se assume um controle político direto dos juízes [...] surge em certa medida uma nova forma de controle dos juízes exercido diretamente pela cidadania por meio do exercício do direito à livre crítica das decisões judiciais; surge, portanto, de forma a favorecer a transparência do poder judicial, um controle da opinião pública de seus julgadores, desde os meios de comunicação que permite fazer realidade à afirmação feliz do processualista uruguaio Couture de que o povo é o juiz dos juízes.[697]

O exercício da *crítica social* mostra-se importante para que seja possível conciliar a ideia de democracia com a atuação do Tribunal Constitucional como curador da Constituição, bem como para evitar que os juízes do Tribunal transformem o sistema constitucional em exatamente aquilo que eles gostariam que ele fosse.

Embora haja a necessidade de que as decisões do Tribunal Constitucional apresentem-se com fundamentos racionais, não se

---

[696] QUEIROZ, Cristina. *Interpretação constitucional e poder judicial*: sobre a epistemologia da construção constitucional. Coimbra: Coimbra Editora, 2000. p. 164-165.

[697] BANDRÉS, José Manuel. *Poder judicial y Constitución*. Barcelona: Bosch, 1987. p. 14.

pode esquecer que nenhuma decisão jurídica é necessariamente a decisão correta, mas

se não podemos exigir que o governo chegue a respostas corretas sobre os direitos de seus cidadãos, podemos ao menos exigir que o tente. Podemos exigir que leve os direitos a sério, que siga uma teoria coerente sobre a natureza desses direitos, e que aja de maneira consistente com suas próprias convicções.[698]

Acerca da "decisão correta", Larenz destaca que:

Se bem que toda e qualquer interpretação, devida a um tribunal ou à ciência do Direito, encerre necessariamente a pretensão de ser uma interpretação "correcta", no sentido de conhecimento adequado, apoiado em razões compreensíveis, não existe, no entanto, uma interpretação "absolutamente correcta", no sentido de que seja tanto definitiva, como válida para todas as épocas. Nunca é definitiva, porque a variedade inabarcável e a permanente mutação das relações da vida colocam aquele que aplica a norma constantemente perante novas questões.[699]

O reconhecimento da função normativa do Tribunal Constitucional indica um correlato dever de pretensão de correção das suas decisões no exercício desta função, podendo-se afirmar que, embora não seja possível estabelecer um "procedimento que assegure de forma absoluta, verdadeira e inconteste a existência de uma única decisão correta, o sistema aponta para uma idéia regulativa da existência de uma única decisão correta, a fim de assegurar consistência à ordem jurídica". Em termos regulativos, as decisões do Tribunal Constitucional devem ser consideradas como se fossem as únicas corretas.[700]

O grande desafio que se tem atualmente é escolher *uma* dentre as *diversas* soluções encontráveis no sistema constitucional, até porque *racionalidade* e *certeza* não se confudem.

---

[698] DWORKIN, Ronald. *Levando os direitos a sério*. Tradução Nelson Boeira. São Paulo: Martins Fontes, 2002. p. 286.
[699] LARENZ, Karl. *Metodologia da ciência do direito*. 3. ed. Tradução José Lamego. Lisboa: Calouste Gulbenkian, 1997. p. 443.
[700] Cf. SILVA, Celso de Albuquerque. *Do efeito vinculante*: sua legitimação e aplicação. Rio de Janeiro: Lumen Juris, 2005. p. 306.

A abertura dos enunciados normativos constitucionais (item 2.2.1) permite o exercício de discricionariedade por parte do intérprete, fazendo com que a teoria da argumentação se torne elemento decisivo na interpretação constitucional, principalmente por que a solução de um dado problema não se encontra previamente estabelecida pelo sistema constitucional, mas depende de valorações objetivas e subjetivas que devem ser feitas a partir da realidade, para que então se realize a melhor escolha dentre as possíveis soluções.

Não se pode perder de vista que, em regra, os enunciados normativos, inclusive os constitucionais, não possuem um sentido único, objetivo, válido para todas as situações que almeja regular; ao contrário, é comum que de um enunciado normativo, ou da combinação de alguns deles, se extraia várias escolhas/soluções possíveis (normas), sendo que apenas uma será a melhor para o que se pretende solucionar, e não podem pretender os juízes constitucionais transformar a Constituição naquilo que eles, particularmente, gostariam.

A racionalidade da decisão pode otimizar a qualidade do hermeneuta naquilo que propõe Maximiliano:

> Deve o intérprete, acima de tudo, *desconfiar de si*, pesar bem as razões pró e contra, e verificar, esmeradamente, se é a verdadeira justiça, ou são idéias preconcebidas que o inclinam neste ou naquele sentido. "Conhece-te a ti mesmo" – preceituava o filósofo ateniense. Pode repetir o conselho, porém completado assim: – "e desconfia de ti, quando for mister compreender e aplicar o Direito".[701]

A racionalidade da normação positiva se faz necessária para impedir que o Tribunal Constitucional, ao editar enunciados normativos que poderão trazer graves consequências para a sociedade, se baseie exclusivamente em critérios puramente pessoais dos seus integrantes, de simpatia, de opção política, de ideologia, de ordem religiosa ou filosófica, ou sob a denominação que se queira dar. Faltaria autoridade para assim proceder. Esta advém de uma decisão

---

[701] MAXIMILIANO, Carlos. *Hermenêutica e aplicação do direito*. 19. ed. Rio de Janeiro: Forense, 2001. p. 86.

racional que demonstre com extremo rigor e clareza sobre cujos fundamentos e justificativas a decisão foi tomada.[702]

Apesar de o exercício da função normativa pelo Tribunal Constitucional se desenvolver num *devido processo objetivo* (cf. item 4.11) de análise constitucional, a busca de dados de outras ciências (transdisciplinaridade) colaboram para a formação de uma decisão racional, consoante aponta Moro:

> O recurso a dados extraídos de ciências não-jurídicas, quando necessário, é obrigatório se forem desejadas decisões "racionais" da jurisprudência constitucional. Isso ocorre tanto quando o juiz controla a constitucionalidade de determinado ato do legislador como quando ele é chamado a agir devido aos vazios deixados por este.[703]

Tal busca é necessária tendo em vista os riscos envolvidos quando o Tribunal Constitucional exerce sua função normativa com eficácia *erga omnes*, já que assume, nesta ocasião, os mesmos riscos que acomete o legislador titular.

Adverte Mendes a respeito:

> Os riscos envolvidos no afazer legislativo exigem peculiar cautela de todos aqueles que se ocupam no difícil processo de elaboração normativa. Eles estão obrigados a colher variada gama de informações sobre a matéria que deve ser regulada, pesquisa esta que não pode ficar limitada a aspectos estritamente jurídicos. É certo que se faz mister realizar minuciosa investigação no âmbito legislativo, doutrinário e jurisprudencial. Imprescindível revela-se, igualmente, a análise de repercussão econômica, social e política do ato legislativo.
>
> Somente a realização dessa complexa pesquisa, que demanda a utilização de conhecimentos interdisciplinares, poderá fornecer elementos seguros para a escolha dos meios adequados para atingir os fins almejados.[704]

---

[702] TAVARES, André Ramos. *Tribunal e jurisdição constitucional*. São Paulo: Instituto Brasileiro de Direito Constitucional/Celso Bastos, 1998. p. 48.

[703] MORO, Sergio Fernando. *Jurisdição constitucional como democracia*. São Paulo: Revista dos Tribunais, 2004. p. 223.

[704] MENDES, Gilmar Ferreira. Questões fundamentais de técnica legislativa. *Revista Eletrônica sobre a Reforma do Estado – RERE*, Salvador, Instituto Brasileiro de Direito Público, n. 11, p. 2, set./ nov. 2007. Disponível em: <http://www.direitodoestado.com.br/rere.asp>. Acesso em: 05 out. 2010.

Por fim, consigna-se que a racionalidade das decisões e o dever de fundamentação se prestam para coibir os mecanismos manipuladores da vontade constitucional. Tais mecanismos manipuladores são muitos, valendo aqui trazer o elenco não exaustivo apontado por Sagüés: *i*) dar às palavras da Constituição um sentido absurdo; *ii*) interpretar isoladamente um artigo da Constituição, desconsiderando-a como um sistema; *iii*) realizar afirmações infalíveis e sem demonstração expressa; *iv*) praticar analogias improcedentes aplicando a uma figura jurídica princípios ou critérios de outra distinta; *v*) má utilização de princípios jurídicos; *vi*) aplicar métodos interpretativos opostos que apontam para soluções distintas; *vii*) postular algo como regra, mas não aplicá-la sempre; *viii*) criar exceções que a Constituição não prevê e *ix*) precisar (determinar) arbitrariamente os conceitos jurídicos indeterminados.[705]

4.8 Heterocontenção orgânica: retomada da competência legislativa pelo titular da função

Tradicionalmente afirma-se que cabe ao Tribunal Constitucional, no exercício da sua função estruturante, dar a "última palavra" acerca da interpretação da Constituição.

Essa visão, aliás, encontra-se retratada pelo STF no seguinte fragmento de ementa:

> [...] A interpretação constitucional derivada das decisões proferidas pelo Supremo Tribunal Federal – a quem se atribuiu a função eminentemente de "guarda da Constituição" (CF, art. 102, *caput*) – assume papel de fundamental importância na organização institucional do Estado brasileiro, a justificar o reconhecimento de que o modelo político-jurídico vigente em nosso País conferiu, à Suprema Corte, a singular prerrogativa de dispor do monopólio da última palavra em tema de exegese das normas inscritas no texto da Lei Fundamental.[706]

---

[705] SAGÜÉS, Néstor Pedro. *La interpretación judicial de la Constitución*. 2. ed. Buenos Aires: Lexis Nexis, 2006. p. 167-172.
[706] STF. Pleno. MS 26603/DF. Rel. Min. Celso de Mello. Julgado em 04 out. 2007.

Souza Neto e Sarmento criticam essa ideia da "última palavra" sobre a Constituição estar a cargo do STF, senão vejamos:

[...] não é verdade que, na prática, o Supremo Tribunal Federal dê sempre a última palvara sobre a intepretação constitucional, pelo simples fato de que não há última palavra em muitos casos. As decisões do STF podem, por exemplo, provocar reações contrárias na sociedade e nos outros poderes, levando a própria Corte a rever a sua posição inicial sobre um determinado assunto.[707]

Retomando à análise da função normativa, tem-se que os enunciados normativos editados pela Justiça Constitucional, em regra, vinculam a todos (item 2.4.3), inclusive o Judiciário e seus órgãos fracionários, se existentes, salvante a possibilidade de revisão ou cancelamento da normação editada (item 3.6).

Contudo, esses enunciados normativos não vinculam o legislador (constituinte reformador ou ordinário), que poderá legislar contrariamente ao enunciado normativo, ficando, obviamente, sujeito ao controle de constitucionalidade.

Essa não vinculação do legislador justifica-se pelo fato de que qualquer instituição pode tomar decisões erradas, mas tal comportamento não pode significar que poderão impor seus erros sem possibilidade de contenção.

Não se pode afirmar em sã consciência democrática que a Justiça Constitucional não pode vir a errar no exercício da sua função normativa; nem se pode utilizar da movediça "fundamentação" de que ela teria o *direito* de errar por último" – como se isso fosse um argumento racionalmente aceitável em um Estado constitucional democrático, por isso a importância da heterocontenção orgânica, afinal alguém há de salvar/proteger o indivíduo contra uma decisão equivocada da Justiça Constitucional.

É possível então que após o desempenho da *função normativa* pela Justiça Constitucional, os demais órgãos constitucionais afetados pelas decisões proferidas pela Justiça Constitucional,

---

[707] SOUZA NETO, Cláudio Pereira de; SARMENTO, Daniel. Notas sobre jurisdição constitucional e democracia: a questão da "última palavra" e alguns parâmetros de autocontenção judicial. In: FELLET, André; NOVELINO, Marcelo. *Constitucionalismo e democracia*. Salvador: Juspodivm, [S.d]. p. 140.

busquem superar tais decisões e promover a alteração no regime jurídico mediante a edição de outros atos normativos de mesmo nível hierárquico (emenda constitucional ou lei).

O espaço e o tempo de atuação da Justiça Constitucional são delimitados pela inércia do legislador, pelas reiteradas inconstitucionalidades e pela ausência de enunciado normativo editado pelo titular da função. Ocorrendo a edição de enunciado normativo pelo titular, tem-se delimitado novos limites (restrições) que poderão, inclusive, fazer caducar por completo os enunciados normativos editados pela Justiça Constitucional, já que se tem a perda de uma das condições essenciais para a atuação da Justiça Constitucional em normação positiva – a *ausência de opção legítima adotada pelo titular da função de legislar* (cf. item 3.4).

Tem-se assim que haverá uma *heterocontenção* da Justiça Constitucional quando o órgão constitucional de soberania titular da função de legislar não concordar com a decisão/escolha da Justiça Constitucional no exercício da sua atuação como órgão de normação positiva e então produzir uma emenda constitucional ou uma legislação a fim de dar o sentido que desejar à matéria tratada, obviamente que dentro das balizas constitucionais.

Quanto à função legislativa *stricto sensu*, dentro daquilo que se delimitou no item 2.3.2, tem-se que a atuação da Justiça Constitucional é provisória, sendo possível que a qualquer tempo o titular da função legislativa saia da inércia e produza a legislação que substituirá a provisória.

Nesse passo, inadmite-se a ideia de que com a atuação da Justiça Constitucional ocorreria a perda de competência como sanção à inconstitucionalidade por omissão, já que, como dito no item 2.3.2 não há perda de competência, mas sim uma substituição provisória da função de legislar.

Quando a Justiça Constitucional exerce a função legislativa *stricto sensu*, deve-se considerar que sua decisão, sua normação positiva, poderá ser afetada (alterada) por meio de espécie legislativa própria aprovada pelo Legislativo, já que se deve apenas dar cumprimento (temporário – até comportamento posterior do titular da função de legislar) aos enunciados normativos editados pela Justiça Constitucional que tenham por finalidade efetivar e implementar a Constituição.

A eventual atuação da Justiça Constitucional em relação ao silêncio do legislador está sempre sujeita a ação corretora do Legislativo que pode atuar a qualquer momento.

Assim, se a condição para a atuação do Tribunal Constitucional como órgão de normação positiva é a curadoria da Constituição, estando ela protegida e/ou efetivada pelo titular da competência de legislar, não mais subsiste razão para prevalecer a normação positiva editada pelo Tribunal Constitucional.

Quanto à *função enunciativa*, dentro dos limites traçados pelo Poder Constituinte originário, o Poder Constituinte decorrente (ou Poder Constituído) mediante processo de mutação formal da Constituição poderá dar o conteúdo normativo que entender mais adequado, alterando (ou inumando), inclusive, o enunciado normativo produzido pela Justiça Constitucional.

A este respeito registra-se o seguinte magistério de Enterría:

> Com efeito, se na sua função interpretativa da Constituição, o povo, como titular do poder constituinte, entendeu que o Tribunal chegou a uma conclusão inaceitável [...] pode pôr em movimento o poder de revisão constitucional e definir a nova norma no sentido que o constituinte decidiu, segundo sua liberdade incondicionada.
>
> Este mecanismo funcionou nos Estados Unidos em quatro ocasiões em que se usou o *amendig power*, o poder de emenda ou de revisão constitucional, para "passar por cima" (*override*) de outras tantas decisões da Suprema Corte.[708]

Não diferente, Mendes consigna que "eventual correção da jurisprudência de uma Corte Constitucional somente há de se fazer, quando possível, mediante emenda".[709] Binenbojm também afirma que "emendas constitucionais, dentre outras funções, apresentam-se

---

[708] ENTERRÍA, Eduardo García. *La Constitución como norma y el Tribunal Constitucional*. 4. ed. Madrid: Civitas, 2006. p. 213-214. T.a. do original: "En efecto, si en su función interpretativa de la Constitución el pueblo, como titular del poder constituyente, entendiese que el Tribunal había llegado a una conclusión inaceptable [...] podrá poner en movimiento el poder de revisión constitucional y definir la nueva norma en el sentido que el constituynte decida, según su libertad incondicionada. Este mecanismo ha funcionado en América justamente en estos términos en cuatro ocasiones, en que se ha usado el *amending power*, el poder de emmienda o de revisión constitucional, para "passar por encima" (*override*) de otras tantas sentencias del Tribunal Supremo."

[709] MENDES, Gilmar Ferreira. *Direitos fundamentais e controle de constitucionalidade*: estudos de direito constitucional. 3. ed. rev. e ampl. São Paulo: Saraiva, 2004. p. 470.

como instrumentos democráticos de *correção* das decisões da Corte Constitucional incompatíveis com a razão pública".[710]
Hübner Mendes traz a respeito:

> Em circunstância de desacordo moral [cf. item 4.2.1], não é possível defender uma autoridade em termos substantivos, ou seja, pelo conteúdo das decisões que essa autoridade tomará. Esse conteúdo será sempre controverso. Só se pode escolher uma autoridade com base em justificativas procedimentais. Não se conhece, no entanto, argumento procedimental que possa sustentar a jurisdição [justiça] constitucional em face do constituinte reformador.[711]

Analisando as súmulas vinculantes no direito brasileiro, pode-se dizer que caso seja revogada ou modificada a lei ou o texto constitucional em que se fundou a edição de enunciado de súmula vinculante, o STF, de ofício ou por provocação, tem a função de revisá-la ou cancelá-la, conforme o caso.[712]

Nesse raciocínio, a Justiça Constitucional não tem, em regra, a "última palavra", já que a normação positiva por ela criada será integrada ao ordenamento jurídico, até que seja superada pela atuação do órgão constitucional de soberania com competência originária. Em outras palavras, os enunciados normativos criados pela Justiça Constitucional não são definitivos, no sentido de que somente antecipam por via de necessidade enunciados normativos que o legítimo titular, com inquestionável lastro democrático, pode posteriormente conceder outra decisão/escolha.

Juridicamente, tal poder da "última palavra" inexiste no Brasil e em muitos outros países,[713] onde o Legislador (constituinte

---

[710] BINENBOJM, Gustavo. *A nova jurisdição constitucional brasileira*: legitimidade democrática e instrumentos de realização. Rio de Janeiro: Renovar, 2001. p. 81.

[711] MENDES, Conrado Hübner. *Controle de constitucionalidade e democracia*. Rio de Janeiro: Elsevier, 2008. p. 190.

[712] Tramita na Câmara dos Deputados a PEC nº 3/2011, que apesar da redação duvidosa, altera o art. 49, V da CRFB a fim de atribuir ao Congresso Nacional a competência de sustar "atos normativos dos outros poderes", permitindo-se assim a interpretação de que seria possível ao Congresso Nacional sustar Súmula Vinculante ou qualquer decisão do STF com eficácia *erga omnes*. Tal proposta foi aprovada pela Comissão de Constituição e Justiça e Cidadania e está aguardando criação de Comissão Temporária para análise para ir para apreciação do Plenário da Câmara dos Deputados. Em apenso está a PEC nº 171/2012. Disponível em: <http://www.camara.gov.br>. Acesso em: 22 ago. 2016.

[713] DIMOULIS, Dimitri; LUNARDI, Soraya Gasparetto. *Curso de processo constitucional*: controle de constitucionalidade e remédios constitucionais. São Paulo: Atlas, 2011. p. 327. Sarmento

derivado ou infraconstitucional) não é vinculado pelas declarações de inconstitucionalidade da Justiça Constitucional, podendo sempre editar uma emenda à Constituição, v.g., para reverter decisões da Justiça Constitucional.

Tem-se assim que se de um lado a Justiça Constitucional pode controlar a atuação do Poder Constituinte derivado já que existem normas constitucionais que não podem ser alteradas mediante processo de revisão constitucional – cláusulas pétreas; por outro ângulo, quando a Justiça Constitucional editar enunciados normativos que possam conferir determinada concretude a enunciado normativo, ou até mesmo reconhecer uma mutação informal da Constituição, poderá o Poder Constituinte derivado conter esse posicionamento ao trazer por meio de revisão constitucional a concretude que pretenda ou a mutação (formal) da Constituição que entender devida.

Igualmente, como já visto, caso a Justiça Constitucional edite uma normação positiva objetivando suprimir a omissão legislativa inconstitucional, poderá o legislador rever (ou conter) esse posicionamento ao editar a respectiva legislação.

Não se deve perder de vista o caráter excepcional e provisório da atuação da Justiça Constitucional como órgão de normação positiva, e que em decorrência dessas características da atuação sempre deverá dar passagem para o exercício da função de legislar pelo titular.

O exercício da função normativa pela Justiça Constitucional nos moldes delineados neste trabalho não expressa a superioridade da Justiça Constitucional sobre qualquer órgão constitucional de soberania com representatividade democrática, mas tão somente o compromisso de se efetivar a Constituição.

A "última palavra" poderá ser sempre do legislador (constituinte reformador ou ordinário), já que se este não concordar com a inteligência da Justiça Constitucional acerca de determinado enunciado normativo constitucional, poderá, no exercício da sua

---

vê com "reticências a sedimentação, na nossa cultura jurídica, da visão de que o grande – senão o único – intérprete da Constituição seria o Poder Judiciário." (SARMENTO, Daniel. O neoconstitucionalismo no Brasil: riscos e possibilidades. *Revista Brasileira de Estudos Constitucionais – RBEC*, Belo Horizonte, v. 3, n. 9, p. 123, jan./ mar. 2009.).

competência (legislativa) constitucional, editar uma emenda constitucional ou uma lei, dando o sentido que pretender.

Verifica-se assim que a heterocontenção apresenta-se, pois, como a imagem refletida do "poder", já que permite submeter o resultado do exercício da função normativa da Justiça Constitucional à apreciação crítica de outro órgão constitucional de soberania que, também exercendo a sua parcela de competência, e inclusive de controle, transpõe a atividade da Justiça Constitucional a um patamar de legitimidade duplicada.[714]

Assim, sendo o exercício da competência retomado pelo titular da função legislativa, as opções legítimas realizadas pelo legislador (constituinte reformador ou ordinário) por meio do respectivo ato legislativo se converterão em limites para atuação da Justiça Constitucional enquanto perdurar o mesmo contexto social.

Deve-se ressaltar que do ponto de vista teórico, a ausência dessa "última palavra" permite a criação de um *círculo aplicativo*[715] (ou de um *diálogo institucional*[716] ou *dança institucional*),[717] em que cada *órgão constitucional de soberania* interpreta a Constituição, determinando os limites e efeitos de suas próprias competências que os outros *órgãos constitucionais de soberania* podem contestar, sendo que suas decisões também estão sujeitas a fiscalização (*accountability*).

---

[714] Cf.: PEREIRA, Rodolfo Viana. *Direito constitucional democrático*: controle e participação como elementos fundantes e garantidores da constitucionalidade. 2. ed. Rio de Janeiro: Lumen Juris, 2010. p. 201.

[715] DIMOULIS, Dimitri; LUNARDI, Soraya Gasparetto. *Curso de processo constitucional*: controle de constitucionalidade e remédios constitucionais. São Paulo: Atlas, 2011. p. 327.

[716] Cf. a respeito: MENDES, Conrado Hübner. *Direitos fundamentais, separação de poderes e deliberação*. São Paulo: Saraiva, 2011. p. 105-164. Traz ainda o autor: "Apesar da grande heterogeneidade de 'teorias do diálogo', todas compartilham de uma mesma percepção: a revisão judicial não corresponde à ultima palavra, e o legislador sempre terá condições de responder, com maior ou menor amplitude, em maior ou menor espaço de tempo, dependendo de arranjos específicos." (*Ibidem*, p. 238).

[717] BRANDÃO, Rodrigo. *Supremacia judicial versus diálogos constitucionais*: a quem cabe a última palavra sobre o sentido da Constituição? Rio de Janeiro: Lumen Juris, 2012. p. 327. Afirma o autor: "Da mesma forma que o reconhecimento da possibilidade indiscriminada de o Parlamento aprovar norma que se destine a desfazer decisões judiciais transitadas em julgado o transformaria em uma instituição tirânica, a intangibilidade de jurisprudência constitucional da Suprema Corte em face do povo e dos seus representantes a convolaria em um 'superpoder'. Em síntese: o sentido futuro da Constituição não pertence a qualquer instituição política, mas se revela em uma 'dança institucional' em que leis, emendas constitucionais, decisões judiciais, manifestações informais da opinião pública e mecanismos de consulta popular (plebiscito e referendo) interagem de forma complexa." (*Ibidem*, p. 327).

Como bem anota Souza Neto e Sarmento:

> Em matéria de intepretação constitucional, a Corte, composta por intérpretes humanos e falíveis, pode errar, como também podem fazê-lo os poderes Legislativo e Executivo. É preferível adotar-se um modelo que não atribua a nenhuma instituição – nem do Judiciário, nem do Legislativo – o "direito de errar por último", abrindo-se a permanente possibilidade de correções recíprocas no campo da hermenêutica constitucional, com base na ideia de diálogo, em lugar da visão mais tradicional, que concede a última palavra nessa área ao STF.[718]

O certo é que diante de um sistema de Justiça Constitucional aberto, sem uma supremacia de um *órgão constitucional de soberania* específico, tem-se, de um lado, o risco de insegurança e de instabilidade institucional, mas de outro lado, tem-se o afastamento de um possível autoritarismo pela Justiça Constitucional que poderia gerar uma *judiciocracia*, ou então se ter uma supremacia incontestada do Legislativo.

Concordamos com Hübner Mendes quando afirma que "uma teoria que aposte no discurso da última palavra, tal como se tem defendido, é, na melhor das hipóteses, míope e incompleta. Na pior, um apelo retórico e diversionista que não se sustenta nem empírica e nem teoricamente".[719]

Registra-se, ao cabo, que a *heterocontenção orgânica* também inspira cuidados, afinal, não pode esta se transformar num ilegítimo comportamento para se descumprir uma decisão da Justiça Constitucional.

O legislador (constituinte reformador ou ordinário) deve agir com respeito à Justiça Constitucional, evitando insistir na viabilização de disciplina normativa já censurada pela Justiça Constitucional sem que tenha ocorrido alteração substancial no

---

[718] SOUZA NETO, Cláudio Pereira de; SARMENTO, Daniel. Notas sobre jurisdição constitucional e democracia: a questão da "última palavra" e alguns parâmetros de autocontenção judicial. In: FELLET, André; NOVELINO, Marcelo. *Constitucionalismo e democracia*. Salvador: Juspodivm, [S.d]. p. 140.

[719] MENDES, Conrado Hübner. *Direitos fundamentais, separação de poderes e deliberação*. São Paulo: Saraiva, 2011. p. 105-164. Para o autor: "[...] independentemente de qual instituição tenha a última palavra, não há nada que impeça que a outra instituição responda. [...] O que isso mostra? A mer ver, que a última palavra é, no máximo, 'provisória', e não há como espaçar disso. Pensar em termos de diálogo não perde de vista a continuidade inexorável da política, a circularidade da separação de poderes. Trata-se de uma percepção de política no longo prazo. A última palavra é uma preocupação de curto prazo." (*Ibidem*, p. 249-250).

domínio normativo (situação fática subjacente) ou nas concepções jurídicas da Justiça Constitucional.

Uma produção legislativa ligeira e irrefletida, com a clara intenção de modificar a decisão da Justiça Constitucional, de não atender seu comando, acaba por desprezar a importância da Justiça Constitucional.

A Justiça Constitucional deve ter comportamento firme contra essa situação, sob pena de ocorrer naquilo que Eduardo Alves da Costa trouxe no seu poema "No Caminho, com Maiakóvski"[720] e se transformar em um órgão constitucional de segunda categoria. Deve assim, essa produção legislativa posterior que objetiva driblar a decisão da Justiça Constitucional, ser submetida ao seu crivo.

Por óbvio, esta ideia de heterocontenção orgânica só poderá ocorrer se estivermos diante de algumas premissas.[721]

A primeira delas é de que a comunidade política deve contar com instituições democráticas em funcionamento razoável, inclusive um Legislativo representativo, cujos membros são eleitos, periodicamente, por meio do sufrágio universal.

A segunda premissa é a de que devemos estar diante de um sistema judicial também em razoável funcionamento, organizado a partir de critérios não representantivos para resolver ligítios e assegurar o *rule of law*.

A terceira premissa é a de que se deve verificar um forte compromisso da maioria dos cidadãos e dos agentes públicos com os direitos fundamentais e os direitos das minorias.

A última premissa é a de que é imprescindível exisitir um substancial e persistente desacordo sobre o conteúdo dos direitos e liberdades – desacordo moral razoável (cf. item 4.2.1).

---

[720] "[...] Tu sabes, conheces melhor do que eu a velha história. Na primeira noite eles se aproximam e roubam uma flor do nosso jardim. E não dizemos nada. Na segunda noite, já não se escondem; pisam as flores, matam nosso cão, e não dizemos nada. Até que um dia, o mais frágil deles entra sozinho em nossa casa, rouba-nos a luz, e, conhecendo nosso medo, arranca-nos a voz da garganta. E já não podemos dizer nada. [...]" (COSTA, Eduardo Alves. In: PINTO, José Nêumanne. (Org.). *Os cem melhores poetas brasileiros do século*. 2. ed. São Paulo: Geração Editorial, 2004. p. 218-219).

[721] Cf. a respeito: WALDRON, Jeremy. *Derecho e desacuerdos*. Traducción de José Luis Martí y Águeda Quiroga. Madrid: Macial Pons, 2005. *passim*.

4.8.1 Heterocontenção orgânica processual

O que está aqui a indagar é se seria possível outro órgão constitucional de soberania interferir na amplitude e na forma de atuação da Justiça Constitucional?

É preciso admitir certo (e limitado, porém existente) poder de criação *heterônoma* (ou *alopoética*) do direito processual constitucional (cf. item 4.11), como derivação da competência, mesmo que implícita, dada ao Legislativo.[722]

Nessa linha de perspectiva, quando o direito processual constitucional não é conformado pela iniciativa dos próprios órgãos da Justiça Constitucional (autocriação), a criação do direito processual constitucional dar-se-á pela Constituição, pelos tratados e convenções internacionais e pela legislação infraconstitucional (heterorreferência).

Outras tentativas de interferência, embora não na atividade mas nos seus pressupostos (com o objetivo de alcançar os resultados), já ocorreram, como a célebre proposta do Presidente Roosevelt em alterar o número de membros da Corte Suprema Estadunidense por se oporem ao *New Deal*, ou a mudança dos próprios membros, que ocorreu em países da América Latina (como o Equador e a Venezuela).

Para Tavares, o balizamento das regras do *processo constitucional objetivo* deve alinhar-se à capacitação funcional plena da Justiça Constitucional para fins de implementação material da Constituição.[723]

---

[722] Tramitava na Câmara dos Deputados a PEC nº 33/2011 que trazia novo regramento para o *processo constitucional objetivo* no que concerne à sistemática da súmula vinculante e a declaração de inconstitucionalidade de emendas à Constituição, atribuindo competências para o Congresso Nacional neste processo, num mecanismo de *diálogo institucional*. Tal proposta foi aprovada pela Comissão de Constituição e Justiça e Cidadania e iria para apreciação do Plenário da Câmara dos Deputados, mas foi arquivada em 31.01.2015 nos termos do art. 105 do Regimento Interno da Câmara dos Deputados (em decorrência do final da legislatura). Disponível em: <http://www.camara.gov.br>. Acesso em: 26 mai. 2015. Cf. também: MORAES, Guilherme Peña de. *Justiça constitucional*: limites e possibilidades da atividade normativa dos tribunais constitucionais. São Paulo: Atlas, 2012. p. 40-54.

[723] TAVARES, André Ramos. *Paradigmas do judicialismo constitucional*. São Paulo: Saraiva, 2012. p. 177.

4.9 Normação similar preexistente

O *limite* aqui delineado destoa da *condição* trazida no item 3.4. Enquanto lá a *condição* é a ausência de opção legítima adotada pelo titular da função de legislar, aqui, o que se coloca, é que se preenchida a *condição* de inexistir normação legítima para regrar determinada situação e a Justiça Constitucional, após averiguar a implementação das demais condições, entender que é o caso de editar enunciado normativo, deverá, para tanto, utilizar como balizador para seus enunciados uma normação similar preexistente (constitucional ou infraconstitucional), se houver.

Considerando e prestigiando uma normação similar preexistente, a Justiça Constitucional, além de efetivar a Constituição, homenageia também uma emanação normativa de origem democrática, pois dá primazia a uma opção do legislador que detém representatividade democrática no momento de efetivar a Constituição, em um ato de *deferência* que deve ser comum em sede de Justiça Constitucional.

No que tange a utilização de normação positiva similar preexistente, levando em conta o exercício da *função enunciativa* pela Justiça Constitucional, poder-se-á dizer de supressão de *lacuna constitucional* por intermédio da *analogia*, até porque esta se funda no *princípio de verdadeira justiça*, de *igualdade* jurídica, o qual exige que as espécies semelhantes sejam reguladas por normas semelhantes, que, "onde há a mesma razão deve haver a mesma disposição de direito" (*ubi eadem ratio, ibi eadem juris dispositio*) [724].

Pesquisando sobre os critérios de investigação do direito e da supressão de lacunas, define Ráo:

> A analogia consiste na aplicação dos princípios extraídos da norma existente e casos outros que não os expressamente contemplados, mas cuja diferença em relação a estes, não seja essencial: consiste, isto é, na aplicação desses princípios aos casos juridicamente iguais, ou iguais por sua essência.[725]

---

[724] Cf.: REALE, Miguel. *Lições preliminares de direito*. 27. ed. São Paulo: Saraiva, 2010. p. 296; MAXIMILIANO, Carlos. *Hermenêutica e aplicação do direito*. 19. ed. Rio de Janeiro: Forense, 2001. p. 171. Registra-se que no item 3.2.2.2 foi abordada a existência de *lacuna constitucional*.
[725] RÁO, Vicente. *O direito e a vida dos direitos*. 5. ed. anot. e atual. São Paulo: Revista dos Tribunais, 1999. p. 504.

Para o que se trata neste item, a *analogia* consistirá então na utilização de uma normação positivada concebida para uma dada situação de fato para outra situação semelhante (análoga), mas que não fora prevista de forma positivada. Destaca-se que aqui, por normação positiva similar preexistente, deve-se considerar não apenas o Texto Constitucional, mas também os demais diplomas que se encontram ombreados a ele (cf. item 3.2.2.2). Frise que nesta hipótese, impossível buscar analogia com uma legislação infraconstitucional.

De igual modo, na perspectiva aqui delineada, a *analogia* poderá também ser utilizada pela Justiça Constitucional no exercício da função legislativa *stricto sensu* para corrigir uma omissão normativa. Nesta hipótese, a Justiça Constitucional utilizará de uma normação positivada infraconstitucional concebida para uma dada situação de fato para outra situação semelhante (análoga), mas que não fora prevista de forma positivada diante de uma omissão total, parcial ou relativa do legislador infraconstitucional (cf. item 3.2.4.1).

Destaca-se ainda que a *analogia* (integração) muito se aproxima de uma *interpretação extensiva* que, até certo ponto, também representa uma forma de *integração*, já que inexiste entre elas uma diferença qualitativa, mas de grau, ou de momento no processo de integração sistemática.[726]

Ferraz Jr., quanto à interpretação extensiva, leciona que:

> Trata-se de um modo de interpretação que amplia o sentido da norma para além do contido em sua letra. Isso significa que o intérprete toma a mensagem codificada num código forte e a decodifica conforme um código fraco. Argumenta-se, não obstante, que desse modo estará respeitada a *ratio legis*, pois o legislador (obviamente, o legislador racional) não poderia deixar de prever casos que, aparentemente, por uma interpretação meramente especificadora, não seriam alcançados.[727]

---

[726] REALE, Miguel. *Lições preliminares de direito*. 27. ed. São Paulo: Saraiva, 2010. p. 297. Ferraz Jr. também sustenta que a distinção entre a *analogia* e a *interpretação extensiva* não é rigorosa, já que apenas em tese a distinção parece simples. (FERRAZ JR., Tercio Sampaio. *Introdução ao estudo do direito*: técnica, decisão, dominação. 4. ed. São Paulo: Atlas, 2003. p. 298 e 303). Para Guastini, "se justifica a interpretación extensiva esencialmente mediante la analogía, o sea, la semejanza." (GUASTINI, Riccardo. *Teoría e ideología de la interpretación constitucional*. Tradução Miguel Carbonell e Pedro Salazar. Madrid: UNAM/Trotta, 2008. p. 71).

[727] FERRAZ JR., Tercio Sampaio. *Introdução ao estudo do direito*: técnica, decisão, dominação. 4. ed. São Paulo: Atlas, 2003. p. 297.

Pode-se então dizer que o pressuposto da *analogia* é a reconhecida existência de uma *lacuna* na Constituição ou na legislação infraconstitucional. Na *interpretação extensiva*, ao contrário, parte-se da premissa de que a norma (constitucional ou infraconstitucional) existe, sendo suscetível de ser aplicada a hipótese questionada, desde que estendida a sua interpretação (entendimento) além do que usualmente se faz. É a razão pela qual se diz que entre a analogia e a interpretação extensiva há um grau a mais na amplitude do processo integrativo.[728]

Para o que interessa, seja pelo uso da *analogia*, seja pelo uso da *interpretação extensiva*, não poderá a Justiça Constitucional descurar de uma normação similar preexistente, se houver, no exercício da sua *função normativa*, fazendo os ajustes necessários para a efetiva aplicabilidade da norma constitucional.

Souza Neto ao enfocar o mandado de injunção brasileiro e o dever do Poder Judiciário privilegiar decisões legislativas analógicas, escreveu que se o "legislador já concretizou preceito constitucional semelhante, por razões de legitimação democrática, deve o Judiciário provisoriamente aplicar a legislação análoga, fazendo as correções devidas".[729]

No que concerne ao exercício da função legislativa *stricto sensu*, destaca-se que a aplicação de legislação preexistente para outro âmbito de validade subjetiva daquele previsto pelo legislador titular possibilitará uma conclusão de que a espécie legislativa infraconstitucional que se presta como parâmetro (preexistente) seria inconstitucional, por omissão parcial ou relativa, por não atingir todos que deveriam ser contemplados por aquele direito e por aquela normação (cf. item 3.2.4.1).

Bem andou o STF quando, em outubro de 2007, mudando seu posicionamento acerca do mandado de injunção, ao ser

---

[728] Cf.: REALE, Miguel. *Lições preliminares de direito*. 27. ed. São Paulo: Saraiva, 2010. p. 298. Canotilho assevera que: "Interpretação e integração consideram-se hoje como dois momentos conexos da *captação* ou *obtenção* do direito, isto é, não se trata de dois procedimentos qualitativamente diferentes, mas apenas de etapas graduais de "obtenção" do direito constitucional." (CANOTILHO, José Joaquim Gomes. *Direito constitucional e teoria da Constituição*. 4. ed. Coimbra: Almedina, 2000. p. 1197).
[729] SOUZA NETO, Cláudio Pereira de. Mandado de injunção: efeitos da decisão e âmbito de incidência. *Interesse Público*, Belo Horizonte, v. 9, n. 43, p. 97-116, maio/jun. 2007. p. 114.

provocado mais uma vez quanto ao direito de greve dos servidores públicos diante da omissão legislativa inconstitucional em não regulamentar o art. 37, VII da Constituição brasileira de 1988, decidiu que fosse aplicada a Lei nº 7.783, de 28.06.1989, que trata do exercício do direito de greve no âmbito da iniciativa privada, buscando assim dar eficácia ao dispositivo constitucional que assegura o direito de greve sem, contudo, comprometer a continuidade do serviço público.[730]

4.10 Quorum qualificado

Como já demonstrado, a edição de atos normativos pelo Tribunal Constitucional que terão eficácia *erga omnes* e, por consectário lógico, grande repercussão no ordenamento jurídico, requer uma atuação bem criteriosa pelo Tribunal Constitucional, exigindo-se assim algumas condições para a instauração do procedimento atinente ao exercício da função normativa, e também a observância de alguns pontos (limites) que balizarão a atuação do Tribunal Constitucional e que deverão ser respeitados.

O *quorum* qualificado se presta para a obtenção de uma decisão amadurecida e consensada,[731] proporcionando assim uma melhor legitimidade, bem como estabilidade dos enunciados normativos editados.

A exigência de mera maioria, ainda que absoluta, para a adoção do entendimento a ser sufragado pelo enunciado normativo é inadequado, já que tal modelo é próprio do Legislativo, das democracias majoritárias, e não subsiste com a busca por uma decisão neutra, racional e consensada que está na base da Justiça Constitucional. Faz-se necessária uma maioria *qualificada* do plenário do Tribunal (reserva de plenário), e não de órgão fracionário.

---

[730] Cf.: STF. Pleno. MI 670/ES. Rel. para Acórdão: Min. Gilmar Mendes. Julgado em 25 out. 2007; STF. Pleno. MI 712/PA. Rel. Min. Eros Grau. Julgado em 25 out. 2007.

[731] Nesse sentido o art. 103-A, *caput* da Constituição brasileira de 1988, introduzido pela Emenda Constitucional nº 45/2004, prescreve como uma das condições para a edição de súmula vinculante que ela se dê mediante decisão de dois terços (8 votos) dos membros do STF.

Exigir apenas *maioria absoluta*,[732] autoriza que um entendimento adotado a partir da função normativa com eficácia *erga omnes* possa ser revisado ou cancelado (cf. item 3.6) com a alteração de apenas um único integrante do Tribunal Constitucional, caso a fixação do entendimento pretérito tenha sido extraído por uma votação estreita de um voto. Tal possibilidade não se coaduna com a segurança jurídica (estabilidade) que se espera dos enunciados normativos em geral.

A exigência de maioria *qualificada* também se mostra imprescindível uma vez que a edição de enunciados normativos pode ocorrer a partir de precedentes que apresentaram um *quorum* estreito de aprovação.

Trata-se de um limite que demonstra prudência com uma decisão que possui eficácia *erga omnes* e que, comumente, gera questionamentos acerca da sua legitimidade democrática. A exigência de *quorum* qualificado demonstra a importância, o respeito e a delicadeza com que devem ser realizadas as escolhas/decisões do Tribunal Constitucional ao exercer sua função normativa. A criação do direito pela Justiça Constitucional deve ser realizada com tanto cuidado e excepcionalidade que não deve ser objeto de deliberação de uma maioria ocasional, mas, sim, de uma maioria consistente.

Conforme será abordado no item 4.12, para se ter configurada a inconstitucionalidade, é necessário que esta seja manifesta, evidente, que não haja uma dúvida razoável. Assim, o afastamento de dúvidas quanto à inconstitucionalidade e, por consequência, a aproximação da certeza da inconstitucionalidade e da necessidade de atuação do Tribunal Constitucional como órgão de normação positiva se dá, também, com a exigência de um *quorum* qualificado, e não de meras maiorias (absoluta ou simples).

---

[732] O art. 97 da CRFB estabelece que "somente pelo voto da *maioria absoluta* de seus membros ou dos membros do respectivo órgão especial poderá os tribunais declarar a inconstitucionalidade de lei ou ato normativo do Poder Público". Já o art. 103-B estabelce o *quorum* de dois terços para a aprovação de súmula vinculante. Tramitava na Câmara dos Deputados a PEC nº 33/2011 que elevava o *quorum* de ambos os dispositivos para "quatro quintos de seus membros" – o que nos parece muito salutar. Tal proposta foi aprovada pela Comissão de Constituição e Justiça e Cidadania e iria para apreciação do Plenário da Câmara dos Deputados, mas foi arquivada nos termos do art. 105 do Regimento Interno da Câmara dos Deputados (em decorrência do final da legislatura). Disponível em: <http://www.camara.gov.br>. Acesso em: 26 mai. 2015.

Maximiliano, a respeito, leciona que em face do exame de inconstitucionalidade exigir clareza e evidência, estas desaparecem quando se acirra uma discussão em um Tribunal e a decisão é obtida quase a meio dos votos, destacando ainda que há entendimentos de ser de pouca valia o *veredictum*, se houve maioria de um voto, mesmo que seja a maioria absoluta (*v.g.*: cinco contra quatro num Tribunal de nove membros).[733]

Deve-se destacar, ainda, que o *quorum* qualificado deve ser verificado não apenas na parte dispositiva da decisão, mas também na fundamentação (*fundamentos determinantes*) da decisão, já que em alguns modelos de atuação do Tribunal Constitucional não há exigência de congruência entre as fundamentações apresentadas por cada juiz constitucional para chegar à decisão, além da aproximação do *efeito vinculante* com a teoria do *efeito transcendente* (cf. 2.4.3).

Que reste claro que o *quorum* qualificado aqui sustentado é concernente ao objeto da pesquisa – atuação da Justiça Constitucional e a criação do direito na atualidade – pela necessidade da atuação criteriosa que deve ter o Tribunal ao exercer uma função (normativa) que tangencia a competência do legislador titular, além de ter uma eficácia que atingirá toda a sociedade.

4.11 Devido processo objetivo

Os *limites* aqui tratados servem para combater o arbítrio e o excesso por parte do Tribunal Constitucional, e legitimar suas decisões.

Assim, deve também o Tribunal Constitucional obedecer a demarcação do percurso estabelecido para o cumprimento de todos os demais limites – o *devido processo objetivo*, até porque, um dos fatores importantes para a legitimidade das decisões do Tribunal Constitucional diz respeito ao procedimento adotado até a edição do enunciado normativo.

---

[733] MAXIMILIANO, Carlos. *Comentários à Constituição brasileira*. 5. ed. atual. São Paulo: Freitas Bastos, 1954. v. 1, p. 154.

A exigência quanto a um devido processo constitucional objetivo se apresenta como um elemento que decorre da estrutura de um ordenamento jurídico complexo, sendo necessário que a solução apresentada seja concebida e delineada em um enquadramento instrumental que o aceite como princípio geral.[734]

A necessidade de um devido processo constitucional objetivo se mostra necessário também para que se tenha um Tribunal Constitucional que produza uma decisão também com caráter jurídico, além do caráter político (cf. item 4.2).

Entre a verificação das *condições* trazidas no Capítulo 3 para a edição de um enunciado normativo por um Tribunal Constitucional e a formulação desse enunciado, há um *iter* a ser percorrido, uma forma a ser obedecida, ou seja, um *modus* como o enunciado é *produzido* e *revelado*.

O devido processo objetivo deve contar com uma regulamentação adequada, o que só será possível se se conhecerem as funções fundamentais a serem desempenhadas pela Justiça Constitucional, formando, assim, um direito processual constitucional estruturado por categorias processuais (próprias) relacionadas à realização das diversas funções fundamentais da Justiça Constitucional,[735] inclusive, a de editar enunciados normativos.

Morais, ao lecionar acerca da conformidade de um ato com a Constituição, argumenta que:

> A cada órgão corresponde uma competência e a esta última inere um poder funcional de praticar actos, cuja formação corre por um itinerário específico. Itinerário composto por uma sequência lógica e encadeada de outros actos que concorrem para formação de um acto final, designando-se por *procedimento produtivo* o trâmite a que essa sequência corresponde.[736]

Não diferente, Bidart Campos aponta que os "órgãos de poder" devem respeitar inexoravelmente, como um dos condicionamentos:

---

[734] Cf.: BARACHO, José Alfredo de Oliveira. *Processo constitucional*. Rio de Janeiro: Forense, 1984. p. 347.
[735] TAVARES, André Ramos. *Paradigmas do judicialismo constitucional*. São Paulo: Saraiva, 2012. p. 158.
[736] MORAIS, Carlos Blanco de. *Justiça constitucional*. 2. ed. Coimbra: Coimbra Editora, 2006. t. 1, p. 129-130.

ajustar suas decisões ao *procedimento* formal que a constituição prescreveu para que exerçam suas competências.[737]

"A ideia de *procedimento* no direito constitucional não é um fenómeno novo. A 'legitimação segundo o procedimento' (Luhmann) já muito que era um princípio básico do exercício dos poderes públicos [...]".[738]

O que se está a tratar aqui é, na classificação de Reale acerca da validade das leis, da validade formal (ou técnico-jurídica) quanto ao requisito da *legitimidade do procedimento* (*due process*) que implica, em linhas gerais, a

> maneira pela qual o órgão executa aquilo que lhe compete, ou a norma jurídica é elaborada. O Direito circunda a ação dos indivíduos e do Estado de devidas cautelas. Não basta ser governo. É preciso praticar os atos de governo segundo os trâmites legais.[739]

Assim, além de todas as demais condições e limites tratados neste trabalho, deverá também o Tribunal Constitucional seguir o *devido processo* (*due process*) que estiver estabelecido para o exercício das funções *enunciativa* e *legislativa stricto sensu*.

A garantia do *devido processo* (processo justo) é uma instituição ancestral do direito anglo-saxão, cuja primeira menção foi feita na *Magna Charta* de João Sem Terra, quando se referiu à *law of land* (art. 39), em verdade, sem ter citado expressamente tal locução. A expressão hoje consagrada *due process of law* foi cunhada no *Statute of Westminster of the Liberties of London*, editada em 1354, no reinado de Eduardo III.[740]

O devido processo que aqui se elenca como condição para atuação do Tribunal Constitucional como órgão de normação

---

[737] CAMPOS, German Bidart. *El derecho de la Constitución y su fuerza normativa*. Buenos Aires: Ediar, 2004. p. 167.

[738] CANOTILHO, José Joaquim Gomes. *Direito constitucional e teoria da Constituição*. 4. ed. Coimbra: Almedina, 2000. p. 936. Anota Queiroz que "no plano da legitimidade –, são as chamadas 'virtudes passivas', essencialmente de natureza formal ou procedimental, que legitimam (autorizam) a criação judicial do direito", sendo que tal visão procedimental está na origem da teoria do *self-restraint* de John Hart Ely. (QUEIROZ, Cristina. *Interpretação constitucional e poder judicial*: sobre a epistemologia da construção constitucional. Coimbra: Coimbra Editora, 2000. p. 182-183).

[739] REALE, Miguel. *Lições preliminares de direito*. 27. ed. São Paulo: Saraiva, 2010. p. 110.

[740] No Brasil a CRFB veio adotar expressamente a cláusula do devido processo legal no inc. LIV do art. 5º.

positiva é o *procedural due process*, ou seja, a tutela processual (formal), a fim de possibilitar a efetiva participação de todos os personagens legitimamente aceitos para participarem, oportunamente, na atuação do Tribunal Constitucional no exercício dessas funções, sendo que esse *procedural due process* poderá estar delimitado na Constituição, em legislação infraconstitucional e até mesmo no regimento interno do Tribunal Constitucional.

Na hipótese desse *procedural due process* estar previsto na Constituição, estar-se-á diante daquilo que é intitulado de *direito processual constitucional*,[741] ou seja, o mecanismo, o instrumento para ser exercida a curadoria da Constituição no seu sentido material, substantivo.

Contudo, pode a Constituição remeter o *due process* para o Legislativo ou até mesmo para o próprio regimento do Tribunal Constitucional, que deverá editar enunciados normativos para estabelecer o *iter* para a edição de enunciados normativos pelo Tribunal Constitucional.

Dimoulis e Lunardi indicam que, do ponto de vista teórico, "a configuração das regras do processo objetivo pode se dar mediante o fenômeno que propomos denominar de *autocriação* e o fenômeno da *hetero-referência* que pode ser *típica* ou *atípica*". Para os autores ocorre a *autocriação* de uma regra processual quando certa autoridade estatal "estabelece normas e padrões que ela mesma deve seguir. No decorrer do tempo, tais normas e padrões se consolidam e formam uma tradição ou costume que a mesma autoridade reconhece como juridicamente vinculante".[742]

Calha registrar no que tange a *autocriação* que

> Seria incorreto afirmar que o Tribunal constitucional é "Senhor de seu processo" (*Herr seines Verfahrens*), como alegou no início de sua

---

[741] O Direito processual constitucional é o ramo do Direito que se ocupa com o estudo do cumprimento das normas constitucionais relativamente aos mecanismos e instrumentos processuais específicos que asseguram esse cumprimento. Já o estudo das disposições constitucionais que tratam do processo recebe a designação de Direito constitucional processual.

[742] LUNARDI, Soraya Regina Gasparetto; DIMOULIS, Dimitri. Dimensões do processo objetivo. Autocriação e hetero-referência como meios de configuração do processo constitucional nas duas décadas da Constituição Federal de 1988. In: AGRA, Walber de Moura (Org.). *Retrospectiva dos 20 anos da Constituição Federal*. São Paulo: Saraiva, 2009. p. 145.

atividade decisória, o Tribunal Constitucional Federal alemão. Mas não há dúvidas de que os Tribunais constitucionais exercem um poder de criação de normas processuais que nenhum outro tribunal possui ou deseja exercer.[743]

Já a *heterorreferência típica* ocorre nos casos em que certa autoridade reconhece e aplica regras criadas por vontade alheia, enquanto a *hetero-referência atípica* ocorre em hipóteses nas quais, após uma primeira cristalização das regras do processo objetivo, "o tribunal constitucional introduz, em sua prática processual, elementos oriundos de outros ramos do direito processual, *subjetivando* o processo objetivo e submetendo-o a regras que não lhe são próprias".[744]

A observância do *procedural due process* é importante pois não se admite que uma pessoa seja atingida por um ato estatal, *in casu*, um enunciado normativo do Tribunal Constitucional, sem que isso se dê por meio de um procedimento especificado previamente, afinal, consoante afirmava Jhering, "a forma é irmã gêmea da liberdade".[745] No mesmo sentido o *Justice* Douglas em 1971, falando para a Suprema Corte dos Estados Unidos, salientou: "a diferença entre legalidade (*rule of law*) e arbítrio (*rule by fiat*) em grande parte constitui uma questão de procedimento".[746] Ademais,

---

[743] LUNARDI, Soraya Regina Gasparetto; DIMOULIS, Dimitri. Efeito transcendente, mutação constitucional e reconfiguração do controle de constitucionalidade no Brasil. *Revista Brasileira de Estudos Constitucionais – RBEC*, Belo Horizonte, v. 2, n. 5, p. 220, jan./ mar. 2008. Em casos em que o Tribunal Constitucional cria a própria regra que irá seguir está-se diante daquilo que se denomina *autocriação*. "Temos *autocriação* de uma regra jurídica quando certa autoridade estatal estabelece normas e padrões que ela mesma deve seguir. No decorrer do tempo, tais normas e padrões se consolidam e forma uma tradição ou costume que a mesma autoridade reconhece como juridicamente vinculante. Essa seria uma espécie de autocriação *branda* que objetiva concretizar-densificar o exercício de determinadas competências. Podemos ter também autocriação quando a autoridade considera que a aplicação de determinados dispositivos não é oportuna, procedendo ao seu afastamento. Nesse caso temos autocriação *intensa*, pois não se trata apenas de preencher uma lacuna e sim de modificar o sistema conforme considerações de oportunidade que são alheias ao próprio sistema (pelo menos na opinião de alguns). (*Ibidem*, p. 220).

[744] LUNARDI, Soraya Regina Gasparetto; DIMOULIS, Dimitri. Dimensões do processo objetivo. Autocriação e hetero-referência como meios de configuração do processo constitucional nas duas décadas da Constituição Federal de 1988. In: AGRA, Walber de Moura (Org.). *Retrospectiva dos 20 anos da Constituição Federal*. São Paulo: Saraiva, 2009. p. 146-148.

[745] Expressão completa: "Inimiga jurada de arbítrio, a forma é irmã gêmea da liberdade."

[746] *Apud,* CAPPELLETTI, Mauro. *Juízes legisladores?* Tradução Carlos Alberto Alvaro de Oliveira. Porto Alegre: Sergio Antonio Fabris, 1999. p. 79.

nos atos jurídicos publicistas não pode haver forma livre, diferente do Direito Privado, que tolera alguma liberdade de forma.

O *direito processual constitucional* também é de grande utilidade para conduzir a atuação do Tribunal Constitucional entre o *judicial self-restraint* e o *actvism*[747] (cf. item 4.12).

A observância do *devido processo* igualmente é importante para implicar maior estabilidade ao ordenamento jurídico, contendo alterações radicais e/ou abruptas na normativa estatal por meio do exercício da função normativa pelo Tribunal Constitucional.

Acresce-se a tudo que foi trazido nesse item que o *procedural due process* a ser desenvolvido deve ser feito sob um viés *objetivo* em face da abstração (eficácia *erga omnes*) da normação positiva a ser editada pelo Tribunal Constitucional.

O *processo objetivo* deve se desenvolver com "definições e princípios específicos, respeitada sua finalidade e configuração constitucional, legal e jurisprudencial",[748] valendo consignar que o caráter abstrato do *processo objetivo* impossibilita a aplicação das normas processuais "comuns" – aquelas que discutem situações subjetivas (pessoais).

O Tribunal Constitucional, em um processo objetivo, não se preocupa com qualquer situação concreta, pessoal (subjetiva), já que o que importa não é a solução de determinado caso *in concretu*, mas sim a curadoria da Constituição.

No *processo objetivo*, que se tem em vista a curadoria da Constituição pelo Tribunal Constitucional por meio de edição de normação positiva, não há um interesse pessoal que se pretenda tutelar. O que se almeja, exclusivamente, é a proteção da Constituição objetivamente considerada e a ratificação da supremacia constitucional.

Nesses termos, pode-se afirmar que em um processo objetivo não há lide, entendida esta como o conflito de interesses qualificado por uma pretensão resistida.

---

[747] HÄBERLE, Peter. *Nueve ensayos constitucionales y una lección jubilar*. Tradução Carlos Ruiz Miguel et al. Lima: Palestra, 2004. p. 36-38.

[748] LUNARDI, Soraya Regina Gasparetto. *Direito processual constitucional*: problematização de sua autonomia, sua natureza e suas conseqüências. 2006. 300 f. Tese (Doutorado em Direito) – Faculdade de Direito, Pontifícia Universidade Católica de São Paulo, São Paulo, 2006. p. 25.

O que importa no *processo objetivo* é que a ordem constitucional reste intacta e efetivada, tendo-se a certeza de que a Constituição prevalecerá a despeito de qualquer ação ou omissão.

Obviamente que tais "processos 'sem partes formais' somente têm significado se as decisões mais relevantes neles proferidas forem dotadas de eficácia contra todos"[749] (*erga omnes*).

Apesar de ser muito comum a afirmação de que num processo objetivo se tem o afastamento de questões fáticas, isso, na verdade, tem-se tornado um dogma do processo constitucional objetivo, já que se mostra difícil o afastamento dos *fatos* (circunstâncias) em determinadas verificações de (in)constitucionalidade.

Reconhece-se atualmente, sem maior resistência, que a realidade subjacente é decisiva em um processo interpretativo, inclusive em um processo objetivo. Nesse jaez, as normas que se extraem da Constituição, devido à plasticidade dos seus enunciados, ganham formas em decorrência dos fatores sociais, políticos, históricos que circundam e influenciam esse processo interpretativo.

Nesse sentido, deve considerar-se que o processo objetivo há de se debruçar, sim, sobre o concreto, ainda que trata de um concreto-imaginário, de hipóteses (possíveis, conjecturáveis) de incidência, sem, contudo, levantar ou averiguar, necessariamente, efetivas situações e elementos concretos reais ou específicos (pontuais), que realmente não são – e não devem ser – resolvidos diretamente pelas decisões pronunciadas em sede de controle abstrato.[750]

Essa ideia já era posta por Hesse nos seguintes termos:

> O significado da ordenação jurídica na realidade e em face dela somente pode ser apreciado se ambas – ordenação e realidade – forem consideradas em sua relação, em seu inseparável contexto, e no seu condicionamento recíproco. Uma análise isolada, unilateral, que leve em conta apenas um ou outro aspecto, não se afigura em condições de fornecer resposta adequada à questão.[751]

---

[749] MENDES, Gilmar Ferreira. *Direitos fundamentais e controle de constitucionalidade*: estudos de direito constitucional. 3. ed. rev. e ampl. São Paulo: Saraiva, 2004. p. 320.

[750] TAVARES, André Ramos. *Paradigmas do judicialismo constitucional*. São Paulo: Saraiva, 2012. p. 164.

[751] HESSE, Konrad. *A força normativa da Constituição*. Tradução Gilmar Ferreira Mendes. Porto Alegre: Sergio Antonio Fabris, 1991. p. 13.

Conforme salienta Mendes, atualmente "não há como negar a 'comunicação entre norma e fato' (*Kommunikation zwischen Norm und Sachverhalt*), que, como ressaltado, constitui condição da própria interpretação constitucional".[752] Verifica-se assim que não se admite falar em Justiça Constitucional sem uma prévia interpretação da Constituição e na relação desta com a realidade que circunda a sociedade, afinal, como bem concatenou Müller[753] na sua "teoria da concretização" (*metódica estruturante*), as normas constitucionais resultam da conexão entre o *programa normativo* (*Normprogram*), ou seja, a sua expressão literal, e o *âmbito normativo* (*Normbereich*),[754] entendido como a realidade circundante, e será a conexão entre ambos que irá resultar na *norma de decisão*.

4.12 Autolimitação

Antes de abordarmos a *autolimitação* (ou autocontenção) necessário fazer uma rápida incursão naquilo que seria o seu oposto – o *ativismo*.

Ativismo judicial é uma expressão cunhada nos Estados Unidos e que foi empregada, sobretudo, como rótulo para qualificar a atuação da Suprema Corte durante os anos em que foi presidida por Earl Warrem, entre 1954 e 1969. Ao longo desse período inúmeras práticas políticas nos Estados Unidos foram alteradas sem qualquer ato do Congresso ou do Presidente, mas por uma jurisprudência progressista em matérias de direitos fundamentais.[755]

---

[752] MENDES, Gilmar Ferreira. *Direitos fundamentais e controle de constitucionalidade*: estudos de direito constitucional. 3. ed. rev. e ampl. São Paulo: Saraiva, 2004. p. 372.

[753] MÜLLER, Friedrich. *O novo paradigma do direito*: introdução à teoria e metódica estruturantes. Tradução Dimitri Dimoulis et al. São Paulo: Revista dos Tribunais, 2007. Segundo o próprio autor, "pode-se dizer, caso queiram, 'concretista'. Isso exprime, creio eu, o mesmo que quando chamei minha *Teoria e metódica do direito* de 'realista'." (*Ibidem*, p. 271).

[754] Devido ao fato de o *âmbito normativo* estar sujeito às alterações ao longo do tempo, os resultados da concretização da Constituição podem se modificar, apesar de o texto normativo – e, com isso, não essencial, o *programa normativo* – permanecer o mesmo.

[755] BARROSO, Luís Roberto. *O novo direito constitucional brasileiro*: contribuições para a construção teórica e prática da jurisdição constitucional no Brasil. Belo Horizonte: Fórum, 2012. p. 244-245.

A ideia de *ativismo judicial* está associada a uma participação mais ampla e intensa do Judiciário na concretização dos valores e fins constitucionais, com maior interferência no espaço de atuação política dos outros dois Poderes.[756] Esse comportamento (ativista) da Justiça Constitucional pode ocasionar uma tensão entre a esfera política e a esfera jurídica, sendo necessária a *autolimitação* como mecanismo de minimizar essa tensão, evitando assim uma exacerbação do controle jurídico sobre a esfera política.

Como bem anota Barroso:

> A principal diferença metodológica entre as duas posições [ativismo e autolimitação] está em que, em princípio, o ativismo judicial legitimamente exercido procura extrair o máximo das potencialidades do texto constitucional, inclusive e especialmente construindo regras específicas de conduta a partir de enunciados vagos (princípios, conceitos jurídicos indeterminados). Por sua vez, a autocontenção se caracteriza justamente por abrir espaço à atuação dos Poderes políticos, tendo por nota fundamental a forte deferência em relação às ações e omissões desses últimos.[757]

Tem-se assim que a discussão acerca da curadoria da Constituição por meio da *função normativa* tem, de certo modo, como fundo, a concorrência entre o legislador titular e o Tribunal Constitucional, já que tanto a lei (*lato sensu*) quanto os enunciados normativos editados pelo Tribunal Constitucional desenvolvem a Constituição.

Essa concorrência entre o legislador e o Tribunal Constitucional se evidencia ainda mais pela abertura dos enunciados normativos constitucionais (cf. item 2.2.1). Contudo, pode-se afirmar, desde logo, que mesmo nos espaços sujeitos a atuação do Tribunal Constitucional como curador da Constituição afigura-se recomendável uma postura de autolimitação, até porque uma atuação do Tribunal excessivamente ativa não é compatível com o regime democrático. O

---

[756] BARROSO, Luís Roberto. *O novo direito constitucional brasileiro*: contribuições para a construção teórica e prática da jurisdição constitucional no Brasil. Belo Horizonte: Fórum, 2012. p. 245-246.

[757] BARROSO, Luís Roberto. *O novo direito constitucional brasileiro*: contribuições para a construção teórica e prática da jurisdição constitucional no Brasil. Belo Horizonte: Fórum, 2012. p. 247.

que justifica a *autolimitação* é a necessidade de adequação da *Justiça Constitucional* ao regime democrático.

Após a possibilidade do controle de constitucionalidade das leis pelo Judiciário estadunidense em 1803 (*Marbury v. Madison*), foi necessário desenvolver teorias para controlar a instância última da curadoria da Constituição, já que era (é) preciso a imposição de restrições ao exercício da curadoria da Constituição a fim de evitar que tal instância se tornasse hegemônica, sendo que as restrições também servem como mecanismo de proteção e de autopreservação do próprio órgão de controle, visando a sua não deslegitimação.

A *autolimitação* se mostra, talvez, até mais necessária quando se confirma a possibilidade de os Tribunais Constitucionais tornarem-se órgãos de normação positiva, não se limitando mais à simples atuação como "legislador negativo".

As primeiras limitações que vieram a surgir foram instituídas, direta ou indiretamente, pelo próprio Judiciário norte-americano a fim de evitar temores quanto à magnitude inerente ao *judicial review*, ou seja, trata-se de uma autolimitação (*judicial self-restraint*) que não constitui uma limitação heterônoma ou externa da Justiça Constitucional.

A maioria das restrições (autolimitações) foram delineadas ainda no século XIX, período em que o *judicial review* configurava prática incipiente, objetivando um comportamento mais comedido para que não houvesse mais motivos para se falar em um "governo dos juízes nos Estados Unidos" e, assim, evitar, inclusive, conflitos[758] como os ocorridos entre a Suprema Corte Estadunidense e os Presidentes norte-americanos.[759]

---

[758] Schwartz informa que o *self-restraint* é uma doutrina que limita a atuação da jurisdição constitucional e que se configura numa forte tendência do sistema estadunidense, sendo, talvez, a característica mais notável da Suprema Corte norte-americana a moderação com que ela exerce a jurisdição constitucional ao tratar de leis do Congresso. (SCHWARTZ, Bernard. *Direito constitucional americano*. Rio de Janeiro: Forense, 1966. p. 186-187, 261-264).

[759] Narra Caetano: "Este poder do Supremo Tribunal [dos Estados Unidos da América] tem por vezes sido utilizado como arma política, originando conflitos com os Presidentes, o mais célebre dos quais foi o que em 1935 colocou o Tribunal em oposição à política do *New Deal* do Presidente F. Roosevelt, por considerá-la contrária aos princípios da liberdade econômica consagrados na Constituição. Roosevelt ameaçou de uma reforma o Supremo, depois de este ter declarado inconstitucionais várias leis, e então o Tribunal mudou de orientação, passando a usar com maior prudência o seu poder de anulação das leis federais." (CAETANO, Marcello. *Manual de ciência política e direito constitucional*. 6. ed. rev. e ampl. Coimbra: Almedina, 2003. t. 1, p. 89-90).

Loewenstein assinala que uma singularidade essencial do sistema americano do controle judicial (*judicial review*), no exercício de seu controle político, é que o próprio sistema se impôs certas restrições que, consideradas na sua totalidade, tendem a atenuar o que de outra forma conduziria à absoluta supremacia judicial. Aponta o autor que em decorrência desse *self-restraint*, a Suprema Corte não apreciava: *i*) controle abstrato de normas; *ii*) leis que não violassem claramente a Constituição e *iii*) as chamadas questões políticas (*political questions*).[760]

De igual modo, a autolimitação que acometia a Suprema Corte estadunidense deveria também atingir os Tribunais Constitucionais kelsenianos, pois também "era preciso que as Cortes Constitucionais respeitassem as decisões políticas do Parlamento e impusessem a si próprias uma autolimitação (*self restraint*)".[761]

Contudo, o acatamento dessas restrições não pode significar a existência de *questões constitucionais* absolutamente imunes à Justiça Constitucional, principalmente quando a Constituição tenha fixado alguma norma que carece de efetivação, ou em situações em que a Constituição venha sendo descumprida reiteradamente.

Assim, em decorrência até mesmo da abertura do Texto Constitucional, da sua fragmentariedade e incompletude, recomenda-se que os Tribunais Constitucionais pratiquem um mínimo de *autolimitação*, já que reconhecer "qualquer outra fórmula institucional – *v.g.*, um controle efetivo do controlador – acabaria por retirar da Justiça Constitucional qualquer efetividade".[762]

---

[760] LOEWENSTEIN, Karl. *Teoría de la Constitución*. Tradução Alfredo Gallego Anabitarte. 2. ed. Barcelona: Ariel, 1979. p. 313. Prossegue o autor: "Una cuestión política es definida, con autoridad, en los Estados Unidos como 'una cuestión que hace referencia a la posesión del poder político, de la soberanía, del gobierno, sobre la cual decide el Congreso y el presidente, y cuyos acuerdos ligan a los tribunales." (*Ibidem*, p. 313).

[761] CRUZ, Álvaro Ricardo de Souza. *Jurisdição constitucional democrática*. Belo Horizonte: Del Rey, 2004. p. 137. Continua o autor: "Essa limitação, com fundo ideológico marcadamente liberal, desdobrou-se em diversas fórmulas, tais como a 'teoria da não-apreciação de questões políticas', a de 'limites funcionais à Jurisdição Constitucional' ou de forma genérica, a 'teoria dos espaços vazios de jurisdição', e, finalmente, a teoria da separação dos poderes e do respeito aos chamados 'atos *interna corporis*'. Todas, de forma sintética, expressavam a concepção de que alguns atos/provimentos estatais escapavam ao interesse jurisdicional por serem essencialmente políticos, isto é, discricionários e fruto das conveniências do Executivo e do Legislativo." (*Ibidem*, p. 137).

[762] MENDES, Gilmar Ferreira. *Direitos fundamentais e controle de constitucionalidade*: estudos de direito constitucional. 3. ed. rev. e ampl. São Paulo: Saraiva, 2004. p. 462.

Embora ao Tribunal Constitucional seja reservado o papel de prestar a Justiça Constitucional no seu sentido mais amplo, os órgãos constitucionais de soberania se situam em plano de recíproca igualdade, sendo que os atos, comissivos ou omissivos, de cada um deles gozam da mesma *presunção de constitucionalidade*.

Nesses termos, o *princípio da presunção de constitucionalidade* se presta de forma fecunda para a mantença de uma harmonia social entre os órgãos constitucionais de soberania[763] e como mecanismo para o exercício da autolimitação, já que em caso de dúvida: *in dubio pro legislatore*.

Todas as presunções militam a favor da validade de um ato (comissivo ou omissivo) estatal. Assim, se a inconstitucionalidade (comissiva ou omissiva), em geral, não estiver acima de toda dúvida razoável, interpreta-se e resolve-se pela manutenção da escolha, inclusive omissiva, de quaisquer dos órgãos constitucionais de soberania, já que a inconstitucionalidade não pode ser presumida, há de ficar plenamente provada. Entre duas interpretações possíveis, escolhe-se aquela que não nega a opção do órgão constitucional de soberania que possua a titularidade para o exercício da função.

De acordo com o *judicial self-restraint*, um comportamento de qualquer órgão constitucional de soberania só pode ser considerado inconstitucional se a violação for tão manifesta que não haja uma dúvida razoável (*beyond a reasonable doubt*). Esta concepção do *judicial self-restraint* foi formulada por Thayer,[764] em artigo publicado no ano de 1893.

Thayer utiliza em seu estudo diversas formulações, algumas delas extraídas de decisões judiciais que, segundo ele, refletem o ponto de vista que deseja defender. Conclui então que, para poder invalidar um comportamento estatal, a violação da Constituição deve ser "tão manifesta que não deixe espaço para a dúvida razoável"; "a violação deve ser patente e clara"; o legislador não deve ter incorrido em um mero erro constitucional, "mas um erro muito claro, tão claro que não esteja aberto a uma discussão

---

[763] PEDRA, Anderson Sant'Ana. *O controle da proporcionalidade dos atos legislativos*: a hermenêutica constitucional como instrumento. Belo Horizonte: Del Rey, 2006. p. 167.

[764] THAYER, James Bradley. The origin and scope of the american doctrine of constitutional law. *Harvard Law Review*, Cambridge, v. 7, n. 3, p. 129-156, out. 1893.

racional"; "em nenhum caso duvidoso pode [a Corte] declarar que uma lei é contrária à Constituição"; "a questão para os juízes não é a de uma mera e simples preponderância de razões a favor ou contra, mas a de que seja [a inconstitucionalidade de uma lei] patente e clara, clara além de uma razoável dúvida"; "quando os juízes consideram que uma lei é constitucional, o que querem dizer estritamente é simplesmente que a lei não é inconstitucional além de uma dúvida razoável".[765]

Bem sintetiza as formulações acima a seguinte advertência de Bickel: "a técnica mais importante da jurisdição [justiça] constitucional é não fazer nada".[766]

Vê-se então que a legitimação democrática direta do legislador aponta para uma *presunção de constitucionalidade* dos atos editados pelo Legislativo e a cláusula da separação de poderes aponta para uma *judicial self-restraint* quanto aos juízos de natureza política contidos nos atos comissivos e omissivos do Legislativo que cuja constitucionalidade se trata de apreciar, uma vez assente o primado político do legislador.[767]

Assim, deve o Tribunal Constitucional exercer de forma moderada a *Justiça Constitucional* a fim de homenagear a *autolimitação* e permitir a atuação dos demais órgãos constitucionais de soberania na mais perfeita *harmonia* e *independência*.

Para Agra, a política do *self-restraint* significa que o órgão que exerce a tutela constitucional deve se autocondicionar ao interpretar a Constituição, "para não transformar essa prerrogativa em um monopólio de dizer o direito de acordo com suas conveniências".[768]

Desse papel moderado decorre que um Tribunal Constitucional deve se conformar com seu *papel secundário* na atuação como órgão de normação positiva, embora relevante e imprescindível sua atuação em um Estado Constitucional de direito.

---

[765] THAYER, James Bradley. The origin and scope of the american doctrine of constitutional law. *Harvard Law Review*, Cambridge, v. 7, n. 3, p. 140-151, out. 1893. *passim*.

[766] BICKEL, Alexander M. *The least dangerous branch:* the Supreme Court at the bar of politics. 2. ed. New York: Yale University, 1986. p. 112.

[767] PIÇARRA, Nuno. *A separação dos poderes como doutrina e princípio constitucional*. Coimbra: Coimbra Editora, 1989. p. 261.

[768] AGRA, Walber de Moura. *A reconstrução da legitimidade do Supremo Tribunal Federal:* densificação da jurisdição constitucional brasileira. Rio de Janeiro: Forense, 2005. p. 137.

Aliás, a esse respeito, Hesse, ao analisar a relação entre *Justiça Constitucional* e o *Legislativo*, afirma que o "legislador democrático tem a presunção de constitucionalidade de sua vontade e atuação para si; a ele está encarregada a configuração jurídica das condições de vida em primeiro lugar", naquilo que intitula de "princípio da primazia do legislador na concretização da Constituição", sendo vedado ao Tribunal Constitucional disputar essa primazia.[769]

Compreendendo o seu papel secundário no regime democrático, já que os titulares da função legislativa, até pela sua maior responsabilidade democrática, são os principais encarregados das opções políticas, o Tribunal Constitucional não pode pretender "tomar a titularidade" desta função, e sim, saber atuar como legítimo substituto somente quando for estritamente necessário, em uma "virtude passiva".

A intervenção do Tribunal Constitucional exercendo sua função normativa demanda a demonstração cabal de que o comportamento do legislador é absolutamente inconstitucional por negar eficácia às normas constitucionais, ou que se está diante de reiterados comportamentos contrários à Constituição e os demais órgãos de soberania constitucional mantêm-se inertes.

Obviamente que é preciso que o Tribunal Constitucional aja com consciência de que deve atuar como órgão de normação positiva na proporção exata para exercer a curadoria da Constituição, sem excessos e sem acovardamento.

Coelho anota a respeito:

[...] nem o protagonismo irresponsável, nem o alheamento apassivador, porque tanto um quanto o outro não se coadunam com o princípio da lealdade constitucional e, afinal, podem comprometer a credibilidade e a própria sobrevivência da jurisdição [justiça] constitucional como criatura da Constituição.[770]

Como sabido, a virtude está no meio. Assim, não é recomendável ao Tribunal Constitucional uma postura excessivamente

---

[769] HESSE, Konrad. *Elementos de direito constitucional da República Federal da Alemanha*. Tradução Luís Afonso Heck. Porto Alegre: Sergio Antonio Fabris, 1998. p. 73.
[770] COELHO, Inocêncio Mártires. Jurisdição constitucional e criação judicial do direito: Estado Constitucional de Direito ou Estado Judicial de Direito? *Revista da Escola de Magistratura do Distrito Federal*, Brasília, n. 7, p. 184, 2002.

passiva em casos de evidente ofensa à Constituição, muito menos uma postura excessiva na sua função normativa. Adotada a primeira postura, poder-se-ia ocorrer de importantes enunciados normativos constitucionais serem desrespeitados à exaustão, colocando em risco a própria Constituição. Já a segunda postura, colocaria o Tribunal Constitucional em atrito com os demais órgãos constitucionais de soberania que alcançam sua legitimidade democrática por meio de eleição popular.

Inconteste que a utilização da *autolimitação* é recomendável para aliviar as tensões com o regime democrático, mas, talvez, será a alternância entre a postura de *autolimitação* com uma postura mais *ativa* que compatibilizará a Justiça Constitucional com a democracia constitucional. Consigna-se, contudo, que a *autolimitação* não deve ser utilizada quando um comportamento mais ativo possa servir como justificativa em prol do regime democrático ou da efetivação da Constituição.

Não se deve confundir assim, *autolimitação* com *conservadorismo*, nem com *renúncia* do exercício da Justiça Constitucional. A *autolimitação* deve ser utilizada pelo Tribunal Constitucional, principalmente, quando não conseguir a racionalidade (item 4.7) que requer as decisões de cunho jurídico-políticas.

Tem-se ainda que a discussão acerca de uma atuação mais *ativa* ou uma *autolimitação* não é para ser tratada em abstrato consoante adverte Habermas:

> A discussão sobre o tribunal constitucional – sobre seu atavismo ou automodéstia – não pode ser conduzida *in abstracto*. Quando se entende a constituição com interpretação e configuração de um sistema de direitos que faz valor o nexo interno entre autonomia privada e pública, é bem-vinda uma jurisprudência constitucional ofensiva (*offensiv*) em casos nos quais se trata da imposição do procedimento democrático e da forma deliberativa da formação política da opinião e da vontade [...] Todavia, temos que livrar o conceito de política deliberativa de conotações excessivas que colocariam o tribunal constitucional sob pressão permanente. Ele não pode assumir o papel de um regente que entra no lugar de um sucessor menor de idade.[771]

---

[771] HABERMAS, Jürgen. *Direito e democracia*: entre facticidade e validade. Tradução Flávio Beno Siebeneichler. 2. ed. Rio de Janeiro: Tempo Brasileiro, 2003. v. 1, p. 346-347.

Em suma, a atuação do Tribunal Constitucional como órgão de normação positiva é atividade a ser exercida com *autolimitação*, devido à deferência e ao respeito que se deve ter em relação aos demais órgãos constitucionais de soberania e o regime democrático.

Assim, não deve o Tribunal Constitucional manifestar-se por meios de enunciados normativos que exorbitem o estritamente necessário para a curadoria da Constituição sem que haja a real e atual necessidade, além da racionalidade que se espera das suas decisões (item 4.7).

Registra-se ainda que uma das técnicas de decisão que se destaca na *autolimitação* é a "arte de não decidir" que, com o devido sopesamento, pode se apresentar como um comportamento de grande valia para a compatibilização da Justiça Constitucional com o regime democrático.

É cediço que existem controvérsias político-constitucionais de difícil resolução em um contexto democrático e pluralista, sendo, talvez, a *não* resolução pelo Tribunal Constitucional melhor que uma *má* resolução, ou seja, uma equivocada decisão meritória. Se o Tribunal Constitucional deixa em aberto a controvérsia constitucional, nada impede que a retome em momento posterior, quando ela estiver, quiçá, amadurecida. Resolvendo-a mal, ele desestimula a continuação do debate pela sociedade civil ou pelos demais órgãos constitucionais de soberania, pois estes podem se sentir frustrados quanto às reais chances de modificação do decidido, o que exigiria, usualmente, uma atuação do titular da função de legislar (item 4.8) ou a modificação dos juízes constitucionais.[772] Todas essas alternativas difíceis são difíceis de serem superadas, considerando que, quanto à atuação do Legislativo, sua inércia pode ser creditada ao difícil atingimento da maioria qualificada para deliberação da matéria.

Ao cabo, deve-se frisar que a *autolimitação*, vertente teórica desenvolvida nos Estados Unidos,[773] não pode ser transposta sem

---

[772] Cf.: MORO, Sergio Fernando. *Jurisdição constitucional como democracia*. São Paulo: Revista dos Tribunais, 2004. p. 206-207.

[773] Expõe Moro que a "experiência norte-americana não encontra paralelo no restante do mundo. Talvez por seu pioneirismo ou pela predisposição norte-americana em transformar toda questão política em uma questão jurídica, é naquela experiência que pode ser encontrada a jurisdição constitucional mais influente, para o bem e para o mal, no processo político democrático." (MORO, Sergio Fernando. *Jurisdição constitucional como democracia*. São Paulo: Revista dos Tribunais, 2004. p. 17).

cuidados para países em que o desrespeito à Constituição, por ação ou por omissão, se mostra frequente, e principalmente em países que adotam o modelo de matriz austríaca (Tribunal Constitucional), até porque, é no modelo europeu que o argumento se coloca com mais força, pois a autolimitação é um "tema muito mais aderente ao modelo de controle concentrado-abstrato em países de contexto do *civil law*, porque estes são mais sensíveis (ou deveriam ser [...]) no identificar uma excepcionalidade no protagonismo dos tribunais".[774]

Contudo, mesmo em países de modernidade tardia, com uma realidade constitucional marginal-periférica, deve-se ter em conta que uma postura ativa do Tribunal Constitucional não pode perdurar por muito tempo sob o risco do desgaste e da politização do Tribunal.

Por um tempo, uma postura ativa pode servir como mecanismo para o sucesso da efetivação da Constituição e de um sentimento constitucional, mas é preciso ter a real compreensão do fenômeno e do risco que ele oferece a médio e longo prazo.

4.12.1 Minimalismo judicial

A *autolimitação* deve ser fixada por *prudência*, e não por critérios de conveniência semelhantes àqueles que regem relações políticas,[775] em uma vertente explicitamente *minimalista*.

Nesse cenário a autolimitação deve ser considerada como elemento colegitimador da atuação do Tribunal Constitucional como curador da Constituição e não como um subterfúgio para se imiscuir em tão cara competência.

A partir das lições de Sustein,[776] deve-se registrar que o exercício da competência da Justiça Constitucional ao atuar como

---

[774] TAVARES, André Ramos. O discurso dos direitos fundamentais na legitimidade e deslegitimação de uma justiça constitucional substantiva. *Revista Brasileira de Estudos Constitucionais – RBEC*, Belo Horizonte, v. 1, n. 2, p. 16, abr./ jun. 2007.

[775] BAUM, Lawrence. *A Suprema Corte Americana*: uma análise da mais notória e respeita instituição judiciária do mundo contemporâneo. Tradução Élcio Cerqueira. Rio de Janeiro: Forense Universitária, 1987. p. 157-158.

[776] SUSTEIN, Cass R. *One case at a time*: judicial minimalism on the Supreme Court. Cambridge: Harvard University Press, 1999.

órgão de normação positiva, deve adotar uma postura avessa a grandes teorias e generalizações no campo constitucional, retringindo-se ao estritamente necessário para atender a atual e verdadeira necessidade (cf. item 3.2.2.1) e dar solução à curadoria da Constituição.

Nessa perpectiva do minimalismo judicial, a Justiça Constitucional deve partir de duas premissas para suas decisões: a) devem ser estreitas (*narrow*), no sentido de que sua normação deve se restringir a suprir a omissão verificada e reclamada pela sociedade; b) devem ser rasas (*shallow*), no sentido de que não deve perscrutar os "fundamentos últimos" para suas decisões normativas, enveredando-se em discussões dogmáticas, políticas, empíricas ou filosóficas, sempre que isto seja dispensável.

A utilização do minimalismo pela Justiça Constitucional reduziria o risco de resistências e reações sociais às suas decisões – o chamado efeito *blacklash*. Decisões muito ambiciosas em temas polêmicos tendem a fomentar a polarização e a radicalização no meios social, dificuldando a construção de acordos e consensos necessários à vida em comum em sociedades plurais.[777]

Caso a curadoria da Constituição não se faça premente, a Justiça Constitucional não deve agir, estimulando assim a deliberação na esfera pública – favorecendo a democracia e evitando a subtração da sociedade e dos órgãos com representatividade democrática (política) a possibilidade de discussão e de decisão, prestando deferência ao processo político majoritário.

---

[777] SOUZA NETO, Cláudio Pereira de; SARMENTO, Daniel. *Direito constitucional*: teoria, história e métodos de trabalho. 2. ed. Belo Horizonte: Fórum, 2014. p. 226.

CONCLUSÕES

Apesar de ao longo do texto ter buscado imprimir um sentido conclusivo ao que era desenvolvido, é momento de reapresentar as ideias de forma condensada, logo, não exaustiva, com a finalidade de possibilitar uma melhor percepção do que objetivou o presente estudo e também para propor algumas reflexões, caso a Justiça Constitucional, por intermédio do Tribunal Constitucional, não observe as *condições* e os *limites* ao atuar como órgão de normação positiva. É certo que uma pesquisa como esta, que desenvolve e discute temas polêmicos que abordam as esferas *jurídica* e *política*, não permite adotar conclusões que sejam indiscutíveis.

Como foi demonstrado, não mais subsiste a ideia comumente defendida de que só o Legislativo cria o Direito, bem como vai longe a época em que se pretendia manter o Tribunal Constitucional como um mero guardião da Constituição que só poderia atuar como "legislador negativo". Restringir a atuação da Justiça Constitucional somente à função estruturante faria sentido apenas se este comportamento fosse o único suficiente para o exercício da curadoria da Constituição.

A longeva cláusula da separação de poderes convive, inquestionavelmente, com novas realidades e necessidades, às quais precisa adaptar-se.

O exercício da curadoria da Constituição por meio de edição de enunciados normativos é uma dessas novas realidades e necessidades que envolverá, inclusive, a interpretação e a efetivação da Constituição.

A Justiça Constitucional não deve mais se ater, apenas, ao exercício do controle de constitucionalidade afastando do ordenamento jurídico àqueles atos tidos por inconstitucionais. Deve ir além, e atuar como verdadeiro "curador da Constituição", exercendo a função legislativa *stricto sensu*, a fim de efetivar todas as normas constitucionais que não são usufruídas por uma omissão legislativa inconstitucional por motivações de várias índoles.

Deve a Justiça Constitucional também atuar com vista a impedir violações reiteradas à Constituição, que ocorrem, em muitos casos, face uma ausência de percepção da sociedade e/ou do Estado acerca das normas que emanam dos enunciados normativos constitucionais. Para tanto, a Justiça Constitucional deverá exercer a função enunciativa.

A diferença que se verifica entre a função legislativa implementada pelo legislador (constituinte derivado ou infraconstitucional) e a normação editada pela Justiça Constitucional, é a de que aquele produz enunciados para regular a vida em sociedade, com uma maior liberdade de atuação, enquanto a Justiça Constitucional, quando edita enunciados normativos, o faz exclusivamente com a finalidade de defender e efetivar a Constituição – este é o motivo-finalidade da atuação do Tribunal Constitucional como *órgão constitucional de normação positiva*, diferente do legislador, cuja função de legislar não possui por finalidade exclusiva efetivar ou defender a Constituição.

Como demonstrado nos Capítulos 1 e 2 o Tribunal Constitucional vem exercendo outras funções que não apenas a de mero defensor da Constituição, e, além disso, vem sendo reconhecido como um autêntico "poder político" – órgão constitucional de soberania, muito embora não possa se afastar do seu caráter jurídico.

O que se defende é a possibilidade de a Justiça Constitucional, por intermédio do Tribunal Constitucional, ao perceber o desrespeito (omissivo ou comissivo) à Constituição decorrente de interpretação equivocada dos enunciados normativos constitucionais, ou de omissão legislativa inconstitucional relevante, realizar a Constituição impondo seu entendimento com a elaboração de enunciados normativos com eficácia *erga omnes*.

Obviamente que excessos e desvios poderão ocorrer, e que estes pertencerão à classe da patologia política, competindo ao Direito Constitucional indicar, em cada caso, os remédios adequados e sua posologia.

Este estudo, ao invés de "prescrever" um tratamento repressivo, apresenta um tratamento preventivo para que não ocorram, nem excessos, nem desvios, na atuação do Tribunal Constitucional como órgão de normação positiva.

Utilizou-se a expressão "órgão constitucional de normação positiva" (ou "função normativa") de forma a abranger todas as situações em que o Tribunal Constitucional vier a atuar editando enunciados normativos gerais e abstratos, ou seja, no exercício da *função enunciativa* ou da *função legislativa stricto sensu*.

Não se sugere uma invasão das competências do Legislativo e do constituinte derivado pelo Tribunal Constitucional, muito pelo contrário; identificam-se e analisam-se as *condições* e os *limites* para o exercício da *normação positiva* pelo Tribunal Constitucional para que não haja o desrespeito aos titulares da função de legislar.

As *condições* devem ser entendidas como o conjunto de requisitos que se cumpre verificar previamente para que o Tribunal Constitucional se mostre apto para exercer a função normativa, ou seja, são pressupostos prévios que independem da vontade do Tribunal e que servem para o desencadeamento do processo de edição de enunciados normativos.

As *condições* identificadas e analisadas neste trabalho foram: *i*) a posição de curador da Constituição, *ii*) a previsão constitucional, *iii*) a ausência de opção legítima adotada pelo titular da função de legislar, *iv*) a existência de precedentes e *v*) a possibilidade de o Tribunal revisar ou cancelar a normação por ele editada.

A ausência de qualquer uma dessas condições implica a impossibilidade da atuação do Tribunal Constitucional como órgão de normação positiva, já que os enunciados normativos que vierem a ser editados sem a verificação das condições aqui elencadas haverão de ser considerados como ilegítimos.

Uma das condições verificadas para o Tribunal Constitucional atuar como órgão de normação positiva é que sua atuação se dê na *posição de curador da Constituição*, ou seja, sua atuação ocorrerá de forma fragmentária e limitada na medida em que a produção normativa se dará somente nos casos de conflito jurídico decorrente da ineficácia do *corpus* constitucional, ou seja, de uma afetação no sistema constitucional, de uma descalibração do sistema.

A *previsão constitucional* é outra condição que deve ser verificada, já que a soberania estatal atribui à Constituição a "competência para distribuição das competências" entre os órgãos constitucionais de soberania, uma vez que somente o Poder Constituinte pode defini-las e dimensioná-las para então estabelecer a sua repartição.

A cláusula da separação de poderes não proíbe a prática, pelo Tribunal Constitucional, de atos que pela sua natureza essencial e originariamente pertença a outro. Antes, sua correta formulação consiste em afirmar-se que a um órgão constitucional de soberania é lícito, constitucionalmente, exercer qualquer direito ou faculdade, seja qual for sua íntima natureza, desde que assim o estabeleça a Constituição. Sendo assim, o Tribunal Constitucional somente poderá atuar como órgão de nomação positiva caso haja previsão na Constituição.

A *ausência de opção legítima adotada pelo titular da função de legislar* é outra condição que merece atenção, já que caso o titular da função de legislar tenha feito sua opção, e a mesma se mostre legítima, não pode a Justiça Constitucional querer impor sua vontade política sobre a opção já manifestada pelo titular e editar a normação positiva que entender conveniente. No espaço dado pela Constituição ao legislador (ordinário ou constituinte), este dispõe de uma competência de criação que desde que mantida a coerência com todo o sistema constitucional, deve tal opção ser respeitada pelo Tribunal Constitucional que não poderá, nessa seara, exercer qualquer função normativa, já que não é acessível ao Tribunal a invalidação da opção política adotada, prevalecendo assim a vontade (poder) da maioria democraticamente eleita para governar.

A Justiça Constitucional deve se conformar com seu papel secundário em uma democracia, afinal, num regime democrático compete aos representantes eleitos pelo povo a primazia nas opções políticas, principalmente aquelas manifestadas por meio de atos legislativos (comissivos ou omissivos).

A *existência de precedentes* é uma condição que impõe uma atuação comedida ao Tribunal Constitucional para a edição dos enunciados normativos, em face da necessidade de amadurecimento do tema a ser normado, servindo, também, para afastar qualquer tentativa de autoritarismo por parte do Tribunal Constitucional, conferindo melhor legitimidade ao enunciado normativo editado.

A *possibilidade de o Tribunal Constitucional revisar ou cancelar a normação por ele editada* é uma condição essencial para a atuação do Tribunal Constitucional como órgão de normação positiva, já que a ausência dessa condição poderá gerar uma fossilização do ordenamento jurídico e do próprio direito constitucional, ou até mesmo a mantença de uma escolha (decisão) equivocada por parte do Tribunal que, aliada à inércia do legislador, perpetuará uma situação inadequada, ou até mesmo inconstitucional, no ordenamento jurídico.

As condições aqui elencadas devem ser verificadas, concomitantemente, para que o Tribunal Constitucional possa atuar legitimamente como órgão de normação positiva.

A ausência de qualquer uma dessas condições compromete a atuação do Tribunal Constitucional e "coloca em xeque" a importância da Justiça Constitucional em um Estado Democrático de Direito.

Como demonstrado, enquanto as *condições* para atuação do Tribunal Constitucional como órgão de normação positiva se referem à verificação de questões preliminares autorizadoras para o processamento dos enunciados normativos a serem editados, os *limites* devem ser observados após o início dessa atuação.

A atuação do Tribunal Constitucional como órgão de normação positiva é esperada e necessária para se efetivar a Constituição. Contudo, tal atuação, após a verificação das condições, não é livre ou discricionária, senão dentro dos *limites* aqui traçados.

Uma vez preenchidas todas as *condições* para o exercício da *função normativa*, os *limites* se apresentam como marcas delimitadoras dessa atuação, margens intransponíveis que devem ser verificadas após o início do procedimento para o exercício da função normativa.

A necessidade de se observar *limites* é imprescindível, pois não se pode partir de um pressuposto de absoluta confiabilidade no Tribunal Constitucional, como se fosse ele o único órgão apto a solucionar todos os problemas constitucionais, e que fosse capaz de fazer isso sem erros ou excessos.

Em um Estado Democrático de Direito é logicamente imprescindível admitir a limitação de qualquer instituição, inclusive de um órgão constitucional de soberania como o Tribunal Constitucional, já que toda instituição é constituída para a realização de determinadas competências e para a consecução de determinados fins, e só se mostra legítima se forem mantidas nas balizas estabelecidas.

Os limites identificados e analisados neste trabalho foram: *i*) o caráter jurídico da decisão, *ii*) a manutenção do texto constitucional, *iii*) as disposições externas ao ordenamento jurídico do respectivo Estado, *iv*) a decisão aberta a uma dimensão comunicativa, *v*) a harmonia com aquilo que a sociedade espera, *vi*) a racionalidade da normação positiva, *vii*) a heterocontenção orgânica, *viii*) a normação similar preexistente, *ix*) o *quorum* qualificado, *x*) o devido processo objetivo e *xi*) a autolimitação.

O *caráter jurídico da decisão da Justiça Constitucional* no exercício da função normativa fornece o necessário *fechamento das opções políticas*.

A Constituição tem por objeto a materialização da conversão do *poder político* em *poder jurídico*, num esforço de juridicização do fenômeno político, ou seja, a interpretação e a curadoria da Constituição vivem paredes-meias com a política e com o *jurídico*, pois, sua decisão se faz por critérios e métodos jurídicos.

O *texto constitucional* se apresenta como um limite que decorre da própria supremacia da Constituição, apresentando-se como verdadeira barreira para a Justiça Constitucional atuar na normação positiva.

Não é porque os enunciados normativos constitucionais possuem abertura interpretativa considerável, que se pode dessumir que a interpretação do texto dos enunciados é sem limites. Uma abertura sem limites conduziria, eventualmente, a uma destruição, a uma erosão, dos elementos vinculantes que preservam a identidade da Constituição.

Algumas *disposições externas ao ordenamento jurídico positivado do respectivo Estado* também devem ser observadas pela Justiça Constitucional no exercício da sua função normativa.

Trata-se de disposições que estão colocadas em um plano anterior e/ou superior ao Texto Constitucional, não podendo ser desrespeitadas por quaisquer enunciados normativos, inclusive os advindos da Justiça Constitucional, pois a *normatividade* por ela produzida deve estar adequada à *normalidade* (Heller).

Pelo limite da *decisão aberta a uma dimensão comunicativa* a Justiça Constitucional não pode interpretar a Constituição de forma hermética, sem maiores esclarecimentos, demonstrações, considerações acerca da sua decisão e até mesmo um diálogo, uma comunicação com a sociedade. A busca desse diálogo deve ser uma tarefa constante, até porque em uma sociedade aberta e pluralista, a Justiça Constitucional não pode pretender o monopólio da interpretação da Constituição.

Decorre da *dimensão comunicativa* a necessidade de fundamentar a decisão/escolha pelo enunciado normativo editado e a respectiva publicidade, além da clareza, inteligibilidade e determinabilidade que deve apresentar o enunciado.

A *harmonia com aquilo que a sociedade espera* é um limite que impõe que o enunciado normativo editado deve estar em consonância com aquilo que é socialmente relevante e que seja legítimo. Não se pode editar enunciados normativos que violentem, sem racionalidade, a consciência da sociedade, provocando grandes reações contrárias, até porque, nas atuais sociedades pluralistas, em que diferentes visões de mundo atuam no espaço público em busca da realização de seus valores e de diversos interesses, a busca do consenso, ao menos relativo, é fundamental para a legitimidade das decisões da Justiça Constitucional.

Trata-se de um limite de delicada aplicação para o exercício pleno e efetivo da Justiça Constitucional, já que a legitimidade desta jurisdição serve, inclusive, para proteger uma minoria frente a uma maioria. Por isso, tal limite requer cuidados na sua observação pela Justiça Constitucional, sob pena de se servir como linha de atuação conservadora ou até mesmo reacionária, o que é pouco compatível com o ideal democrático, e com a própria ideia de Justiça Constitucional.

A normação positiva editada pela Justiça Constitucional deve também se limitar pela *racionalidade* que exige, afinal, a necessidade de a Justiça Constitucional demonstrar a legitimidade da sua decisão aumenta quando se exerce a função normativa.

A decisão da Justiça Constitucional, apesar de discricionária pela abertura dos enunciados normativos constitucionais, não pode ser arbitrária, nem ultrapassar a "reserva da consistência" (Häberle), uma vez que a mesma deve ser forjada mediante um procedimento argumentativo racionalmente controlável e plausível.

A *heterocontenção orgânica* se impõe como limite na medida em que o órgão constitucional de soberania titular da função de legislar não concordar com a decisão/escolha da Justiça Constitucional no exercício da sua função normativa poderá produzir uma emenda constitucional ou outra espécie legislativa a fim de dar o sentido que desejar à matéria tratada.

Em decorrência desse limite, a Justiça Constitucional não tem, em regra, a última palavra, já que a normação por ele editada existirá até que seja superada pela atuação do órgão constitucional de soberania com competência originária, que também poderá ser objeto de *accountability*, estabelecendo-se assim um verdadeiro *círculo aplicativo* ou *diálogo institucional*.

Limita-se a Justiça Constitucional também pela *normação similar preexistente*, que implica balizar os enunciados normativos editados por uma normação similar já existente (constitucional ou infraconstitucional), prestigiando dessa forma uma escolha anterior de origem democrática, em uma verdadeira *deferência* ao legislador titular.

O *quorum* qualificado é um limite que decorre da necessidade de uma atuação bem criteriosa pela Justiça Constitucional, e, para tanto, exige-se que para a obtenção de uma decisão amadurecida e consensada, a fim de proporcionar uma melhor legitimidade bem como estabilidade dos enunciados normativos editados pelo Tribunal Constitucional, colha-se um *quorum* que não seja o de maioria simples ou de maioria absoluta.

Além dos limites já elencados, deve também a Justiça Constitucional obedecer a demarcação do percurso estabelecido para o cumprimento de todos os demais limites – trata-se do *devido processo objetivo*, até porque, um dos fatores importantes para a legitimidade das decisões da Justiça Constitucional diz respeito ao procedimento adotado para a edição do enunciado normativo.

O exercício da atividade inerente à Justiça Constitucional, em geral, pode ocasionar uma tensão entre a esfera política e a esfera jurídica, sendo necessária então a *autolimitação* como mecanismo de minimizar essa tensão, evitando assim uma exacerbação do controle jurídico sobre a esfera política.

De acordo com a autolimitação, um comportamento de qualquer órgão constitucional de soberania só pode ser considerado inconstitucional se a violação for tão manifesta que não haja uma dúvida razoável.

Assim, deve a Justiça Constitucional exercer de forma moderada a sua competência de editar enunciados normativos, considerando para tanto a ideia da *autolimitação*, permitindo, assim, a atuação dos demais órgãos constitucionais de soberania na mais perfeita *harmonia* e *independência*.

Verificados os *limites*, deve-se ter em conta que caso a Justiça Constitucional atue à margem dos limites identificados e analisados neste estudo, estará laborando de forma ilegítima.

Em nenhum momento se ignorou que mais árduo do que apontar e analisar os *limites* é efetivá-los, fazê-los funcionar devidamente de maneira a conter a Justiça Constitucional na edição de enunciados normativos, principalmente pela ausência de *objetividade plena* na delimitação dos limites.

Contudo, não se pode conceber que a atuação da Justiça Constitucional na função normativa se dê em resultado que não observe os limites trazidos, sendo imprescindível então um controle mínimo dessa atuação de acordo com a *objetividade possível* aqui demonstrada.

Obviamente que sempre se tem o risco, isso no exercício de qualquer função pela Justiça Constitucional, principalmente pelo Tribunal Constitucional, de se ter uma decisão que não possa ser neutralizada, jurisdicionalmente, por vício de inconstitucionalidade, já que o problema se apresenta porque a Constituição supostamente foi desrespeitada pelo próprio curador (principal) da Constituição. Nesta hipótese, a pergunta que sempre se faz é: *Quis custodiet custodes*? Mas, semelhante risco também acomete o sistema constitucional que não possuir um órgão com competência para exercer a curadoria da Constituição, inclusive de exercer a função normativa nos moldes delineados neste trabalho.

Limitar uma função de qualquer órgão implica, necessariamente, controlar este órgão. Uma *limitação* sem a possibilidade de *controle* significa uma limitação inefetiva ou irrealizável, e um Estado constitucional sem a possibilidade de *controle* tem inviabilizada a possibilidade de garantia da Constituição.

Inquestionável então que o *controle* é merecedor de uma centralidade e onipresença no Direito constitucional, a ponto de já se ter constatado que, dentro do legado constitucional, o *limite* é um ideal em constante aspiração.

Caso ocorra uma situação em que a atuação da Justiça Constitucional se mostre não condizente com os limites aqui delineados, estar-se-á diante de um cenário de anormalidade institucional, em que poderá ocorrer uma rejeição da *normação positiva* editada tanto pelos demais órgãos constitucionais de soberania, quanto pela sociedade, podendo ocasionar, inclusive, caso persista a situação, na perda da normatividade da Constituição, o que poderá ensejar num quadro subversivo.

Quando a própria Justiça Constitucional edita uma normação positiva que exceda os limites aqui trazidos, o que se terá neste caso é uma *patologia*, patologia que se mostra perigosa e que precisa ser combatida.

Além da possibilidade de retomada da competência legislativa pelo titular da função (heterocontenção orgânica), destaca-se também a possibilidade, *v.g.*, do *veto popular*,[778] em que o povo poderia cassar os enunciados normativos editados pelo Tribunal Constitucional, *v.g.*, passando, desse modo, a conhecer e a decidir, em última instância, sobre questões relacionadas à Constituição. Contudo, tal solução deve ser vista com extremo cuidado, pois pode colocar em risco o direito da minoria em face de uma maioria conjuntural.

Em caso extremo e de reiterados descumprimentos dos limites pela Justiça Constitucional, talvez seria o caso de se cogitar o *impeachment* dos seus integrantes.

O *impeachment* apresenta-se como um mecanismo para "controlar o controlador", a fim de impedir que a Justiça Constitucional, em face da atuação arbitrária de seus integrantes, torne-se um órgão com poder absoluto e ilimitado. A possibilidade do *impeachment*, de *per si*, aumenta a efetiva responsabilidade na atuação dos integrantes da Justiça Constitucional.

Trata-se, contudo, de um mecanismo muito delicado e perigoso, já que, dependendo da fórmula instituída, tal mecanismo poderá servir para a conquista total do poder por parte de uma maioria momentânea que tenha ocupado os órgãos constitucionais de soberania cuja composição se dá por eleição popular.

Ainda quanto ao exercício do controle acerca das limitações listadas, não se pode esquecer do exercício do controle *não institucionalizado*, que são aqueles que se manifestam de forma geral

---

[778] "Já o *veto* é a faculdade de que é titular o eleitorado de se manifestar coletivamente contrário a determinada medida governamental ou lei já devidamente aprovada ou em vias de ser efetivada." (PEDRA, Anderson Sant'Ana. Na defesa de uma democracia participativa. *Fórum Administrativo – Direito Público*, Belo Horizonte: Fórum, v. 3, n. 34, p. 3213, dez. 2003.).

e difusa, podendo-se destacar os veículos de informação, os grupos de pressão e a opinião pública em geral. Frise-se que, em um Estado Constitucional de Direito todos os meios de *controle social*, à exceção dos delituosos, devem ser admitidos.[779] Um importante mecanismo de controle metajurídico é a opinião pública e os meios de difusão, quando estes contam com respeito social. O receio às críticas que possam ser formuladas à Justiça Constitucional, e aos seus integrantes, se presta como bom antídoto contra uma possível transgressão da Constituição. Talvez a resposta à vetusta questão *Quis custodiet custodes?* (Quem controla o controlador?) passe pelo controle *não institucionalizado* e naquilo que Vanossi chama de "educação formativa", já que não existe fórmula mágica e infalível para a indagação que é uma verdadeira "quadratura de círculo" que se apresenta no Estado moderno.[780]

A *educação formativa* passa pela *cultura* que a sociedade deve gerar para a *democracia*, posto que a educação para a democracia é uma das principais exigências da própria democracia. Somente com grandes opiniões coletivas a sociedade se pronunciará em favor da democracia pluralista e constitucional.

Por um ou por outro controle, deve-se lembrar sempre da regra de ouro para o equilíbrio de um sistema constitucional: "maior poder, maior controle", e que os mecanismos de controle tratados nessas linhas conclusivas, não são, e nem podem ser, remédios infalíveis que garantam uma atuação da Justiça Constitucional no exercício da função normativa, dentro dos limites apresentados, mas, apenas, simples sugestões de controle que tendem a impedir uma atuação além das balizas trazidas neste estudo.

Hoje, mais do que nunca, deve-se resgatar na Constituição seu potencial transformador e democratizante, aplicando-a como

---

[779] ARAGON, Manuel. *Constitucion y control del poder*. Buenos Aires: Ediciones Ciudad Argentina, 1995. p. 81-82, 146.

[780] VANOSSI, Jorge Reinaldo A.. *Estado de derecho*. 4. ed. actual. y ampl. Buenos Aires: Astrea, 2008. p. 135. Afirma o autor: "Sabemos que la técnica constitucional puede colaborar mediante el ofrecimiento de perfeccionados mecanismos de control; pero más sabemos que después de probar todos los refinados procedimientos expuestos en el ámbito del derecho constitucional comparado, solo nos queda en pie – como ultima ratio – la fe en el hombre." (*Ibidem*, p. 135).

um documento que consagre a reserva maior de justiça; e esse resgate deverá ocorrer examinando a Justiça Constitucional como um instrumento apto e eficaz de operacionalizar a curadoria da Constituição, efetivando todas as suas normas contra atos omissivos e comissivos que transgridam seu conteúdo, dotando, inclusive, o Tribunal Constitucional de uma competência para atuar como órgão de normação positiva (função normativa).

Contudo, nesta atuação, a Justiça Constitucional apesar de deixar de ser um órgão constitucional de soberania neutro (*pouvoir neutre*), terá que se limitar a atuar com o objetivo de conceder efetividade ao *corpus* constitucional.

Crê-se que, se observadas as *condições* e os *limites* aqui trazidos, não se colocará em risco a democracia, nem se temerá um *governo dos juízes* ou uma *ditadura das togas*, caso a Justiça Constitucional atue como órgão de normação positiva, devendo-se insistir que o exercício da função normativa pela Justiça Constitucional se apresenta de suma importância para uma verdadeira curadoria da Constituição.

Não se pode ignorar a necessidade de um Estado e da sociedade de efetivar a Constituição, até porque a vigência de uma Constituição depende da sua realização, da sua efetividade, não podendo prescindir da atuação de todos os órgãos constitucionais de soberania para tanto, inclusive da atuação da Justiça Constitucional na sua função normativa, desde que observadas as condições e os limites aqui trazidos e analisados.

Aqui no Brasil, não há dúvida de que o Supremo Tribunal Federal já vem atuando como órgão de normação positiva, quer seja pela edição de súmulas vinculantes, quer pelas decisões em sede de repercussão geral,[781] restando agora à opinião pública, aos grupos de pressão, aos operadores do direito, à imprensa e aos demais órgãos constitucionais de soberania o controle para que o STF atue nos limites estabelecidos para o exercício da função normativa.

---

[781] Cf. arts. 102, §3º da CRFB e arts. 1035 a 1041 do CPC/2015.

REFERÊNCIAS

AARNIO, Aulis. *Derecho, racionalidad y comunicación social*. Tradução Pablo Larrañaga. México: Fontamara, 1995.

ACKERMAN, Bruce. *A nova separação dos poderes*. Tradução Isabelle Maria Campos Vasconcelos e Eliana Valadares Santos. Rio de Janeiro: Lumen Juris, 2009.

ADEODATO, João Maurício. *A retórica constitucional*: sobre tolerância, direitos humanos e outros fundamentos éticos do direito positivo. São Paulo: Saraiva, 2009.

AGRA, Walber de Moura. *A reconstrução da legitimidade do Supremo Tribunal Federal*: densificação da jurisdição constitucional brasileira. Rio de Janeiro: Forense, 2005.

AGRA, Walber de Moura. *Fraudes à Constituição*: um atentado ao poder reformador. Porto Alegre: Sergio Antonio Fabris, 2000.

ALEXY, Robert. Direitos fundamentais no Estado constitucional democrático: para a relação entre direitos do homem, direitos fundamentais, democracia e jurisdição constitucional. Tradução Luís Afonso Heck. *Revista de Direito Administrativo*, Rio de Janeiro, v. 217, p. 55-66, jul./set. 1999.

ALEXY, Robert. *Teoria de los derechos fundamentales*. Tradução Ernesto Garzón Valdés. Madrid: Centro de Estudios Políticos y Constitucionales, 2002.

ANDRADE, J. C. Vieira de. Legitimidade da justiça constitucional e princípio da maioria. In: BRITO, J. Sousa et al. *Legitimidade e legitimação da justiça constitucional*. Coimbra: Coimbra Editora, 1995. p. 75-84.

ARAGON, Manuel. *Constitucion y control del poder*. Buenos Aires: Ediciones Ciudad Argentina, 1995.

ATIENZA, Manuel. *As razões do direito*: teorias da argumentação jurídica. 2. ed. São Paulo: Landy, 2002.

ATIENZA, Manuel. *Introducción al derecho*. México: Fontamara, 2000.

BACHOF, Otto. *Normas constitucionais inconstitucionais?* Tradução José Manuel M. Cardoso da Costa. Coimbra: Almedina, 1994.

BALEEIRO, Aliomar. *O Supremo Tribunal Federal*: esse outro desconhecido. Rio de Janeiro: Forense, 1968.

BANDRÉS, José Manuel. *Poder judicial y Constitución*. Barcelona: Bosch, 1987.

BARACHO, José Alfredo de Oliveira. *Processo constitucional*. Rio de Janeiro: Forense, 1984.

BARBOSA, Rui. *Atos inconstitucionais*. Campinas: Russel, 2003.

BARBOZA, Estefânia Maria de Queiroz. *Precedentes judiciais e segurança jurídica*: fundamentos e possibilidade para a jurisdição constitucional brasileira. São Paulo: Saraiva, 2014.

BARCELLOS, Ana Paula de. *Ponderação, racionalidade e atividade jurisdicional.* Rio de Janeiro: Renovar, 2005.

BARROSO, Luís Roberto. *O novo direito constitucional brasileiro*: contribuições para a construção teórica e prática da jurisdição constitucional no Brasil. Belo Horizonte: Fórum, 2012.

BARROSO, Luís Roberto. Constituição, democracia e supremacia judicial: direito e política no Brasil contemporâneo. *Revista de Direito do Estado*, Rio de Janeiro, v. 6, n. 21, p. 83-122, jan./ dez. 2011.

BARROSO, Luís Roberto. *Curso de direito constitucional contemporâneo*: os conceitos fundamentais e a construção do novo modelo. São Paulo: Saraiva, 2009.

BARROSO, Luís Roberto. *Interpretação e aplicação da Constituição*: fundamentos de uma dogmática constitucional transformadora. 7. ed. rev. São Paulo: Saraiva, 2009.

BARROSO, Luís Roberto. Neoconstitucionalismo e constitucionalização do direito: o triunfo tardio do direito constitucional no Brasil. *Revista de Direito Administrativo*, Rio de Janeiro, v. 240, p. 1-42, abr./ jun. 2005.

BARROSO, Luís Roberto; BARCELLOS, Ana Paula de. O começo da história: a nova interpretação constitucional e o papel dos princípios no direito brasileiro. *Interesse Público*, Porto Alegre, v. 5, n. 19, p. 51-80, maio/ jun. 2003.

BASTOS, Celso Ribeiro; BRITTO, Carlos Ayres. *Interpretação e aplicabilidade das normas constitucionais.* São Paulo: Saraiva, 1982.

BASTOS, Celso Ribeiro; MEYER-PFLUG, Samantha. A interpretação como fator de desenvolvimento e atualização das normas constitucionais. In: SILVA, Virgílio Afonso da (Org.). *Interpretação constitucional.* São Paulo: Malheiros, 2007. p. 145-164.

BAUM, Lawrence. *A Suprema Corte Americana*: uma análise da mais notória e respeita instituição judiciária do mundo contemporâneo. Tradução Élcio Cerqueira. Rio de Janeiro: Forense Universitária, 1987.

BELAUNDE, Domingo Garcia. Encontros e desencontros em relação ao direito processual constitucional. Tradução Pedro Buck. *Revista Brasileira de Estudos Constitucionais – RBEC*, Belo Horizonte, v. 1, n. 4, p. 33-56, out./dez. 2007.

BERNARDES, Juliano Taveira. *Controle abstrato de constitucionalidade*: elementos materiais e princípios processuais. São Paulo: Saraiva, 2004.

BICKEL, Alexander M. *The least dangerous branch*: the Supreme Court at the bar of politics. 2. ed. New York: Yale University, 1986.

BIELSA, Rafael. *Derecho constitucional.* 2. ed. Buenos Aires: Roque Depalma, 1954.

BINENBOJM, Gustavo. *A nova jurisdição constitucional brasileira*: legitimidade democrática e instrumentos de realização. Rio de Janeiro: Renovar, 2001.

BITAR, Orlando. *Obras completas de Orlando Bitar*: estudos de direito constitucional e direito do trabalho. Rio de Janeiro: Renovar, 1996. v. 1.

BITTENCOURT, C. A. Lúcio. A interpretação como parte integrante do processo legislativo. *Revista Forense Comemorativa – 100 anos*, Rio de Janeiro, 2005. t. 1, p. 55-68.

BITTENCOURT, C. A. Lúcio. *O contrôle jurisdicional da constitucionalidade das leis.* Rio de Janeiro: Forense, 1949.

BOBBIO, Norberto. *O futuro da democracia*. 7. ed. rev. e ampl. Tradução Marco Aurélio Nogueira. São Paulo: Paz e Terra, 2000.

BOBBIO, Norberto. *Teoria do ordenamento jurídico*. 10. ed. Tradução Maria Celeste Cordeiro Leite dos Santos. Brasília: UnB, 1999.

BÖCKENFORDE, Ernst Wolfang. *Estudios sobre el Estado de direito e democracia*. Tradução Rafael de Agapito Serrano. Madrid: Trotta, 2000.

BONAVIDES, Paulo. *Ciência política*. 10. ed. rev. e atual. São Paulo: Malheiros, 2001.

BONAVIDES, Paulo. *Curso de direito constitucional*. 11. ed. rev., atual. e ampl. São Paulo: Malheiros, 2001.

BRANDÃO, Rodrigo. *Supremacia judicial versus diálogos constitucionais*: a quem cabe a última palavra sobre o sentido da Constituição? Rio de Janeiro: Lumen Juris, 2012.

BRITO, J. Sousa e. Jurisdição constitucional e princípio democrático. In: BRITO, J. Sousa et al. *Legitimidade e legitimação da justiça constitucional*. Coimbra: Coimbra Editora, 1995. p. 39-47.

BRITTO, Carlos Ayres. *Teoria da Constituição*. Rio de Janeiro: Forense, 2003.

CAETANO, Marcello. *Manual de ciência política e direito constitucional*. 6. ed. rev. e ampl. Coimbra: Almedina, 2003. t. 1.

CALLEJÓN, Francisco Balaguer. *Fuentes de derecho*: I. principios del ordenamiento constitucional. Madrid: Tecnos, 1991.

CALLEJÓN, María Luisa Balaguer. *Interpretación de la Constitución y ordenamiento jurídico*. Madrid: Tecnos, 1997.

CAMPILONGO, Celso Fernandes. As lacunas no direito constitucional. *Revista de Informação Legislativa*, Brasília, v. 23, n. 90, p. 89-98, abr./jun. 1986.

CAMPILONGO, Celso Fernandes. *Direito e democracia*. 2. ed. São Paulo: Max Limonad, 2000.

CAMPOS, German Bidart. *El derecho de la Constitución y su fuerza normativa*. Buenos Aires: Ediar, 2004.

CANARIS, Claus-Wilhelm. *Pensamento sistemático e conceito de sistema na ciência do direito*. 2. ed. Tradução A. Menezes Cordeiro. Lisboa: Calouste Gulbenkian, 1996.

CANOTILHO, José Joaquim Gomes. *Constituição dirigente e vinculação do legislador*: contributo para a compreensão das normas constitucionais programáticas. 2. ed. Coimbra: Coimbra Editora, 2001.

CANOTILHO, José Joaquim Gomes. *Direito constitucional e teoria da Constituição*. 4. ed. Coimbra: Almedina, 2000.

CANOTILHO, José Joaquim Gomes. Tomemos a sério o silêncio dos poderes públicos: o direito à emanação de normas jurídicas e a protecção judicial contra as omissões normativas. In: TEIXEIRA, Sálvio de Figueiredo (Coord.). *As garantias do cidadão na justiça*. São Paulo: Saraiva, 1993. p. 351-367.

CAPPELLETTI, Mauro. *Juízes legisladores?* Tradução Carlos Alberto Alvaro de Oliveira. Porto Alegre: Sergio Antonio Fabris, 1999.

CAPPELLETTI, Mauro. Necesidad y legitimidad de la justicia constitucional. In: FAVOREU, Louis et. al. *Tribunales constitucionales europeus y derechos fundamentales*.

Tradução Luis Aguiar de Luque e Maria Gracia Rubio de Casas. Madrid: Centro de Estúdios Constitucionales, 1984. p. 599-649.

CAPPELLETTI, Mauro. *O controle judicial de constitucionalidade das leis no direito comparado*. 2. ed. Tradução Aroldo Plínio Gonçalves. Porto Alegre: Sergio Antonio Fabris, 1999.

CAPPELLETTI, Mauro. Repudiando Montesquieu? A expansão e a legitimidade da "justiça constitucional". *Revista Forense*, Rio de Janeiro, v. 99, n. 366, p. 127-150, mar./ abr. 2003.

CARBONELL, Miguel. *Constitución, reforma constitucional y fuentes del derecho en México*. 6. ed. México: Porrúa, 2008.

CARVALHO NETTO, Menelick de. Apresentação da obra. In: ROSENFELD, Michel. *A identidade do sujeito constitucional*. Tradução Menelick de Carvalho Netto. Belo Horizonte: Mandamentos, 2003.

CAVALCANTI, Themistocles Brandão. *Do contrôle da constitucionalidade*. Rio de Janeiro: Forense, 1966.

CITTADINO, Gisele. *Pluralismo, direito e justiça distributiva*: elementos da filosofia constitucional contemporânea. 2. ed. Rio de Janeiro: Lumen Juris, 2000.

CLÈVE, Clèmerson Merlin. A teoria constitucional e o direito alternativo: para uma dogmática constitucional emancipatória. *ADV – Advocacia Dinâmica – seleções jurídicas*, São Paulo, n. 1, p. 45-51, jan. 1994.

CLÈVE, Clèmerson Merlin. *Atividade legislativa do Poder Executivo*. 2. ed. rev., atual. e ampl. São Paulo: Revista dos Tribunais, 2000.

CLÈVE, Clèmerson Merlin. *Fiscalização abstrata da constitucionalidade no direito brasileiro*. 2. ed. São Paulo: Revista dos Tribunais, 2000.

COELHO, Inocêncio Mártires. As idéias de Peter Häberle e a abertura da interpretação constitucional no direito brasileiro. *Revista Brasileira de Direito Administrativo*, Rio de Janeiro, n. 211, p. 125-134, jan./ mar. 1998.

COELHO, Inocêncio Mártires. Jurisdição constitucional e criação judicial do direito: Estado Constitucional de Direito ou Estado Judicial de Direito? *Revista da Escola da Magistratura do Distrito Federal*, Brasília, n. 7, p. 169-186, 2002.

COLNAGO, Cláudio de Oliveira Santos. *Interpretação conforme a constituição*: decisões interpretativas do STF em sede de controle de constitucionalidade. São Paulo: Método, 2007.

COMELLA, Víctor Ferreres. *Justicia constitucional y democracia*. Madrid: Centro de Estudios Políticos y Constitucionales, 2007.

COOLEY, Thomas M. *Princípios gerais de direito constitucional nos Estados Unidos da América*. Tradução Ricardo Rodrigues Gama. Campinas: Russel, 2002.

CORNEJO, Valentin Thury. *Juez y division de poderes hoy*. Buenos Aires: Ciudad Argentina, 2002.

COSTA, José Manuel M. Cardoso. Discurso de sua Excelência o Presidente do Tribunal Constitucional. In: BRITO, J. Sousa et al. *Legitimidade e legitimação da justiça constitucional*. Coimbra: Coimbra Editora, 1995. p. 17-34.

COUTINHO, Jacinto Nelson de Miranda (Org.). *Canotilho e a Constituição dirigente*. Rio de Janeiro: Renovar, 2003.

CRUZ, Álvaro Ricardo de Souza. *Jurisdição constitucional democrática*. Belo Horizonte: Del Rey, 2004.

CUEVA, Mario de la. *Teoría de la Constitución*. Cidade do México: Porrúa, 2008.

CUNHA JR., Dirley da. *Controle judicial das omissões do poder público*: em busca de uma dogmática constitucional transformadora à luz do direito fundamental à efetivação da Constituição. São Paulo: Saraiva, 2004.

DALLARI, Dalmo de Abreu. *Elementos de teoria geral do Estado*. 25. ed. São Paulo: Saraiva, 2005.

DALLARI, Dalmo de Abreu. *O poder dos juízes*. 2. ed. rev. São Paulo: Saraiva, 2002.

DAVID, René. *Os grandes sistemas do direito contemporâneo*. 3. ed. Tradução Hermínio A. Carvalho. São Paulo: Martins Fontes, 1998.

DIMOULIS, Dimitri. *Positivismo jurídico*: introdução a uma teoria do direito e defesa do pragmatismo jurídico-político. São Paulo: Método, 2006.

DIMOULIS, Dimitri. Separação de poderes. In: DIMOULIS, Dimitri (Coord.). *Dicionário brasileiro de direito constitucional*. São Paulo: Saraiva, 2007. p. 347-351.

DIMOULIS, Dimitri. Significado e atualidade da separação de poderes. In: AGRA, Walber de Moura; CASTRO, Celso Luiz Braga de; TAVARES, André Ramos (Coord.). *Constitucionalismo*: os desafios no terceiro milênio. Belo Horizonte: Fórum, 2008. p. 143-161.

DIMOULIS, Dimitri; LUNARDI, Soraya Gasparetto. *Curso de processo constitucional*: controle de constitucionalidade e remédios constitucionais. São Paulo: Atlas, 2011.

DIMOULIS, Dimitri; LUNARDI, Soraya Regina Gasparetto. Dimensões do processo objetivo. Autocriação e hetero-referência como meios de configuração do processo constitucional nas duas décadas da Constituição Federal de 1988. In: AGRA, Walber de Moura (Org.). *Retrospectiva dos 20 anos da Constituição Federal*. São Paulo: Saraiva, 2009. p. 141-162.

DIMOULIS, Dimitri; LUNARDI, Soraya Regina Gasparetto. Efeito transcendente, mutação constitucional e reconfiguração do controle de constitucionalidade no Brasil. *Revista Brasileira de Estudos Constitucionais – RBEC*, Belo Horizonte, v. 2, n. 5, p. 217-238, jan./ mar. 2008.

DUGUIT, Léon. *La separación de poderes y La Asamblea Nacional de 1789*. Tradução Pablo Pérez Tremps. Madrid: Centro de Estudios Constitucionales, 1996.

DWORKIN, Ronald. *Levando os direitos a sério*. Tradução Nelson Boeira. São Paulo: Martins Fontes, 2002.

DWORKIN, Ronald. *O império do direito*. Tradução Jefferson Luiz Camargo. São Paulo: Martins Fontes, 1999.

DWORKIN, Ronald. *Uma questão de princípio*. Tradução Luís Carlos Borges. São Paulo: Martins Fontes, 2001.

ELY, John Hart. *Democracy and distrust*: a theory of judicial review. Cambridge: Harvard University Press, 1980.

ENGISCH, Karl. *Introdução ao pensamento jurídico*. 7. ed. Tradução J. Baptista Machado. Lisboa: Calouste Gulbenkian, 1996.

ENTERRÍA, Eduardo García. *La Constitución como norma y el Tribunal Constitucional*. 4. ed. Madrid: Civitas, 2006.

ESPINOLA, Eduardo. *A nova Constituição do Brasil*: direito político e constitucional brasileiro. São Paulo: Freitas Bastos, 1946.

FABRIZ, Daury Cesar. *A estética do direito*. Belo Horizonte: Del Rey, 1999.

FAVOREU, Louis. *As Cortes Constitucionais*. Tradução Dunia Marinho Silva. São Paulo: Landy, 2004.

FAVOREU, Louis. Ponencia francesa. Tradução Emilio Calderón Martín. In: FAVOREU, Louis; LLORENTE, Francisco Rubio. *El bloque de la contitucionalidad*: simposium franco-español de derecho constitucional. Madrid: Civitas, 1991.

FERRAZ, Anna Cândida da Cunha. *Conflito entre poderes*: o poder congressual de sustar atos normativos do Poder Executivo. São Paulo: Revista dosTribunais, 1994.

FERRAZ, Anna Cândida da Cunha. *Processos informais de mudança da Constituição*: mutações constitucionais e mutações inconstitucionais. São Paulo: Max Limonad, 1986.

FERRAZ JR., Tercio Sampaio. *A ciência do direito*. 3. ed. São Paulo: Atlas, 2001.

FERRAZ JR., Tercio Sampaio. *Introdução ao estudo do direito*: técnica, decisão, dominação. 4. ed. São Paulo: Atlas, 2003.

FERRAZ JR., Tercio Sampaio. Legitimidade na Constituição de 1988. In: DINIZ, Maria Helena; FERRAZ JR. Tercio Sampaio; GEORGAKILAS, Ritinha A. Stevenson. *Constituição de 1988*: legitimidade, vigência e eficácia, supremacia. São Paulo: Atlas, 1989. p. 15-27.

FERRAZ JR., Tercio Sampaio. O judiciário frente à divisão dos poderes: um princípio em decadência? *Revista Trimestral de Direito Público*, São Paulo, Malheiros, n. 9, p. 40-48, 1995.

FERREIRA, Pinto. *Curso de direito constitucional*. 11. ed. ampl. e atual. São Paulo: Saraiva, 2001.

FERREIRA, Pinto. *Princípios gerais do direito constitucional moderno*. 6. ed. ampl. e atual. São Paulo: Revista dos Tribunais, 1983. v. 1.

FERREIRA FILHO, Manoel Gonçalves. *Do processo legislativo*. 4. ed. atual. São Paulo: Saraiva, 2001.

FERREIRA FILHO, Manoel Gonçalves. *Estado de direito e Constituição*. 2. ed. rev. e ampl. São Paulo: Saraiva, 1999.

FERREIRA FILHO, Manoel Gonçalves. *Princípios fundamentais do direito constitucional*. São Paulo: Saraiva, 2009.

FERRIZ, Remedio Sánchez. *El Estado constitucional y su sistema de fuentes*. 3. ed. Valencia: Tirant lo Blanch, 2005.

FIGUEIREDO, Marcelo. *O mandado de injunção e a inconstitucionalidade por omissão*. São Paulo: Revista dos Tribunais, 1991.

FIX-ZAMUDIO, Héctor. *La protección jurídica y procesal de los derechos humanos ante las jurisdicciones nacionales*. Madrid: Civitas, 1982.

FIX-ZAMUDIO, Héctor. *Veintinco años de evolución de la justicia constitucional. 1940-1965*. México: Unam, 1968.

FINE, Toni M. *Introdução ao sistema jurídico anglo-americano*. Tradução Eduardo Saldanha. São Paulo: Martins Fontes, 2011.

FRANCISCO, José Carlos. *Emendas constitucionais e limites flexíveis*. Rio de Janeiro: Forense, 2003.

FREITAS, Juarez. A melhor interpretação constitucional "versus" a única resposta correta. In: SILVA, Virgílio Afonso da (Org.). *Interpretação constitucional*. São Paulo: Malheiros, 2007. p. 317-388.

FREITAS, Juarez. O intérprete e o poder de dar vida à Constituição: preceitos de exegese constitucional. In: GUERRA FILHO, Willis Santiago; GRAU, Eros Roberto (Org.). *Direito constitucional*: estudos em homenagem a Paulo Bonavides. São Paulo: Malheiros, 2001. p. 226-248.

GARCÍA, Enrique Alonso. *La interpretación de la Constitución*. Madrid: Centro de Estudios Constitucionales, 1984.

GARCIA, Maria. *Desobediência civil*: direito fundamental. 2. ed. rev., atual. e ampl. São Paulo: Revista dos Tribunais, 2004.

GARCIA-PELAYO, Manuel. *Derecho constitucional comparado*. 3. ed. Madrid: Revista de Occidente, 1953.

GORDO, Alfonso Pérez. *El Tribunal Constitucional y sus funciones*. Barcelona: Bosch, 1983.

GRAU, Eros Roberto. *Ensaio e discurso sobre interpretação/aplicação do direito*. São Paulo: Malheiros, 2002.

GRAU, Eros Roberto. Sobre a produção legislativa e sobre a produção normativa do direito oficial: o chamado "efeito vinculante". *Revista Trimestral de Direito Público*, São Paulo, n. 16, p. 31-38, 1996.

GRIMM, Dieter. *Constitucionalismo y derechos fundamentales*. Tradução Raúl Sanz Burgos e José Luis Muños de Baena Simón. Madrid: Trotta, 2006.

GRIMM, Dieter. *Constituição e política*. Tradução Geraldo de Carvalho. Belo Horizonte: Del Rey, 2006.

GROPPALI, Alexandre. *Doutrina do Estado*. 2. ed. Tradução Paulo Edmur de Souza Queiroz. São Paulo: Saraiva, 1968.

GUASTINI, Riccardo. *Das fontes às normas*. Tradução Edison Bini. São Paulo: Quartier Latin, 2005.

GUASTINI, Riccardo. *Estudios de teoría constitucional*. Tradução Miguel Carbonell. Cidade do México: Fontamara, 2001.

GUASTINI, Riccardo. *Teoría e ideología de la interpretación constitucional*. Tradução Miguel Carbonell e Pedro Salazar. Madrid: Unam/Trotta, 2008.

GUIMARÃES, Jader Ferreira; SILVARES, Vitor Soares. *A (in)eficácia das decisões do STF em sede de ação direta de inconstitucionalidade por omissão*. Belo Horizonte: Fórum, 2014.

HÄBERLE, Peter. *El Estado constitucional*. Tradução Héctor Fix-Fierro. Buenos Aires: Astrea, 2007.

HÄBERLE, Peter. *Hermenêutica constitucional*: a sociedade aberta dos intérpretes da Constituição: contribuição para a interpretação pluralista e 'procedimental' da Constituição. Tradução Gilmar Ferreira Mendes. Porto Alegre: Sergio Antonio Fabris, 1997.

HÄBERLE, Peter. *Nueve ensayos constitucionales y una lección jubilar*. Tradução Carlos Ruiz Miguel et al. Lima: Palestra, 2004.

HABERMAS, Jürgen. *Direito e democracia*: entre facticidade e validade. Tradução Flávio Beno Siebeneichler. 2. ed. Rio de Janeiro: Tempo Brasileiro, 2003. v. 1.

HABERMAS, Jürgen. *Direito e democracia*: entre facticidade e validade. Tradução Flávio Beno Siebeneichler. 2. ed. Rio de Janeiro: Tempo Brasileiro, 2003. v. 2.

HABERMAS, Jürgen. *Teoría de la acción comunicativa*: complementos y estudios previos. Madrid: Cátedra, 1994.

HAMILTON, Alexander; MADISON, James; JAY, John. *O federalista*. Tradução Ricardo Rodrigues Gama. São Paulo: Russel, 2003.

HAMON, Francis; TROPER, Michel; BURDEAU, Georges. *Direito constitucional*. 27. ed. Tradução Carlos Sousa. Barueri: Manole, 2005.

HELLER, Hermann. *Teoria do Estado*. Tradução Lycurgo Gomes da Motta. São Paulo: Mestre Jou, 1968.

HESSE, Konrad. *A força normativa da Constituição*. Tradução Gilmar Ferreira Mendes. Porto Alegre: Sergio Antonio Fabris, 1991.

HESSE, Konrad. *Elementos de direito constitucional da República Federal da Alemanha*. Tradução Luís Afonso Heck. Porto Alegre: Sergio Antonio Fabris, 1998.

HESSE, Konrad. *Escritos de derecho constitucional*. 2. ed. Tradução Pedro Cruz Villalon. Madrid: Centro de Estudos Constitucionales, 1992.

JELLINEK, Georg. *Reforma y mutación de la Constitución*. Tradução Christian Förster. Madrid: Centro de Estudios Constitucionales, 1991.

JELLINEK, Georg. *Teoría general del Estado*. Tradução Fernando de los Ríos. México: Fondo de Cultura Económica, 2004.

JEVEAUX, Geovany Cardoso. *Direito Constitucional*: teoria da constituição. Rio de Janeiro: Forense, 2008.

KELSEN, Hans. *Jurisdição constitucional*. Tradução Alexandre Krug, Eduardo Brandão e Maria Ermantina Galvão. São Paulo: Martins Fontes, 2003.

KELSEN, Hans. *Teoria geral do direito e do Estado*. 3. ed. Tradução Luís Carlos Borges. São Paulo: Martins Fontes, 2000.

KELSEN, Hans. *Teoria pura do direito*. 6. ed. Tradução João Baptista Machado. São Paulo: Martins Fontes, 2000.

LARENZ, Karl. *Metodologia da ciência do direito*. 3. ed. Tradução José Lamego. Lisboa: Calouste Gulbenkian, 1997.

LASSALLE, Ferdinand. *A essência da Constituição*. 6. ed. Tradução Walter Stöner. Rio de Janeiro: Lumen Juris, 2001.

LEAL, Roger Stiefelmann. *O efeito vinculante na jurisdição constitucional*. São Paulo: Saraiva, 2006.

LEAL, Victor Nunes. Técnica legislativa. In: LEAL, Victor Nunes. *Problemas de direito público e outros problemas*. Brasília: Ministério da Justiça, 1997. v. 1, p. 7-32.

LEITE, Glauco Salomão. *Súmula vinculante e jurisdição constitucional brasileira*. Rio de Janeiro: Forense, 2007.

LEITE, Glauco Salomão. Supremacia judicial, direitos fundamentais e democracia: o controle judicial das leis na encruzilhada? In: LEITE, George Salomão; SARLET, Ingo Wolfgang; CARBONELL, Miguel (Coord.). *Direitos, deveres e garantias fundamentais*. Salvador: Juspodivm, 2011. p. 539-559.

LLORENTE, Francisco Rubio. *La forma del poder*: estudios sobre la Constitución. Madrid: Centro de Estudios Constitucionales, 1993.

LOCKE, John. *Segundo tratado sobre o governo civil*. Tradução Magda Lopes e Marisa Lobo da Costa. 4. ed. Petrópolis: Vozes, 2006.

LOEWENSTEIN, Karl. *Teoría de la Constitución*. Tradução Alfredo Gallego Anabitarte. 2. ed. Barcelona: Ariel, 1979.

LUNARDI, Soraya Regina Gasparetto. *Direito processual constitucional*: problematização de sua autonomia, sua natureza e suas conseqüências. 2006. 300 f. Tese (Doutorado em Direito) – Faculdade de Direito, Pontifícia Universidade Católica de São Paulo, São Paulo, 2006.

LUÑO, Antonio Enrique Pérez. *Derechos humanos, Estado de derecho y Constitución*. 9. ed. Madrid: Tecnos, 2005.

LUÑO, Antonio Enrique Pérez. *Teoría del derecho*: una concepción de la experiencia jurídica. Madrid: Tecnos, 1997.

MALBERG, R. Carré de. *Teoría general del Estado*. Tradução José Lión Depetre. 2. ed. México: Fondo de Cultura Económica, 2001.

MARSHALL, John. *Decisões constitucionais*. Tradução Américo Lobo. Brasília: Ministério da Justiça, 1997.

MARTINS, Ives Gandra da Silva; MENDES, Gilmar Ferreira. *Controle concentrado de constitucionalidade*: comentários à lei n. 9.868, de 10.11.1999. São Paulo: Saraiva, 2001.

MARTINS, Leonardo. Introdução à jurisprudência do Tribunal Constitucional Federal alemão. In: SCHWABE, Jürgen. *Cinquenta anos de jurisprudência do Tribunal Constitucional Federal alemão*. Montevideo: Konrad-Adenauer-Stiftung, 2005.

MARTINS, Leonardo. *Direito processual constitucional alemão*. São Paulo: Atlas, 2011.

MAXIMILIANO, Carlos. *Comentários à Constituição brasileira*. 5. ed. atual. São Paulo: Freitas Bastos, 1954. v. 1.

MAXIMILIANO, Carlos. *Hermenêutica e aplicação do direito*. 19. ed. Rio de Janeiro: Forense, 2001.

MEDEIROS, Rui. *A decisão de inconstitucionalidade*. Lisboa: Universidade Católica, 1999.

MEDINA, Damares. *Amicus curiae*: amigo da corte ou amigo da parte? São Paulo: Saraiva, 2010.

MELLO, Patrícia Perrone Campos. *Precedentes*: o desenvolvimento judicial do direito no constitucionalismo contemporâneo. Rio de Janeiro: Renovar, 2008.

MENDES, Conrado Hübner. *Controle de constitucionalidade e democracia*. Rio de Janeiro: Elsevier, 2008.

MENDES, Conrado Hübner. *Direitos fundamentais, separação de poderes e deliberação*. São Paulo: Saraiva, 2011.

MENDES, Gilmar Ferreira; BRANCO, Paulo Gustavo Gonet. *Curso de direito constitucional*. 8. ed. São Paulo: Saraiva, 2013.

MENDES, Gilmar Ferreira; COELHO, Inocêncio Mártires; BRANCO, Paulo Gustavo Gonet. *Curso de direito constitucional*. São Paulo: Saraiva, 2007.

MENDES, Gilmar Ferreira. *Argüição de descumprimento de preceito fundamental*: comentários à lei n. 9.882, de 03.12.1999. São Paulo: Saraiva, 2007.

MENDES, Gilmar Ferreira. *Controle de constitucionalidade*: aspectos jurídicos e políticos. São Paulo: Saraiva, 1990.

MENDES, Gilmar Ferreira. *Direitos fundamentais e controle de constitucionalidade:* estudos de direito constitucional. 3. ed. rev. e ampl. São Paulo: Saraiva, 2004.

MENDES, Gilmar Ferreira. *Jurisdição constitucional*: o controle abstrato de normas no Brasil e na Alemanha. 5. ed. São Paulo: Saraiva, 2005.

MENDES, Gilmar Ferreira. *Moreira Alves e o controle de constitucionalidade no Brasil*. São Paulo: Saraiva, 2004.

MENDES, Gilmar Ferreira. Questões fundamentais de técnica legislativa. *Revista Eletrônica sobre a Reforma do Estado – RERE*, Salvador, Instituto Brasileiro de Direito Público, n. 11, p. 1-32, set./ nov. 2007. Disponível em: <http://www.direitodoestado.com.br/rere.asp>. Acesso em: 05 out. 2010.

MENDES, Gilmar Ferreira; MEYER-PFLUG, Samantha. Passado e futuro da súmula vinculante: considerações à luz da Emenda Constitucional n. 45/2004. In: RENAULT, Sérgio Rabello Tamm; BOTTINI, Pierpalo (Coord.). *Reforma do judiciário*. São Paulo: Saraiva, 2005. p. 327-375.

MERKL, Adolfo. *Teoría general del derecho administrativo*. Madrid: Editorial Revista de Derecho Privado, 1935.

MIRANDA, Jorge. *Manual de direito constitucional*. 7. ed. rev. e actual. Coimbra: Coimbra Editora, 2003. t. 1.

MIRANDA, Jorge. *Manual de direito constitucional*. 5. ed. rev. e actual. Coimbra: Coimbra Editora, 2003. t. 2.

MIRANDA, Jorge. *Manual de direito constitucional*. 6. ed. rev. e actual. Coimbra: Coimbra Editora, 2010. t. 3.

MIRANDA, Jorge. *Manual de direito constitucional*. 3. ed. Coimbra: Coimbra Editora, 2004. t. 5.

MIRANDA, Jorge. *Manual de direito constitucional*. 2. ed. rev. e actual. Coimbra: Coimbra Editora, 2005. t. 6.

MIRANDA, Jorge. Nos dez anos de funcionamento do Tribunal Constitucional. In: BRITO, J. Sousa et al. *Legitimidade e legitimação da justiça constitucional*. Coimbra: Coimbra Editora, 1995. p. 91-104.

MONCADA, Luís S. Cabral de. *Ensaio sobre a lei*. Coimbra: Coimbra Editora, 2002.

MIRANDA, Jorge. *Estudos de direito público*. Coimbra: Coimbra Editora, 2001.

MONTESQUIEU, Charles de Secondat. *O espírito das leis*. Tradução Cristina Murachco. São Paulo: Martins Fontes, 2000.

MORAES, Diego Pimenta; PEDRA, Adriano Sant'Ana. Legitimação democrática das decisões em questões morais por meio da participação popular direta. In: *Anais do XX Congresso Nacional do CONPEDI*. Florianópolis: Fundação Boiteux, 2011. p. 8136-8156.

MORAES, Guilherme Peña de. *Justiça constitucional*: limites e possibilidades da atividade normativa dos tribunais constitucionais. São Paulo: Atlas, 2012.

MORAIS, Carlos Blanco de. *Curso de direito constitucional*. Coimbra: Coimbra Editora, 2008. t. 1.

MORAIS, Carlos Blanco de. *Justiça constitucional*. 2. ed. Coimbra: Coimbra Editora, 2006. t. 1.

MOREIRA, Eduardo Ribeiro. É o STF um Tribunal Constitucional? *Revista Brasileira de Estudos Constitucionais – RBEC*, Belo Horizonte, v. 1, n. 3, p. 75-92, jul./ set. 2007.

MOREIRA, Nelson Camatta. *Fundamentos de uma teoria da Constituição dirigente*. Florianópolis: Conceito, 2010.

MOREIRA, Vital. Princípio da maioria e princípio da constitucionalidade: legitimidade e limites da justiça constitucional. In: BRITO, J. Sousa et al. *Legitimidade e legitimação da justiça constitucional*. Coimbra: Coimbra Editora, 1995. p. 177-198.

MOREIRA NETO, Diogo de Figueiredo. *Relações entre poderes e democracia*: crise e superação. Belo Horizonte: Fórum, 2014.

MOREIRA NETO, Diogo de Figueiredo. *Mutações do direito público*. Rio de Janeiro: Renovar, 2006.

MORO, Sergio Fernando. *Jurisdição constitucional como democracia*. São Paulo: Revista dos Tribunais, 2004.

MÜLLER, Friedrich. *Métodos de trabalho de direito constitucional*. 2. ed. rev. Tradução Peter Naumann. São Paulo: Max Limonad, 2000.

MÜLLER, Friedrich. *O novo paradigma do direito*: introdução à teoria e metódica estruturantes. Tradução Dimitri Dimoulis et al. São Paulo: Revista dos Tribunais, 2007.

NOVELINO, Marcelo. A influência da opinião pública no comportamento judicial dos membros do STF. In: FELLET, André; NOVELINO, Marcelo. *Constitucionalismo e democracia*. Salvador: JusPodivm, [S.d]. p. 265-328.

OTERO, Paulo. *O poder de substituição em direito administrativo*: enquadramento dogmático-constitucional. Lisboa: Lex, 1995. v. 1.

PADOVER, Saul K. *A Constituição viva dos Estados Unidos*. 2. ed. Tradução A. Della Nina. São Paulo: Ibrasa, 1987.

PECES-BARBA, Gregorio. *Los valores superiores*. Madrid: Tecnos, 1986.

PEDRA, Adriano Sant'Ana. *Mutação constitucional*: interpretação evolutiva da Constituição na democracia constitucional. 2. ed. Rio de Janeiro: Lumen Juris, 2014.

PEDRA, Anderson Sant'Ana. A constitucionalização do direito administrativo e o controle do mérito do ato administrativo. In: AGRA, Walber de Moura; CASTRO, Celso Luiz Braga de; TAVARES, André Ramos (Coord.). *Constitucionalismo*: os desafios no terceiro milênio. Belo Horizonte: Fórum, 2008. p. 41-82.

PEDRA, Anderson Sant'Ana. (Im)possibilidade do controle de constitucionalidade pelos Tribunais de Contas: uma análise da súmula n. 347 do STF. In: ABELHA, Marcelo; JORGE, Flávio Cheim (Coord.). *Direito processual e administração pública*. Rio de Janeiro: Forense Universitária, 2010. p. 17-50.

PEDRA, Anderson Sant'Ana. Na defesa de uma democracia participativa. *Fórum Administrativo – Direito Público*, Belo Horizonte: Fórum, v. 3, n. 34, p. 3210-3215, dez. 2003.

PEDRA, Anderson Sant'Ana. *O controle da proporcionalidade dos atos legislativos*: a hermenêutica constitucional como instrumento. Belo Horizonte: Del Rey, 2006.

PEDRA, Anderson Sant'Ana. Por uma "separação de poderes" à brasileira: Constituição de 1988 e a teoria tripartide de Montesquieu – uma conta que não fecha. *Revista Interesse Público – IP*, Belo Horizonte, ano 15, n. 78, p. 117-141, mar./ abr.2013.

PEDRA, Anderson Sant'Ana. Possibilidade de edição de medidas provisórias pelos municípios. *Revista Forense*, Rio de Janeiro, v. 375, p. 423-432, set./ out. 2004.

PEREIRA, Rodolfo Viana. *Direito constitucional democrático*: controle e participação como elementos fundantes e garantidores da constitucionalidade. 2. ed. Rio de Janeiro: Lumen Juris, 2010.

PERELMAN, Chäim. *Lógica jurídica*. São Paulo: Martins Fontes, 2000.

PERLINGIERI, Pietro. *Perfis do direito civil*: introdução ao direito civil constitucional. Tradução Maria Cristina De Cicco. Rio de Janeiro: Renovar, 1999.

PERRY, Michael J. *The Constitution, the courts, and human rights*: an inquiry into the legitimacy of constitutional policymaking by the judiciary. New Haven: Yale University, 1982.

PIÇARRA, Nuno. *A separação dos poderes como doutrina e princípio constitucional*. Coimbra: Coimbra Editora, 1989.

PINTO, Luzia Marques da Silva Cabral. *Os limites do poder constituinte e a legitimidade material da Constituição*. Coimbra: Coimbra Editora, 1994.

PIOVESAN, Flávia. *Direitos humanos e o direito constitucional internacional*. 7. ed. São Paulo: Saraiva, 2007.

PIOVESAN, Flávia. *Proteção judicial contra omissões legislativas*: ação direta de inconstitucionalidade por omissão e mandado de injunção. 2. ed. rev., atual. e ampl. São Paulo: Revista dos Tribunais, 2003.

PIZZORUSSO, Alessandro. El Tribunal Constitucional italiano. In: FAVOREU, Louis et. al. *Tribunales constitucionales europeus y derechos fundamentales*. Tradução Luis Aguiar de Luque e Maria Gracia Rubio de Casas. Madrid: Centro de Estúdios Constitucionales, 1984. p. 233-266.

PUCCINELLI JR., André. *A omissão legislativa inconstitucional e a responsabilidade do Estado legislador*. São Paulo: Saraiva, 2007.

PUGLIESI, Marcio. Hermenêutica constitucional. In: MOREIRA, Eduardo Ribeiro; PUGLIESI, Marcio (Coord.). *20 anos da Constituição brasileira*. São Paulo: Saraiva, 2009. p. 227-260.

QUEIROZ, Cristina. *Interpretação constitucional e poder judicial*: sobre a epistemologia da construção constitucional. Coimbra: Coimbra Editora, 2000.

QUINTANA, Segundo V. Linares. *Tratado de interpretacíon constitucional*. 2. ed. Buenos Aires: Abeledo Perrot, 2008. t. 1.

RADBRUCH, Gustav. *Filosofia do direito*. Tradução Marlene Holzhausen. 6. ed. São Paulo: Martins Fontes, 2004.

RAMOS, Elival da Silva. *A inconstitucionalidade das leis*: vício e sanção. São Paulo: Saraiva, 1994.

RAMOS, Elival da Silva. *Controle de constitucionalidade no Brasil*: perspectivas de evolução. São Paulo: Saraiva, 2010.

RÁO, Vicente. *O direito e a vida dos direitos*. 5. ed. anot. e atual. São Paulo: Revista dos Tribunais, 1999.

RAWLS, John. *O liberalismo político*. São Paulo: Ática, 2000.

REALE, Miguel. *Lições preliminares de direito*. 27. ed. São Paulo: Saraiva, 2010.

REBECQUE, Henry Benjamin Constant de. *Princípios políticos constitucionais*. Tradução Maria do Céu Carvalho. Rio de Janeiro: Liber Juris, 1989.

RECASÉNS SICHES, Luis. *Nueva filosofia de la interpretation del derecho*. México: Fondo de Cultura Economica, 1956.

ROCHA, Cármen Lúcia Antunes. *Constituição e constitucionalidade*. Belo Horizonte: Lê, 1991.

ROCHA, Cármen Lúcia Antunes. Sobre a súmula vinculante. *Revista Trimestral de Direito Público*, São Paulo, n. 14, p. 19-34, 1996.

ROMANO, Santi. *Princípios de direito constitucional geral*. Tradução Maria Helena Diniz. São Paulo: Revista dos Tribunais, 1977.

ROSA, André Vicente Pires. *Las omisiones legislativas y su control constitucional*. Rio de Janeiro: Renovar, 2006.

ROSENFELD, Michel. *A identidade do sujeito constitucional*. Tradução Menelick de Carvalho Netto. Belo Horizonte: Mandamentos, 2003.

ROTHENBURG, Walter Claudius. Argüição de descumprimento de preceito fundamental. In: TAVARES, André Ramos; ROTHENBURG, Walter Claudius (Org.). *Argüição de descumprimento de preceito fundamental*: análises à luz da lei nº 9.882/99. São Paulo: Atlas, 2001. p. 198-238.

ROTHENBURG, Walter Claudius. *Inconstitucionalidade por omissão e troca de sujeito*: a perda de competência como sanção à inconstitucionalidade por omissão. São Paulo: Revista dos Tribunais, 2005.

ROUSSEAU, J. J. *Do contrato social*. Tradução Antônio de Pádua Danesi. São Paulo: Martins Fontes, 2001.

ROYO, Javier Perez. *Las fuentes del derecho*. 5. ed. Madrid: Tecnos, 2008.

RUFFIA, Paolo Biscaretti di. *Direito constitucional*: instituições de direito público. Tradução Maria Helena Diniz. São Paulo: Revista dos Tribunais, 1984.

SAGÜÉS, Néstor Pedro. *La interpretación judicial de la Constitución*. 2. ed. Buenos Aires: Lexis Nexis, 2006.

SAMPAIO, José Adércio Leite. *A Constituição reinventada pela jurisdição constitucional*. Belo Horizonte: Del Rey, 2002.

SAMPAIO, José Adércio Leite. Discurso de legitimidade da jurisdição constitucional e as mudanças legais do regime de constitucionalidade no Brasil. In: SARMENTO, Daniel (Org.). *O controle de constitucionalidade e a lei nº 9.868/99*. Rio de Janeiro: Lumen Juris, 2002. p. 165-218.

SAMPAIO, Nelson de Sousa. *O poder de reforma constitucional*. Salvador: Livraria Progresso, 1954.

SÁNCHEZ, José Acosta. *Formación de la Constitución y jurisdicción constitucional*: fundamentos de la democracia constitucional. Madrid: Tecnos, 1998.

SANCHÍS, Luis Prieto. *Justicia constitucional y derechos fundamentales*. Madrid: Trotta, 2003.

SARLET, Ingo Wolfgang; MARINONI, Luiz Guilherme; MITIDIERO, Daniel. *Curso de direito constitucional*. 2. ed. rev., atual., e ampl. São Paulo: Revista dos Tribunais, 2013.

SARMENTO, Daniel. O neoconstitucionalismo no Brasil: riscos e possibilidades. *Revista Brasileira de Estudos Constitucionais* – RBEC, Belo Horizonte, v. 3, n. 9, p. 95-133, jan./mar. 2009.

SCHLAICH, Klaus. El Tribunal Constitucional Federal Aleman. In: FAVOREU, Louis et. al. *Tribunales constitucionales europeus y derechos fundamentales*. Tradução Luis Aguiar de Luque e Maria Gracia Rubio de Casas. Madrid: Centro de Estúdios Constitucionales, 1984. p. 133-232.

SCHMITT, Carl. *Teoria de la Constitución*. Tradução Francisco Ayala. Madrid: Editorial Revista de Derecho Privado, [19--?].

SCHNEIDER, Hans-Peter. *Democracia y Constitución*. Madrid: Centro de Estudios Constitucionales, 1991.

SCHWARTZ, Bernard. *Direito constitucional americano*. Tradução Carlos Nayfeld Rio de Janeiro: Forense, 1966.

SEGADO, Francisco Fernández. El control de las omisiones legislativas por el Bundesverfassungsgericht. *Revista de Direito do Estado*, Rio de Janeiro, v. 3, n. 12, p. 3-43, out./ dez. 2008.

SEGADO, Francisco Fernández. El Tribunal Constitucional: un estudio orgánico. *Revista de la Facultad de Derecho de la Universidad Complutense*, Madrid, n. 15, p. 375-423, 1989.

SEGADO, Francisco Fernández. La justiça constitucional ante el siglo XXI: la progressiva convergencia de los sistemas americano y europeu-kelseniano. *Revista Latino-Americana de Estudos Constitucionais*, Belo Horizonte, n. 4, p. 143-208, jul./ dez. 2004.

SIFUENTES, Mônica. *Súmula vinculante*: um estudo sobre o poder normativo dos tribunais. São Paulo: Saraiva, 2005.

SILVA, Celso de Albuquerque. *Do efeito vinculante*: sua legitimação e aplicação. Rio de Janeiro: Lumen Juris, 2005.

SILVA, Guilherme Amorim Campos da. *O uso de precedente estrangeiro pela Justiça Constitucional*: uma teoria de unificação do direito constitucional material. 2010. 380 f. Tese (Doutorado em Direito) – Faculdade de Direito, Pontifícia Universidade Católica de São Paulo, São Paulo, 2010.

SILVA, Jorge Pereira da. *Dever de legislar e protecção jurisdicional contra omissões legislativas*. Lisboa: Universidade Católica, 2003.

SILVA, José Afonso da. *Curso de direito constitucional positivo*. 33. ed. rev. e atual. São Paulo: Malheiros, 2010.

SILVA, José Afonso da. *Manual do vereador*. 5. ed. rev., ampl. e atual. São Paulo: Malheiros, 2004.

SILVA, Roberto Baptista Dias da. *Manual de direito constitucional*. Barueri: Manole, 2007.

SORLI, Juan-Sebastián Piniella. *Sistema de fuentes y bloque de constitucionalidad*: encrucijada de competencias. Barcelona: Borsch, 1994.

SOSPEDRA, Manuel Martínez. *Manual de derecho constitucional*: parte general. Valencia: Tirant lo Blanch, 2007.

SOTOMAYOR, Jhonny Tupayachi. Anjos e demônios!: a implementação do precedente constitucional vinculante no Peru. *Revista Brasileira de Estudos Constitucionais – RBEC*, Belo Horizonte, v. 3, n. 11, p. 43-68, jul./ set. 2009.

SOUZA JR., Cezar Saldanha. *O Tribunal Constitucional como poder*: uma nova teoria da divisão dos poderes. São Paulo: Memória Jurídica, 2002.

SOUZA NETO, Cláudio Pereira de. Mandado de injunção: efeitos da decisão e âmbito de incidência. *Interesse Público*, Belo Horizonte, v. 9, n. 43, p. 97-116, maio/jun. 2007.

SOUZA NETO, Cláudio Pereira de; SARMENTO, Daniel. *Direito constitucional*: teoria, história e métodos de trabalho. 2. ed. Belo Horizonte: Fórum, 2014.

SOUZA NETO, Cláudio Pereira de; SARMENTO, Daniel. Notas sobre jurisdição constitucional e democracia: a questão da "última palavra" e alguns parâmetros de autocontenção judicial. In: FELLET, André; NOVELINO, Marcelo. *Constitucionalismo e democracia*. Salvador: Juspodivm, [S.d]. p. 125-160.

STARCK, Christian. A legitimação da justiça constitucional e o princípio democrático. *Anuario Iberoamericano de Justicia Constitucional*, n. 7, p. 479-493, 2003.

STERN, Klaus. *Derecho del Estado de la Republica Federal Alemana*. Tradução Javier Pérez Royo y Pedro Cruz Villalón. Madrid: Centro de Estudios Constitucionales, 1987.

STRECK, Lenio Luiz. A diferença ontológica (entre texto e norma) como blindagem contra o relativismo no processo interpretativo: uma análise a partir do "ontological turn". *Revista Brasileira de Estudos Políticos*, Belo Horizonte, n. 89, p. 121-160, jan./jun. 2004.

STRECK, Lenio Luiz. Comentários aos arts. 102, §2º, 102, §3º, 103-A. In: AGRA, Walber de Moura (Coord.). *Comentários à reforma do Poder Judiciário*. Rio de Janeiro: Forense, 2005.

STRECK, Lenio Luiz. *Jurisdição constitucional e hermenêutica*: uma nova crítica do direito. Porto Alegre: Livraria do Advogado, 2002.

STRECK, Lenio Luiz. Prefácio da obra. In: MOREIRA, Nelson Camatta. *Fundamentos de uma teoria da Constituição dirigente*. Florianópolis: Conceito, 2010.

STRECK, Lenio Luiz. *Súmulas no direito brasileiro*: eficácia, poder e função: a ilegitimidade constitucional do efeito vinculante. 2. ed. rev. e ampl. Porto Alegre: Livraria do Advogado, 1998.

STRECK, Lenio Luiz.; OLIVEIRA, Marcelo Andrade Cattoni de; LIMA, Martonio Mont'Alverne Barreto. A nova perspectiva do Supremo Tribunal Federal sobre o controle difuso: mutação constitucional e limites da legitimidade da jurisdição constitucional. In: AGRA, Walber de Moura; CASTRO, Celso Luiz Braga de; TAVARES, André Ramos (Coord.). *Constitucionalismo*: os desafios no terceiro milênio. Belo Horizonte: Fórum, 2008. p. 353-384.

STRUCHINER, Noel. *Direito e linguagem*: uma análise da textura aberta da linguagem e sua aplicação ao direito. Rio de Janeiro: Renovar, 2002.

SUNDFELD, Carlos Ari. *Fundamentos de direito público*. 4. ed. rev., aum. e atual. São Paulo: Malheiros, 2000.

SUNSTEIN, Cass R. *A Constituição parcial*. Tradução Manassés Teixeira Martins e Rafael Triginelli. Belo Horizonte: Del Rey, 2009.

SUSTEIN, Cass R. *One case at a time*: judicial minimalism on the Supreme Court. Cambridge: Harvard University Press, 1999.

TAVARES, André Ramos. A inconsistência do Tribunal Constitucional como "legislador negativo" em face de técnicas avançadas de decisão da justiça constitucional. *Revista Brasileira de Estudos Constitucionais – RBEC*, Belo Horizonte, v. 4, n. 15, p. 117-130, jul./set. 2010.

TAVARES, André Ramos. As decisões vinculantes (precedentes) da justiça constitucional. *Revista Brasileira de Estudos Constitucionais – RBEC*, Belo Horizonte, v. 3, n. 11, p. 15-33, jul./set. 2009.

TAVARES, André Ramos. *Curso de direito constitucional*. 7. ed. rev. e ampl. São Paulo: Saraiva, 2009.

TAVARES, André Ramos. Elementos para uma teoria geral dos princípios na perspectiva constitucional. In: LEITE, George Salomão (Org.). *Os princípios constitucionais*: considerações em torno das normas principiológicas da Constituição. São Paulo: Malheiros, 2003. p. 21-51.

TAVARES, André Ramos. *Fronteiras da hermenêutica constitucional*. São Paulo: Método, 2006.

TAVARES, André Ramos. Justiça constitucional: superando as teses do "legislador negativo" e do ativismo de caráter jurisdicional. In: MAC-GREGOR, Eduardo Ferrer; LARREA, Arturo Zaldívar (Coord.). *La ciencia del derecho procesal constitucional*: estudios en homenaje a Héctor Fix-Zamudio en sus cincuenta años como investigador del derecho. México: Marcial Pons-Unam-IMDPC, 2008. t. 1, p. 825-845.

TAVARES, André Ramos. *Nova lei da súmula vinculante*: estudos e comentários à lei 11.417, de 19.12.2006. São Paulo: Método, 2007.

TAVARES, André Ramos. *Paradigmas do judicialismo constitucional*. São Paulo: Saraiva, 2012.

TAVARES, André Ramos. O discurso dos direitos fundamentais na legitimidade e deslegitimação de uma justiça constitucional substantiva. *Revista Brasileira de Estudos Constitucionais – RBEC*, Belo Horizonte, v. 1, n. 2, p. 9-28, abr./jun. 2007.

TAVARES, André Ramos. *Teoria da justiça constitucional*. São Paulo: Saraiva, 2005.

TAVARES, André Ramos. *Tratado da argüição de preceito fundamental*: lei n. 9.868/99 e lei n. 9.882/99. São Paulo: Saraiva, 2001.

TAVARES, André Ramos. *Tribunal e jurisdição constitucional*. São Paulo: Instituto Brasileiro de Direito Constitucional/Celso Bastos, 1998.

TEIXEIRA, José Horácio Meirelles. *Curso de direito constitucional*. Rio de Janeiro: Forense Universitária, 1991.

TEIXEIRA, José Horácio Meirelles. *Separação de poderes e direito adquirido na concessão de serviço público*. São Paulo: [S. n.], 1956.

TEPEDINO, Gustavo. Premissas metodológicas para a constitucionalização do direito civil. In: TEPEDINO, Gustavo. *Temas de direito civil*. 2. ed. rev. e ampl. Rio de Janeiro: Renovar, 2001. p. 1-22.

TEUBNER, Gunther. *O direito como sistema autopoiético*. Tradução José Lamego. Lisboa: Calouste Gulbenkian, 1989.

THAYER, James Bradley. The origin and scope of the american doctrine of constitutional law. *Harvard Law Review*, Cambridge, v. 7, n. 3, p. 129-156, out. 1893.

TOMA, Víctor García. As sentenças constitucionais: o precedente vinculante. *Revista Brasileira de Estudos Constitucionais – RBEC*, Belo Horizonte, v. 3, n. 11, p. 69-95, jul./set. 2009.

TOMÁS Y VALIENTE, Francisco. *Escritos sobre y deste el Tribunal Constitucional*. Madrid: Centro de Estúdios Constitucionales, 1993.

TROPER, Michel. Interpretação constitucional. Tradução Pedro Buck. *Revista Brasileira de Estudos Constitucionais – RBEC*, Belo Horizonte, v. 2, n. 7, p. 53-70, jul./ set. 2008.

TUSHNET, Mark. Ceticismo sobre o *judicial review*: uma perspectiva dos Estados Unidos. In: BIGONHA, Antonio Carlos Alpino; MOREIRA, Luiz (Org.). *Limites do controle de constitucionalidade* (Org.) Rio de Janeiro: Lumen Juris, 2009. p. 221-241.

TUSHNET, Mark. Formas alternativas de controle judicial. In: LEITE, George Salomão; SARLET, Ingo Wolfgang; TAVARES, André Ramos (Org.). *Estado constitucional e organização do poder*. São Paulo: Saraiva, 2010. p. 37-69.

TUSHNET, Mark. Formas alternativas de revisão judicial do poder público, direitos sociais e separação de poderes. In: CONGRESSO INTERNACIONAL DE DIREITO CONSTITUCIONAL, 8, 2010, Natal-RN. *Federalismo e separação dos poderes*: avanços e retrocessos. Natal: Escola Brasileira de Estudos Constitucionais, 2010. Palestra proferida no dia 30.04.2010.

TUSHNET, Mark. *Taking the Constitution away from the courts*. Princeton: Princeton University, 1999.

USERA, Raúl Canosa. *Interpretación constitucional y fórmula política*. Madrid: Centro de Estudios Constitucionales, 1988.

VALLE, Vanice Regina Lírio do. *Sindicar a omissão legislativa*: real desafio à harmonia entre os poderes. Belo Horizonte: Fórum, 2007.

VANOSSI, Jorge Reinaldo A. *Estado de derecho*. 4. ed. actual. y ampl. Buenos Aires: Astrea, 2008.

VANOSSI, Jorge Reinaldo A. *Teoría constitucional*. 2. ed. actual. Buenos Aires: Depalma, 2000. t. 1.

VANOSSI, Jorge Reinaldo A. *Teoría constitucional*. 2. ed. actual. Buenos Aires: Depalma, 2000. t. 2.

VEGA, Pedro de. *La reforma constitucional y la problematica del poder constituyente*. Madrid: Tecnos, 1999.

VELLOSO, Carlos Mário da Silva. O Supremo Tribunal Federal, Corte Constitucional. In: VELLOSO, Carlos Mário da Silva. *Temas de direito público*. Belo Horizonte: Del Rey, 1994. p. 89-121.

VERDÚ, Pablo Lucas; CUEVA, Pablo Lucas Murillo de la. *Manual de derecho politico*. 3. ed. Madrid: Tecnos, 2005.

VIEIRA, Oscar Vilhena. *A Constituição e sua reserva de justiça*: um ensaio sobre os limites materiais ao poder de reforma. São Paulo: Malheiros, 1999.

VIEIRA, Oscar Vilhena. A moralidade da Constituição e os limites da empreitada interpretativa, ou entre Beethoven e Bernstein. In: SILVA, Virgílio Afonso da (Org.). *Interpretação constitucional*. São Paulo: Malheiros, 2007. p. 217-254.

VIEIRA, Renato Stanziola. *Jurisdição constitucional brasileira e os limites de sua legitimidade democrática*. Rio de Janeiro: Renovar, 2008.

VIGO, Rodolfo Luis. *Interpretación constitucional*. 2. ed. Buenos Aires: Lexis Nexis/ Abeledo-Perrot, 2004.

VIGO, Rodolfo Luis. *Los principios jurídicos*: perspectiva jurisprudencial. Buenos Aires, Depalma, 2000. p. 59.

VILE, M. J. C. *Constitucionalismo y separación de poderes*. 2. ed. Tradução Xohana Bastida Calvo. Madrid: Centro de Estúdios Políticos y Constitucionales, 2007.

VILLALÓN, Pedro Cruz. Legitimidade da justiça constitucional e princípio da maioria. In: BRITO, J. Sousa et al. *Legitimidade e legitimação da justiça constitucional*. Coimbra: Coimbra Editora, 1995. p. 85-90.

WALDRON, Jeremy. *A dignidade da legislação*. Tradução Luís Carlos Borges. São Paulo: Malheiros, 2003.

WALDRON, Jeremy. *Derecho e desacuerdos*. Traducción de José Luis Martí y Águeda Quiroga. Madrid: Macial Pons, 2005.

ZAFFARONI, Eugenio Raúl. *Poder Judiciário*: crise, acertos e desacertos. Tradução Juarez Tavares. São Paulo: Revista dos Tribunais, 1995.

ZAGREBELSKY, Gustavo. *El derecho dúctil*: ley, derechos, justicia. 8. ed. Tradução Marina Gascón. Madrid: Trotta, 2008.

ZAGREBELSKY, Gustavo. *Il diritto mite*. 2. ed. Torino: Einaudi, 1992.

ZAGREBELSKY, Gustavo. Jueces constitucionales. Tradução Miguel Carbonell. In: CARBONELL, Miguel (Coord.). *Teoría del neoconstitucionalismo*. Madrid: Trotta, 2007. p. 91-104.

ZIPPELIUS, Reinhold. *Teoria geral do Estado*. 3. ed. Tradução Karin Praefke-Aires Coutinho. Lisboa: Fundação Calouste Gulbenkian, 1997.

Esta obra foi composta em fonte Palatino Linotype, corpo 10,5
e impressa em papel Offset 75g (miolo) e Supremo 250g (capa)
pela Gráfica e Editora Laser Plus, em Belo Horizonte/MG.